U0508742

中国社会科学院创新工程学术出版资助项目

蒙古语语音声学研究

呼和 著

中国少数民族语言方言实验研究丛

呼和 主编

社会科学文献出版社
SOCIAL SCIENCES ACADEMIC PRESS(CHINA)

总　序

　　本丛书在以往研究的基础上，针对民族语言语音研究的历史和现状，从解决所面临的实际问题出发，采用声学语言学的理论和方法，对目标语言的元音、辅音等音段特征和词重音等超音段特征进行了较全面、系统的定量和定性分析。本丛书包括了以下研究内容。

　　（1）元音研究方面：对目标语言每一个元音进行系统的统计分析，统计参数（项）包括音长、音强、目标位置共振峰频率（F1～F3）及其前后过渡段频率；统计内容有平均值、标准差和变异系数等；通过分析参数平均值及其音质定位，目标位置共振峰频率及其前、后过渡段共振峰频率之间的关系，音节数量与声学参数之间的关系，音节类型与声学参数之间的关系，辅音音质与元音声学参数之间的关系等问题，确定每一个元音的实际音值及其在声学空间中的分布格局和分布特点以及在语流中的存在模式和音系特点，并探讨其过去、现在和未来变化方式和方向。

　　（2）辅音研究方面：对目标语言每个辅音进行系统的统计分析，统计参数（项）包括音长、音强、目标位置共振峰（CF1～CF3；VF1～VF3）等；统计内容有平均值、标准差和变异系数等；通过分析和观察辅音三维语图特点、共振峰分布模式、词中分布特征、词中位置与声学参数之间的关系、后置元音音质与辅音声学参数之间的关系等问题，探讨了辅音在词中的出现频率特点和语流中的存在模式和音系特点；另外，基于 VOT－GAP 二维坐标和 COG（辅音谱重心）、STD（相对于谱重心的谱偏移量）和 SKEW（偏离度，低于谱重心的谱与高于谱重心的谱之比）等参数，分析确定了辅音声学特点（声学表现）、声学空间中的分布格局、塞音塞擦音的 GAP 与其发音部位之间以及 COG、STD 和 SKEW 值与清辅音发音部位之间的相关性和语言学意义。

（3）词重音研究方面：从单词韵律模式和词重音问题入手，阐述了语音四要素与目标语言词重音性质之间的关系问题；基于声学参数分析了词重音功能与作用问题，并从类型学的视角对词重音位置问题进行了解释。

（4）音系研究方面：基于实验音系学理论和方法，对目标语言的音系进行了较全面系统的分析和归纳。

（5）语音学理论方面：通过解读声学元音图（元音声学空间动态分布图）中不同元音音位及其变体之间的叠加现象、元音阴阳（松紧）属性与元音和谐律之间的关系，阐述了音位与变体、属性与规则等层面的绝对性和相对性问题。

2018 年 4 月于北京

目 录

绪　论 ……………………………………………………………… 001
　一　"中国少数民族语言语音声学参数统一平台" ……………… 003
　二　丛书的研究思路、方法和内容 ……………………………… 029

第一章　蒙古语语音研究概况 …………………………………… 031
　一　蒙古语及其语音特点 ………………………………………… 031
　二　蒙古语语音研究综述 ………………………………………… 036
　三　蒙古语语音声学参数库综述 ………………………………… 042

第二章　蒙古语元音声学特征 …………………………………… 046
　一　蒙古语元音基本特点 ………………………………………… 046
　二　元音声学特征参数及分析方法 ……………………………… 048
　三　词首音节短元音 ……………………………………………… 051
　四　非词首音节短元音 …………………………………………… 141
　五　长元音 ………………………………………………………… 191
　六　复合元音 ……………………………………………………… 240

第三章　蒙古语辅音声学特征 …………………………………… 247
　一　蒙古语辅音基本特点 ………………………………………… 247
　二　辅音声学特征参数及分析方法 ……………………………… 254
　三　单辅音 ………………………………………………………… 260

第四章 蒙古语音系特点 ··· 414

一 词首音节短元音音系特点 ·· 414

二 辅音音系特点 ··· 425

第五章 蒙古语音节特点 ··· 438

一 音节理论综述 ··· 438

二 蒙古语音节特点 ··· 439

三 蒙古语音节统计分析 ·· 441

第六章 蒙古语单词韵律特征 ··· 442

一 蒙古语韵律研究综述 ·· 442

二 蒙古语单词韵律模式 ·· 449

三 蒙古语词重音问题 ··· 456

参考文献 ··· 468

后 记 ··· 473

绪　论

　　从全国人大民族委员会和中央民族事务委员会组织的 1956 年开始的少数民族语言、少数民族社会历史调查和自 1962 年《中国语文》杂志开始刊登少数民族语言概况算起，我国民族语言研究已走过了 60 多年的历程，完成了"中国少数民族语言简志丛书"（1958 年启动，1991 年基本完成，2009年修订）、"蒙古语族语言方言研究丛书"（21 本，内蒙古大学蒙古语文研究所 20 世纪 80 年代初开始陆续出版）、"中国新发现语言研究丛书"（1997年至今，已出版 41 种）和"中国少数民族方言研究丛书"（1998 年至今，已出版 17 种）等大型研究成果。可以说，在前辈们的不懈努力下，我国民族语言研究取得了较辉煌的成就。目前的民族语言研究虽然涵盖了描写语言学、历史比较语言学、记录语言学、语言类型学、民族语言文字应用、实验语言学、民族文字文献等诸多领域，但与英语和汉语等强势语言的研究相比，在研究深度和广度等方面都存在一定的差距。

　　1985 年中国社会科学院民族所（现中国社会科学院民族学与人类学研究所）建立的语音实验室是我国民族语言实验语言学学科成立的标志，该实验室语音学队伍也是我国最早开展少数民族语言语音实验的研究团队。1985～1995 年，该团队主要开展了汉语普通话和少数民族语言语音声学、生理实验基础研究工作，主持完成了多项国家自然科学基金和国家社会科学基金项目。如在国家社科基金资助下，研究团队历时数年完成了大约 25种语言和方言的音档录制。与少数民族地区大学和研究所合作完成了几个在国内外有一定影响的少数民族语言语音声学参数库。例如，"藏语拉萨话语音声学参数库"（国家自然基金项目，1991）、"哈萨克语语音声学参数库"（国家自然基金项目，1992）、"蒙古语语音声学参数库"（国家社科基金项目，1993）等。这一阶段的成果主要发表在《实验语音学概要》（吴宗济、林茂灿主编，鲍怀翘撰写第三和第五两章，即语音产生的生理基础和元音部分，1989）及国内外学术刊物和学术会议上。这些成果在国内外语音学界产生了一定的影响，为我国少数民族语言实验语言学学科乃至汉语实验语言学学科的发展奠定了基础。

1995～2005 年，该团队使用当时国际最先进的设备，如"声门高速摄影"和"电子动态腭位仪"开展了汉语普通话和少数民族语言发声类型、调音的生理研究，主持完成了 1 项中国社会科学院重大项目"汉藏语声调的声学研究"和 4 项国家自然科学基金项目（"汉语普通话嗓音声学研究"、"普通话动态腭位研究"、"基于动态腭位的普通话协同发音研究"和"蒙古语韵律特征声学模型研究"）。这一阶段除撰写出版《论语言发生》（孔江平，2001）、《蒙古语语音声学分析》（蒙文版，呼和、确精扎布，1999）和 *A Basic Study of Mongolian Prosody*（呼和，2003）3 部专著外，还发表了 50 余篇有影响的学术论文，在学科创新和应用研究方面也进行了大胆探索和实践。如，2001～2005 年在中国社会科学院重大项目"民族多媒体信息系统"中完成的"民族 GIS 多媒体检索系统"，首次将自然科学的地理信息系统技术（GIS）成功应用于民族语言及民族多媒体信息研究。这些成果在国内外实验语言学和言语工程学界以及嗓音病理学界产生了较大反响，提高了学科的知名度，奠定了该团队少数民族实验语言学学科在国内外学术界中的地位。

自 2006 年开始，该团队加强了少数民族语言语音声学和生理参数数据库的研制工作，并提出建立"中国少数民族语言语音声学参数统一平台"的中长期研究目标。在国家自然科学基金、国家社会科学基金、教育部和中国社会科学院科研局的资助下，完成了"藏语、维吾尔语和彝语语音声学参数库"（300MB，2009）和"三少民族语言语音声学参数库"（300MB，2011）等项目，出版了《蒙古语语音实验研究》（呼和，2009）、《中国少数民族特殊语音研究》（周学文，2011）和《基于动态腭位图谱的蒙古语辅音研究》（哈斯其木格，2013）等专著，发表了数十篇有关民族语言实验研究的学术论文。

自 2014 年 2 月开始，该团队根据多年积累的语音声学参数库研制经验，研发并投入使用"语音声学参数自动标注/提取系统"（3.3 版本）和诸多数据处理小工具，使该项工作逐渐走上自动化，提高了工作效率和准确率，避免了采集者的主观因素，确保了数据的客观性和准确性（参看周学文、呼和，2014）。目前，该团队在国家社科基金重大招标项目"中国少数民族语言语音声学参数统一平台建设研究"（编号：12 & ZD225）和中国社会科学院创新工程学术出版资助项目"阿尔泰语系语言实验研究"（编号：2016MZSCX 009）的资助下先后完成了蒙古语、达斡尔语、土族语、东部裕固语、维吾尔语、哈萨克语、鄂温克语、鄂伦春语等语言的语音声学参数库和"中国少数民族语言语音声学参数统一平台"（简称"统一平台"）框架，并基于"统一平台"完成了"中国少数民族语言方言实验研究丛书"的蒙古语、维吾尔语和鄂温克语等三卷的撰写工作。目前正在研制布里亚特、东乡、保安、图瓦、锡伯等语言和蒙古语相关方言土语的语音声学参数库。

一　"中国少数民族语言语音声学参数统一平台"

实验语音学为语音学这门传统的人文学科增加了实验科学的新方法，为语言分析提供了新的研究视角和内容，为有声语言资源库建设提供了技术保障。语音声学参数库（Acoustical Database）是语言资源声学层面的最高形式，是对特定语言的语音系统进行系统声学分析、提取该语言语音声学特征的微观声学参数集合，可比喻为提取语言 DNA。在语音信号分析和处理过程中，时域和频域特性是至关重要的。在语音研究中对音段和超音段特征测量和分析已进行了几十年，从以音节、词为基础的音段和超音段特征分析到现在连续语料的音段和超音段特征分析，使我们对语音和韵律特性的认识越来越清晰、越来越准确，在应用研究中越来越有效。

我们正在建设的"统一平台"是利用国际通用的语音声学分析软件，提取有效表征语言语音系统的各种声学特征参数，并把它们集合成一个完整的语音声学参数数据库，用数据库管理软件进行统一管理的平台（详见图1）。

（一）"统一平台"的作用和意义

第一，推动科学保护弱势语言、抢救濒危语言的进程。保护弱势语言、抢救濒危语言是世界各国共同面临的紧迫任务。2003 年 3 月，联合国教科文组织在巴黎总部举行的"关于濒危语言问题的专家会议"上提出，保护

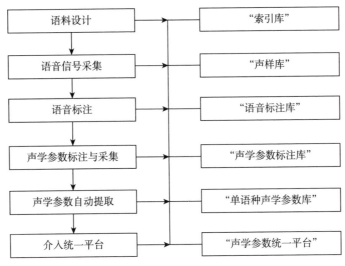

图1 "中国少数民族语言语音声学参数统一平台"研制流程示意图

世界语言多样性一直在联合国教科文组织众多工作中占有重要的地位。这和"维护人类的多样性"是同一性质的工作。在我国少数民族语言中，有的语言正处于濒临失传的境地，有些语言的特色语音现象正在消失或被同化。为了保护人类共同的文化遗产——语言的多样性，进行抢救性的保护已到了刻不容缓的地步。"统一平台"将致力于开发一个基于互联网技术的中国少数民族语言资源和技术在线服务平台，以适应国家语言资源战略发展之需要，进而达到依靠现代科学技术搜集和保护我国语言资源的目标，有力推动保护弱势语言、抢救濒危语言的进程。

第二，有效促进科研资源的共享和科学研究的延续性。"统一平台"能够确保数据资源的共享性和科学研究的延续性，推动语音声学参数库研制和语音声学实验研究工作的规范化和标准化进程，与同行共享数据资源，提高数据库、语料库、信息和技术平台的使用价值，加快我国少数民族语言语音研究从"经验科学"转变为"精密科学"的进程，提升语音学研究水平。如，以往的语音实验研究多以研究某种语言语音现象为目标，选取少量的语料，以提取相关语音参数为目的，很少以研究特定语言的语音系统为出发点。因而，对语音声学和生理特征的选择和把握缺乏全面性和系统性，所采集的语音声学和生理参数数据仅满足于写出论著，不注重数据的积累和整合，缺乏共享性和延续性。"统一平台"将摒弃这种传统小作坊式的方法，运用现代化的技术，系统全面地采集和分析数据。这种研究成果将对后人具有很高的参考价值，并提供后续研究的可能。

第三，推进语音学重大基础理论研究，促进语音学与相关学科的发展。"统一平台"不但能够推进语音学重大基础理论研究，为历史比较语言学和语音学研究提供新的理论和方法，还能促进语音学与相关学科的发展，引导语音学研究更加深入地走进社会，解决语言交际中存在的实际问题。语音特征是个性和共性的统一体，不但同一个语系或语族语言的音位系统之间存在共性，而且不同语系或语族语言之间也存在一定的共性。了解这个共性，有利于推动个体语言语音特征的描写和语言之间的比较研究，促进语音学基础研究，推动语音学基础理论的建立和发展。利用"统一平台"，不仅可以对单语种的音段和超音段特征参数进行全面、系统的统计分析（相关分析、因子分析、聚类分析等），探讨并总结出其特征和变化规律，而且还可以对跨语系、跨语族语言的音段和超音段特征进行比较研究，积极推动历史比较语言学（如语言同源、演化等）和普通语音学（如人类语言语音的共性问题）的发展。

第四，能够为民族语言言语声学工程研究和研发提供语音学基础数据资源，推动我国多语种人机智能交互平台技术的发展。众所周知，进入 21世纪后，加速推进少数民族语言（文字）的标准化、规范化和信息化进程，保护弱势语言、抢救濒危语言的工作显得尤为重要。我们既要加速推进其标准化、规范化、信息化进程，同时还要抢救性地保护它们的多样性。这是我国民族语言文字工作目前所面临的两大挑战。一方面，需要投入大量的人力和财力，去填补汉语和少数民族语言信息化之间的数字鸿沟。另一方面，也要下大力气保护少数民族语言这一人类宝贵的非物质文化遗产。我们虽然可以直接引进世界最先进的语言和语音处理技术和方法来解决少数民族语言语音研究的技术性问题，但再先进的技术也只能是客观的物质支持，真正对于少数民族语言本质与规律的研究还要靠我们自己。现代计算机技术虽然通过云数据的统计，能够建立比较准确的语言模型，但实践证明好的统计模型需要语言知识库支撑。"统一平台"能够提供真实有效的数据依据。

第五，保护我国民族文化的多样性，促进我国语言生活的健康和谐发展，捍卫国家边疆文化安全，完善我国多语种人机智能交互平台，使言语声学工程研究更好地为国家"一带一路"建设服务。语言（文字）的规范化和信息化是一个民族走上信息化道路的重要标志，而中国语言（文字）的全面发展离不开少数民族语言（文字）的进一步发展。只有实现各民族语言（文字）的规范化和信息化，才能保障我国政治、经济、文化和社会的和谐稳定发展。我国许多少数民族语言是跨境语言，如蒙古语、维吾尔语、哈萨克语、傣语、壮语和苗语等。据我们所知，上述跨境语言所处国家和地区关于语音技术的整体研究相对滞后，仍有较大研究和开发空间。

"统一平台"中所提出的各项标准和原则必将成为国际国内语言声学实验研究依据和标准，推动语言声学实验研究工作的规范化和标准化进程。目前国际上虽然有一个包括世界大多数语言的语音样品库（UCLA），但尚未包容多语种的语音声学参数库，更没有大家所公认和遵循的标准和方法，我们所提出的各项标准和原则必将成为国际国内语言语音声学参数库的研制依据和标准，推动语音声学参数库研制和语音声学实验研究工作的规范化和标准化进程。

"统一平台"不仅是语音本体基础研究领域的一个突破，而且将会成为国家信息资源的重要组成部分，弥补国家少数民族语言信息资源的阙如。到目前为止，在国内外还没有类似关于特定语言的完整的语音声学参数库（包括元音、辅音、韵律及各种特殊音质）。

总之，"统一平台"将我国传统的优势学科同新的前沿领域相结合，无论从现代社会语言资料和文化遗产流失的严峻现实，还是从科学技术和语言研究相结合的发展方向来看，都有着广阔的发展空间和远大前景。该平台将为我国同类语言数据库、档案库提供范例，为语言本体描写研究和比较研究，以及民族学与人类学等其他学科的研究提供真实、客观的数据资源，将会有力促进我国民族语言学学科的发展。

1. 语料设计与"索引库"的建立

1.1 语料规模和范围

建立多语种统一的、完备的语音声学参数库，首要的工作是语音材料（简称语料）的设计与编写。这是整个工作的基石，必须制定统一的语料设计原则并严格把关，充分反映每种语言语音和韵律（单词层面上）系统的全貌及特点。各种语言以双音节为主，但应包含一定数量的单音节词，并顾及各语言的多音节词，特别要注意 4 ~ 5 音节词的出现概率。除此之外，还要顾及元音和辅音的和谐问题、音段和超音段的协同发音问题，以及音段序列，如辅音串等问题。考虑到语料的完整性，选择一定数量的能够覆盖目标语言语音和语法特点的词组和各类简单句，以便观察、分析语音变化和句子韵律特征。本项研究不涉及词组和语句声学参数，但搜集濒危语言的话语语料，以起到"语言保存"的作用。以下是语料设计原则和方法。

首先，字母表的设计。遵循目标语言传统字母表，字母表包括所有的元音和辅音。

其次，单词语料的设计。

（1）单音节词。每种语言选择 150 ~ 500 个常用的单音节词。要求：一般都是独立出现的，覆盖所有的音节类型，覆盖各种音节类型中的所有元音和辅音以及它们的各类组合（搭配）等（能够组合的都要考虑到）。

（2）双音节及多音节词。每种语言选择 1500 ~ 2000 个常用的双音节和多音节词。要求：双音节词和多音节词的比例不宜太悬殊，控制在 1/2 左右；尽可能选择词干性的（未加黏着成分）或派生词；确保每个音位在不同位置上的（多次）出现次数，如，音节内的不同位置和词的不同位置（首、腰、末位置）等；除个别音段外，音段的出现频率不应相差太悬殊；所有的词，应尽可能反映目标语言的语音变化，包括元音和辅音的和谐、协同发音以及重音等问题。

（3）数词及量词。基数词（尽可能穷尽）、序数词、约数词和集合数词的读音，并兼顾量词。除基本词外，结合目标语言的特点，结合多位数字，读音发生变化的现象也应收入其中。

（4）形态变化的典型词。选择一批常用的、有变化词类，如名词、代词、形容词和动词等（总数不超过 50 个，以名词和动词为主适当考虑其他词），并在其后依次附加上可能的成分：名词后加数、格、概称和领属等，形容词后加比较范畴。包括所有的形态变化，如包括词尾变化中的式动词、副动词和形动词以及词干变化中的态、体等范畴。

再次，词组语料的设计。选择 100 ~ 200 个目标语言的固定词组（如谚语、成语和惯用语）和由不同句法结构（如形态变化、虚词、词序和语调等）构成的一般词组。原则是以固定词组为主，兼顾一般词组。

复次，句子语料的设计。能够反映目标语言语调特征的、经典的日常用语，包含各类简单句（陈述、疑问、祈使和感叹）和复合句（100～300 个）。

最后，篇章语料的设计。《北风与太阳》（汉文稿由笔者提供），在本民族中广泛流传的、家喻户晓的短故事（5～10 篇）。但不控制濒危语言民间故事语料的量。

1.2 语料编写原则

1.2.1 单音节词编写原则

图 2 为音节类型和单词结构模式示意图。覆盖该语言所有音节类型（口语、书面语）。对于黏着型语言来说，音节类型与单音节词的结构模式相同。因此，所有音节类型指图 2[①] 上的①～⑥类单音节词（音节类型数目由每种语言本身音节类型而定，但至少覆盖这六种）。

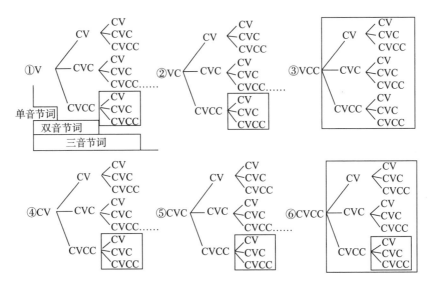

图 2　音节类型和单词结构模式

每一个音节类型必须覆盖在该类型中能够出现的所有音位及其变体（所有音段），即覆盖能够构成该音节类型的所有音位及其变体（所有音段）。如：①V 指能够单独构成词的所有元音（短长及复合元音）；②VC 指

---

① 图 2 中的 V 为能够在该位置上出现的所有元音，C 为能够在该位置上出现的所有辅音，V 代表单元音（V）、长元音（V:）和二合元音（V1V2），CV 音节中的 V 为长元音或二合元音，多音节词的结构模式为总体模式。设计词表时根据每种语言的具体情况而定；用方块标记的是在本条件下不构成或很少构成词的音节。

所有元 + 辅组合的词，其中 V 为所有元音（短长及复合元音），C 为所有非词首辅音；③VCC 指所有元音和（包括二合元音和三合元音）复辅音组合的词，其中 V 为所有元音（短长及复合元音），CC 为所有复辅音；④CV 指所有辅 + 元组合的词，C 为所有词首辅音，V 为所有元音（短长及复合元音）；⑤C1V2 指所有辅 + 元 + 辅组合的词，C1 为所有词首辅音，V 为所有元音（短长及复合元音），C2 为能够在词末出现的所有辅音；⑥C1V2C3 指所有辅 + 元 + 辅 + 辅组合的词，C1 为所有词首辅音，V 为所有元音（短长及复合元音），C2C3 为能够组合并在词尾出现的所有复辅音。

在上述 6 类单音节词（音节类型）中，每类都有能够在该类型中出现的若干个词。如对 CV 来说，C 能够与若干个元音组合，即 nɑː、nəː、niː、nɔː、noː、nuː 等。V 也能够与若干个辅音组合，即 nɑː、pɑː、xɑː、kɑː、lɑː、mɑː、sɑː、ʃɑː、tʰɑː 等。单音节词必须如实地反映上述特点，尽量控制在 150～200 个词。

1.2.2　多音节词编写原则

多音节词的选词比单音节词的选词复杂。多音节词的选择除考虑上述（单音节词）因素外，还要考虑音节之间音段的搭配和前后音节的开闭问题（语境问题）。图 3 为多音节词音节之间音段的搭配和前后音节的开闭问题示意图。编写多音节词时，注意如下三个问题：必须充分反映元音和谐律问题；考虑好前后音节之间的音段搭配问题，除 CVC + CVC 和 CV + CVC 外，还要考虑非词首音节的开、闭问题（如图 3 所示）；覆盖能够组合的所有单词结构。

图 3　多音节之间音段的搭配和前后音节的开闭问题示意图

在黏着型阿尔泰语系诸语言中，没有类似 CCV、CCVC、CCVCC 等以复辅音开头的音节（书面语中有些以复辅音开头的词不是阿尔泰语系语言的固有词）。在非词首音节中没有类似 V、VC、VCC 等以元音开头的音节。因此，图 2 上没有列出类似 CVC + CCV 和 CVC + VC 等结构的双或三音节词。类似 CVCC + CV 或 CVCC + CVC 等含有三个辅音串的词也较少。图 2 中用方块标记的部分是在阿尔泰语系诸语言中没有或比较少见的词。图 4 是索引库样本示意。

No.	Traditional Monggolian	Latin	Phoneme	SAMPA	Allophone	SAMPA	English	Syllable Number	Syllable Typer
A0001		UGEI	kue:	k}e:	kue:	k}e:	none	1	CVV
A0002		NIGE	nek	nek	nek	nek	one	1	CVC
A0003		ENE	en	en	en	en	this	1	VC
A0004		HÖMÖN	kʰʊn	kh}n	kʰʊn	kh}n	human	1	CVC
A0005		TERE	tʰer	the4	tʰer	the4	that	1	CVC
A0006		GAR	kʊr	k64	kʊr	k64	hand	1	CVC
A0007		BI	pi:	pi:	pi:	pi:	I	1	CV
A0008		VLVS	ʊlʊs	UlUs	ʊlʊs	UlUs	country	2	V-CVC
A0009		BASA	pʊs	p6s	pʊs	p6s	again	1	CVC
A0010		DEGER_E	te:r	te:4	te:r	te:r\	on	1	CVC
A0011		AB	ʋß	6B	ʋpʰ	6p_h	to take	1	VC
A0012		NAM	nʊm	n6m	nʊm	n6m	party	1	CVC
A0013		TEGUN	tʰ...				his	1	CVC
A0014		UJE	ʋs	}s	ʋs	}s	to look	1	VC
A0015		OLAN	ʊlʊn	UlUn	ʊlʊn	UlUn	more	2	V-CVC
A0016		MÖN	me:n	m8:n	me:n	m8:n	yes	1	CVC
A0017		GAJAR	kʊtsɔr	k6ts34	kʊtsɔr	k6ts3r\	land	2	CV-CVC
A0018		HEREGTEI	kʰerəktʰæ	k_he4@\kt_h{:	kʰerəχtʰæ	k_he4@\Xt_h{:	need	3	CV-CVC-CV
A0019		MAN	mʊn	m6n	mʊn	m6n	we	1	CVC
A0020		HAR_A	xʊr	x64	xʊrʊ	x64@_`	black	1	CVC

图 4 索引库样本示意

2. 语音信号采集与"声样库"的建立

录音设备采用配置高性能外置声卡、调音台和定向性话筒的手提电脑、电声门仪（EGG）以及 DV 摄影机等。采样率为 22kHz、16bits，双通道记录，S/N 不低于 45dB。在低噪音环境中按照事先准备好的词句表进行语音信号和视频采集。当然，这些只是我们以往采用的方法，目前市场上有多种录音设备供选择。保证音质、选好发音人是本项工作的关键，必须认真对待。录制好的声音文件可以用 audacity 软件进行切音和命名。图 5 为声样库实例。

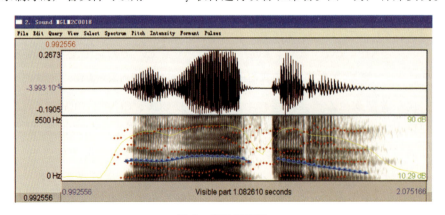

图 5 声样库实例

3. 语音标注与"语音标注库"的建立

语音标注分三层（如图 6 所示），其中，第一层为音段标注，采用音素标记法，即怎么读怎么标记，呈现语音音变状况和音段时长；第二、第三层为音节和词标注，采用音位标记法，即根据目标语言的音位系统标记，呈现目标语言的音位系统或书面语面貌。从事语音标注的研究人员不但应具备扎实的语言功底和语言学、语音学知识，而且必须掌握声学语音学的理论知识和声学分析方法。

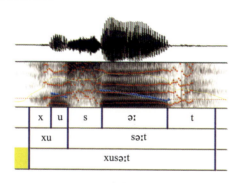

图 6　语音标注库实例

"语音标注库"是"语言声学参数库"研制工作的重要环节。该库能够呈现给读者或使用者每个音段的三维语图及其界限、音标，包括每个词的超音段特征，是图、声音和音标有机结合的语音基础研究的必备库。

4. 声学参数标注、采集与"声学参数标注库"的建立

4.1　功能性字段集的设计

功能字段担负着查找和统计每一种语言、每一个词、每一个音节中每一个音段的声学参数的重任，因此它必须包含足够的信息量。为满足查找和统计统一平台中不同语言、处于不同位置和不同条件音段的信息和参数，需要设计统一的功能字段。通过二十几年的努力，我们已探索出以下 15 个功能字段。这些特征集，具有确定性、唯一性、全面性和权威性等特点，能够涵盖所有民族语言的特征。功能性字段分词层、音节层、音段层、发声类型层和声调类型层等 5 层 15 个字段（请见表 1）。

表1　功能性字段及其说明

层级	字段名	字 段 说 明
词层	No. （物理序号）	No. 为物理序号，以行计，自动形成
	TNo. （分类序号）	TNo. 为分类序号，表示词在该语言"词表"的分类位置，与索引库的"编号"（发音词表）一致。A 为单音节词，B 为双音节词，C 为三音节词，D 为多音节词，P 为词组。如：A0001 代表单音节词表的第一个，B0001 代表双音节词表的第一个，C0001 代表三音节词表的第一个，D0001 代表多音节词表的第一个，P0001 代表词组表的第一个
	WN （噪音起始时间）	WN 为声样（音）文件名。与索引库的"文件名"字段一致。录音后切音时产生，是唯一的，共由 9 位代码（符号和数字）组成。其中，前 2 ~ 3 位符号为语种名称信息，取目标语言名称的音节首字母；第四位为发音人性别和代码信息，M 为男性，F 为女性；后 5 位与索引库的"编号"相同（请见 TNo.）。如：EWKM1A0001 中，EWK 代表鄂温克语，M1 代表男性 1 号发音人，A0001 代表单音节词的第一个词（句子参数库单独标）。如维吾尔语男性发音人的第一个句子文件名为 WWEM1JZ001，故事分解成句子后编号。词的序号采用千位，句子序号采用百位
	WP （词的读音）	WP 为词的读音，采用音位标记法标记。记音符号：用 IPA 和 SAMPA（Speech Assessment Methods Phonetic Alphabet）码
音节层	SN （词的音节个数）	SN 为词的音节个数，用 1 ~ 9 的阿拉伯数字表示
	S （音节读音）	S 为音节读音，采用音位标记法标记。记音符号：用 IPA 和 SAMPA
	ST （音节类型）	ST 为音节类型。根据以往所涉及语言的音节类型，我们初步确定为 15 类（可以追加）。如：1—V、2—VV、3—VC、4—VVC、5—VCC、6—VVCC、7—C、8—CV、9—CVV、10—CVC、11—CVVC、12—CVCC、13—CVVCC、14—CCVVCC、15—CC 等
	SL （音节位置）	SL 为音节位置。用 1 ~ 9 的阿拉伯数字表示。其中，1 为词首音节，2 ~ 8 为词腹音节，9 为词尾音节
音层	P （音位层标记）	P 为音段读音。记音符号：用 IPA 和 SAMPA。采用音位标记法标记
	PA （音素层标记）	PA 为音段读音。记音符号：用 IPA 和 SAMPA。采用音素标记法标记
	PN （音段序号）	PN 为音段序号，记录词中所有音段的序位。采用阿拉伯数字标记
	PV （音变标段记）	取消原来的数字标记，改用附加符号表示擦化、清化、浊化等音段音变现象。根据元音在语图上的声学表现，可分为正常元音、气化或擦化元音、清化元音（语图上有所表现，即有相应的位置，有时长和乱纹）和脱落（语图上没有任何表现）等四种

续表

层级	字段名	字 段 说 明
音层	PO（音段序位）	PO 为音节中的音段序位。根据以往所涉及语言的音节类型，我们把 C1C2V3V4C5C6 假设为最大音节并根据音节中音段的次序进行了编号。如，C1C2V3V4C5C6，其中 1 为音节首单辅音或复辅音的前置辅音 2 为音节首复辅音的后置辅音 3 为单元音或复合元音的前置元音 4 复合元音的后置元音 5 为单辅音或复辅音的前置辅音 6 为复辅音的后置辅音
发声类型层	PT（发声类型）	PT 为发声类型（Phonation Type）。根据学者们的研究成果，我们采纳以下 7 种发声类型。如： 1 为正常嗓音（Modal Voice） 2 为紧喉嗓音（Creaky Voice） 3 为挤喉嗓音（Pressed Voice） 4 为气嗓音（Breathy Voice） 5 为气泡音（Fry Voice） 6 为假声（Falsetto） 7 为耳语音（Whisper） 如果目标语言的发声类型问题尚未解决，暂不填写
声调类型层	TT（声调类型）	TT 为声调类型，用阿拉伯数字代替传统的标调。适用于声调类型比较明确的语言。如：55 调标为 1，53 调标为 2，15 调标为 3，13 调标为 4 等

4.2 声学特征参数集的设计

声学特征参数负载着音段所有的声学特征信息，是观察了解音段特征及其变化的密钥，是语音描写研究的基石。为了对不同语言音段或超音段特征之间进行比较研究，需要设计一套统一的声学特征参数。经过二十几年的努力，我们已探索出以下 39 个声学特征参数。其中，除音节时长 SD（单位：毫秒）和词长 WD（单位：毫秒）外，元音和辅音各设计 14 个参数，包括时长，音强，共振峰频率及其前后过渡，清、浊辅音的强频集中区和共振峰频率（为统计分析上的方便采用该名称）；韵律特征设计 6 个参数，包括韵母总时长，调长，调型的起点、折点和终点频率，调型起点至折点的时间长度等；另外，还有辅音谱重心、相对于谱重心的谱偏移量和偏离度（低于谱重心的谱与高于谱重心的谱之比）等 3 个参数（请见表 2~4）。

表 2　辅音声学特征及定义

序号	代码	意义	单位
1	G	辅音无声间隙	毫秒（ms）
2	VOT	嗓音起始时间	毫秒（ms）
3	CD	辅音时长	毫秒（ms）
4	CA	辅音强度	分贝（db）
5	CF1	清辅音第一共振峰	赫兹（Hz）
6	CF2	清辅音第二共振峰	赫兹（Hz）
7	CF3	清辅音第三共振峰	赫兹（Hz）
8	CF4	清辅音第四共振峰	赫兹（Hz）
9	CF5	清辅音第五共振峰	赫兹（Hz）
10	VF1	浊辅音第一共振峰	赫兹（Hz）
11	VF2	浊辅音第二共振峰	赫兹（Hz）
12	VF3	浊辅音第三共振峰	赫兹（Hz）
13	VF4	浊辅音第四共振峰	赫兹（Hz）
14	VF5	浊辅音第五共振峰	赫兹（Hz）
15	COG	辅音谱重心	赫兹（Hz）
16	Dispersion	离散度	赫兹（Hz）
17	SKEW	倾斜度	无单位

表 3　元音声学特征及定义

序号	代码	意义	单位
1	VD	元音时长	毫秒（ms）
2	VA	元音强度	分贝（db）
3	TF1	元音前过渡第一共振峰	赫兹（Hz）
4	TF2	元音前过渡第二共振峰	赫兹（Hz）
5	TF3	元音前过渡第三共振峰	赫兹（Hz）
6	TF4	元音前过渡第四共振峰	赫兹（Hz）
7	F1	元音目标点第一共振峰	赫兹（Hz）
8	F2	元音目标点第二共振峰	赫兹（Hz）
9	F3	元音目标点第三共振峰	赫兹（Hz）
10	F4	元音目标点第四共振峰	赫兹（Hz）
11	TP1	元音后过渡第一共振峰	赫兹（Hz）
12	TP2	元音后过渡第二共振峰	赫兹（Hz）

续表

序号	代　码	意　　义	单　位
13	TP3	元音后过渡第三共振峰	赫兹（Hz）
14	TP4	元音后过渡第四共振峰	赫兹（Hz）

表 4　韵律特征及定义

序号	代　码	意　　义	单　位
1	FD	韵母总时长	毫秒（ms）
2	TD	调长	毫秒（ms）
3	SF	调型的起点频率	赫兹（Hz）
4	BF	调型的折点频率	赫兹（Hz）
5	EF	调型的终点频率	赫兹（Hz）
6	BD	调型起点至折点的时间长度	毫秒（ms）

4.3　声学参数采集方法和原则

根据以往对汉语普通话和少数民族语言的生理和声学研究经验，经过多次讨论、反复修改，我们团队制定了下列统一的测量、采集方法和标准（请见表 5~6）。

表 5　声学特征参数及其测量采集方法和原则（辅音部分）

音段	声学特征参数	测量采集方法和原则
辅音	CD（音长）	（1）塞音和塞擦音的音长是无声段和噪音起始时间的总和，即 CD = GAP + VOT；（2）音节末或词末弱短元音（不构成音节的元音）的音长归其前位辅音并在备注中加以说明
	GAP（无声段）	（1）暂不测量词首塞音、塞擦音的 GAP；（2）不测量浊塞音和浊塞擦音的无声段。浊塞音和浊塞擦音冲直条和嗓音横杠（Voice bar）之间出现的 GAP 归 - VOT
	VOT（噪音起始时间）	（1）VOT 起始点的规定：噪音起始时间通常指破裂音除阻到后面元音声带振动起始的时间，我们把元音第二共振峰的出现点作为 VOT 的起始点；（2）浊音 - VOT 时长的测量：从 Voice bar 的起始点到浊塞音的冲直条（破裂点），同时要参照上面"浊塞音和浊塞擦音冲直条和嗓音横杠（Voice bar）之间出现的 GAP 归 - VOT"的规定
	CA 音强	（1）测量点：目标位置上的强度；（2）目标位置的确定，目标位置因辅音而异，如塞音的目标位置一般在其冲直条上，塞擦音、擦音和鼻音的目标位置一般在有声段时长的前 1/3 处（理由：该位置较少受前后音段的影响）；（3）要参照目标位置附近的最大能量

续表

音段	声学特征参数	测量采集方法和原则
辅音	CF （清辅音共振峰）	（1）测量清辅音的 1~5 个共振峰（CF1~CF5）；（2）测量点：清塞音、清塞擦音、清擦音目标位置上的 5 个共振峰；（3）目标位置的确定与 CA 项相同，即塞音的目标位置一般在其冲直条上，塞擦音、擦音和鼻音的目标位置一般在有声段时长的前 1/3 处，该标准也适用于复辅音；（4）参考因素：采集清辅音共振峰时参考辅音与前位和后续元音共振峰之间的延续性和对应性，但测量第五共振峰（CF5）时，不宜与元音共振峰联系，要独立测量，还可以参考 View Spectral Clice
	VF （浊辅音共振峰）	（1）测量浊辅音的 1~5 个共振峰（VF1~VF5）；（2）测量范围：浊塞音、浊塞擦音和鼻冠音的浊音（鼻音）部分，浊擦音共振峰、半元音和 [r, l] 等辅音的共振峰；（3）采集方法：浊塞音、浊塞擦音的噪音横杠 Voice bar 的参数填入 VF1，而 Voice bar 之后的频率填入同一行的 CF1~CF5 中，鼻冠音虽是一个音位，但分两行填写参数，即鼻冠音的前半部分——鼻音部分的参数填入第一行的相应参数 VF1~VF4 中，后半部分的参数填入第二行

表 6 声学特征参数及其测量采集方法和原则（元音和韵律部分）

音段	声学参数	测量采集方法和原则
元音	VD （音长）	（1）元音音长的测量方法：元音音长一般以第二共振峰的时长为准；（2）词末元音的音长问题：以波形没有周期信号为准；（3）半元音与元音界限的判断方法：（a）音强差别，半元音的音强比元音弱；（b）音长差别，半元音时长比元音相对短，一般在 40ms 左右；（c）成阻差别，与元音相比半元音有较明显的摩擦成分，这是它与元音之间的主要差别；（4）复合元音的测量方法：首先要找到两个元音的目标点，然后把中间的过渡段一分为二分给两个元音，复合元音的元音音长不一定是等长的；（5）波形可以作为判断半元音与元音、二合元音前后位元音界限的参考依据
	VA（音强）	采集音强曲线峰值，同时兼顾元音是否在目标位置附近
	TF （共振峰前过渡）	元音 4 个共振峰前过渡（TF1~TF4）的测量方法：测量点选在元音起始点
	F （共振峰）	（1）测量采集原则：测量点选在元音共振峰（F1~F4）目标位置；（2）元音共振峰目标位置的特点：（a）相对平稳；（b）共振峰模式典型；（c）能量相对强；（3）测量方法：在 CV 音节中，目标位置尽量选择相对靠后的点，在 VC 音节中目标位置尽量选择相对靠前的点，在 CVC 音节中目标位置尽量选择中间位置；（4）测量元音共振峰时可以参考如下原则：在所有元音中 [i] 的 F1 和 F2 的距离最远，[a] 的 F1 最高，F1 与 F2 较接近，[u] 的 F1 和 F2 最低、最近，[e] 的 F1、F2、F3 分布较均匀
	TP （共振峰后过渡）	元音共振峰后过渡 TP1~TP4 的测量方法：测量点选在元音结束处

音段	声学参数	测量采集方法和原则
韵律	FD （韵母总时长）	韵母的定义：音节中除了声母，后面都是韵母（元音或元音＋鼻韵尾等辅音），非声调语言不测量
	TD （调长）	测量方法：测声调语言调型段内元音（韵母）的音高曲线长度（不包括调型的弯头降尾部分），非声调语言不测量
	SF（调型起点） BF（调型折点） EF（调型终点） BD （调型起点至折点时长）	（1）调型的起点 SF 频率的测量方法：不包括弯头部分，声调和非声调语言均以元音测量，数据放在元音记录行； （2）调型的折点 BF 频率的测量方法：声调中断问题的解决方法，暂采用人工自然连接的方式； （3）调型的终点 EF 频率的测量方法：不包括降尾部分； （4）调型起点至折点 BD 的时间长度的测量方法：无特别提示

4.4　标注原则与方法

自 2012 年 2 月我们课题组开始着手编写 PRAAT 脚本程序，到目前为止已投入使用的工具（程序）有以下几种。（1）自动添加 8 层标注层工具。该工具能够自动生成八层标注文件，分别为：P（音素）、S（音节）、W（词）、PI（音高）、IN（音强）、FO（共振峰）、BS（嗓音横杠和冲直条）、CS（辅音谱重心、偏移量、偏移度）等。其中，第 1 ~ 3 层为语音标注层，第 4 ~ 8 层为参数标注层。（2）自动增加 5 层标注层工具。该工具在原 1 ~ 3 层语音标注层的基础上能够自动增加第 4 ~ 8 层标注层和词边界。（3）自动转换标注文件工具。该工具能够将同一种语言或方言一位发言人的标注文件转化成另一位发言人的标注文件，节约语音标注时间。（4）自动反转前三层并加五层工具。该工具能够自动反转前三层并增加五层。（5）参数自动标注工具（3.1 版）。该工具目前能够自动标注除第 4 层（PI）和第 7 层（BS）以外的参数。（6）参数自动提取工具（3.9 版）。该工具目前能够自动提取 1 ~ 8 层的参数并自动转化成 TXT 文件。

4.4.1　标注层

以下为 1 ~ 8 层标注层的内容和标记、标注方法。

第一层 P（Phone）为音素（音段 segment）层。该层以音段为单元进行标注。要标注目标词每一个音段的准确界限并按照"音位变体标记原则"[①]

---

① 从音位学理论的视角看，第一层为音位变体标注层，第二、第三层为音位标注层；在具体标注时，第一步需要标注第三层词的界限，然后再标注第一或第二层。

（发音人怎么说就怎么记，即完全按照声学特征标音）进行标音。

第二层 S（Syllable）为音节层。该层以音节为单元进行标注。在第一层的基础上，要标注目标词每一个音节的界限并按照"音位标记原则"（按照目标语言音位系统）进行标音。

第三层 W（Word）为词层。该层以词为单元进行标注。在第一、第二层的基础上，标注目标词界限并按照"音位标记原则"进行标音。

第四层 PI（Pitch）为音高曲线标注层。该层以音节为单元进行标注。要采集每个音节音高曲线的起始点、折点和结束点等三个点的音高参数，避开音高曲线的"弯头降尾"。音高曲线如果出现"断线"现象，可以人为地延伸。该层尚未自动化。

第五层 IN（Intensity）为音段音强标注层。该层以音段为单元进行标注，只采集每个音段最强点的参数。如果是多音节词，一定要采集每个音节的最强点。该层已实现自动化。

第六层 FO（Formant）为音段共振峰标注层。该层以音段为单元进行标注，要采集每个音段包括元音、浊辅音和清辅音的共振峰和强频集中区频率，统称共振峰频率。其中，元音共振峰要采集三个点，即前、后过渡和目标点频率；清、浊辅音只采集一个点，即目标点共振峰频率。缺少的共振峰用","号（必须是英文逗号）替代。如，200,,3200,,4600，表示没有 F2 和 F4。该层虽然已实现自动化，但对清辅音共振峰提取错误率较高，提取完参数后必须严格检查。目的：一要检验数据的准确性，二要检查没有显示共振峰的","号，特别是清辅音的 F1 一般都不显示。这时一定要手动修改，如:,1200,3200,3800,4600……标记所提取的共振峰位置时，特别注意要避开盲点。

第七层 BS（Voice Bar & Spike）为塞音，包括塞音、塞擦音浊音横杠或冲直条标注层，是音长参数标注层。（1）清塞音和塞擦音，要分词首和非词首。其中，要标记非词首的冲直条位置，不标记词首的，用词界限代替。（2）浊塞音和塞擦音，要标记所有浊塞音和塞擦音的冲直条位置。其中，非词首的有两种情况。第一种为如果嗓音横条（Voice Bar）之前有 GAP，要标记嗓音横杠起始点位置和冲直条位置。第二种为如果嗓音横杠之前没有 GAP，即嗓音横杠直接与前音节元音的 F1 连接时，只标记冲直条位置。这种情况下，只有嗓音横杠长度和 VOT 长度。该层尚未自动化。

第八层 CS（Consonant Spectrum）为除塞音（塞音和塞擦音）以外其他辅音的谱重心、偏移量和偏移度标注层。该层已实现自动化，只标记词的界限即可（参见图7）。

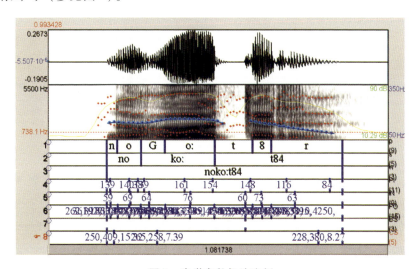

图7　声学参数标注实例

提示：（1）"参数自动标注"程序的用法：一定要用 PRAAT 的 Open PRAAT script 打开；先标注完后，run 改程序。注意：run 之前要检查光标是否在 TextGrid 上（不能在 Sound 上）；要检查 PI、IN、FO 等是否显示；PRAAT 的 run 完之后，要检查数据。其中，特别注意检查清辅音共振峰数据。如果有修改部分，不能再 run，一定要保存。（2）关于 PRAAT 有些参数的设定问题。Formant Settings：分析男性发音人语料时，设定为 5000Hz；女性为 5500Hz。Pitch Settings：分析男性发音人语料时，设定为 75～300Hz；女性为 100～500Hz。这些设定，对参数的影响不会很大。上述设定是开发 PRAAT 软件的工程师们的建议，我们应该遵循。

4.4.2　辅音的声学表现

辅音在语图（spectrogram）上的声学表现可以分解为以下基本模式。

冲直条（Spike）：塞音破裂产生的脉冲频谱，表现为一直条，时程很短，10～20ms，意味在所有的频率成分上都有能量分布。

无声空间（Gap）：在塞音和塞擦音破裂之前有一段空白，这是辅音成阻、持阻时段的表现，造成清塞音的效果；这一段虽是空白，但对塞音感知来说是不可缺少的。

嗓音横杠（Voice bar）：这是声带振动的浊音流经鼻腔辐射到空气中在语图上的表现，冲直条之前若有一条 500Hz 以下较宽的嗓音横条，说明这是浊塞音。

乱纹（Fills）：这是气流流经口腔某部位狭窄通道造成的湍流，所有的擦音在语图上都表现为乱纹。

共振峰（Formant）：其定义与元音相同，鼻音、边音都有共振峰。

CS（Consonant Spectrum）：代表辅音的谱重心、偏移量、偏移度。

4.4.3 清辅音共振峰标注原则与方法

元音和辅音在词中的每个共振峰都是围绕各自的一条线上下移动。这些线就像一条橡皮带，随着共振峰的变化而上下摆动。因此，就像图 8～10（为读者展示我们"语音标注库"原始面貌保留 SAMPA 码标注方式，下同）中所显示的那样，词中元音和辅音的每一个共振峰都会绘制一条完美的波浪线。原因：每个人的共鸣腔是固定的，决定上下移动幅度的是舌位（高低前后）。这完全符合发音机理。图 8～10 中几种语言词的共振峰波浪线对于元音和辅音共振峰的理解和采集，特别是对于清塞音、塞擦音和擦音共振峰的准确采集具有非常重要的意义。我们采用"顺藤摸瓜"的方法，可以比较容易地找到清塞音、塞擦音和擦音的几个共振峰。词中元音和辅音的共振峰对应规律为：

F1⇔VF1⇔CF1；F2⇔VF2⇔CF2；F3⇔VF3⇔CF3；

F4⇔VF4⇔CF4；F5⇔VF5⇔CF5

其中，CF1 不稳定，有时比较明显，有时不明显，根据具体表现确定是否采集该参数。有关清辅音共振峰模式，请见图 8～10。

4.4.4 鼻音对其前后音段共振峰的影响问题

如果一个词中有鼻音 [m，n，ŋ]，可能会中断或打乱共振峰连接。这是因共鸣腔的改变或转换而发生的变化，主要表现在元音的 F2 和 F3 之间会出现"多余"的共振峰，即传统语音学中所说的"鼻化"。在这种情况下，忽略鼻音的影响而找到元音共振峰的准确位置是非常必要的（参见图 11）。

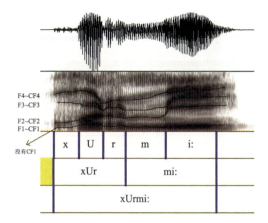

图 8　土族语［xʊrmiː］"裙子"一词的 CF"波浪线"

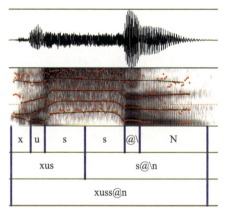

图 9　蒙古语［xussəŋ］"所希望的"一词的 CF"波浪线"

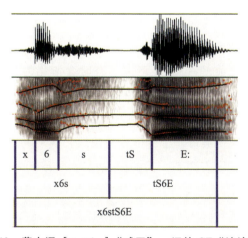

图 10　蒙古语［xɐstʃɛː］"减了"一词的 CF"波浪线"

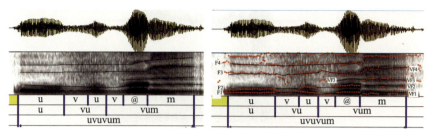

图 11　锡伯语［uvuvəm］"卸（货）"一词的 CF "波浪线"

4.4.5　闪音声学表现及其标注原则与方法

在蒙古、土、东部裕固、鄂温克、鄂伦春和哈萨克等族语言中都有/r/ ~ /ɾ/ 辅音音位。在这些语言中，该音位的出现频率也相当高。目前，我们发现了以下四种变体［ɾ，r，ʒ ~ ʐ，ɹ］。其中，我们对闪音［ɾ］[①] 语图的认识是随着分析语言的增多而逐渐深入的。典型闪音语图是"浊音横杠 + 无声段 + 浊音横杠"。在以往的研究（呼和，2009）中，我们把无声段之后的浊音横杠处理成弱短元音。通过比较上述阿尔泰语系诸多语言闪音之后，我们觉得处理成弱短元音不妥，因为该部分正是把闪音归为浊音的主要依据。通过分析发现，不管出现在什么样的语境下，如元音之间（-VɾV-）、音节首（-ɾV-）和音节末（-CVɾ-）等，闪音都能够保持其"浊音横杠 + 无声段 + 浊音横杠"模式。目前我们区分闪音与颤音的标准只限定在所颤的数量上，即颤一次为闪，两次或两次以上为颤音，即 r = ɾ + ɾ + ……。

图 12 ~ 17 是不同语言和不同位置、不同语境中出现的闪音实例。标注时，以其前元音结束段为起始点（包括暂短的无声短）一直到后面的浊音横杠的结束点作为其音长。

闪音在清辅音之前（ – Vɾ/C 清 – ）有时会清化为［ɹ］音。这种变体在蒙古语中较多，蒙古语族其他语言中也会出现（请见图 16）。

4.4.6　音高曲线三点的标记原则与方法

为了准确无误地采集每一个音节音高曲线，我们制定了以下标记方法。因为阿尔泰语系语言没有声调，为此研究描写词重音时我们只需采集三点

[①]　闪音共振峰参数只采集中间目标位置，不采集前后过渡段。参数填入与该闪音相应的浊辅音字段中，即 VF1 ~ VF4。闪音音强采集点应与其共振峰目标点一致。颤音：标注和时长、共振峰的采集方法与闪音相同，颤音音强采集点应与其共振峰目标点一致。

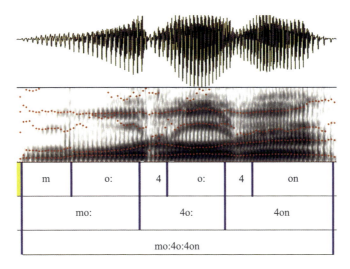

图 12　鄂伦春语 ［mo:ro:ron］"呻吟" 一词的波形图、
三维语图和标注实例

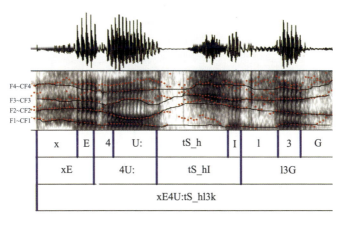

图 13　蒙古语 ［xɛɾʊːʧʰil3ɣ］"责任" 一词的波形图、
三维语图和标注实例

即可。图 18 为音高曲线采集原则和方法。

5. 声学参数自动标注与提取系统

尽管通过二十多年的语音实验研究和描写研究实践，我们团队对语音声学特征有了新的认识，积累了测量和采集声学特征参数的丰富经验，但是声学参数采集工作仍然非常艰难。这是因为仅仅依靠手工标注和采集，一方面，工作量大，错误率高，效率低，无法保证实验方法和实验数据的

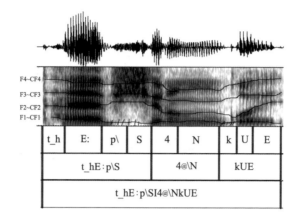

图 14　蒙古语［tʰɛːɸʃɾŋkʊe］"安详的"一词的
波形图、三维语图和标注实例

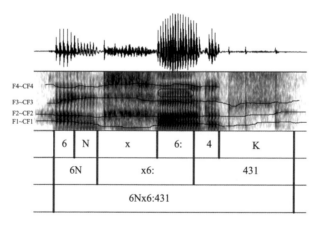

图 15　蒙古语［ɐŋxɛːɾl］"注意力"一词的
波形图、三维语图和标注实例

可重复性，更无法实现语音声学研究工作的规范化和标准化；另一方面，由于声学特征定义及其提取方法和标准难以统一等原因，导致了语言之间难以相互比较、研究成果无法相互借鉴的后果。为了避免上述弊端，必须解决语音声学参数库研制工作的自动化问题，语音声学参数自动标注和提取是首先要解决的问题。

为推动语音声学实验研究工作的规范化和标准化进程，自 2013 年年初开始，根据多年积累的语音声学参数库研制经验，在呼和研究员的倡导下，由周学文副研究员编写完成并投入使用了"语音声学参数自动标注/提取系

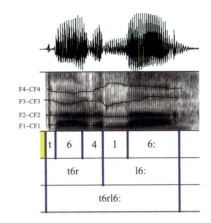

图 16　东部裕固语〔tɐʃlɛːー〕"兴盛"一词的
波形图、三维语图和标注实例

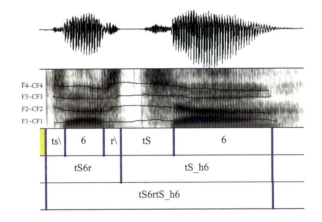

图 17　东部裕固语〔ʧɐɹtɹɐʃ〕"雇工"一词的
波形图、三维语图和标注实例

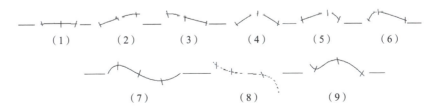

图 18　音节音高曲线模式及其测量方法示意图

统"（周学文、呼和，2014）。该系统具有标准统一、数据完整、简单高效、可校对、能容错的特点。与手动采集声学参数相比，该系统能够减少大量的填写数据的工作量，减少人工标注的随意性，既减少工作量，又降低错误率，能够有效提高语音声学参数库研制效率，确保实验方法和实验数据的准确性和可重复性。

声学参数自动标注和自动提取两个工具共有源代码大约 1500 行，自动标注实现了除冲直条外所有声学参数的自动标注，自动提取软件增加了谱重心、偏移量、韵律参数等新的参数的自动计算和提取，两款软件经过了多个用户、大量数据的运行实践和改进，证明了其稳定和高效，极大提高了参数标注和提取的工作效率。

表 7　八层标注文件结构实例

第一层：音素	音素
第二层：音节	音节
第三层：词	词
第四层：音高	音高（每音节取三点：起点、折点、终点）
第五层：音强	音强（每音素最大音强）
第六层：共振峰	共振峰（辅音一点、元音三点，每点最多五个共振峰）
第七层：浊音杠与冲直条	塞音/塞擦音的浊音杠和冲直条位置（除词首清塞音和清塞擦音以外）
第八层：辅音谱	除塞音/塞擦音以外辅音的谱特征

为了对声学参数进行标准化标注和自动提取以及减少人工标注的随意性，在提出八层标注文件结构（请见表 7）的同时，制订了归一化的标注标准和标注点。该结构涵盖了音段和超音段主要声学特征。标注方法如下：在 PRAAT 环境下将标注文件与语音文件同时打开后，用户按照统一的标注标准和方法，选定标注位置（音高、音强、共振峰和浊音杠与冲直条），执行自动标注软件，系统把具体值自动标注到所选位置上，用户只需校对、修改和确认即可。有了该系统，语音实验人员可以把主要精力集中到对语音特征的分析和比较上，不再为手工填写大量数据而发愁。这样既减少工作量，又降低错误率。

图 19 为自动提取软件运行界面。自动提取软件是一款高效而稳定的软件，它主要完成如下工作。（1）根据 SAMPA - C 码定义，判断音素的元音/

辅音属性。如果是辅音，还要判断其清/浊、塞音塞擦音/非塞音塞擦音属性。（2）根据音节内音素的组合，判断音节类型并得到类型号、音节位置和数量、词/音节/音素长度，将音高值赋予音素，将共振峰值串（可能有逗号分隔的缺省值）分解得到 F1 ~ F5，并根据元音/辅音属性，分别赋予各自的共振峰，将音高赋予音节的属性。（3）根据第七层的冲直条和浊音杠标记，与第一层的音素进行匹配，根据词首/非词首、清/浊属性，将各个标记解释为冲直条或浊音杠，计算得到 GAP、VOT 和音长，再赋值给音素。（4）第八层将计算得到的辅音谱特征值赋予辅音等。

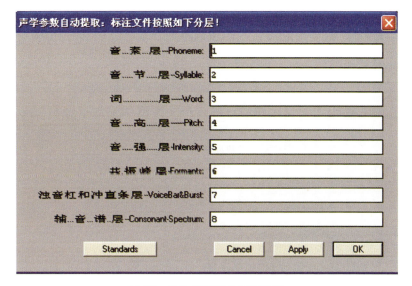

图 19　自动提取软件运行界面

语音声学参数自动标注/提取是我们整个工作的关键。语音声学参数的准确而高效提取能够有效提高语音声学参数库研制效率，确保实验方法和实验数据的准确性和可重复性。声学参数提取技术上的改进为逐步实现语音声学参数库研制工作的全面自动化，推动语音声学参数库研制和语音声学实验研究工作的规范化和标准化进程。类似资源库创建中计算机技术的运用，将需要计算机技术人员和语言学者互相结合、协同作战、进行攻关。

（二）语音声学参数统一平台建设

我们正在建设的统一平台是构建少数民族语言统一（通用）的自然语

言语音处理平台。统一平台将利用现代科技，以数据库（量化和数字化）的形式完整地保存少数民族语言音段和超音段的声学参数。出于对多语种语音系统的全面考虑，选择能有效表征目标语言语音系统各种语音现象的声学特征，把所分析、测量到的数据集合成一个完整的语音声学参数库。在此基础上，研发统一平台。用户利用统一平台可以完成查询检索多语种语音声学参数内所有的信息，可以任意设定查询的组合条件，可以对结果集合按照任意字段排序，可以在结果集合中查询词/音素之间任意切换，可以手动/自动对查询结果集进行选择并把选择的结果输出到 EXCEL 等。统一平台还有统计、分析和分类等功能。随着容纳更多语言声学参数库，可以根据用户需求，改进界面的友好性和系统的强壮性（鲁棒性 Robustness）。图 20 是目前使用的统一平台界面。

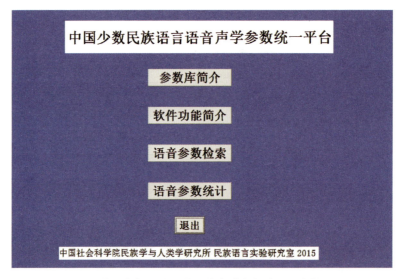

图 20　"中国少数民族语言语音声学参数统一平台"界面

　　基于几种语言语音声学参数库上搭建的统一平台的特点如下。（1）实用性：基本上包含了所有音段的主要声学特征，能够满足所有的参数提取、统计分析和比较研究；（2）稳定性：确保了数据库主要结构的稳定性（参数库的扩充不影响其稳定性），这样才能有利于声学参数的积累；（3）扩充性：确保了数据库的可扩充性，以便满足新参数和结构的微调。该平台能够确保数据库内容的维护，包括增加、删除、修改、查询；确保方便提取所有参数，满足相关研究。

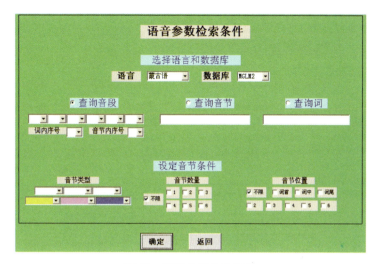

图 21　语音参数检索条件

二　丛书的研究思路、方法和内容

"中国少数民族语言方言实验研究丛书"是基于"统一平台"的研究成果,是我们团队多年合作研究的结晶。该丛书在以往研究的基础上,针对民族语言语音研究的历史和现状,从解决所面临的实际问题出发,采用声学语言学的理论和方法,对目标语言的元音、辅音等音段特征和词重音等超音段特征进行了较全面、系统的定量和定性分析。

(一) 在元音研究方面

(1) 对每一个元音进行系统的统计分析,统计参数 (项) 包括音长、音强、目标位置共振峰及其前后过渡频率。统计内容有平均值、标准差、变异系数、最大值、最小值等。

(2) 基于参数平均值,确定每一个元音的音值,并列举每一个元音的三维语图作为旁证。

(3) 根据每一个元音在声学空间中的分布格局,分析探讨其过去、现在和未来的变化规律。

(4) 观察分析音节数量与元音声学参数之间的关系问题、音节类型与元音声学参数之间的关系问题、辅音音质对元音共振峰的影响问题、辅音位置对元音共振峰的影响问题等。

（二）在辅音研究方面

（1）对每个辅音进行系统的统计分析，统计参数（项）包括音长、音强、目标位置共振峰（CF1～CF3）等，统计内容有平均值、标准差、变异系数、最大值、最小值等。

（2）通过统计每一个辅音在词中不同位置中的出现频率，确定其在词中的出现频率特点。

（3）基于三维语图，阐述每一个辅音声学特点（声学表现）。

（4）根据每一个辅音的共振峰分布模式，确定其在声学空间中的分布特点。

（5）用 VOT－GAP 二维坐标观察分析塞音、塞擦音的声学格局。

（6）用 COG（辅音谱重心，简称谱重心）、STD（相对于谱重心的谱偏移量，简称谱偏移量）和 SKEW（偏离度，低于谱重心的谱与高于谱重心的谱之比）等三个参数探讨了清擦音和浊辅音的谱特点和谱参数分布规律。

（7）观察分析词中位置对辅音的影响问题、后续元音音质对辅音共振峰的影响问题。

（三）在词重音研究方面

从单词韵律模式和词重音问题入手，阐述了语音四要素与目标语言词重音性质之间的关系问题；基于声学参数分析了词重音功能与作用问题，并从类型学的视角对词重音位置问题进行了解释。

（四）在音系研究方面

基于实验音系学理论和方法，对目标语言的音系进行了较全面系统的分析和归纳。

（五）在语音学理论方面

通过解读声学元音图（元音声学空间动态分布图）中不同元音音位及其变体之间的叠加现象，元音阴阳（松紧）属性与和谐律之间的差异性，阐述了音位与变体、属性与规则、规则与实施等层面的绝对性和相对性问题，即语音学理论的相对性和绝对性等问题。

第一章
蒙古语语音研究概况

一　蒙古语及其语音特点

　　蒙古语属阿尔泰语系蒙古语语族，是黏着型语言。一个词干的音节组合和音节数目，因接不同附加成分而改变，因此蒙古语的单词量比较大（但词根和词缀数量相对有限）；蒙古文是音素文字，其属性虽然与英文、俄文等相似，但其各个字母之间从上而下连写，字母因处于词中不同位置而改变其书写形式，从而形成了"形同而音不同，音同而词不同"等复杂对应关系。蒙古语里虽然没有具有对比功能的"重音对子"，但有自己独特的抑扬顿挫、轻重变化的自然节奏（Rhythm）模式和因语音四要素引起的"突显"（Prominence）现象。人们通常把后者叫作"词重音"。蒙古语词重音既没有词汇学（Lexical）意义，也没有形态学（Morphological）意义。但无法否认的现实是词重音位置和性质有其自身的分布规律和特点，它能够影响蒙古语正读法。词重音在蒙古语族语言乃至整个阿尔泰语系语言语音历史变化中的作用问题是阿尔泰语言学界亟待解决的重要问题之一。

　　在蒙古国全境使用蒙古语的人口约有 290 万人（蒙古国家统计委员会 2013 年 7 月 15 日公布的数据）。其中，喀尔喀蒙古族约占全国人口的 80%，即 232 万人。据第六次（2012 年）全国人口普查结果，在中国有蒙古族 5981840 人，其中内蒙古有 4226090 人，黑龙江、吉林、辽宁、甘肃、青海、新疆和其他省、自治区、直辖市有 1755750 人。中国境内的蒙古语可以分为三大方言：内蒙古方言（也称中部方言），包括内蒙古自治区、辽宁、吉林、黑龙江地区蒙古族所操科尔沁、巴林、喀喇沁土默特、察哈尔、鄂尔多斯和额济纳阿拉善等土语（话）；巴尔虎布里亚特方言（也称东部方言），包括内蒙古自治区呼伦贝尔市陈巴尔虎和新巴尔虎等土语（话）；卫拉特方言（也称西部方言），包括新疆、青海、甘肃地区蒙古族所操土尔扈特、额鲁特、察哈尔等土语（话）。这三种方言中内蒙古方言分布最广，人口也占中国蒙古族人口的90%以上（清格尔泰，1991）。

中国蒙古语和蒙古国蒙古语之间只有方言差别。蒙古国的蒙古语以喀尔喀方言为基础，以乌兰巴托（话）为标准音，使用的是以俄文字母为基础的新蒙文。而我国蒙古语以内蒙古方言为基础，以锡林郭勒盟正蓝旗为代表的察哈尔话为标准音（标准话），使用的是传统的蒙古文字（回鹘文）。这是一种纯粹的拼音文字，它是从世界各主要拼音文字的共同祖先腓尼基字母演变而来的。

下面从传统语音学的视角，简单介绍中国蒙古语标准话某些语音特点。

（一）元音系统

蒙古语有 [ɐ, ə, i, ɪ, ɔ, o, ʊ, u] 等8个基本短元音和与之相对应的8个长元音 [ɐː, əː, iː, ɪː, ɔː, oː, ʊː, uː]。另外，还有 [æ, æː, eː, œ, œː, yː] 等6个前元音和 [ɐi, ɔi, oi, ʊi, ui, ɐʊ, ɔɛ, ue] 等8个二合元音。蒙古语元音系统相对复杂。上述元音可以分为松紧（tense-lax，蒙古语传统语言学上称 er_e/em_e 阳阴）和展、圆唇元音。其中，[ɐ, ɐː, æ, æː, ɪ, ɪː, ɔ, ɔː, œ, œː, o, oː, ɐi, ɔi, oi, ɐʊ, ɔɛ] 等为紧（阳）元音；[ə, əː, eː, i, iː, ʊ, ʊː, u, uː, yː, ʊi, ui, ue] 等为松（阴）元音（大纲，2003）。在传统语音学论著中，把蒙古语第4元音标记为 [ʊ]，第6元音标记为 [o]。据国际音标系统和我们的实验数据，更换两个元音的标记符号才符合蒙古语实际情况。本书采用了我们的标记系统。请见表1.1。

表 1.1　蒙古语元音系统及实例

词中位置	音位		音位变体	例　词
	蒙文字母	IPA		
词首音节	᠊	ɐ		᠊ [ɐ], ᠊ [ɐmsɜr]
		ɛ		᠊ [ɛm], ᠊ [ɛk]

续表

词中位置	音位		音位变体	例　词
	蒙文字母	IPA		
词首音节	ᠧ	ə		[mə] , [xəl]
	ᠡ	i		[iʧil] , [ʃim]
		ɪ		[ɪr-] , [ɪnʧik]
	ᠣ	ɔ		[ɔtⁿ] , [ʤəmɔk] , [xɔl]
		œ		[mœr] , [xœl-]
	ᠥ	o		[os] , [pok]
	ᠦ	ʊ		[ʊnər] , [xʊrək]
	ᠤ	u		[ulkər] , [sur]
	ᠶ	ɛːɪ		[luːɪ] , [xɛːʊ]
		ɛː	ɜɜ	[xeːɜk] ～ [xeɜɜk] , [peːɪɜd] ～ [peeɪɜd]
		ie		[luːrie] , [mie]
		iː		[niːlmin] , [siːrək]
		ɪː		[ʧʰɛːɪʧ] , [xeːɪ:ʧ] , [ʃɪːr]
		ɔːc		[uːtⁿɔːc] , [pɔːcɔːn]
	ᠣ᠌	œː	ɜc	[œːr] ～ [ɪɜc] , [nœːtⁿhɜn] ～ [nɜchɜn]
		oː		[oːrɜk] , [sɛːxɪːo]
		ɪo	ɜo	[tʰɪɔɪl-] , [tokoɛ]
		ʊː		[tʊ] , [xʊtʊː]
	ᠣ᠌ᠣ	ʊi		[ʊis] , [pʊxʊi-]
		uː		[uːl] , [suː]
	ᠦᠦ	ui	yː u e	[ʧuitⁿɛː] ～ [ʧyːtⁿhɛː] , [tʰuimin] ～ [tʰyːmi] , [ukue]
	ᠡᠡ	eː		[əxtⁿhere] , [əxtⁿkʰme]
词中词尾音节	ᠸ	ɛ	ɛ	[rəgmʔg] , [ʧʰɛ]
	ᠤ	ɜ	ɵ	[ɔtəmɛc] , [ɔːtⁿɜ]
	ᠡ	~	ɨ	[ɪʧʃa] , [ɪnʧɪk]
	ᠧ		ʔ	[ulk ʔr] , [niːlmʔ]
	ᠤ	ʔ	θ	[ʊrlək] , [xʊrʔk]
	ᠡ		i	[iʧil] , [iʃik]

续表

词中位置	音位		音位变体	例　词
	蒙文字母	IPA		
词末或音节末	ꡙ ꡙ 或没有相应的字母	不承担音位功能，也不构成音节的元音，可以用 [ə] 和 [ɨ] 来标记。		[tɛmənə-]，[omp-ə-]，[tʰɛɜ/ə]，[muŋkə]，[somə]，[muxtʃʰɨl]，[tʃos/ə]，[ut ɨʃɨ]，[xuːx]，[tʰoslɜmtʃɨə]，[ujɨ]，[nərən]

（二）辅音系统

蒙古语有 /n, ŋ, p, pʰ, x, g, m, l, s, ʃ, tʰ, t, tʃʰ, tʃ, j, r, w/ 等 17 个基本辅音音位。另外，还有 /f, k, ts, tsʰ, h, ɬ, tʂ, tʂʰ, ʂ, z, ʒ/ 等 11 个用于借词中的辅音音位。蒙古语是复辅音较丰富的语言，据不完全统计，蒙古语察哈尔土语中有 [ns, nʃ, ntʰ, nt, ntʃʰ, ntʃ, ŋk, ŋkʰ, ŋɣ, ßt, mp, ms, mʃ, mtʰ, mt, mtʃʰ, mtʃ, fs, fx, ftʰ, ftʃʰ, stʰ, st, kt, ɣt, ɣtʃ, xs, xʃ, xtʰ, xt, xtʃʰ, js] 等 32 个复辅音（哈斯其木格，2006）。有关蒙古语辅音系统及实例，见表 1.2。

表 1.2　蒙古语辅音系统及实例

音位		音位变体	例　词
蒙文字母	IPA		
ꡗ	n		[nɛmən]，[san]，[ɛnt]
ꡍ	ŋ		[əŋ]，[xɛŋkɛ] ~ [xɛŋkɛː]
ꡓ	p	p	[pɛx]，[poːr]，[pɛroːn]
		ß	[ʁɛßər]，[ʁɛßx]
		ɸ	[tɔɸtʰɛʔ]，[ʁɛ tʰɛʔ]，[xɛɸsɜr-]
ꡡ	pʰ		[pʰɛtʰpʰ]，[pʰɛl]
ꡅ	x		[xɛr]，[iːex]，[xɛ]
ꡂ	k	k	[kɛl]，[kɛr]，[kɛr]
		ɣ	[ɛɣɛ:r]，[toɣaɣa]，[tоɣɣaːr]
ꡏ	m		[mɛl]，[mɛlɛm]，[mɛ]

续表

音 位		音位变体	例 词
蒙文字母	IPA		
ʎ	l	l	[lɐp] ~ [lɐß] , [mal]
		ɫ	[meɫ xʊ nd] , [pu xɫ əm]
ʎ	s		[senɐ:] , [ɐs]
ʎ	ʃ		[ʃeknɐ:] , [ʃeltʃa] , [ʃax]
͠	tʰ		[tʰɐ:] , [tʰɐl] , [ɐtʰɐ]
͠	t		[ɐtɔ:] , [tɔ] , [tɐl]
͠	tʃʰ		[tʃʰəsa] , [potʃʰ]
͠	tʃ		[tʃɔʃ] , [ʃa]
͠	j		[jɐʃ] , [ɐja]
͠	r	ɻ	[ɐʐa:] , [xuʐu:]
		r	[kɐr] , [mɐtrəm] , [tɐrtɐ]
		ɭ	[ʃɻux] , [xɭux]
͠	w		[ɻawɐ:l-] , [wɐ:r] , [tʰɐwɐ:r]

（三）元音和谐律

元音和谐是阿尔泰语系语言的共同特点。蒙古语有比较严密的元音和谐律，其核心内容是出现在同一个词内前元音对后元音的影响或前后元音之间的互相制约的关系问题。基本原则有两条：首先，松紧元音一般不能在一个词里同时出现，即一个词里的元音，或者都是紧性，或者都是松性，这是最根本的原则；其次是基于松紧和谐上的唇形和谐，具体内容是在紧性圆唇元音中元音 [ɔ，ɔ:，œ，œ:] 后面，只出现紧性 [ɔ:，œ:，o:，ʊ:] 或者以 [o] 起首的复合元音，但 [ɔ] 类元音本身不出现在别的元音后面，[o，o:]（我们标记为 [ʊ，ʊ:]）元音也有类似情形（清格尔泰，1991）。

在蒙古语元音和谐律研究方面所存在的主要问题是：生理学、声学和心理学方面的解释问题，元音和谐与协同发音之间的关系问题等。

（四）音节

传统语音学大部分论著认为，蒙古语口语中有 V、VC、VCC、CV、

CVC、CVCC 等 6 种音节。但是口语中的实际音节类型比这 6 种多而复杂。蒙古语一个词（确切说是词干）里的音节类型和数目，因接不同的构词或构形附加成分而改变。

（五） 词重音

多年来，前辈们依靠"口耳之学"，虽然对词重音位置和性质等问题进行了艰难的探索，但到目前为止，仍未得出一致的意见。如，在位置方面，蒙古语重音是固定的，还是非固定的？如果是固定的，到底固定在哪一个音节上？如果是非固定的，有没有分布规律？在性质方面，是音势重音、音高重音、音长重音、音色重音，还是几个要素共同作用的产物？目前的主流观点是"蒙古语词重音是固定在第一音节上的音势重音"。

二 蒙古语语音研究综述

我们主张把蒙古语语音学的研究历史划分为如下四个阶段：蒙古语文学传统时期（13 世纪～1947 年），蒙古语语音学研究的兴起时期（1947～1966 年），蒙古语语音学研究的发展时期（1976～1989 年），蒙古语语音学研究的新的发展时期（1989 年以后）。

（一） 蒙古语文学传统时期 （13 世纪～1947 年）

蒙古语语音研究从搠思吉斡节儿算起已有近八百年的历史了。在蒙古语文学传统时期，诸多高僧和文人对蒙古语文文字学、正字法、语音学、词法、修辞、翻译学等各个方面都做了大量的工作，撰写了诸多论著。其中，在语音研究方面（传到我们手里的），丹赞达格巴（Danzandagba）的《苍穹念珠》（ǰirüxen-ü tolta-yin tayilburi ogtargui-yin mani xemexü sudur orošibai）①和嘎拉森的《蒙文诠释》（1828 年著）可以代表当时的研究水平。

虽然古代高僧和文人们用古代东方的五行和五脏来牵合五音，写出来

---

① 本书拉丁转写采用 2005 年我国向国际标准化组织（ISO）提交的《蒙古语拉丁转写方案》的转写方法。

的文章如天书，但据丹赞达格巴在 1730 年左右所写的《苍穹念珠》，搠思吉斡节儿（1250～1320）用五行学原理把蒙古文字母（语音）分为五类，如：以 a，e，ang 起头 ga，χa 组为空行（出自喉咙的）；以 i 起头 ya，ša 组为风行（出自舌尖齿腭）；ra，ya，ča 组为火行（颤动头顶发音）；o，u 起头 ma，ba，pa 组和 wa，we 为水行（收拢双唇发音）；da，ta，na，la，sa 组为地行（出自舌尖齿的）等。他提出了元音字母的松紧（阳性、阴性和中性）问题，这是难能可贵的（内蒙古语言文学研究所，1983）。

（二）蒙古语语音学研究的兴起时期（1947～1966 年）

在蒙古语言学研究的兴起时期，内蒙古自治区于 1947 年建立了我国第一个蒙古语文研究室，1949 年 8 月清格尔泰教授的《蒙古文法》在乌兰浩特出版，1950 年开始在中小学讲授"蒙古语语法"课，1952 年建立了蒙古语文研究会，1953 年创建了蒙古语文专科学校，1954 年创办了《蒙古语文》杂志（详见"手稿"）。

我国对蒙古语族语言方言进行全面、系统和深入的研究是从 20 世纪 50 年代中期，即 1955 年和 1956 年的两次大规模的、全国性的语言调查开始的。从 20 世纪 60 年代起，我国学者们为确定标准音，对蒙古语方言土语进行了深入、细致的描写研究和比较研究，提出了许多新见解，同时出版了几部较有影响的著作，解决了语音学方面的诸多问题。代表作有：托达叶娃的《中国蒙古语方言概况》（1956 年），清格尔泰的《中国蒙古语族语言方言概况》（1957 年）和《蒙古语巴林土语的语音和词汇》（1959 年），确精扎布的《关于卫拉特方言音位系统》（1959 年），哈斯额尔敦的《鄂尔多斯方言特点》（1959 年）和内蒙古大学《现代蒙古语》（上、下册，1964 年）等。其中内蒙古大学的《现代蒙古语》代表了当时我国蒙古语语言研究的最高水平。

（三）蒙古语语音学研究的发展时期（1976～1989 年）

20 世纪 70 年代（"文革"之后），我国学者们主要围绕蒙古语方言的划分和标准音问题展开了激烈的讨论。代表作有：孙竹的《关于国内蒙古语方言的划分与标准音问题》（1976 年），哈斯额尔敦、那仁巴图的《我国蒙古语的基础音和标准音问题》（1977 年）和《划分我国蒙古语方言的意

见》（1978 年），清格尔泰的《关于划分中国蒙古语方言的意见》（1978
年），确精扎布的《有关蒙古语基础音和标准音的几个问题》（1978 年），
那达木德的《正蓝旗土语的语音系统》（1978 年）和内蒙古大学蒙古语文
研究室组织编写的《蒙汉词典》①（1977 年）。其中，《蒙汉词典》对我国蒙
古语标准音读音的规范和推广起到了不可忽视的作用。

80 年代初，内蒙古大学蒙古语文研究所组织研究生对蒙古语族各语言
与中国境内的布里亚特语和卫拉特方言等进行深入调查的基础上，编写、
出版了"蒙古语族语言方言研究丛书"。该时期还出版了《现代蒙古语》
（那森等，1982）、《蒙古语简志》（道布，1983）、《蒙古文原理》（诺尔金，
1987）和《现代蒙古语研究概论》（图力更等，1988）等专著。其中，诺尔
金的《蒙古文原理》可以代表当时蒙古语语音学的研究水平。

（四）蒙古语语音学研究的新的发展时期（1989 年至今）

自 1989 年内蒙古大学建立我国第一个蒙古语语音实验室开始，应该说
我国蒙古语语音研究工作进入了一个新的发展时期。我们把这一新的发展
时期划分为声学研究时期或语图仪时期（1989 ~ 2003 年）、声学与生理研究
时期或语图仪和动态腭位仪时期（2003 ~ 2010 年）以及语音声学参数统一
平台时期（2010 年至今）。其中，前两个时期为蒙古语及其方言土语语音研
究时期，第三个时期为蒙古语族乃至阿尔泰语系语言语音研究时期。下面
简单阐述一下蒙古语语音学的这一新的发展时期。

1. 声学研究时期或语图仪时期（1989 ~ 2003 年）

随着时代的发展，现代科学技术在语音研究领域中不断应用，依靠
"纯口耳之学"的传统研究方法遇到了前所未有的挑战。因受其研究方法和
手段的限制，诸多难以解决的语音学疑难问题摆在了我们面前。如，大家
所熟悉的 [ɐ, ə, i, ɔ, ʊ, o, u] 等 7 个元音的准确发音部位问题、非词
首音节短元音的数量和音质问题、词末弱短元音问题、有些基本辅音的音
质和变体问题与音节类型问题以及蒙古语词重音的位置和性质问题，等等。
可以说，20 世纪 80 年代末是我国乃至世界蒙古语语音学从经验学科转型为

---

① 据了解，在"文革"时期内蒙古大学蒙古语文研究所的新特克先生冒着风险偷偷地把《蒙
汉词典》的手稿藏在家里，该词典才免遭灾难。

实验学科的关键时刻。在这种历史背景下，内蒙古大学顺应形势的需求，1989 年在时任副校长包祥教授的大力支持和中国社会科学院民族研究所鲍怀翘、陈嘉猷两位先生的直接指导下，确精扎布、呼和（实施了具体工作）等在内蒙古大学建立了我国第一个蒙古语语音实验室①，恢复了停顿多年的蒙古语实验语音学研究工作②。

　　这一时期的主要工作有以下几项。第一，承担了社会科学基金、自然科学基金和国家各部委的几个项目。如，"蒙古语人机对话中的语音问题研究"（国家社会科学基金项目，确精扎布承担，1992 年结题）和"蒙古语韵律特征声学模型"（自然科学基金项目，呼和承担，2000 年结题，批准号为 19774035）等。第二，研制了"蒙古语语音声学参数库"（呼和等，1997）和"蒙古语韵律特征声学参数数据库"（呼和等，2001）。第三，撰写出版了《蒙古语语音声学分析》（呼和、确精扎布，1999）和 *A Basic Study of Mongolian Prosody*（呼和，2003）等两部专著，发表了几十篇有关蒙古语实验语音学的论文。如《蒙古语察哈尔土语元音的实验语音学研究》（确精扎布，1989a），《有关察哈尔土语复合元音的几个问题——用实验语音学方法研究的阶段性成果》（确精扎布，1989b），《关于蒙古语重音——语音实验中间报告》（确精扎布，1993a），《蒙古语察哈尔话元音松紧的声学分析》（鲍怀翘、吕士楠，1992），《蒙古语察哈尔土语双音节词第二音节短元音的声学分析》（呼和，1996a），《蒙古语/r/辅音的声学分析》（呼和，1996b），《蒙古语元音的长度问题》（呼和，1997a），《关于蒙古语的音节问题》（呼和，1998b），《蒙古语元音声学分析》（呼和，1999b），《关于蒙古语词的突显问题》（呼和，2001），《蒙古语察哈尔土语词末弱短元音的声学分析》（呼和、曹道巴特尔，1996），《关于巴林、察哈尔、科尔沁土语依附元音及其央化问题》《关于巴林、察哈尔、科尔沁土语前化元音实验语音学比较》（白音门德，1998）等。第四，蒙古语实验语音学学科有了呼和（1993、

---

① 在包祥副校长的支持和帮助下，购置了 KAY 5500 型数字语图仪、KAY 声门仪（EGG）和 KAY 6095 型声调仪等仪器设备。
② 早在 20 世纪 50 年代末，以清格尔泰、确精扎布教授为首的老一代语言学家利用浪纹计（Kymograph）等研究过蒙古语辅音的清浊问题（清格尔泰、确精扎布，1959），但因十年动乱而被迫停止。在 20 世纪 80 年代，确精扎布教授在日本东京大学讲学期间，到筑波大学做了一些实验，后来在国内发表了有关蒙古语察哈尔土语元音的两篇论文（确精扎布，1989a、1989b）。

2003），查娜（2001），哈斯其木格（2002），图雅（2003）等实验语音学方向的硕士和博士。

2. 声学与生理研究时期或语图仪和动态腭位仪时期（2003～2010 年）

内蒙古大学蒙古语文研究所虽然早在 1999 年购置了美国 KAY 6300 型动态腭位仪①（EPG），但是真正利用该仪器研究蒙古语语音是 2003 年才开始的。这一时期的主要工作有以下几项。第一，承担了"面向人机对话的蒙古语辅音研究"（白音门德承担，2004 年结项），"蒙古语辅音丛研究"（哈斯其木格承担，2008 年结项），"蒙古语语音合成中韵律建模方法的研究"（呼和承担，2007 年完成，批准号为 60465001）和"基于动态腭位（EPG）的蒙古语标准音协同发音研究"（呼和承担，2012 年结项，批准号为 10874246）等 4 项自然科学基金项目和 1 项国家社会科学基金项目"蒙古语朗读话语韵律特征研究"（呼和承担，2011 年结题，批准号为 07BYY055）。第二，充实和修改了"蒙古语语音动态腭位数据库"（2010 年），研制了"蒙古语朗读话语韵律标注库"（2010 年）。第三，撰写出版了《蒙古语语音实验研究》（呼和，2009）和《现代蒙古语正蓝旗土语音系研究》（宝玉柱、孟和宝音，2011）等两部专著，发表了几十篇学术论文，如《蒙古语辅音腭化问题研究》（呼和，2005a），《基于 EPG 的蒙古语塞音、塞擦音研究》（呼和，2005b），《基于 EPG 的蒙古语/r/辅音研究》（哈斯其木格，2006b），《蒙古语词重音问题》（呼和，2007a），《蒙古语单词自然节奏模式》（呼和等，2008），《基于 EPG 的蒙古语辅音发音部位研究》（包桂兰、哈斯其木格、呼和，2010），《蒙古语语音动态腭位数据库》（哈斯其木格、郑玉玲、呼和等，2010），《蒙古语辅音气流气压初探》（呼和、周学文，2010）。第四，培养了陈秀梅（2004）、敖敦其木格（2004）、白梦旋（2005）、其布热（2006）、阿拉塔（2006）、葛根塔娜（2008）、张淑琴（2008）等实验语音学方向的硕士和博士。

3. 语音声学参数统一平台时期（2010 年至今）

如果说 2010 年之前，蒙古语语音研究者们的研究范围仅在蒙古语及其

---

① 这是我国从美国 KAY 公司购置的两台动态腭位仪之一（另一台在复旦大学）。中国社会科学院民族所鲍怀翘、陈嘉猷和郑玉玲等前辈们利用该仪器研究了汉语普通话辅音，开创了我国动态腭位研究的新局面。可以说，我国汉语普通话动态腭位研究得益于该仪器。

方言的语音研究的话，那么自 2010 年开始他们的视野逐渐拓展到了蒙古语族乃至阿尔泰语系语言的语音研究。通过实施和完成"达斡尔、鄂温克和鄂伦春语语音声学参数库"（教育部重点项目，呼和承担，2011 年结题，批准号为 MZ115-77）和"基于语音声学参数库统一平台的阿尔泰语系诸语言语音研究"（院重大 A 类项目，呼和承担，2013 年结题，批准号为 0900000112），笔者积累了研制语音声学参数库的丰富经验，为进一步研制语音声学参数统一平台打下了坚实的基础。自 2012 年开始实施的国家社科基金重大招标项目"中国少数民族语言语音声学参数统一平台建设研究"（呼和任首席专家，批准号 12 & ZD225，2013 ~ 2017）和中国社会科学院创新工程项目"北方少数民族语言实验研究"（呼和任首席研究员，2013 ~ 2015），"阿尔泰语系语言实验研究"（呼和任首席研究员，编号 2016MZSCX009，2016 ~ 2018）等是"语音声学参数统一平台时期"的标志性工作。

该时期与蒙古语族语言实验研究相关的主要成果有：第一，以蒙古、达斡尔、土、东部裕固、鄂温克、维吾尔和哈萨克等族语言语音声学参数库为主体的"中国少数民族语言语音声学参数统一平台"框架；第二，《基于动态腭位图谱的蒙古语辅音研究》（哈斯其木格，2013），《蒙古语实验语音学研究》（白音门德，2014）和《蒙古语标准音协调发音研究》（包桂兰，2015）等三部专著；第三，主要论文有《蒙古语标准音辅音组合的协同发音研究》（包桂兰、呼和，2011），《蒙古语清擦音实验研究》（包桂兰、哈斯其木格、呼和，2011），《蒙古语陈述句和疑问句语调比较研究》（乌吉斯古冷、呼和，2011），"EPG Based Research on Tongue Position and Its Constraint of Word-Initial Consonants in Standard Mongolian in China"（Huhe. H，Baoguilan，2011），《蒙古语非词首辅音舌位变化及其约束度研究》（包桂兰、呼和，2011），《"中国少数民族语言语音声学参数统一平台"研究》（呼和等，2010），《基于语音声学模型的阿尔泰语系语言亲属关系初探》（呼和，2013），《基于 PAS 的蒙古语标准话辅音气流研究》（呼和、周学文，2013），《基于 EPG 的蒙古语标准话词首辅音舌位变化及其约束度研究》（呼和、包桂兰，2013），《再论蒙古语词重音问题》（呼和，2014），《语音声学参数自动标注/提取系统简介》（周学文、呼和，2014），《蒙古语元音演变的声学语音学线索》（呼和，2015），《蒙古语标准话塞音塞擦音声学分析》（呼和，2015），《语言亲属关系声学语音学线索》（呼和，2015），

《与蒙古语标准话相关的几个问题》（呼和，2016），《关于蒙古语韵律层级单元问题》（呼和，2017），《蒙古语节律特征》（呼和，2017）等；第四，"中国少数民族语言语音声学参数统一平台"时期，在我们团队的指导下完成的硕、博学位论文有《蒙古语标准音清擦音实验研究》（胡红彦，2011），《蒙古语标准音塞音和塞擦音的声学格局研究》（李玲玲，2011），《基于语音声学参数库的土族语元音研究》（韩国君，2013），《基于 EPG 的蒙古语标准音协同发音研究》（包桂兰，2011），《蒙古语标准音朗读语句语调的起伏度研究》（乌吉斯古冷，2011），《蒙古语阿拉善土语语音声学研究》（乌云那生，2012），《基于语音声学参数库的东部裕固语语音研究》（哈斯呼，2014），《基于语音声学参数库的现代蒙古语喀喇沁土语音系研究》（宝音，2015），《土族语音系研究》（韩国君，2016），《达斡尔语音系研究》（哈斯其木格，2016），《基于数据库的东乡语元音声学研究》（呼司乐土，2015）和《基于语音声学参数库的保安语元音研究》（德格吉呼，2017）等。

经过 20 多年的发展，我国蒙古语语音学研究从单一的社会科学学科转变为与自然科学相结合的交叉学科，研究团队从少数学者发展成以硕士和博士为主的，知识结构合理、技术水平较高的科研队伍，研究视野从蒙古语及其方言土语拓展到蒙古语族乃至阿尔泰语系语言。在蒙古语语音研究方面虽然刊登出版了令同行瞩目的一些成果，培养了一批博士和硕士，研究经费来源上也形成了社会科学基金、自然科学基金和国家教育行政等多部门资助的有利局面，但是与汉语语音学研究相比，无论是科研队伍规模，还是研究水平都有较大的差距，特别是蒙古语语音声学工程应用研究明显滞后。显然，我们需要凝集各方资源，努力缩短与汉语和其他强势语言语音研究之间的距离。

三 蒙古语语音声学参数库综述

蒙古语第一个"语音声学参数库"是 1992 年在鲍怀翘、陈嘉猷、徐昂等先生的指导和帮助下，由呼和、曹道巴特尔完成的（确精扎布教授承担的国家社科基金一般项目"蒙古语人机对话中的语音问题研究"的阶段性成果）。我们当时利用的仪器设备为中国社会科学院民族所语音实验室的 KAY 7800 型语图仪，采用的是"长度换算参数"的方法。为降低参数测量采集过程中的错误率，我们课题组对每一项、每一个参数的采集都确定了详细的规则。有些规则在今天看来似乎已经成为常识，但是在当时为了制定这些规则我们课题组绞尽了脑汁。目前我们所采用的声学参数采集标准和参数库框架的雏形是那时形成的。当时的参数库共容纳了932个单词（单音节词286个，占词表的31%；双音节词507个，占词表的54%；三音节词127个，占词表的14%；四音节词12个，占词表的1%），1717个音节（932个词首音节，139个词中音节，646个词尾音节）和4552个音段。发音合作人为斯琴巴特尔（内蒙古大学蒙古语文研究所）和索伦高娃（内蒙古广播电台）。

2009～2012年，我们团队在中国社会科学院重大A类项目"基于语音声学参数统一平台的阿尔泰语系诸语言语音研究"（呼和承担，2013年完成，批准号为0900000112）的资助下，重新研制了"蒙古语标准音语音声学参数库"。该库由索引库、声音库、标注库和声学参数库等4个分库组成。声音库包含两位发音人（M1和M2）3644个单词（1822个/人）的声音文件。发音合作人（两位发音人均为成年男性）：青巴特尔，编号为M1，男，内蒙古锡林郭勒盟镶黄旗人，生前是内蒙古广播电视台蒙语卫视节目主持人；王其格，编号为M2，男，内蒙古锡林郭勒盟正蓝旗人，现为内蒙古师范大学附属中学教师。两位发音人发音纯正、自然；语音材料录制地点：内蒙古大学蒙古学学院蒙古语文研究所标准录音室；录制设备：配有索尼指向性话筒SONY ECM 44B的IBM R51笔记本电脑；分析软件：荷兰阿姆斯特丹大学研制的语音分析软件PRAAT 5.1版。

自2013年开始，在国家社科基金重大投标项目"中国少数民族语言语音声学参数统一平台建设研究"（呼和承担，批准号12 & ZD225）的资助下，我们团队利用PRAAT脚本编写了"语音声学参数自动标注与自动提取工具"，又重新增补和修改了"蒙古语标准音语音声学参数库"。本书采用了最新参数库。该参数库由两位发音人（1男1女）4562个单词（2281个/人，单音节词356个，双音节词1178个，三音节词288个，四音节词59个，多音节词400个），23462个音段（11731个/人）的37项（元音14项，辅音17项，韵律6项）声学特征（参数）组成。两位发音人均为成年。西林其木格，编号为F1，女，内蒙古广播电台播音员；王其格，编号为M1，男，内蒙古锡林郭勒盟正蓝旗人，现为内蒙古师范大学附属中学教师。两位发音人发音纯正、自然。图1.1是该参数库的样本。

功能字段\声学参数	A WN	B WP	C WD	D SN	E SL	F ST	G S	H SD	I P	J PV	K PN	L PO	M GAP	N VOT	O CD	P CA	Q CF1
11109	NGLM2G0029	U4tSI\n3n	0.719	3	1	3	U4	0.179	U		1	3					
11110	NGLM2G0029	U4tSI\n3n	0.719	3	1	3	U4	0.179	r\		2	5			0.066	70	
11111	NGLM2G0029	U4tSI\n3n	0.719	3	2	8	tSI	0.178	tS		3	1	0.068	0.05	0.116	48	1130
11112	NGLM2G0029	U4tSI\n3n	0.719	3	2	8	tSI\	0.178	I\		4	3					
11113	NGLM2G0029	U4tSI\n3n	0.719	3	9	10	n3n	0.363	n		5	1			0.062	70	
11114	NGLM2G0029	U4tSI\n3n	0.719	3	9	10	n3n	0.363		3	6	3					
11115	NGLM2G0029	U4tSI\n3n	0.719	3	9	10	n3n	0.363	N		7	5			0.196	61	
11116	NGLM2G0032	ot84	0.696	2	1	1	o	0.179	o		1	3					
11117	NGLM2G0032	ot84	0.696	2	9	99	t84	0.517	t		2	9	0.147	0.02	0.162	56	786
11118	NGLM2G0032	ot84	0.696	2	9	99	t84	0.517		8	3	9					
11119	NGLM2G0032	ot84	0.696	2	9	99	t84	0.517	r		4	9			0.091	68	
11120	NGLM2G0032	ot84	0.696	2	9	99	t84	0.517	@_		5	9					
11121	NGLM2G0033	@4t_h	0.669	1	1	99	@4t_h	0.669	@_0		1	9					
11122	NGLM2G0033	@4t_h	0.669	1	1	99	@4t_h	0.669	r\		2	9			0.061	61	
11123	NGLM2G0033	@4t_h	0.669	1	1	99	@4t_h	0.669	t		3	9			0.199	61	1635
11124	NGLM2G0033	@4t_h	0.669	1	1	99	@4t_h	0.669	@_^		4	9					
11125	NGLM2G0038	O40E	0.571	2	1	1	O	0.136	o	9	1	3					
11126	NGLM2G0038	O40E	0.571	2	9	8	4OE	0.436	4		2	1			0.054	69	459
11127	NGLM2G0038	O40E	0.571	2	9	8	4OE	0.436	E		3	3					
11128	NGLM2G0039	tS_h6k	0.35	1	1	10	tS_h6k	0.35	tS_h		1	1		0.11		60	688
11129	NGLM2G0039	tS_h6k	0.35	1	1	10	tS_h6k	0.35	6		2	3					
11130	NGLM2G0039	tS_h6k	0.35	1	1	10	tS_h6k	0.35	G		3	5			0.106	57	

功能字段\声学参数	R CF2	S CF3	T CF4	U CF5	V VF1	W VF2	X VF3	Y VF4	Z VF5	AA COG	AB STD	AC SKEW
11109												
11110					537	1340	1770	2751	4310	725	626	3.99
11111	2501	2858	3942	4705								
11112												
11113					286	1412	2239	2693	4191	248	202	16.39
11114												
11115					336	1151	2434	2815		206	209	14.66
11116												
11117	1692	2903	3841	4507								
11118												
11119					355	1442	2047	3474	4663	318	258	8.78
11120												
11121												
11122					1635	2385	3475	4452		1552	1963	1.62
11123	2385	3475	4452									
11124												
11125												
11126	1627	2643	3979							378	369	7.76
11127												
11128	1868	2984	4100									
11129												
11130					548	1362	2462	4033		589	973	4.4

功能字段\声学参数	AD VD	AE VA	AF TF1	AG TF2	AH TF3	AI TF4	AJ F1	AK F2	AL F3	AM F4	AN TP1	AO TP2
11109	0.112	73	382	743	2480	3976	566	927	2311	3289	587	1175
11110												
11111												
11112	0.062	71	583	1886	3007	4191	454	1785	2604	3956	474	1706
11113												
11114	0.105	70	443	1537	2311	3180	687	1439	2352	3286	609	1332
11115												
11116	0.179	73	280	860	2482	3516	364	819	2391	3087	283	1388
11117												
11118	0.108	75	352	1572	2798	3463	395	1363	2317	3515	386	1399
11119												
11120	0.156	70	427	1489	2435	3846	418	1466	2186	3494	373	1430
11121	0.189	74	607	1433	2380	3719	484	1423	2411	3775	339	1519
11122												
11123												
11124	0.22	75	396	1648	2542	3849	530	1610	2573	3820	767	1679
11125	0.136	70	626	1554	2602	3714	577	1532	2695	3877	523	1587
11126												
11127	0.382	76	487	1640	2506	3849	604	1629	2591	3800	774	1784
11128												
11129	0.139	77	871	1494	2623	4062	708	1420	2190	3966	544	1392
11130												

功能字段 / 声学参数	AP TP3	AQ TP4	AR FD	AS TD	AT SF	AU BF	AV EF	AW BD	AX	AY	AZ	BA
11109	2254	3306			109		130					
11110					109		130					
11111					137							
11112	2657	4316			137							
11113					128		76					
11114	2378	3248			128		76					
11115					128		76					
11116	2637	3708			126		135					
11117					145		76					
11118	2486	3859			145		76					
11119					145		76					
11120	2417	3823			145		76					
11121	2311	3585			118	159	82	0.417				
11122					118	159	82	0.417				
11123					118	159	82	0.417				
11124	2362	3785			118	159	82	0.417				
11125	2661	4167			114							
11126					132		79					
11127	2706	3848			132		79					
11128					139		87					
11129	2236	3937			139		87					
11130					139		87					

图 1.1 "蒙古语标准音语音声学参数库"样本

第二章
蒙古语元音声学特征

元音发音特点：（1）声源：声带振动；（2）感知：乐音，声音响亮；（3）时程：相对较长；（4）气流类型：层流；（5）气流受阻方式：气流在口腔中是畅通无阻的，不会遇到阻塞或阻碍；（6）肌肉活动范围：口腔腔壁的肌肉均匀紧张（引自鲍怀翘研究员实验语音学讲义手稿）。这是元音的共性。下面从蒙古语自身的特点总结其元音系统的某些特点。

一　蒙古语元音基本特点

蒙古语元音具有如下几个特点。第一，元音音长具有对比功能。蒙古语有长短对立的 8 对基本元音音位：/ɐ, ə, i, ɪ, ɛ, ɔ, o, ʊ, u/↔/ɐː, əː, iː, ɪː, ɔː, oː, ʊː, uː/。我们的实验结果证明，长短元音不但在音长方面有差别，而且在音质方面也有所不同，但人的耳朵无法区分这种细微差别。第二，有/ɐɛ, ɔɛ, ɪɔ, ɪo, əo, ʊi, ui, ue/等二合元音。二合元音不是元音 + 元音，而是单一的语音单位，是从一个音过渡到另一个音的一串音，是结合十分密切的整体，二合元音的首、后位元音的音质与单元音有所差别。它的发音过程至少有起始段、过渡段和结束段，并且过渡段决定结束段的趋向。描写二合元音时不能忽视过渡段音。第三，蒙古语标准音元音有松、紧（阴阳）之分。松元音（/ə, əː, eː, i, iː, ʊ, ʊː, u, uː, y:, ʊi, ui, ue/）和紧元音（/ɐ, əi, ɛ, ɛ, ɜ, ɜ, ɪ, ɪ, ɪɜ, ɔ, ɔː, œ, œɐ, o, oː, ɑi, ɔi, oi, oɐ, oɛ/）的音质虽然完全不同，但这两类元音共振峰有明显的规律性，主要表现为所有紧元音的 F1 都比松元音的 F1 大，在生理上体现为松元音的舌位都比紧元音高。在声学元音图上的格局为"松在上，紧在下，互不重叠"。第四，具有均匀而严紧的元音和谐律。蒙古语有比较严密的元音和谐律。其核心内容是出现在同一个词内前元音对后元音的影响或前后元音之间的互相制约的关系问题。通过 2006 年 7 月全面、系统的调查，我们发现，在锡林郭勒正蓝旗话中已有了元音和谐律松弛的趋向。如，书面语词中和词尾音节的-eyi-的-ey，大多数情况下变成了［ɛ:］。第五，词中位置对蒙古语元音音长和音色的影响较大。如，在类似 S-S、S-S-S 或 L-L、L-L-L（这里的 S 代表短元音，L 代表长元音）等含有同类元音的双音节或三音节词中，词首音节元音都比非词首音节元音相对长，依次分别为：词首音节元音长度 > 词中音节元音长度 > 词尾音节元音长度。这里所指的长短指物理长度，而不是指音系学上长短元音的相对长短。音节间（音步内）的短暂的停延是造成这一差异性的主要原因之一。第六，非词首音节短元音有了央化或［ə］化趋势，从而正在形成词首和非词首音节短元音之间的新的对立。第七，正在进行着部分央、后元音的前化和二合元音的前、长化过程。如，［ɐ］→［ɜ］，［ɔ］→［œ］；［ɪɐ］→［ɛ:］，［ɪɔ］→［œ:］，［ui］→［y:］。第八，词末短元音的音位和成音节功能已经消失，从而形成了成音节（Syllabic）和非成音节（Non-syllabic）元音的新的对立。我们曾把非成音节元音称为"弱短元音"。

　　总之，蒙古语元音系统中存在如下对立：词首和非词首音节对立；长、短对立；圆、展唇对立；单、复对立；松、紧对立（阴阳对立）；音位和非音位的对立；成音节和非成音节元音的对立等。见表 2.1。

表 2.1　蒙古语元音分类

分类标准		分　类　结　果
位置	词首音节	［ɐ, ɐ:, ɛ, ɛ:, ə, ə:, i, i:, ɪ, ɪ:, ɔ, ɔ:, œ, œ:, o, o:, ʊ, ʊ:, u, u:, y:; ɜɐ, ɜɔ, ɪɔ, əʊ, ʊɪ, ui］
	非词首音节	［ɜ, ə, i, ɨ, ɐ, θ, ʐ, ɨ; ɐ: ɪɐ ɪɛ ɪɜ ɪə ɪ: ɛ:, ə:, e:, i:, ɪ:, ɔ:, œ:, ʊ:, u:; əʊ, ɪɔ, ʊɪ, ue］
时程	短	［ɐ, ə, i, ɪ, ɔ, œ, o, ʊ, u; ɜ, ə, i, ɨ, ɐ, θ; ʐ, ɨ］
	长	［ɐ:, ɛ:, ə:, i:, ɪ:, ɔ:, œ:, ʊ:, o:, u:, y:; ɜɐ, ɜɔ, ɪɔ, əʊ, ʊɐ, oi, ui, ue］
唇形	圆唇	［ɔ, ɔ:, œ, œ:, o, o:, ʊ, ʊ:, u, u:, y:; ɜɔ, ɪɔ, əʊ, ʊɪ, ui, ue; ɐ, θ］
	展唇	［ɨ ə; ɜɐ ɐ, ɐ:, ɛ, ɛ:, ɪɜ ɪɛ e:, i, i:, ɪ, ɪ:, ɪɐ; ɜ, ə, i, ɨ］

续表

分类标准		分 类 结 果
结构	单	[ɐ, ɐː, ɛ, ɛː, ə, əː, eː, i, iː, ɪ, ɪː, ɔ, ɔː, œ, œː, o, oː, ʊ, ʊː, u, uː, yː; з, ə̯, ɿ, ɨ, ɤ, θ; ə̣, ɿ̣]
	复合	[uɐ, ɔɛ, ɪɔ, əʊ, ʊi, ui, ue]
发声类型	紧	[ɐ, ɐː, ɛ, ɛː, ə, əː, ɪ, ɪː, ɔ, ɔː, œ, œː, o, oː; uɐ, ɔɛ, ɪɔ, əʊ; з, ɿ, ɨ, ɤ]
	松	[ə, əː, eː, i, iː, ʊ, ʊː, u, uː, ʊi, ui, ue; ə̣, ɿ̣, θ]
功能	音位功能	音位	词首音节短元音音位: /ɐ, ɛ, ə, i, ɪ, ɔ, œ, o, ʊ, u/ 非词首音节短元音音位: /з ~ ə̯/ 词首和非词首音节长、复元音音位: /ɐː ɛ; ɛː, əː, eː, iː, ɪː, ɔː, œː; uɐ, oː; ʊː, uː; ɔɛ, ʊi, ui/
		非音位	[ə̣, ɿ̣]
	音节功能	成音节	[ɐ, ɐː, ɛ, ɛː, ə, əː, eː, i, iː, ɪ, ɪː, ɔ, ɔː, œ, œː, o, oː, ʊ, ʊː, u, uː, y, ɔɛ, ɔɛ, ɪɔ, əʊ, ʊi, ui, ue; з, ə̯, ɿ, ɨ, ɤ, θ]
		非成音节	[ə̣, ɿ̣]

二 元音声学特征参数及分析方法

（一）共振峰

在描写和阐述元音声学特征时，首先要阐述元音共振峰问题。因为它是元音音质最主要的声学特征（参数），由声带振动作为激励源经声腔共鸣而形成的。因不同元音有其不同的声腔形状，故有其不同的共振峰模式（Formant Pattern）。一般说每个元音有 5 个共振峰，习惯用 F1、F2、F3、F4、F5 等符号表示。其中，F1 和 F2 对元音音色起到重要的作用；圆唇作用（唇形面积减小），虽然会使所有共振峰频率降低，但受影响的程度是不同的，其中对 F2 的影响较为明显；F3 与舌尖翘舌动作有关，舌尖上翘越向后移（卷舌动作）舌面下凹，舌根微抬，此时声道被明显地分割成三个腔体，F3 会出现明显的下降。舌尖元音也有类似倾向（鲍怀翘，2005）。本书主要利用 F1、F2 和 F3 等参数描写蒙古语元音的音质和松紧等特征。图 2.1 为男性发音人（M1）所说的 [piːr] "笔"、[ɣɐ] "米糠" 和 [suːɬtʃʰ] "最后的" 等词中 [iː]、[ɐ]、[uː] 等元音的共振峰分布模式。

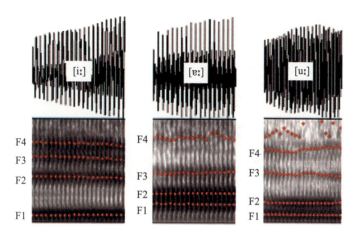

图 2.1　[i:]、[ɐ:]、[u:] 等元音的共振峰模式（M）

（二）声学元音图（元音共振峰图）

在语音学研究中共振峰是十分重要的参数，但是只有把它与元音的舌位状态联系起来并能有效、形象地说明它们之间的区别时，才是有用的，就像元音舌位图一样给人以直观、逼真的视觉效应。声学元音图要利用共振峰的数值将元音安排在适当的位置上，既能与舌位图相比较，又能符合听感上的区别距离（鲍怀翘，2005）。Eli Fischer-Jørgensen（1958）认为，声学元音图应成为能安排某一特定语言音位及其变体的声学空间。从该目的出发，人们一直在尝试用各种数值单位和不同坐标系统的声学元音图。如，Joos 型声学元音图（1948）、Fant 型声学元音图（1958）和 Ladefoged型声学元音图（1976）等。本书使用 Joos 型声学元音图分析和阐述蒙古语元音的声学模型（格局）。如，图 2.2 为男性发音人词首音节所有短元音的声学元音图。

（三）元音的音长、音高和音强

元音声学特征除共振峰外，还有音长、音高和音强等参数。对于像蒙古语这种元音音长具有对比功能的音长语言来说，音长特征尤为重要。如，从图 2.3 中，我们可以看到如下有趣的现象，随着词首音节长元音、词首音节短元音和非词首音节短元音的发音时间（音长）的相对缩短，元音舌位三角形变小，构成了大中小三个不同的三角形（引自呼和，2009）。

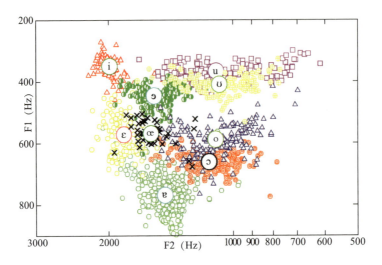

图 2.2　蒙古语词首音节短元音声学元音
（国际音标位置为平均值，下同）

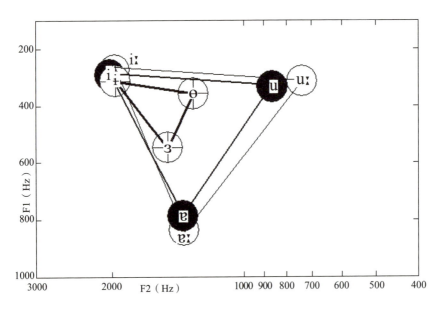

图 2.3　词首音节长元音（空心圆）、短元音（实心圆）和非词首
音节短元音（十字心圆）的舌位三角形（M）

　　元音音高、音强基本上能够代表其所处音节的音高和音强，因此有必
要分析了解处于词中不同位置（词首、词腰和词尾）的元音的音高和音强。
图 2.4 为蒙古语 4 位发音人几个元音的平均固有音高示意图（引自呼和，

2009)。我们在本章节中重点讨论处于词中不同位置的元音的音长、音高和音强等特征。

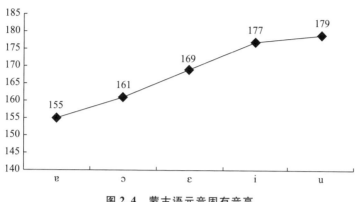

图 2.4 蒙古语元音固有音高

三 词首音节短元音

在"统一平台"中共出现了 [ɐ, ɛ, ə, i, ɔ, œ, o, ʊ, u] 等短元音。按照传统语音学的分类，[ɐ, ɛ, ɔ, œ, o] 为紧元音，[ə, i, ʊ, u] 为松元音；[ɐ, ɛ, ə, i] 为展唇元音，[ɔ, œ, o, ʊ, u] 为圆唇元音。

（一）[ɐ] 元音

1. 参数平均值及其音质定位

表 2.2 为 [ɐ] 元音参数统计总表。该统计表显示男女发音人 [ɐ] 元音的平均时长，平均音强分别为 M = 100ms，F = 90ms；M = 73.32dB，F = 70.99dB。该元音 F1 和 F2 的频率均值分别为 M：F1 = 767Hz，F2 = 1461Hz；F：F1 = 926Hz，F2 = 1795Hz。

表 2.2 [ɐ] 元音声学参数统计总表

单位：VD 为 ms，VA 为 dB，F 为 Hz，下同

	M					F				
	VD	VA	F1	F2	F3	VD	VA	F1	F2	F3
平均值	100	73.32	767	1461	2305	90	70.99	926	1795	2921

续表

	M					F				
	VD	VA	F1	F2	F3	VD	VA	F1	F2	F3
标准差	40	3.11	57	137	304	30	3.1	101	200	240
变异系数	40%	4%	8%	9%	13%	28%	4%	11%	11%	8%

我们认为用［ɐ］音标（该音标在国际音标系统中是次开，即次低元音）标记该元音接近其实际音值，而不是传统语言学中常用的［ɑ］标记。参照国际音标元音标记规则和基于蒙古语元音系统特点，我们认为蒙古语标准话［ɐ］元音为低（开）、央、展唇、紧元音。没有定义为次低（次开）元音的理由是：第一，国际音标系统是供世界每一种语言根据其自身特点参照使用的音标系统；第二，每一种语言按照音值最接近的原则选择使用（可以使用前后高低等附加标记）；第三，每一种语言是一个完整系统，根据其音系格局描写音位特征。图2.5为男性发音人［ɐmɛːɾ］"用嘴巴"一词的三维语图。其中，词首元音［ɐ］的目标位置的F1～F4共振峰分别为799Hz、1482Hz、2734Hz、4259Hz。这是［ɐ］元音比较典型的声学语图。虽然其后半段（后过渡）受［m］的影响F1和F2有所下降。

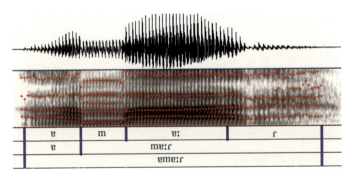

图2.5 ［ɐmɛːɾ］"用嘴巴"一词的三维语图三层标注实例

图2.6为男女发音人［ɐ］元音在声学空间中的分布模式（国际音标位置为其总均值。上图为男性发音人，下图为女性发音人，下同）。可以看出，［ɐ］元音在声学空间中的位置为：F1 = 700～850Hz，F2 = 1300～1700Hz（M）；F1 = 800～1500Hz，F2 = 1600～2000Hz（F）。其在声学空间中的分布方向（趋势）为前高↖，后低↓，请见图中箭头所指方向。

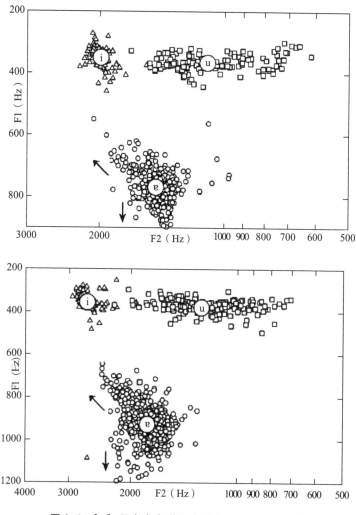

图 2.6 ［ɐ］元音在声学元音图中的位置及其声学
空间中的分布模式（M&F）

图 2.7～2.8 为［ɐ］元音目标位置第一、第二共振峰 F1/F2（绿色空心
圆，下同）及其前过渡 TF1/TF2 和后过渡 TP1/TP2 共振峰（黄色实心圆，
下同）比较图。其中，图 2.7 为目标位置共振峰和前过渡共振峰比较图，
图 2.8 为目标位置共振峰和后过渡共振峰比较图。从图 2.7～2.8 中可以看
出，与目标位置共振峰频率相比，［ɐ］元音前、后过渡段共振峰频率虽然
都有所变化，但后过渡段频率 TP1 的下降比较明显（后过渡段变化大于前
过渡段"后段变化大于前段"），说明［ɐ］元音在其后过渡段中舌位明显上

升（开口度明显变小）。

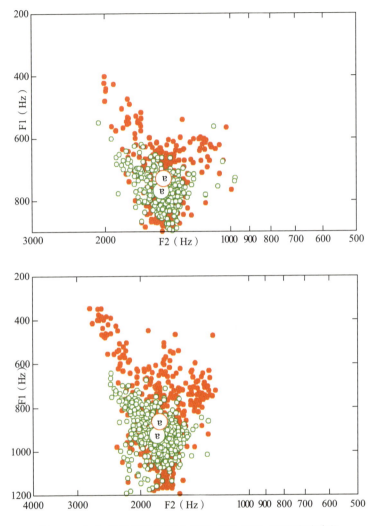

图 2.7　[ɐ] 元音目标位置共振峰（F1/F2）及其前过渡段共振峰（TF1/TF2）比较（M&F）

2. 音节数量与声学参数之间的关系

音节数量与音段声学特征之间的相关性问题是黏着型语言比较重要的议题。表 2.3 为 [ɐ] 元音在单音节和多音节单词中出现的频率统计表。表 2.3 显示，在双音节词中出现的比例最高，约 71%（M）和 67%（F）。这种比例说明了蒙古语双音节词在蒙古语节律中的特殊意义和作用。有关这

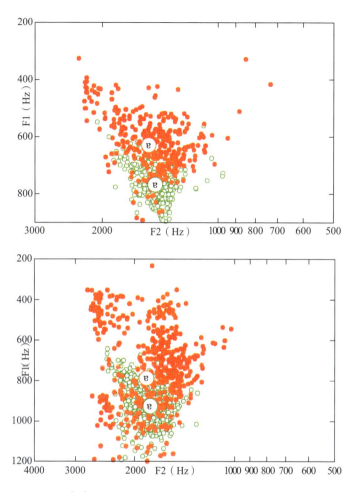

图 2.8 ［ɐ］元音目标位置共振峰（F1/F2）及其后过渡段
共振峰（TP1/TP2）比较（M&F）

一问题请见呼和的《关于蒙古语韵律层级单元问题》［《西北民族大学学报》
（哲学社会科学版）2017 年第 3 期］。

表 2.3 ［ɐ］元音出现频率统计

	单音节词		双音节词		三音节词		共计	
发音人	M	F	M	F	M	F	M	F
出现次数	53	87	231	344	43	86	327	517
百分比	16%	17%	71%	67%	13%	16%	100%	100%

表 2.4 为出现在单、双和三音节词中 ［ɐ］元音的音长（VD）、音强（VA）、共振峰目标值（F）统计表。从表 2.4 中可以看出，音节数量与 ［ɐ］元音音长、音强之间具有一定的相关性。如，该元音音长随着音节数量的增加而相对缩短，而其音强随着音节数量的增多相对变弱（详见表 2.4）。

M：140ms→90ms→80ms；M：76.83dB→73dB→71.05dB

F：110ms→90ms→80ms；F：71.09dB→71.39dB→69.5dB

表 2.4 和图 2.9 显示，男发音人 ［ɐ］元音 F1、F2 频率虽然显示随着音节数量的增多有相对减少的趋势，但女发音人数据没有显示这样的特点。显然，音节数量的增多或减少对元音共振峰的影响不明显或音节数量与共振峰之间几乎没有相关性。有关这一问题有待进一步研究。

表 2.4　不同音节词中 ［ɐ］元音声学参数统计

发音人统计项		M					F				
		VD	VA	F1	F2	F3	VD	VA	F1	F2	F3
单音节词	平均值	140	76.83	808	1449	2344	110	71.1	903	1767	2823
	标准差	0.05	2.61	51	107	185	0.03	1.9	76	166	211
	变异系数	36%	3%	6%	7%	8%	25%	3%	8%	9%	8%
双音节词	平均值	90	73	763	1467	2291	90	71.4	926	1811	2924
	标准差	0.03	2.54	55	147	316	0.02	3.17	105	214	247
	变异系数	34%	3%	7%	10%	14%	25%	4%	11%	12%	8%
三音节词	平均值	80	71.05	740	1444	2338	80	69.5	951	1755	2992
	标准差	0.03	2.84	53	118	346	0.02	3.34	99	173	200
	变异系数	32%	4%	7%	8%	15%	26%	5%	11%	10%	7%

3. 音节类型与声学参数之间的关系

音节类型与音段声学参数之间的相关性问题是我们本书研究的另一个关注点。表 2.5 是 ［ɐ］元音在不同音节类型中的出现比例统计表。该表显示，［ɐ］元音在 CVC 音节中的出现比例最高，到达了 38%（M）、37%（F）。可以说，［ɐ］元音与 CVC 音节之间的关系较密切。

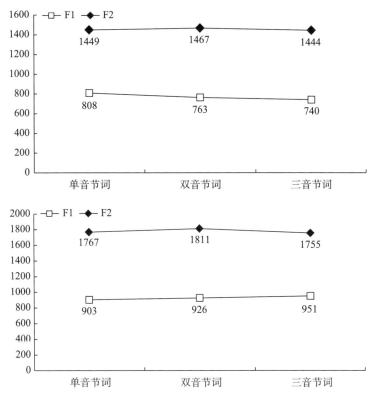

图 2.9 音节数量与共振峰之间关系示意 (M&F)

表 2.5 不同音节类型中 ［ɐ］元音的频率统计

发音人	音节类型	V	VC	VCC	CV	CVC	CVCC	其他	共计
M	出现次数	10	21	15	74	123	56	31	330
M	百分比	3%	6%	5%	22%	38%	17%	9%	100%
F	出现次数	25	35	19	119	183	52	66	499
F	百分比	5%	7%	4%	24%	37%	10%	13%	100%

表 2.6 为出现在不同音节类型中 ［ɐ］元音的声学参数统计表。从表 2.6 中可以看出，音节类型与 ［ɐ］元音有些声学参数之间具有一定的相关性。如，出现在以辅音开头的 CV、CVC、CVCC 等音节中 ［ɐ］元音的第一共振峰

均值相对低：756Hz（M），904Hz（F）[①]；而在以元音开头的 V、VC、VCC 等音节中 [ɐ] 元音的 F1 均值相对高：809Hz（M），1011Hz（F）。显然，出现在以元音开头音节中 F1 的频率比以辅音开头的 F1 的频率分别高约 50Hz（M）和 100Hz（F）。与 [ɐ] 元音第一共振峰总均值（M：F1 = 767Hz，F：F1 = 926Hz）相比，前置辅音降低了该元音第一共振峰频率。请见图 2.10。

有关在词首音节中，前、后置辅音对其元音共振峰的影响如何？前置辅音降低了其后置元音的共振峰，还是后置辅音提升了其前置元音的共振峰？前、后置辅音对其元音哪个共振峰的影响较明显（是 F1，还是 F2）？即对元音舌位前后的影响明显，还是舌位高低的影响明显？这些问题有待进一步探讨。

表 2.6–1　不同音节类型中 [ɐ] 元音声学参数统计（M）

		VD	VA	F1	F2	F3
V	平均值	140	72.5	801	1419	2188
	标准差	0.04	3.6	36	146	403
	变异系数	29%	5%	4%	10%	18%
VC	平均值	130	72.29	812	1488	2477
	标准差	0.03	2.88	38	115	306
	变异系数	26%	4%	5%	8%	12%
VCC	平均值	130	72.27	814	1435	2556
	标准差	0.02	2.09	45	177	320
	变异系数	15%	3%	6%	12%	12%
CV	平均值	80	72.31	743	1473	2293
	标准差	0.03	2.8	53	145	274
	变异系数	34%	4%	7%	10%	12%
CVC	平均值	100	73.84	760	1464	2274
	标准差	0.04	3.07	55	151	288
	变异系数	39%	4%	7%	10%	13%
CVCC	平均值	80	73.18	766	1443	2237
	标准差	0.02	2.93	57	103	310
	变异系数	29%	4%	7%	7%	14%

① 本书各项参数统计均来自成员分头研究的成果，正文与表格难免存在不一致情况，皆为研究过程中的正常现象。

表 2.6 – 2　不同音节类型中 [ɐ] 元音声学参数统计（F）

		VD	VA	F1	F2	F3
V	平均值	90	68.04	1050	1904	2960
	标准差	0.02	4.09	128	221	186
	变异系数	26%	6%	12%	12%	6%
VC	平均值	100	71.66	1017	1746	2979
	标准差	0.03	2.92	100	153	107
	变异系数	26%	4%	10%	9%	4%
VCC	平均值	90	72.79	967	1711	3008
	标准差	0.02	2.12	70	191	244
	变异系数	24%	3%	7%	11%	8%
CV	平均值	80	69.62	907	1848	2896
	标准差	0.02	3.25	103	229	276
	变异系数	28%	5%	11%	12%	10%
CVC	平均值	90	70.92	917	1769	2926
	标准差	0.02	2.69	90.8	184	207
	变异系数	26%	4%	10%	10%	7%
CVCC	平均值	90	73.08	889	1730	2973
	标准差	0.02	2.63	67.9	144	248
	变异系数	24%	4%	8%	8%	8%

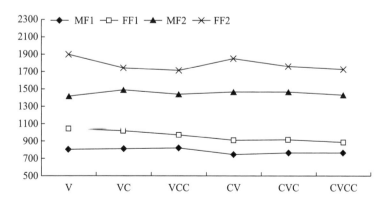

图 2.10　在不同音节类型中 [ɐ] 元音第一（F1）、
第二共振峰（F2）比较（M&F）

4. 辅音音质与声学参数之间的关系

图 2.11 为出现在词首音节不同辅音之后和无前置辅音音节中 [ɐ] 元音音长比较图，图 2.12 ~ 2.13 为出现在词首音节（包括单音节词）[p-, x-, t-, k-, n- ~ m-, l-, s-, ʃ-, tʰ-, ʧʰ-, ʧ-, j-] 等辅音（前置辅音）之后 [ɐ] 元音的第一、第二和第三共振峰前过渡（TF1、TF2、TF3）的变化示意图。其中，图 2.12 为以 TF1 的上升为准排列的，即以舌位自高至低排列示意图，图 2.13 为以 TF2 的上升为准排列的，即以舌位自后至前排列示意图。

图 2.11 显示，辅音音质与 [ɐ] 元音有些声学参数之间具有一定的相关性。如，与该元音音长总均值（男女约 100ms）相比，[ɐ] 元音在不送气清塞音、塞擦音和浊辅音之后的音长（80 ~ 120ms）比其在送气清塞音、

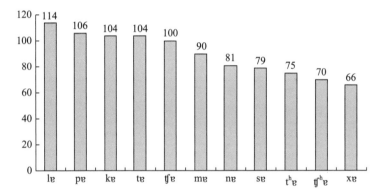

图 2.11 – 1　词首音节不同辅音之后和无前置辅音音节中
[ɐ] 元音音长比较（M）

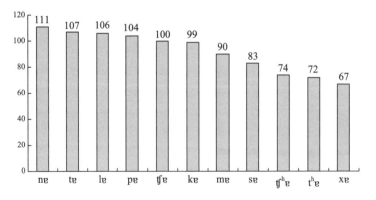

图 2.11 – 2　词首音节不同辅音之后和无前置辅音音节中
[ɐ] 元音音长比较（F）

塞擦音和清擦音（［s］之后音长是［s，ʃ］的均值）之后的（60～80ms）相对长，相差大约20ms。可以看出，前置辅音的发音方法（送气和清擦等）会缩短其后置元音的时长，而不送气和浊等发音方法会延长其后置元音的音长。

从图2.12中可以看到，与F1总均值相比（M：F1 = 767Hz，F：F1 = 926Hz）在清擦音和送气塞音、塞擦音［s，ʧʰ，x，tʰ］等之后的［ɐ］元音TF1值分别上升到700～900Hz（M）和900～1200Hz（F），而在不送气塞音和浊辅音［ʃ，ʧ，j，p，t，l，k，n，m］等之后，却分别下降到500～700Hz（M）和400～900Hz（F）。显然，与［ɐ］元音第一共振峰总均值相比，清擦音和送气塞音、塞擦音［s，ʃ，ʧʰ，x，tʰ］等降低了其舌位高度，而不送气塞音和浊辅音［ʧ，j，p，t，l，k，n，m］等抬高了［ɐ］元音舌位高度。

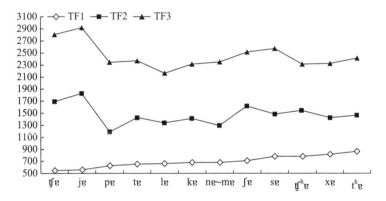

图2.12-1　词首不同辅音之后的［ɐ］元音三个共振峰前过渡
TF1、TF2、TF3等的变化示意（M）

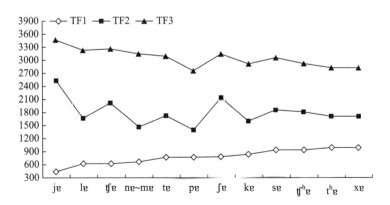

图2.12-2　词首不同辅音之后的［ɐ］元音三个共振峰前过渡
TF1、TF2、TF3等的变化示意（F）

从图 2.13 中可以看到，与 [ɐ] 元音第二共振峰总均值（M：F2 = 1461Hz，F：F1 = 1795Hz）相比，出现在清擦音、塞擦音和半元音 [s，ʃ，ʧʰ，ʧ，j] 等之后的 [ɐ] 元音 TF2 值分别上升到 1500～1900Hz（M）和 1800～2700Hz（F），而在 [p，n，m，l] 等双唇不送气塞音和浊辅音之后，分别下降到 1100～1300Hz（M）和 1300～1700Hz（F）。显然，与 [ɐ] 元音第二共振峰总均值相比，清擦音、塞擦音和半元音 [s，ʃ，ʧʰ，ʧ，j] 等使其舌位前移，而双唇不送气塞音和浊辅音 [p，n，m，l] 等使其舌位后移。

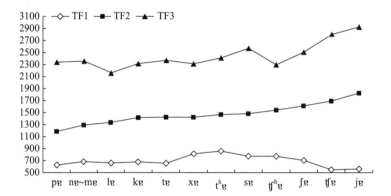

图 2.13 – 1　词首不同辅音之后的 [ɐ] 元音三个共振峰前过渡 TF1、TF2、TF3 等的变化示意（M）

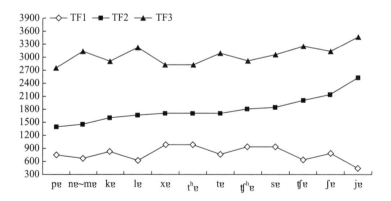

图 2.13 – 2　词首不同辅音之后的 [ɐ] 元音三个共振峰前过渡 TF1、TF2、TF3 等的变化示意（F）

我们初步认为，前置辅音发音方法影响其后置元音舌位高度（开口度），而前置辅音发音部位影响其后置元音舌位前后。有关这一问题有待进一步研究。

5. 辅音位置与声学参数之间的关系

本节我们分析元音前、后置辅音对其声学参数的影响问题，即辅音位置与元音声学参数之间的相关性问题。图 2.14 为在 [ɐs，ɐʃ，ɐx] 和 [sɐ，ʃɐ，xɐ] 音节中出现的 [ɐ] 元音目标位置第一、第二共振峰均值（空心圆为 [ɐs，ɐʃ，ɐx] 音节中目标位置共振峰均值；实心圆为 [sɐ，ʃɐ，xɐ] 音节中目标位置共振峰均值）及其第一、第二共振峰总均值（十字心圆）之间的比较图。可以看出，清擦音发音部位对其前、后置元音目标位置共振峰的影响不明显。显然，我们所采集的元音共振峰目标位置共振峰参数是

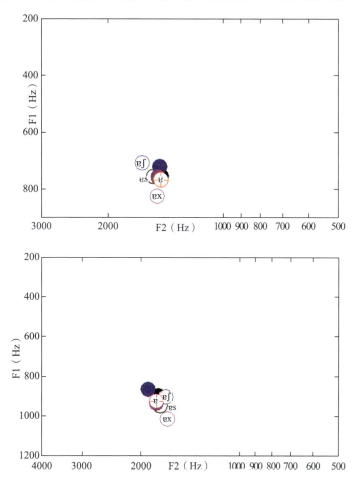

图 2.14　在 [ɐs，ɐʃ，ɐx] 和 [sɐ，ʃɐ，xɐ] 音节中 [ɐ] 元音
目标位置第一、第二共振峰均值比较

比较可靠的。

图 2.15 为在［sɐ，ʃɐ，xɐ］和［ɐs，ɐʃ，ɐx］音节中出现的［ɐ］元音前过渡共振峰 TF1 和 TF2（实心圆）和后过渡 TP1 和 TP2（空心圆）及其第一、第二共振峰总均值（十字心圆）之间的比较。图 2.16 为在［tʰɐ，tɐ，ʧʰɐ，ʧɐ］和［ɐtʰ，ɐt，ɐʧʰ，ɐʧ］音节中出现的［ɐ］元音前过渡共振峰 TF1、TF2（实心圆）和后过渡 TP1、TP2（空心圆）及其第一、第二共振峰

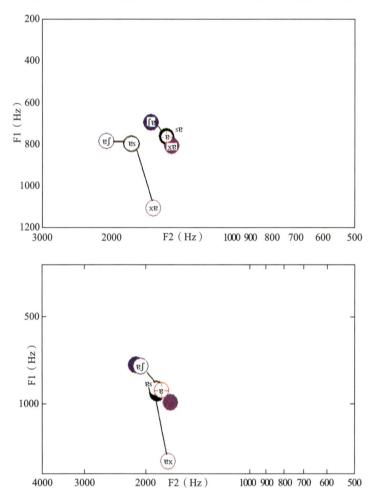

图 2.15 在［sɐ，ʃɐ，xɐ］和［ɐs，ɐʃ，ɐx］音节中出现的［ɐ］元音前过渡共振峰 TF1、TF2（实心圆）和后过渡 TP1、TP2（空心圆）及其总均值（十字心圆）之间的比较（M&F）

总均值（十字心圆）之间的比较图。图 2.17 为在 ［nɐ，mɐ］和 ［ɐŋ，ɐm，ɐŋ］音节中出现的 ［ɐ］元音前过渡共振峰 TF1、TF2（实心圆）和后过渡 TP1、TP2（空心圆）及其第一、第二共振峰总均值（十字心圆）之间的比较图（为方便比较我们把该三张图的刻度进行了适当的调整，详见图 2.16）。

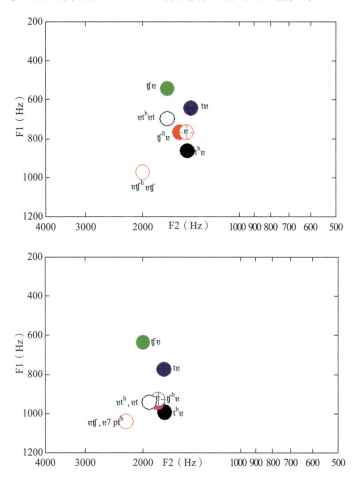

图 2.16 在 ［tʰɐ，tɐ，ʧʰɐ，ʧɐ］和 ［ɐtʰ，ɐt，ɐʧʰ，ɐʧ］音节中出现的 ［ɐ］元音前过渡共振峰 TF1、TF2（实心圆）和后过渡 TP1、TP2（空心圆）及其总均值（十字心圆）之间的比较（M&F）

从图 2.15～2.17 中可以看出，辅音位置与 ［ɐ］元音共振峰之间具有一定的相关性。如，发音方法不同的三组辅音（清擦音 ［s，ʃ，x］，清塞音塞擦音 ［tʰ，t，ʧʰ，ʧ］，浊辅音 ［n，m］）对 ［ɐ］元音前、后过渡段共

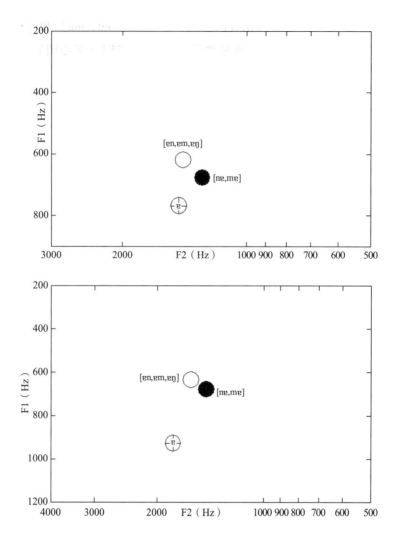

图 2.17　在［nɐ，mɐ］F 和［ɐn，ɐm，ɐŋ］音节中出现的［ɐ］元音
前过渡共振峰 TF1、TF2（实心圆）和后过渡 TP1、TP2
（空心圆）及其总均值（十字心圆）之间的比较（M&F）

振峰的影响都比较明显。从总体上看，后置辅音对其前置元音的影响比前
置辅音对其后置元音的影响相对大，即"后置的影响大于前置"（后大于
前）。请比较十字心圆与空心圆，十字心圆与实心圆之间的距离。该结果与
图 2.8 所显示的结果，后过渡段变化大于前过渡段"后段变化大于前段"
的结论一致。

除位置影响外，辅音自身发音部位和发音方法也会影响元音声学参数。从图 2.15～2.16 中也可以看到，在 ［ɐs，ɪʃ，ɐx］ 和 ［ɐtʰ，ɐt，ɐʧʰ，ɪʧ］ 等音节中出现的 ［ɐ］ 元音，随着后置辅音发音部位的靠后 （［s，ʃ→x］，［tʰ，t→ʧʰ，ʧ］） 其舌位相对降低等现象 （请比较空心圆所代表的辅音）。有关这一问题有待进一步研究。

（二）［ə］ 元音

1. 参数平均值及其音质定位

表 2.7 为 ［ə］ 元音参数总统计表。该统计表显示男女发音人 ［ə］ 元音的平均时长，平均音强分别为 M = 85ms，F = 82ms；M = 71.86dB，F = 71.69dB。该元音 F1 和 F2 的频率均值分别为 M：F1 = 444Hz，F2 = 1552Hz；F：F1 = 407Hz，F2 = 2132Hz.

表 2.7   ［ə］ 元音总统计表

［ə］	M					F				
	VD	VA	F1	F2	F3	VD	VA	F1	F2	F3
平均值	85	71.86	444	1552	2436	82	71.69	407	2132	3037
标准差	0.032	3.63	39	161	135	0.022	2.64	27	238	155
变异系数	37%	5%	9%	10%	6%	27%	4%	7%	11%	5%

据本次实验和以往的研究 （呼和，2009），我们认为该元音为半闭、央、展唇、松元音。图 2.18 为男性发音人 ［ʧʰəkə：ʧ］ "马奶酒" 一词的三

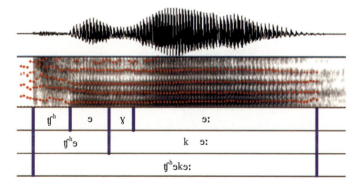

图 2.18 ［ʧʰəkə：ʧ］ "马奶酒" 一词的三维语图和三层标注实例

维语图。其中，词首元音［ə］的目标位置的 F1 ~ F4 共振峰分别为 439Hz、
1480Hz、2308Hz、3721Hz。这是［ə］元音比较典型的声学语图。当然其后
半段（后过渡）因受［ɣ］的影响 F1 和 F2 有所下降。图 2.19 为男女发音
人［ə］元音在声学元音图中的位置及其声学空间中的分布模式。该元音在
声学空间中的分布特点为前高↖和后→方向扩散，请见图中箭头所指方向。
显然，与国际音标的［ə］元音相比，该元音在声学空间中的分布位置偏高
（女发音人的高而前），用国际音标［ə］标记，较接近其实际音质。

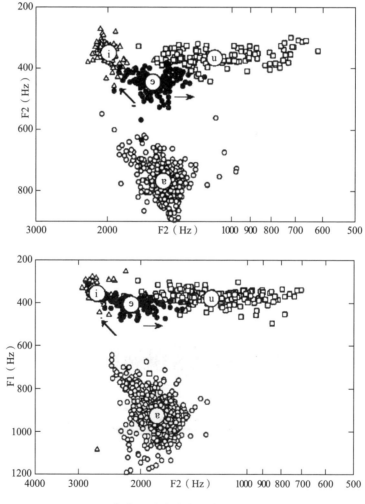

图 2.19 ［ə］元音在声学元音图中的位置及其
声学空间中的分布模式（M&F）

从图 2.19 中可以看到，蒙古语第二元音ㄅ（传统语言学标记为/ə/）在舌位前后维度上位于/i/和/u/之间，与/ɐ/略靠前；在舌位高低维度（开口度）上也靠近/i/和/u/。其中，女发音人舌位高低与/i/和/u/接近，比国际音标央元音［ə］高而前。按照国际音标的记法用［ə］符号标记更接近其实际音质。男女发音人/ə/的格局为我们解释该元音的演变提供了重要的线索。有关这类问题我们将在音系归纳第四章中讨论。

图 2.20 ~ 2.21 为［ə］元音目标位置共振峰及其前、后过渡段共振峰

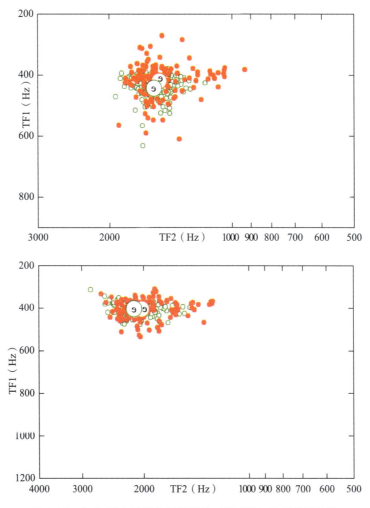

图 2.20 ［ə］元音目标位置共振峰（F1/F2）及其前过渡段
共振峰（TF1/TF2）比较（M&F）

比较图。其中，图 2.20 为目标位置共振峰 F1/F2 和前过渡 TF1/TF2 比较图，图 2.21 为目标位置共振峰 F1/F2 和后过渡 TP1/TP2 比较图。从图 2.20 ~ 2.21 中可以看出，与目标位置共振峰频率相比，［ə］元音前、后过渡段共振峰频率都有所变化。其中，后过渡段频率 TP1 的下降比较明显（"后段变化大于前段"），说明［ə］元音在其后过渡段中舌位明显上升（开口度明显变小）。

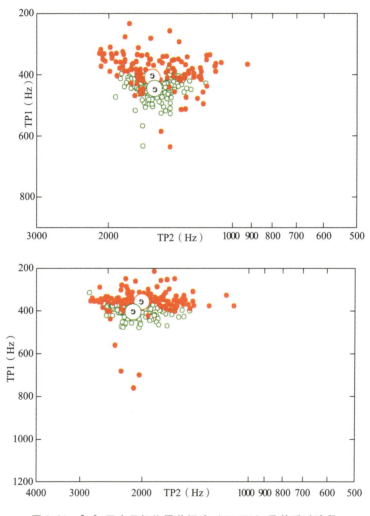

图 2.21 ［ə］元音目标位置共振峰（**F1/F2**）及其后过渡段
共振峰（**TP1/TP2**）比较（**M&F**）

2. 音节数量与声学参数之间的关系

表 2.8 为［ə］元音在单音节和多音节词中出现的频率统计表。该表显示，在统一平台中出现 153 次（M）和 156 次（F）［ə］元音，大约 60%（M）和 53%（F）的［ə］都是在双音节词中出现的。

表 2.8　不同音节中［ə］元音出现频率统计

发音人	音节数目	单音节词	双音节词	三音节词	共计
M	出现次数	27	92	34	153
F	出现次数	35	82	39	156
M	百分比	18%	60%	22%	100%
F	百分比	22%	53%	25%	100%

表 2.9 - 1 和表 2.9 - 2 为出现在单音节词、双音节词和三音节词中［ə］元音的音长（VD）、音强（VA）、共振峰目标值（F）统计表。从表 2.9 中可以看出，该元音音长、音强与音节数量之间具有一定的相关性。如，音长随着音节数量的增加而相对缩短，而其音强随着音节数量的增多相对变弱。如，

$$M：123ms→80ms→70ms；M：75.37dB→71.33dB→70.53dB$$
$$F：100ms→80ms→71ms；F：72.14dB→72.35dB→69.90dB$$

表 2.9 还显示，［ə］元音目标位置的 F1（舌位高低）与音节数量之间有一定的相关性。如，男、女发音人的 F2（舌位前后）随着词中音节个数的增多而提高，呈现出正相关关系。如，M：F2 = 1477Hz（单），F2 = 1555Hz（双），F2 = 1600Hz（三）；F：F2 = 2028Hz（单），F2 = 2143Hz（双），F2 = 2203Hz（三）。

表 2.9 - 1　不同音节词中［ə］元音的声学参数统计（M）

		VD	VA	F1	F2	F3
单音节词	平均值	123	75.37	454	1477	2385
	标准差	0.033	3.08	35	128	88
	变异系数	27%	4%	8%	9%	4%

续表

		VD	VA	F1	F2	F3
双音节词	平均值	80	71.33	437	1555	2427
	标准差	0.025	3.24	36	165	139
	变异系数	32%	5%	8%	11%	6%
三音节词	平均值	70	70.53	457	1600	2502
	标准差	0.022	3.33	45	154	128
	变异系数	32%	5%	10%	10%	5%

表 2.9 - 2　不同音节词中 [ə] 元音的声学参数统计 (F)

	A 类词	VD	VA	F1	F2	F3
单音节词	平均值	100	72.14	413	2028	2906
	标准差	0.0209	2.03	22	233	121
	变异系数	21%	3%	5%	11%	4%
双音节词	平均值	80	72.35	405	2143	3051
	标准差	0.0214	2.52	29	245	141
	变异系数	27%	3%	7%	11%	5%
三音节词	平均值	71	69.9	406	2203	3124
	标准差	0.0147	2.57	27	194	134
	变异系数	21%	4%	7%	9%	4%

3. 音节类型与声学参数之间的关系

统一平台统计结果显示，[ə] 元音共出现 153 次（男）和 156 次（女）。其中，大部分都在 CVC、CVCC 两种音节中出现。

表 2.9 - 3 为出现在不同音节类型中 [ə] 元音的声学参数统计表。从表 2.9 - 3 中可以看出，音节类型与 [ə] 元音声学参数之间几乎没有相关性。如，出现在以辅音开头的 CV、CVC、CVCC 等音节中和出现在以元音开头的 V、VC、VCC 等音节中 [ə] 元音的 F1 均值几乎相等。这一点上与 [ɐ] 元音有所差别，请见图 2.22。

表 2.9 - 3　不同音节类型中 [ə] 元音统计

发音人	音节类型	V	VC	VCC	CV	CVC	CVCC	共计
M	出现次数	9	16	11	28	47	42	153

发音人	音节类型	V	VC	VCC	CV	CVC	CVCC	共计
F	出现次数	5	18	13	29	56	35	156
M	百分比	5%	10%	7%	18%	31%	28%	100%
F	百分比	3%	12%	8%	19%	36%	22%	100%

表 2.10 - 1　不同音节类型中 [ə] 元音的声学参数统计 （M）

		VD	VA	F1	F2	F3
V	平均值	100	69.89	440	1492	2401
	标准差	0.0299	3.03	33	120	86
	变异系数	30%	4%	7%	8%	4%
VC	平均值	105	70.63	443	1499	2430
	标准差	0.0356	3.41	25	146	94
	变异系数	34%	5%	6%	10%	4%
VCC	平均值	125	72.91	456	1457	2414
	标准差	0.0354	3.75	33	178	108
	变异系数	28%	5%	7%	12%	4%
CV	平均值	61	71.46	448	1649	2498
	标准差	0.015	3.23	44	140	164
	变异系数	25%	5%	10%	8%	7%
CVC	平均值	78	71.32	440	1556	2452
	标准差	0.029	3.79	47	176	152
	变异系数	37%	5%	11%	11%	6%
CVCC	平均值	87	73.36	445	1539	2394
	标准差	0.0223	3.24	31	130	96
	变异系数	26%	4%	7%	8%	4%

表 2.10 - 2　不同音节类型中 [ə] 元音的声学参数统计 （F）

		VD	VA	F1	F2	F3
V	平均值	83	72.8	406	2135	3100
	标准差	0.0243	1.94	16	163	150
	变异系数	29%	3%	4%	8%	5%

续表

		VD	VA	F1	F2	F3
VC	平均值	96	72.5	398	2175	3042
	标准差	0.0172	2.09	20	240	135
	变异系数	18%	3%	5%	11%	4%
VCC	平均值	100	73.23	392	2145	3003
	标准差	0.0246	1.48	10	241	139
	变异系数	25%	2%	3%	11%	5%
CV	平均值	74	70.34	406	2257	3114
	标准差	0.0225	3.39	32	228	163
	变异系数	30%	5%	8%	10%	5%
CVC	平均值	79	71.73	410	2098	3009
	标准差	0.0215	2.32	30	242	149
	变异系数	27%	3%	7%	12%	5%
CVCC	平均值	76	71.6	413	2058	3019
	标准差	0.0174	2.57	25	200	150
	变异系数	22%	4%	6%	10%	5%

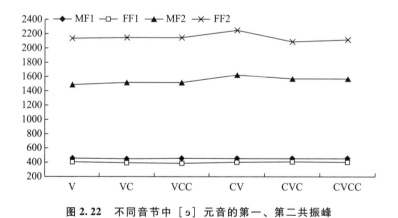

图 2.22　不同音节中 [ə] 元音的第一、第二共振峰均值比较（M&F）

4. 辅音音质与声学参数之间的关系

图 2.23 为词首音节（包括单音节词）［p-、x-、t-、k-、n-、m-、s-、tʰ-、ʧʰ-、ʧ-］等辅音之后和 V 开头音节（无前置辅音）中 [ə] 元音音长

比较图。从图 2.23 中可以看出，辅音音质与［ə］元音有些声学参数之间具有较好的相关性。如，送气辅音和清擦音之后出现的［ə］元音音长为 70ms 左右，而在不送气塞音和塞擦音之后的［ə］元音音长为 90ms 左右，相差 20ms。可以看出，清塞音、塞擦音的送气与否能会够影响其后置元音的时长；辅音对元音［ə］的 F2（舌位前后）有一定的影响，对其 F2 前过渡的影响更为显著。图 2.24 为词首音节（包括单音节词）［p-，x-，t-，k-，n-，m-，s-，tʰ-，ʧʰ-，ʧ-］等辅音之后和 V 开头音节（无前置辅音）中［ə］元音第一、第二和第三共振峰前过渡 TF1、TF2、TF3 的变化示意图，以 TF2 的上升为准排列的，即以舌位自后至前排列示意图。从图 2.24 中可

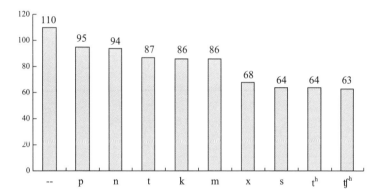

图 2.23 – 1 词首音节不同辅音之后和无前置辅音音节中
［ə］元音音长比较（**M**）

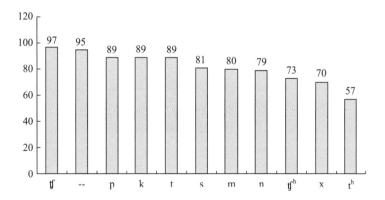

图 2.23 – 2 词首音节不同辅音之后和无前置辅音音节中
［ə］元音音长比较（**F**）

以看到，［ə］元音前过渡在［p-，x-，k-，m-］等辅音之后较低，而在
［t-，n-，s-，tʰ-，tʃʰ-，tʃ-］等辅音之后较高。相比前过渡，［ə］元音目标
位置的 F2 受前置辅音影响的程度不如前过渡显著，但同样表现为在［p-，
x-，k-，m-］等辅音之后较低，而在［t-，n-，s-，tʰ-，tʃʰ-，tʃ-］等辅音之
后较高的特征。

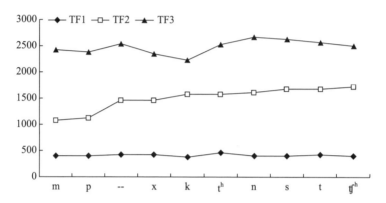

图 2.24 - 1 词首音节［ə］元音三个共振峰前过渡 TF1、
TF2、TF3 等的变化示意（M）

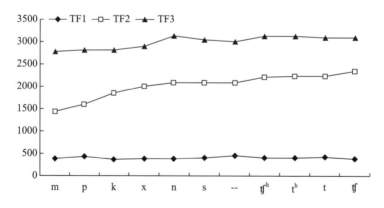

图 2.24 - 2 词首音节［ə］元音三个共振峰前过渡 TF1、
TF2、TF3 等的变化示意（F）

（三）［i］元音

1. 参数平均值及其音质定位

表 2.11 为［i］元音声学参数总统计表。该统计表显示，男女发音人

［i］元音的平均时长、平均音强分别为 M = 86ms，F = 78ms；M = 70.92dB，F = 69.34dB。该元音 F1 和 F2 的频率均值分别为 M：F1 = 347Hz，F2 = 2026Hz；F：F1 = 355Hz，F2 = 2660Hz。

表 2.11　　［i］元音声学参数总统计表

参数 统计项	M					F				
	VD	VA	F1	F2	F3	VD	VA	F1	F2	F3
平均值	86	70.92	347	2026	2878	78	69.34	355	2660	3359
标准差	0.0338	4.52	72	121	246	0.025	2.35	73	155	240
变异系数	39%	6%	21%	6%	9%	31%	3%	21%	6%	7%

据本次实验和以往的研究（呼和，2009），我们认为该元音为高、前、展唇、松元音。图 2.25 为男性发音人［mini:］"我的"一词的三维语图。其中，词首元音［i］的目标位置的 F1 ~ F4 共振峰分别为 353Hz、2180Hz、3093Hz、3666Hz。这是［i］元音比较典型的声学语图，虽然其后半段（后过渡）受［n］的影响 F2 有所下降。图 2.26 为男女发音人［i］元音在声学元音图中的位置及其声学空间中的分布模式。显然，该元音的分布位置较靠前，声学空间中的分布离散度相对小。

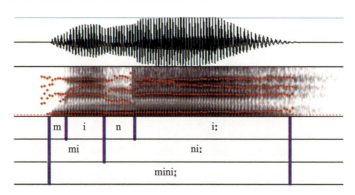

图 2.25　［mini:］"我的"一词的三维语图和三层标注实例

图 2.27 ~ 2.28 为［i］元音目标位置共振峰及其前、后过渡段共振峰比较图。其中，图 2.27 为目标位置共振峰 F1/F2 和前过渡 TF1/TF2 比较图，图 2.28 为目标位置共振峰 F1/F2 和后过渡 TP1/TP2 比较图。从图 2.27 ~ 2.28 中可以看出，与目标位置共振峰频率相比，［i］元音前、后过渡段共

振峰频率都有所变化。其中，前过渡段 TF1 的频率上升，后过渡段 TP1 和 TP2 的频率都有所下降。相比之下，"后段变化大于前段"。

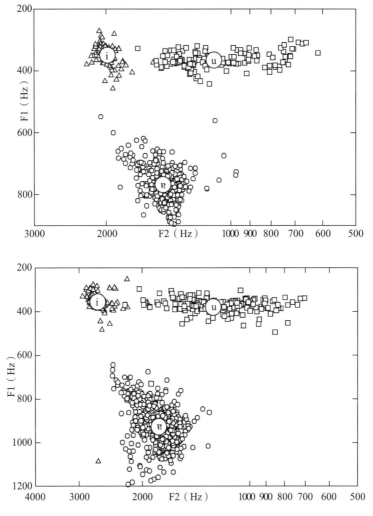

图 2. 26　[i] 元音在声学元音图中的位置及其声学 空间中的分布模式（M&F）

2. 音节数量与声学参数之间的关系

表 2.12 为 [i] 元音在单音节和多音节单词中的出现频率统计表。表 2.12 显示，大约 52% 的 [i] 元音是在双音节词中出现的。

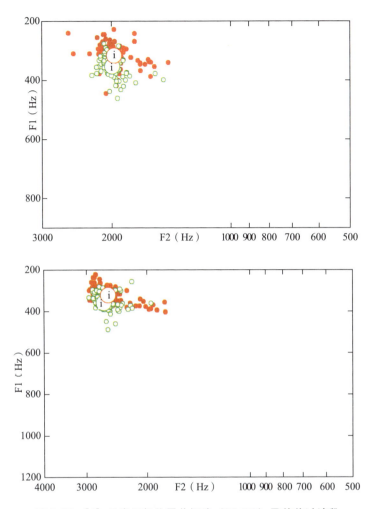

图 2.27 ［i］元音目标位置共振峰 （F1/F2） 及其前过渡段
共振峰 （TF1/TF2） 比较 （M&F）

表 2.12 ［i］元音出现频率统计

发音人	音节数目	单音节词	双音节词	三音节词	共计
M	出现次数	35	65	24	124
F	出现次数	33	63	26	122
M	百分比	29%	52%	19%	100%
F	百分比	27%	52%	21%	100%

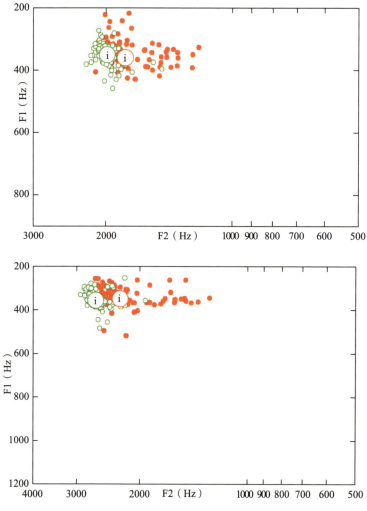

**图 2.28 ［i］元音目标位置共振峰（F1/F2）及其后过渡段
共振峰（TP1/TP2）比较（M&F）**

表 2.13 为出现在单音节词、双音节词和三音节词中［i］元音的音长（VD）、音强（VA）、共振峰目标值（F）统计表。从表 2.13 中可以看出，音节数量与［i］元音有些声学参数之间具有较好的相关性。如，［i］音长随着音节数量的增加而相对缩短，音强随着音节数量的增多相对变弱。

M：109ms→79ms→70ms；M：74.58dB→69.78dB→68.50dB

F：96ms→71ms→74ms；F：69.45dB→69.40dB→69.08dB

表2.13还显示，[i]元音目标位置的F1和F2与音节个数之间没有相关性。男女发音人，其F1和F2较为稳定，如M：F1 = 349Hz（单），F1 = 345Hz（双），F1 = 347Hz（三）；F1：F1 = 358Hz（单），F1 = 342Hz（双），F1 = 382Hz（三）。M：F2 = 2016Hz（单），F2 = 2045Hz（双），F2 = 1990Hz（三）；F1：F2 = 2641Hz（单），F2 = 2671Hz（双），F2 = 2656Hz（三）。

表 2.13 – 1　出现在不同音节词中 [i] 元音的声学
参数统计 （M）

		VD	VA	F1	F2	F3
单音节词	平均值	109	74.58	349	2016	2814
	标准差	0.0415	3.32	24	99	214
	变异系数	38%	4%	7%	5%	8%
双音节词	平均值	79	69.78	345	2045	2930
	标准差	0.0257	4.26	93	117	226
	变异系数	33%	6%	27%	6%	8%
三音节词	平均值	70	68.5	347	1990	2833
	标准差	0.0195	3.35	48	149	306
	变异系数	28%	5%	14%	8%	11%

表 2.13 – 2　出现在不同音节词中 [i] 元音的
声学参数统计 （F）

		VD	VA	F1	F2	F3
单音节词	平均值	96	69.45	358	2641	3330
	标准差	0.024	1.28	27	110	257
	变异系数	25%	2%	7%	4%	8%
双音节词	平均值	71	69.4	342	2671	3370
	标准差	0.0218	2.6	34	167	235
	变异系数	31%	4%	10%	6%	7%
三音节词	平均值	74	69.08	382	2656	3367
	标准差	0.0188	2.7	143	170	225
	变异系数	26%	4%	37%	6%	7%

3. 音节类型与声学参数之间的关系

[i] 元音在统一平台中共出现 124 次（M）和 122 次（F）。其中，大部分 [i] 都在 CV 或 CVC 音节中出现的。如，男发音人 79 次和女发音人 71 次，所占比例达到了 64% 和 58%。

表 2.14　[i] 元音在不同音节类型中的出现频率统计

发音人	音节类型	V	VC	VCC	CV	CVC	CVCC	共计
M	出现次数	12	12	8	36	43	13	124
F	出现次数	12	17	8	32	39	14	122
M	百分比	10%	10%	6%	29%	35%	10%	100%
F	百分比	10%	14%	7%	26%	32%	11%	100%

表 2.15 为出现在不同音节类型中 [i] 元音的声学参数统计表，图 2.29 为根据表 2.15 所画的不同音节中 [i] 元音第一、第二共振峰均值比较图。从表 2.15 和图 2.29 中可以看出，音节类型与元音声学参数之间具有较好相关性。音长在一定程度上受到音节类型的影响，[i] 元音在 V、VC、VCC 等以元音开头的音节中的音长比其在 CV、CVC、CVCC 等以辅音开头的音节中的音长相对长。如，M：在 V、VC、VCC 等以元音开头的音节中 [i] 元音音长均值为 105ms，而在 CV、CVC、CVCC 等以辅音开头的音节中其音长均值为 77ms，相差 28ms；F：在 V、VC、VCC 等以元音开头的音节中 [i] 元音的音长均值为 96ms，而在 CV、CVC、CVCC 等音节中 73ms，相差 22ms。[i] 元音 F2 与音节类型之间具有一定的相关性，即以元音开头的音节中 [i] 元音的 F2 频率比以辅音开头的音节中的频率相对高。请见表 2.15。

表 2.15 – 1　出现在不同音节类型中 [i] 元音的声学参数统计（M）

		VD	VA	F1	F2	F3
V	平均值	100	66	306	2135	3118
	标准差	0.0135	3.44	48	93	226
	变异系数	14%	5%	16%	4%	7%
VC	平均值	98	67.5	298	2103	3110

续表

		VD	VA	F1	F2	F3
VC	标准差	0.0224	4.33	37	96	69
	变异系数	23%	6%	13%	5%	2%
VCC	平均值	117	72.63	316	2066	3040
	标准差	0.023	1.8	24	56	138
	变异系数	20%	2%	8%	3%	5%
CV	平均值	66	70.53	362	1991	2810
	标准差	0.0177	3.86	67	146	262
	变异系数	27%	5%	19%	7%	9%
CVC	平均值	88	71.98	364	2003	2826
	标准差	0.035	4.27	89	105	186
	变异系数	40%	6%	25%	5%	7%
CVCC	平均值	77	74.54	350	2001	2704
	标准差	0.0245	2.71	25	69	210
	变异系数	32%	4%	7%	3%	8%

表 2.15 - 2　出现在不同音节类型中 ［i］ 元音的声学参数统计 （F）

		VD	VA	F1	F2	F3
V	平均值	84	67.42	317	2718	3542
	标准差	0.0204	2.63	26	199	123
	变异系数	24%	4%	8%	7%	3%
VC	平均值	87	68.29	378	2721	3469
	标准差	0.0198	2.76	178	115	187
	变异系数	23%	4%	47%	4%	5%
VCC	平均值	116	70.25	327	2785	3537
	标准差	0.0211	2.11	33	27	122
	变异系数	18%	3%	10%	1%	3%
CV	平均值	62	69.22	350	2632	3314
	标准差	0.0182	2.41	38	197	256
	变异系数	29%	3%	11%	7%	8%
CVC	平均值	80	70.03	363	2626	3310
	标准差	0.0217	1.62	17	117	218

		VD	VA	F1	F2	F3
CVC	变异系数	28%	2%	5%	4%	7%
CVCC	平均值	81	70.14	364	2621	3203
	标准差	0.0251	1.64	24	92	240
	变异系数	31%	2%	7%	3%	7%

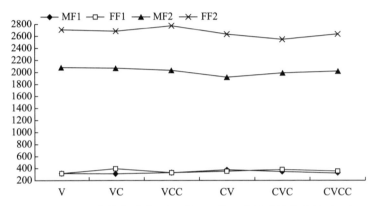

图 2.29 不同音节中 [i] 元音第一、第二共振峰均值比较（M）

4. 辅音音质与声学参数之间的关系

图 2.30 为词首音节（包括单音节词）[p-、x-、t-、k-、n-、m-、s-、tʰ-、ʧʰ-、ʧ-] 等辅音之后和 V 开头音节（无前置辅音）中 [i] 元音音长比较图。从图 2.30 中可以看出，辅音音质与 [i] 元音有些声学参数之间具

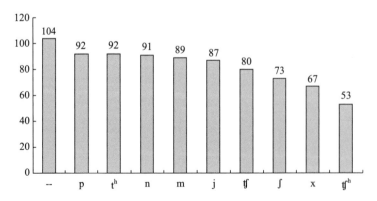

**图 2.30－1 出现在词首音节不同辅音之后和无前置辅音
音节中 [i] 元音音长比较（M）**

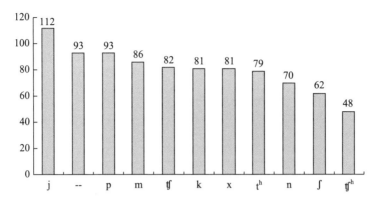

图 2.30 – 2　出现在词首音节不同辅音之后和无前置辅音
音节中 [i] 元音音长比较（F）

有较好的相关性。如，总体上看出现在送气辅音和清擦音之后 [i] 元音的音长比出现在不送气塞音和塞擦音之后的音长相对短；送气辅音和清擦音之后出现的 [i] 元音音长为 65ms 左右，而在不送气塞音和塞擦音之后的 [i] 元音音长为 90ms 左右，相差 25ms。辅音对元音 [i] 的 F2（舌位前后）有一定的影响，对其 F2 前过渡的影响更为显著。

图 2.31 为词首音节（包括单音节词）[p-、x-、t-、k-、n-、m-、s-、tʰ-、tʃʰ-、tʃ-] 等辅音之后和 V 开头音节（无前置辅音）中 [i] 元音第一、第二和第三共振峰前过渡 TF1、TF2、TF3 的变化示意图，以 TF2 的上升为准排列的，即以舌位自后至前排列示意图。从图中可以看到，[i] 元音前过渡在 [m-] 辅音之后较低，而在其他辅音之后较高。相比前过渡，[i] 元

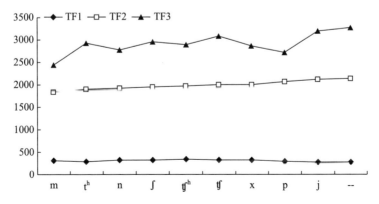

图 2.31 – 1　词首音节 [i] 元音三个共振峰前过渡 TF1、
TF2、TF3 等的变化示意（M）

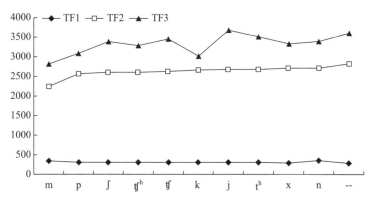

图 2.31 - 2　词首音节［i］元音三个共振峰前过渡 TF1、
TF2、TF3 等的变化示意（F）

音目标位置的 F2 受前置辅音影响的程度不如前过渡显著。

（四）［ɔ］元音

1. 参数平均值及其音质定位

表 2.16 为［ɔ］元音声学参数总统计表。该统计表显示男女发音人
［ɔ］元音的平均时长，平均音强分别为 M = 91ms，F = 91ms；M = 72.6dB，
F = 71.44dB。该元音 F1 和 F2 的频率均值分别为 M：F1 = 660Hz，F2 =
1170Hz；F：F1 = 774Hz，F2 = 1361Hz。

表 2.16　［ɔ］元音声学参数总统计表

	M					F				
	VD	VA	F1	F2	F3	VD	VA	F1	F2	F3
平均值	91	72.60	660	1170	2341	91	71.44	774	1361	3074
标准差	0.0349	4.38	35	161	237	0.02650	3.01	64	168	220
变异系数	38%	6%	5%	14%	10%	29%	4%	8%	12%	7%

据本次实验和以往的研究（呼和，2009），我们认为该元音为次低、
后、圆唇、紧元音。图 2.32 为男性发音人［xɔlɔːs］"从远处"一词的三维
语图。其中，词首元音［ɔ］的目标位置的 F1 ~ F4 共振峰分别为 636Hz、
1126Hz、2529Hz、4150Hz。这是［ɔ］元音比较典型的声学语图。虽然其后
半段（后过渡）受［l］的影响 F1 有所下降。图 2.33 为男女发音人［ɔ］元

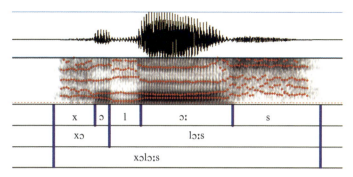

图 2.32　［xɔlɔːs］"从远处"一词的三维语图和三层标注实例

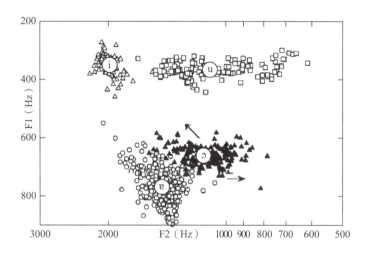

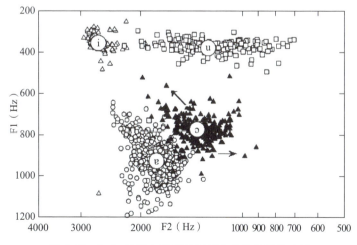

图 2.33　［ɔ］元音在声学元音图中的位置及其声学
空间中的分布模式（M&F）

音在声学元音图中的位置（均值）及其声学空间中的分布模式图。显然，该元音在声学空间中的分布特点为前高↖和后→方向扩散，即趋向 [œ] 元音，请见图 2.33 中箭头所指方向。

图 2.34～2.35 为 [ɔ] 元音目标位置共振峰（F1/F2）及其前、后过渡段共振峰比较图。其中，图 2.34 为目标位置共振峰 F1/F2 和前过渡 TF1/TF2 比较图，图 2.35 为目标位置共振峰 F1/F2 和后过渡 TP1/TP2 比较图。从图 2.34～2.35 中可以看出，与目标位置共振峰频率相比，[ɔ] 元音前、

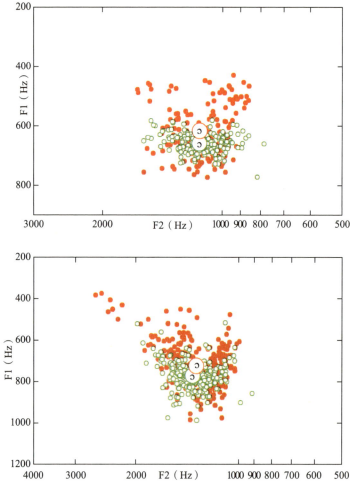

图 2.34 [ɔ] 元音目标位置共振峰（F1/F2）及其前过渡段
共振峰（TF1/TF2）比较（M&F）

后过渡段共振峰频率都有所变化,总体上"后段变化大于前段"。其中,前
过渡段 TF1 的频率有所下降(开口度相对变小),后过渡段 TP1(下降)和
TP2(上升)的频率都发生了较大的变化,与目标位置共振峰相比趋向于
"前高"。请见图 2.35 中的黄色实心圆。

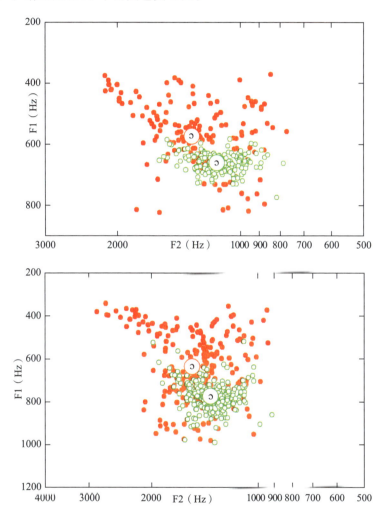

图 2.35 [ɔ] 元音目标位置共振峰(F1/F2)及其后过渡段
共振峰(TP1/TP2)比较(M&F)

2. 音节数量与声学参数之间的关系

表 2.17 为出现在单音节和多音节单词中 [ɔ] 元音的出现频率统计表。

表 2. 17 显示，大约 63% （M） 和 57% （F） 的 ［ɔ］ 元音是在双音节词中出现的。

表 2. 17　［ɔ］ 元音出现频率统计

发音人	音节数目	单音节词	双音节词	三音节词	共计
M	出现次数	39	129	38	206
F	出现次数	62	151	50	263
M	百分比	19%	63%	18%	100%
F	百分比	24%	57%	19%	100%

表 2. 18 为出现在单音节词、双音节词和三音节词中的 ［ɔ］ 元音音长 （VD）、音强 （VA）、共振峰目标值 （F） 统计表。从表 2. 18 可以看出，该元音音长与音节数量之间具有一定的相关性。如，音长随着音节数量的增加而相对缩短，而其音强随着音节数量的增多相对变弱。

$$M：120ms \rightarrow 87ms \rightarrow 73ms；M：77.87dB \rightarrow 71.91dB \rightarrow 69.53dB$$
$$F：107ms \rightarrow 88ms \rightarrow 79ms；F：72.37dB \rightarrow 71.71dB \rightarrow 69.5dB$$

表 2. 18 还显示，［ɔ］ 元音目标位置的 F1 和 F2 与音节数量之间几乎没有相关性。如，男女发音人的 F1 和 F2 频率较稳定。如 M：F1 = 676Hz，（单），F1 = 656Hz （双），F1 = 657Hz （三）；F：F1 = 762Hz （单），F1 = 775Hz （双），F1 = 788Hz （三）；M：F2 = 1121Hz （单），F2 = 1164Hz（双），F2 = 1243Hz （三）；F：F2 = 1357Hz （单），F2 = 1361Hz （双），F2 = 1365Hz （三）。

表 2. 18 - 1　出现在不同音节词中 ［ɔ］ 元音声学参数统计 （M）

		VD	VA	F1	F2	F3
单音节词	平均值	120	77.87	676	1121	2350
	标准差	0.0406	2.84	27	117	149
	变异系数	34%	4%	4%	10%	6%
双音节词	平均值	87	71.91	656	1164	2326
	标准差	0.0297	3.45	32	163	242

续表

		VD	VA	F1	F2	F3
双音节词	变异系数	34%	5%	5%	14%	10%
三音节词	平均值	73	69.53	657	1243	2386
	标准差	0.0258	3.99	43	168	284
	变异系数	35%	6%	7%	14%	12%

表 2.18 – 2　出现在不同音节词中 [ɔ] 元音声学参数统计 （F）

		VD	VA	F1	F2	F3
单音节词	平均值	107	72.37	762	1357	2984
	标准差	0.0249	2.03	56	177	204
	变异系数	23%	3%	7%	13%	7%
双音节词	平均值	88	71.71	775	1361	3081
	标准差	0.0236	3.01	62	166	215
	变异系数	27%	4%	8%	12%	7%
三音节词	平均值	79	69.5	788	1365	3168
	标准差	0.0274	3.17	74	160	211
	变异系数	35%	5%	9%	12%	7%

3. 音节类型与声学参数之间的关系

统一平台统计结果显示，[ɔ] 元音主要在 CV、CVC、CVCC 等音节中出现。如，男女两位发音人 81% 的 [ɔ] 都在这三类音节中出现的。可见该元音主要在以辅音开头的音节中（辅音后）出现。请见表 2.19。

表 2.19　出现在不同音节类型中 [ɔ] 元音统计

发音人	音节类型	V	VC	VCC	CV	CVC	CVCC	共计
M	出现次数	15	17	8	54	63	49	206
F	出现次数	16	22	8	63	85	50	244
M	百分比	7%	8%	4%	26%	31%	24%	100%
F	百分比	7%	9%	3%	26%	35%	20%	100%

表 2.20 为不同音节类型中 [ɔ] 元音的声学参数统计表，图 2.36 为根据表 2.20 画的不同音节 [ɔ] 元音的第一、第二共振峰比较图。从图表中

可以看出，音节类型与〔ɔ〕元音有些声学参数之间具有较好的相关性。如，出现在 V、VC、VCC 等以元音开头的音节中〔ɔ〕元音的音长比其在 CV、CVC、CVCC 等以辅音开头的音节中音长相对长。如，男发音人在 V、VC、VCC 等以元音开头的音节中〔ɔ〕元音音长均值为 119ms，而在 CV、CVC、CVCC 等以辅音开头的音节中其音长均值为 84ms，相差 35ms；女发音人在 V、VC、VCC 等以元音开头的音节中〔ɔ〕元音的音长均值为 96ms，而在 CV、CVC、CVCC 等音节中〔ɔ〕元音的音长均值为 87ms，相差 9ms（几乎没有差异）；本次实验结果显示，该元音音强、共振峰与音节类型之间没有明显的相关性；音节类型与〔ɔ〕元音共振峰前过渡之间具有一定的相关性。如，〔ɔ〕元音在 V、VC、VCC 等以元音开头的音节中 TF1 和 TF2 模式接近于其目标位置 F1 和 F2，而其在 CV、CVC、CVCC 等以辅音开头的音节中的前过渡共振峰受其前置辅音的影响呈现出 TF1 低、TF2 高的趋势。

表 2.20 - 1　出现在不同音节类型中〔ɔ〕元音的声学参数统计（M）

		VD	VA	F1	F2	F3
V	平均值	119	71.53	661	1126	2360
	标准差	0.0308	5.58	30	176	261
	变异系数	26%	8%	5%	16%	11%
VC	平均值	113	69.65	681	1165	2497
	标准差	0.0472	4.32	22	157	223
	变异系数	41%	6%	3%	14%	9%
VCC	平均值	127	74.38	689	1008	2395
	标准差	0.0255	3.94	28	62	114
	变异系数	20%	5%	4%	6%	5%
CV	平均值	72	71.28	656	1197	2365
	标准差	0.0221	3.33	38	171	246
	变异系数	31%	5%	6%	14%	10%
CVC	平均值	88	73.05	650	1203	2285
	标准差	0.0331	4.37	27	145	232
	变异系数	38%	6%	4%	12%	10%
CVCC	平均值	92	74.55	665	1140	2318
	标准差	0.0307	3.94	39	152	212
	变异系数	33%	5%	6%	13%	9%

表 2. 20 – 2　出现在不同音节类型中 ［ɔ］ 元音的声学参数统计 （F）

		V	VD	VA	F1	F2	F3
V	平均值	99	72	790	1338	3078
	标准差	0.0208	3.5	54	147	159
	变异系数	21%	5%	7%	11%	5%
VC	平均值	95	71.77	795	1363	3152
	标准差	0.0302	3.72	75	174	195
	变异系数	32%	5%	9%	13%	6%
VCC	平均值	92	71.38	719	1406	3166
	标准差	0.0344	2.34	124	269	240
	变异系数	38%	3%	17%	19%	8%
CV	平均值	81	69.97	787	1367	3101
	标准差	0.0206	3.32	69	178	219
	变异系数	26%	5%	9%	13%	7%
CVC	平均值	92	71.75	769	1376	3066
	标准差	0.0263	2.63	58	163	215
	变异系数	29%	4%	8%	12%	7%
CVCC	平均值	87	72.18	762	1291	3074
	标准差	0.027	2.44	48	139	229
	变异系数	30%	3%	6%	11%	7%

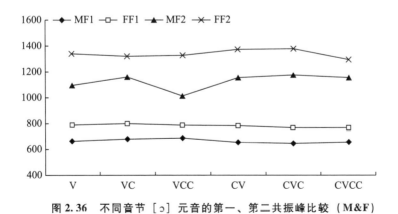

图 2.36　不同音节 ［ɔ］ 元音的第一、第二共振峰比较 （M&F）

4. 辅音音质与声学参数之间的关系

图 2.37 为词首音节不同辅音之后和无前置辅音音节中 ［ɔ］ 元音音长

比较图，图 2.38 为词首音节（包括单音节词）［ɔ］元音第一、第二和第三共振峰前过渡 TF1、TF2、TF3 的变化示意图，以 TF2 的上升为序排列的，即以舌位自后至前排列示意图。

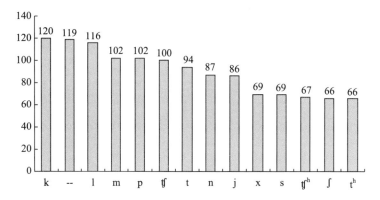

**图 2.37－1　出现在词首音节不同辅音之后和无前置辅音音节中
［ɔ］元音音长比较（M）**

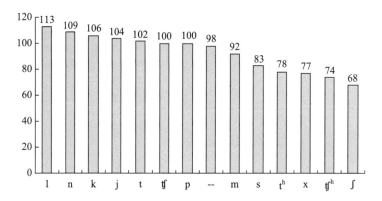

**图 2.37－2　出现在词首音节不同辅音之后和无前置辅音音节中
［ɔ］元音音长比较（F）**

从这些图中可以看出，辅音音质与［ɔ］元音有些声学参数之间具有一定的相关性。如，在送气辅音和清擦音之后出现的［ɔ］元音音长比出现在不送气塞音和塞擦音以及其他辅音之后出现的［ɔ］元音音长相对短。在送气辅音和清擦音之后出现的［ɔ］元音音长为 M：68ms，F：76ms；而在其他辅音之后出现的［ɔ］元音音长为 103ms，相差 30ms 左右；辅音音质与元音［ɔ］共振峰之间的相关性主要表现在其 F2（舌位前后）前过渡上。

如，［ɔ］元音前过渡在［p-，x-，k-，m-，s-，tʰ-，ʧʰ-］等双唇音、软腭音以及送气辅音之后较低，而在其他辅音之后较高。与前过渡相比，［ɔ］元音目标位置上的 F2 频率受其前置辅音的影响程度虽然不如其前过渡那样明显，但同样也受辅音音质的影响。如，其频率在双唇音、软腭音以及送气辅音之后较低，而在其他辅音之后有提高的趋势（请见图2.38）。

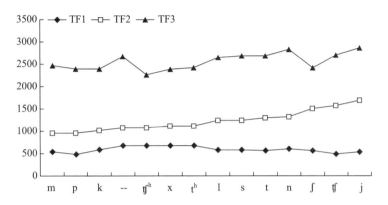

图 2.38 – 1　词首音节［ɔ］元音三个共振峰前过渡 TF1、
TF2、TF3 等的变化示意（M）

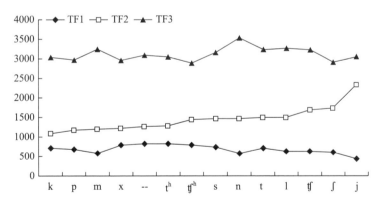

图 2.38 – 2　词首音节［ɔ］元音三个共振峰前过渡 TF1、
TF2、TF3 等的变化示意（F）

（五）［o］元音

1. 参数平均值及其音质定位

表 2.21 为［o］元音声学参数统计总表。该表显示，男女发音人［o］

元音平均时长，平均音强分别为 M = 93ms，F = 84ms；M = 70.72dB，F = 69.82dB。该元音 F1 和 F2 的频率均值分别为 M：F1 = 590Hz，F2 = 1126Hz；F：F1 = 605Hz，F2 = 1206Hz。

表 2.21　[o] 元音声学参数统计总表

	M					F				
	VD	VA	F1	F2	F3	VD	VA	F1	F2	F3
平均值	93	70.72	590	1126	2296	84	69.82	605	1206	3154
标准差	0.034	4.246	51.3	184.1	220	0.022	3.276	91.2	209.1	213
变异系数	37%	6%	9%	16%	10%	26%	5%	15%	17%	7%

据本次实验和以往的研究结果（呼和，2009），我们认为该元音为中、后、圆唇、紧元音。图 2.39 为男性发音人 [oɣoːr]"臼、碓"一词的三维语图。其中，词首元音 [o] 的目标位置的 F1 ~ F4 共振峰分别为 415Hz、803Hz、2207Hz、3500Hz。这是 [o] 元音比较典型的声学语图。虽然其后半段（后过渡）受 [ɣ] 的影响 F1 有所下降。图 2.40 为男女发音人 [o] 元音在声学元音图中的位置及其声学空间中的分布模式图。显然，该元音在声学空间中的分布相对离散，其分布特点为前后←→和上下 ↑↓ 方向扩散，离散度较大，是比较"不收敛的元音"。请见图中箭头所指方向。

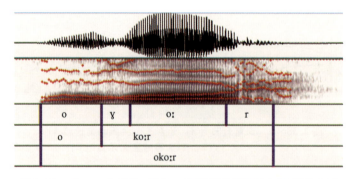

图 2.39　[oɣoːr]"臼、碓"一词的三维语图和三层标注实例

图 2.40 ~ 2.41 为 [o] 元音目标位置共振峰及其前、后过渡段共振峰比较图。其中，图 2.41 为目标位置共振峰 F1/F2 和前过渡 TF1/TF2 比较

图，图 2.42 为目标位置共振峰 F1/F2 和后过渡 TP1/TP2 比较图。从图 2.40～2.41 中可以看出，与目标位置共振峰频率相比，［o］元音前、后过渡段共振峰频率虽然都有所变化。其中，前过渡段频率 TF1/TF2 都有所下降，后过渡段 TP1 频率下降，TP2 频率却明显上升，与目标位置共振峰 F1/F2 相比趋向于前高，但仍遵循"后段变化大于前段"规律。请见图中的黄色实心圆。

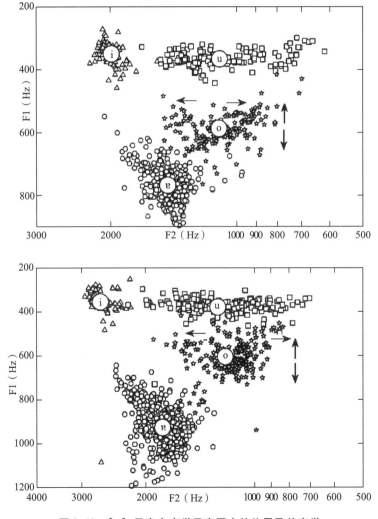

**图 2.40　［o］元音在声学元音图中的位置及其声学
空间中的分布模式（M&F）**

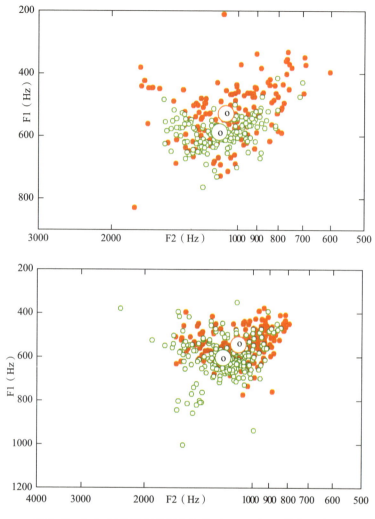

图 2.41 ［o］元音目标位置共振峰（F1/F2）及其前过渡段
共振峰（TF1/TF2）比较（M&F）

2. 音节数量声学参数与之间的关系

表 2.22 为不同音节中［o］元音的频率统计表。表 2.22 显示，大约 62%（M）和 55%（F）的［o］元音都在双音节词中出现的。表 2.23 为单音节词、双音节词和三音节词中［o］元音的音长（VD）、音强（VA）、共振峰目标值（F）统计表。表 2.23 显示，音节数量与该元音音长、音强

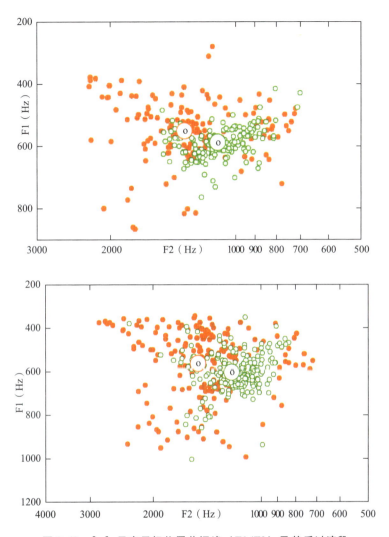

图 2.42 ［o］元音目标位置共振峰（F1/F2）及其后过渡段
共振峰（TP1/TP2）比较（M&F）

之间具有一定的相关性。如，音长随着音节数量的增加而相对缩短，而其
音强随着音节数量的增多相对变弱。

M：117ms ›92ms→77ms；M：75.66dB→70.04dB→69.13dB

F：100ms→85ms→72ms；F：71.14dB→70.25dB→68.19dB

表 2.23 还显示,男发音人 [o] 元音目标位置上 F1 和 F2 频率基本上不受音节数量的影响。如,M:F1 = 595Hz、588Hz、593Hz;F:F1 = 615Hz、606Hz、600Hz;M:F2 = 1103Hz、1128Hz、1112Hz;F:F2 = 1158Hz、1170Hz、1250Hz。

表 2.22　不同音节中 [o] 元音的频率统计

发音人	音节数目	单音节词	双音节词	三音节词	共计
M	出现次数	32	126	46	204
F	出现次数	37	122	62	221
M	百分比	16%	62%	22%	100%
F	百分比	17%	55%	28	100%

表 2.23 – 1　不同音节词中 [o] 元音的声学参数统计 (M)

		VD	VA	F1	F2	F3
单音节词	平均值	117	75.66	595	1103	2279
	标准差	0.044	2.13	51.8	132.3	198
	变异系数	38%	3%	9%	12%	9%
双音节词	平均值	92	70.04	588	1128	2288
	标准差	0.029	4.093	53.6	172.8	227
	变异系数	31%	6%	9%	15%	10%
三音节词	平均值	77	69.13	593	1112	2330
	标准差	0.029	3.187	43.6	176.8	214
	变异系数	37%	5%	7%	16%	9%

表 2.23 – 2　不同音节词中 [o] 元音的声学参数统计 (F)

		VD	VA	F1	F2	F3
单音节词	平均值	100	71.14	615	1158	3024
	标准差	0.024	1.695	68	157.8	204
	变异系数	24%	2%	11%	14%	7%
双音节词	平均值	85	70.25	606	1170	3177
	标准差	0.019	3.132	93.4	173.8	209
	变异系数	23%	4%	15%	15%	7%

续表

		VD	VA	F1	F2	F3
三音节词	平均值	72	68.19	600	1250	3187
	标准差	0.019	3.632	98.2	216.6	195
	变异系数	26%	5%	16%	17%	6%

3. 音节类型与声学参数之间的关系

统一平台统计结果显示，［o］元音主要在 CV、CVC 两种音节中出现。如，男女两位发音人 58% ～62% 的［o］都在这 2 类音节中出现。可见，每一个元音所出现的音节类型都有其自身的特点，我们要认真分析这一问题，这里可能暗藏着元音音质与其音节类型之间的底层渊源关系。我们认为，语言中每一个现象和规律几乎都有其渊源。

表 2.24　　［o］元音在不同音节类型中的出现频率统计

发音人	音节类型	V	VC	VCC	CV	CVC	CVCC	共计
M	出现次数	18	24	13	46	68	28	197
F	出现次数	22	23	10	54	74	22	205
M	百分比	9%	12%	7%	23%	35%	14%	100%
F	百分比	11%	11%	5%	26%	36%	11%	100%

表 2.25 为不同音节类型中［o］元音的声学参数统计表，2.43 为根据表 2.25 所画的不同音节中［o］元音的第一、第二共振峰频率均值比较图。从图表中可以看出，音节类型与元音有些声学参数之间具有一定的相关性。如，出现在 V、VC、VCC 等以元音开头的音节中［o］元音的音长比其在 CV、CVC、CVCC 等以辅音开头的音节中音长相对长。如，男发音人在 V、VC、VCC 等以元音开头的音节中［o］元音音长均值为 118ms，而在 CV、CVC、CVCC 等以辅音开头的音节中其音长均值为 83ms，相差 35ms（有差异）；女发音人在 V、VC、VCC 等以元音开头的音节中［o］元音的音长均值为 90ms，而在 CV、CVC、CVCC 等音节中其音长均值为 82ms，相差 8ms（几乎没有差异）；本次实验结果显示，该元音音强、共振峰与音节类型之间没有明显的相关性。如，两

个发音人出现在 V、VC、VCC 等音节中的 ［o］元音 F1 和 F2 的频率相对低于出现在 CV、CVC、CVCC 等音节中的频率，请见图 2.43；音节类型与 ［o］元音共振峰前过渡频率之间有一定的相关性。如，［o］元音在 V、VC、VCC 等音节中 TF1 和 TF2 的频率低于在 CV、CVC、CVCC 等音节中的频率。如，男发音人 ［o］元音在 V、VC、VCC 等音节中 TF1 的频率为 474Hz，TF2 的频率为 925Hz，而在 CV、CVC、CVCC 等音节中 TF1 的频率为 573Hz，TF2 的频率为 1123Hz；女发音人在 V、VC、VCC 等音节中 TF1 的频率为 503Hz，TF2 的频率为 985Hz；而在 CV、CVC、CVCC 等音节中 TF1 的频率为 561Hz，TF2 的频率为 1128Hz。

表 2.25 - 1 出现不同音节类型中 ［o］元音的声学参数统计 （M）

		VD	VA	F1	F2	F3
	平均值	111	66.5	547	1018	2319
V	标准差	0.025	5.036	58.8	170.2	258
	变异系数	22%	8%	11%	17%	11%
	平均值	119	68.88	565	1046	2251
VC	标准差	0.034	4.086	47.1	143.9	196
	变异系数	28%	6%	8%	14%	9%
	平均值	128	70.31	564	994.8	2268
VCC	标准差	0.035	3.267	49.1	151.6	289
	变异系数	27%	5%	9%	15%	13%
	平均值	74	69.26	597	1176	2295
CV	标准差	0.03	3.326	44.4	171.3	210
	变异系数	41%	5%	7%	15%	9%
	平均值	89	72.04	600	1147	2326
CVC	标准差	0.031	3.529	43.5	151.5	236
	变异系数	34%	5%	7%	13%	10%
	平均值	83	72.96	602	1112	2259
CVCC	标准差	0.024	3.407	27.5	140.3	154
	变异系数	29%	5%	5%	13%	7%

表 2. 25 – 2　出现不同音节类型中 ［o］元音的声学参数统计 （F）

		VD	VA	F1	F2	F3
V	平均值	80	67.73	600	1251	3187
	标准差	0.02	4.594	153	216.1	198
	变异系数	24%	7%	25%	17%	6%
VC	平均值	96	70.78	539	1094	3221
	标准差	0.027	2.553	64	146.9	184
	变异系数	28%	4%	12%	13%	6%
VCC	平均值	101	70.8	547	1032	3238
	标准差	0.021	3.187	37.6	90.55	204
	变异系数	21%	5%	7%	9%	6%
CV	平均值	74	68.39	620	1271	3165
	标准差	0.021	3.603	89.6	203.4	201
	变异系数	28%	5%	14%	16%	6%
CVC	平均值	87	70.34	625	1153	3165
	标准差	0.019	2.637	74.7	135.8	200
	变异系数	22%	4%	12%	12%	6%
CVCC	平均值	85	71.5	640	1118	3134
	标准差	0.021	1.752	38.2	104.9	238
	变异系数	25%	2%	6%	9%	8%

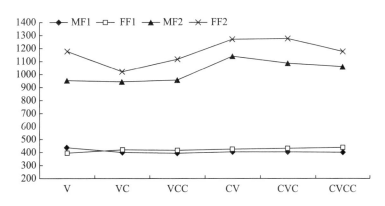

图 2.43　不同音节中 ［o］元音的第一、第二共振峰
频率均值比较 （M&F）

4. 辅音音质与声学参数之间的关系

图2.44为词首音节不同辅音之后和无前置辅音音节中［o］元音音长比较图，图2.45为词首音节（包括单音节词）［o］元音第一、第二和第三共振峰前过渡 TF1、TF2、TF3 的变化示意图，以 TF2 的上升为序排列的，即以舌位自后至前排列示意图。

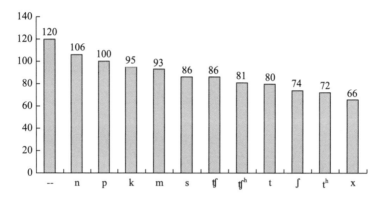

图 2.44 - 1　出现在词首音节不同辅音之后和无前置辅音音节中 [o] 元音音长比较 （M）

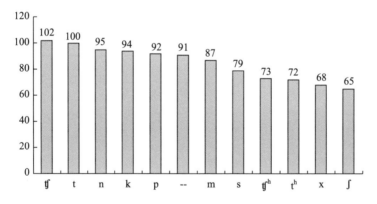

图 2.44 - 2　出现在词首音节不同辅音之后和无前置辅音音节中 [o] 元音音长比较 （F）

从这些图中可以看出，辅音音质与［o］元音有些声学参数之间具有一定的相关性。如，出现在送气辅音和清擦音之后的［o］元音音长比出现在不送气塞音和塞擦音，以及其他辅音之后的［o］元音音长相对短。如，送气辅音和清擦音之后出现的［o］元音音长为75ms（M）、72ms

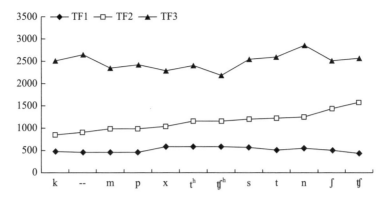

图 2.45 - 1　词首音节 ［o］ 元音三个共振峰前过渡 TF1、
TF2、TF3 等的变化示意 （M）

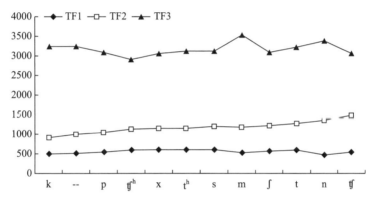

图 2.45 - 2　词首音节 ［o］ 元音三个共振峰前过渡 TF1、
TF2、TF3 等的变化示意 （F）

（F）。其他辅音之后的 ［o］ 元音音长为 100ms （M）、95ms （F），相差
25ms 左右。这种特点与其他元音相似；［o］ 元音在 ［p-、x-、k-、m-、
s-、tʰ-、ʧʰ-］ 等双唇音、软腭音以及送气辅音之后的前过渡频率低于其他
辅音之后的频率。

（六）［ʊ］ 元音

1. 参数平均值及其音质定位

表 2.26 为 ［ʊ］ 元音声学参数统计总表。该统计表显示，男女发音人
［ʊ］ 元音的平均时长、平均音强分别为 M = 91ms，F = 83ms；M = 71.25dB，

F =70. 23dB。该元音 F1 和 F2 的频率均值分别为 M：F1 = 409Hz，F2 = 1102Hz；F：F1 =427Hz，F2 =1214Hz。

表 2.26　　[ʊ] 元音统计总表

M	M					F				
	VD	VA	F1	F2	F3	VD	VA	F1	F2	F3
平均值	91	71. 25	409	1102	2403	83	70. 23	427	1214	3143
标准差	0. 032	3. 376	29. 1	186	103	0. 0248	2. 752	83. 1	253. 8	163
变异系数	35%	4. 7%	7%	17%	4%	30%	39%	19%	21%	5%

据本次实验和以往的研究结果（呼和，2009），我们认为该元音为中、后、圆唇、松元音。图 2.46 为男性发音人 [xʊtʊː] "野外" 一词的三维语图。其中，词首元音 [ʊ] 的目标位置的 F1 ~ F4 共振峰分别为 401Hz、1166Hz、2333Hz、3981Hz。这是 [ʊ] 元音比较典型的声学语图。虽然其后半段（后过渡）受 [t] 的影响 F1 有所下降，F2 有所上升。图 2.47 为男女发音人 [ʊ] 元音在声学元音图中的位置及其声学空间中的分布模式图。

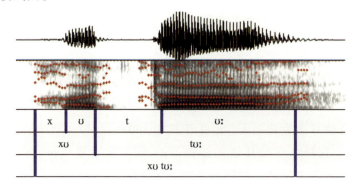

图 2.46　[xʊtʊː] "野外" 一词的三维语图和三层标注实例

显然，该元音在声学空间中的分布特点为前后←→和上↑方向扩散，趋向 [u] 元音。请见图中箭头所指方向。

图 2.48 ~ 2.49 为 [ʊ] 元音目标位置共振峰及其前、后过渡段共振峰比较图。其中，图 2.48 为目标位置共振峰 F1/F2 和前过渡 TF1/TF2 比较图，图 2.49 为目标位置共振峰 F1/F2 和后过渡 TP1/TP2 比较图。从图 2.48 ~ 2.49 中可以看出，与目标位置共振峰频率相比，[ʊ] 元音前、后过渡段共

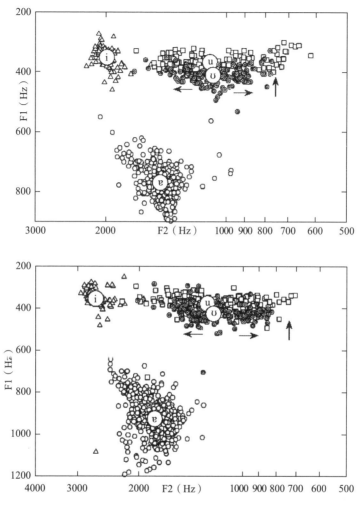

**图 2.47　[ʊ] 元音在声学元音图中的位置及其声学
空间中的分布模式（M&F）**

振峰频率虽然都有所变化，总体上"后段变化大于前段"。与前面几个元音
相比该元音男女发音人后过渡段变化有所差异。这可能是因女发音人 TP2
变化较大引起的，有待进一步研究。

2. 音节数量与声学参数之间的关系

表 2.27 为 [ʊ] 元音在单音节和多音节单词中的出现频率统计表。表
2.27 显示，大约 60%（M）和 56%（F）的 [ʊ] 元音是在双音节词中出
现的。

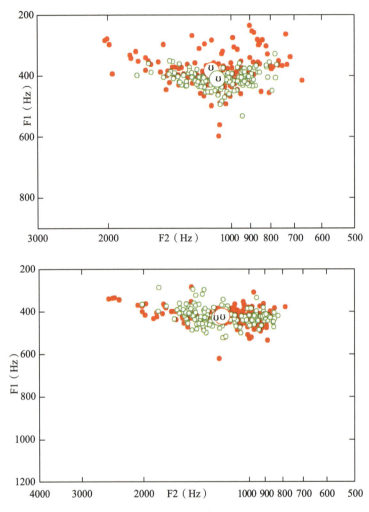

图 2.48 ［ʊ］元音目标位置共振峰（F1/F2）及其前过渡段
共振峰（TF1/TF2）比较（M&F）

表 2.27　不同音节词中［ʊ］元音频率统计

发音人	音节数目	单音节词	双音节词	三音节词	共计
M	出现次数	37	103	32	172
F	出现次数	38	85	30	153
M	百分比	21%	60%	19%	100%
F	百分比	24%	56%	20%	100%

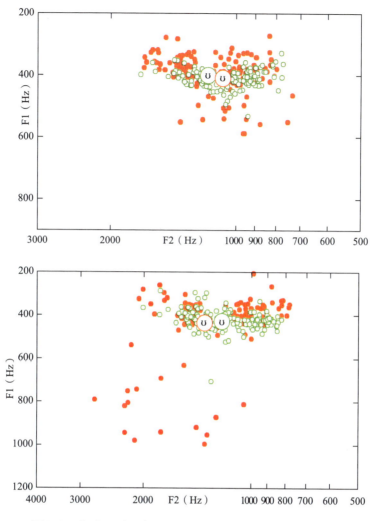

**图 2.49　［ʊ］元音目标位置共振峰（F1/F2）及其后过渡段
共振峰（TP1/TP2）比较（M&F）**

　　表 2.28 为出现在单音节词、双音节词和二音节词中［ʊ］元音的音长（VD）、音强（VA）、共振峰目标值（F）统计表。从表 2.27 中可以看出，音节数量与［ʊ］元音音长、音强之间具有一定的相关性。如，音长随着音节数量的增加而相对缩短，而其音强随着音节数量的增多相对变弱。如，

　　　　M：123ms→86ms→67ms；M：74.11dB→70.95dB→68.91dB

　　　　F：101ms→79ms→69ms；F：71.03dB→70.61dB→68.13dB

表 2.28 - 1　不同类型词中 [ʊ] 元音的声学参数统计（M）

		VD	VA	F1	F2	F3
单音节词	平均值	123	74.11	412	1102	2389
	标准差	0.026	3.228	31.3	151	80
	变异系数	21%	4%	8%	14%	3%
双音节词	平均值	86	70.95	405	1066	2401
	标准差	0.028	2.693	27.1	177	107
	变异系数	32%	38%	7%	17%	4%
三音节词	平均值	67	68.91	414	1217	2424
	标准差	16	3.263	30.8	205	109
	变异系数	24%	4%	7%	17%	4%

表 2.28 - 2　不同类型词中 [ʊ] 元音的声学参数统计（F）

	A 类词	VD	VA	F1	F2	F3
单音节词	平均值	101	71.03	426	1173	3090
	标准差	0.028	1.709	33.2	194.6	169
	变异系数	27%	24%	8%	17%	5%
双音节词	平均值	79	70.61	428	1215	3148
	标准差	0.021	2.617	102	265	146
	变异系数	26%	4%	24%	22%	5%
三音节词	平均值	69	68.13	426	1264	3198
	标准差	0.018	3.149	65.4	277.3	181
	变异系数	26%	5%	15%	22%	6%

3. 音节类型与声学参数之间的关系

统一平台统计结果显示，[ʊ] 元音主要在 CV、CVC 音节中出现。如，在统一平台中出现的 172 次（M）和 153 次（F）[ʊ] 元音中，64% ~ 68% 的 [ʊ] 元音都在这 2 类音节中出现的。

表 2.29　[ʊ] 元音在不同音节类型中的出现频率统计

发音人	音节类型	V	VC	VCC	CV	CVC	CVCC	共计
M	出现次数	9	13	12	54	61	22	171

续表

发音人	音节类型	V	VC	VCC	CV	CVC	CVCC	共计
F	出现次数	9	14	10	40	58	22	153
M	百分比	5%	8%	7%	32%	36%	13%	100%
F	百分比	6%	9%	7%	26%	38%	14%	100%

　　表 2.30 为出现在不同音节类型中 ［ʊ］ 元音的声学参数统计表，图 2.50 为根据表 2.30 所画的不同音节中 ［ʊ］ 元音的第一、第二共振峰均值比较图。从图表中可以看出，音节类型与元音有些声学参数之间具有一定的相关性。如，出现在 V、VC、VCC 等以元音开头的音节中 ［o］ 元音的音长比其在 CV、CVC、CVCC 等以辅音开头的音节中音长相对长。如，男发音人在 V、VC、VCC 等以元音开头的音节中 ［ʊ］ 元音音长均值为 112ms，而在 CV、CVC、CVCC 等以辅音开头的音节中其音长均值为 86ms，相差 26ms；女发音人在 V、VC、VCC 等以元音开头的音节中 ［ʊ］ 元音的音长均值为 96ms，而在 CV、CVC、CVCC 等音节中其音长均值为 79ms，相差 18ms；本次实验结果显示，该元音音强、共振峰与音节类型之间没有明显的相关性。［ʊ］ 元音目标位置第二共振峰 F2 及其前过渡 TF2 频率与音节类型之间具有一定的相关性。如，出现在 V、VC、VCC 等以元音开头的音节中的 ［ʊ］ 元音 F2 和 TF2 频率都相对低于在 CV、CVC、CVCC 等音节中出现的频率。如，M：出现在 V、VC、VCC 等音节中 F2 的频率为 974Hz，TF2 的频率为 977Hz；而出现在 CV、CVC、CVCC 等音节中的 F2 的频率为 1123Hz，TF2 的频率为 1142Hz；F：出现在 V、VC、VCC 等音节中 F2 的频率为 1093Hz，TF2 的频率为 986Hz；而出现在 CV、CVC、CVCC 等音节中 F2 的频率为 1238Hz，TF2 的频率为 1232Hz。

表 2.30-1　不同音节类型中 ［ʊ］ 元音的声学参数统计 （M）

		VD	VA	F1	F2	F3
	平均值	118	69.11	424	1036	2467
V	标准差	0.039	3.542	47.3	205	196
	变异系数	33%	5%	11%	20%	8%

续表

		VD	VA	F1	F2	F3
VC	平均值	0.113	70.23	412	946	2459
	标准差	0.039	3.142	32.7	82.3	149
	变异系数	34%	5%	8%	9%	6%
VCC	平均值	0.107	70.25	402	939	2461
	标准差	0.02	2.742	43	108	75.7
	变异系数	19%	4%	11%	12%	3%
CV	平均值	0.071	70.52	407	1170	2406
	标准差	0.019	3.392	23.7	194	75.5
	变异系数	27%	5%	6%	17%	3%
CVC	平均值	0.098	71.72	410	1116	2380
	标准差	0.033	3.3	25.5	161	87.4
	变异系数	33%	5%	6%	14%	4%
CVCC	平均值	0.087	73.68	406	1082	2361
	标准差	0.018	2.14	24.5	162	79.1
	变异系数	20%	3%	6%	15%	3%

表 2.30 – 2　不同音节类型中 [ʊ] 元音的声学参数统计（F）

		VD	VA	F1	F2	F3
V	平均值	92	67.78	397	1178	3218
	标准差	0.03	4.661	45	277.8	153
	变异系数	32%	7%	11%	24%	5%
VC	平均值	0.098	71.36	421	1011	3299
	标准差	0.021	1.674	24.5	167.2	94.6
	变异系数	21%	2%	6%	17%	3%
VCC	平均值	95	72.2	417	1091	3210
	标准差	0.025	1.4	21	242.6	112
	变异系数	27%	2%	5%	22%	4%
CV	平均值	66	68.95	425	1274	3116
	标准差	0.017	2.756	65.9	235.5	153
	变异系数	25%	4%	15%	19%	5%

续表

		VD	VA	F1	F2	F3
CVC	平均值	89	70.41	431	1263	3125
	标准差	0.024	2.386	119	269.9	176
	变异系数	27%	3%	28%	21%	6%
CVCC	平均值	75	71.45	440	1177	3082
	标准差	0.018	1.644	27	175.8	121
	变异系数	25%	2%	6%	15%	4%

图 2.50　不同音节中 [ʊ] 元音的第一、第二共振峰均值比较（M&F）

4. 辅音音质与声学参数之间的关系

图 2.51 为出现在词首音节不同辅音之后和无前置辅音音节中 [ʊ] 元音音长比较图，图 2.52 为出现在词首音节（包括单音节词）[ʊ] 元音第

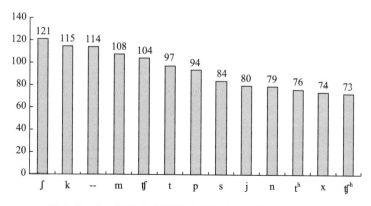

图 2.51－1　词首音节不同辅音之后和无前置辅音音节
中 [ʊ] 元音音长比较（M）

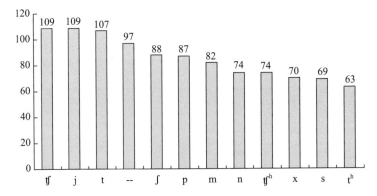

图 2.51 - 2　词首音节不同辅音之后和无前置辅音音节
中［ʊ］元音音长比较（F）

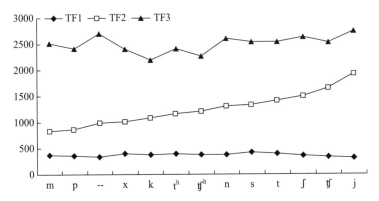

图 2.52 - 1　词首音节［ʊ］元音三个共振峰前过渡 TF1、
TF2、TF3 等的变化示意（M）

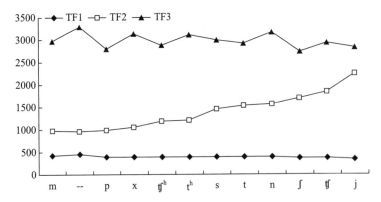

图 2.52 - 2　词首音节［ʊ］元音三个共振峰前过渡 TF1、
TF2、TF3 等的变化示意（F）

一、第二和第三共振峰前过渡 TF1、TF2、TF3 的变化示意图，以 TF2 的上升为序排列的，即以舌位自后至前排列示意图。

从这些图中可以看出，辅音音质与 [ʊ] 元音有些声学参数之间具有一定的相关性。如，在送气辅音和清擦音之后出现的 [ʊ] 元音音长比出现在不送气塞音和塞擦音以及其他辅音之后出现的 [o] 元音音长相对短。在送气辅音和清擦音之后出现的 [ʊ] 元音音长为 M：77ms，F：69ms；而在其他辅音之后的 [ʊ] 元音音长为 M：104ms，F：94ms，相差 26ms 左右；辅音音质与元音 [ʊ] 共振峰之间的相关性主要表现在其 F2（舌位前后）前过渡上。如，[ʊ] 元音前过渡在 [p-、x-、k-、m-、s-、tʰ-、ʧʰ-] 等双唇音、软腭音以及送气辅音之后较低，而在其他辅音之后较高。与前过渡相比，[ʊ] 元音目标位置上的 F2 频率受其前置辅音的影响程度虽然不如其前过渡那样明显，但同样也受辅音音质的影响。

（七）[u] 元音

1. 参数平均值及其音质定位

表 2.31 为 [u] 元音声学参数统计总表。该统计表显示，男女发音人 [u] 元音平均时长，平均音强分别为 M = 84ms，F = 72ms；M = 70.4dB，F = 68.86dB。该元音 F1 和 F2 的频率均值分别为 M：F1 = 363Hz，F2 = 1100Hz；F：F1 = 372Hz，F2 = 1255Hz。

表 2.31　　[u] 元音声学参数统计总表

M	VD	VA	F1	F2	F3	VD	VA	F1	F2	F3
平均值	84	70.4	363	1110	2345	72	68.86	372	1255	2962
标准差	0.033	3.47	29.3	253	132	0.023	2.562	29.8	284	184
变异系数	40%	5%	8%	23%	6%	32%	37%	8%	23%	6%

据本次实验和以往的研究（呼和，2009），我们认为该元音为高、后、圆唇、松元音。图 2.53 为男性发音人 [nutuːr]“杵”一词的三维语图。其中，词首元音 [u] 的目标位置的 F1～F4 共振峰分别为 366Hz、1237Hz、2262Hz、3652Hz。这是 [u] 元音比较典型的声学语图。图 3.54 为男女发音人 [u] 元音在声学元音图中的位置及其声学空间中的分布模式图。

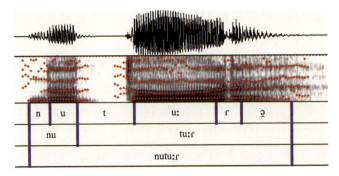

图 2.53 ［nutuːr］"杵"一词的三维语图和三层标注实例

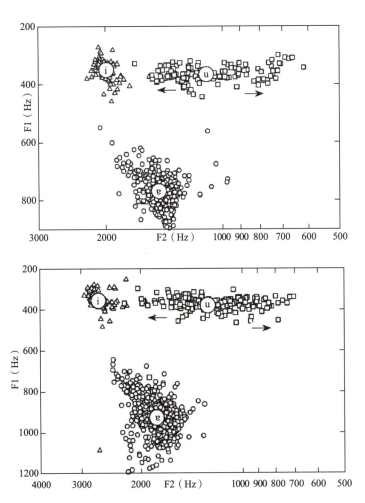

图 2.54 ［u］元音在声学元音图中的位置及其
声学空间中的分布模式（M&F）

显然，该元音在声学空间中的分布特点为前后←→方向扩散，即趋向［y］和［ʉ］等元音。请见图中箭头所指方向。

图 2.55～2.56 为［u］元音目标位置共振峰及其前、后过渡段共振峰比较图。其中，图 2.55 为目标位置共振峰 F1/F2 和前过渡 TF1/TF2 比较图，图 2.56 为目标位置共振峰 F1/F2 和后过渡 TP1/TP2 比较图。从图 2.55～2.56 中可以看出，与目标位置共振峰频率相比，［u］元音前、后过

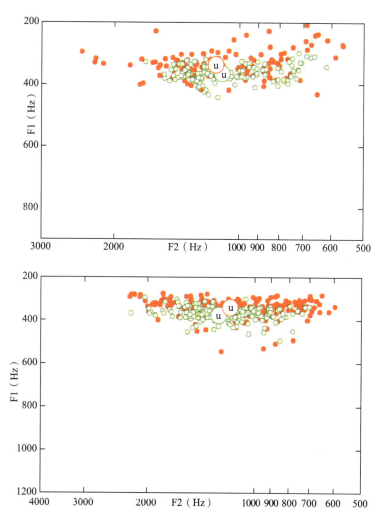

图 2.55　［u］元音目标位置共振峰（F1/F2）及其前过渡段共振峰（TF1/TF2）比较（M&F）

渡段共振峰频率都有所变化，总体上"后段变化大于前段"。其中，前过渡段 TF1 的频率有所上升（开口度相对变小），后过渡段 TP2（上升）的频率生了较大的变化，与目标位置共振峰相比整体上趋向于"前高"。请见图 2.56 中的黄色实心圆。

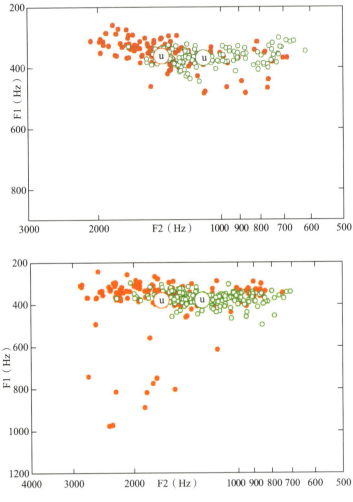

图 2.56 ［u］元音目标位置共振峰（**F1/F2**）及其后过渡段共振峰（**TP1/TP2**）比较（**M&F**）

2. 音节数量与声学参数之间的关系

表 2.32 为［u］元音在单音节和多音节单词中的出现频率统计表。表 2.32 显示，大约 65%（M）和 58%（F）的［u］元音都是在双音节词中出现的。

表 2.32　出现在不同音节词中［u］元音频率统计

发音人	音节数目	单音词	双音节词	三音节词	共计
M	出现次数	30	103	25	158
F	出现次数	47	111	34	192
M	百分比	19%	65%	18%	100%
F	百分比	24%	58%	18%	100%

表 2.33 为出现在单音节词、双音节词和三音节词中［u］元音的音长（VD）、音强（VA）、共振峰目标值（F）统计表。从表 2.33 中可以看出，音节数量与［u］元音音长和音强之间具有较好的相关性。音长随着音节数量的增加而相对缩短，而其音强随着音节数量的增多相对变弱。如，

M：117ms→78ms→69ms；M：74.3dB→69.7dB→68.7dB

F：90ms→69ms→58ms；F：69dB→69.21dB→67.56dB

表 2.33 - 1　出现在不同音节词中［u］元音的声学参数统计（M）

		VD	VA	F1	F2	F3
单音节词	平均值	117	74.3	368	1077	2326
	标准差	0.043	1.79	28.1	198	125
	变异系数	37%	2%	8%	18%	5%
双音节词	平均值	78	69.7	361	1135	2340
	标准差	0.025	3.19	29.8	265	133
	变异系数	32%	05%	8%	23%	6%
三音节词	平均值	69	68.7	369	1051	2385
	标准差	0.026	2.8	27.1	248	128
	变异系数	38%	4%	7%	24%	5%

表 2.33 - 2　出现在不同音节词中［u］元音的声学参数统计（F）

		VD	VA	F1	F2	F3
单音节词	平均值	90	69	381	1335	2876
	标准差	0.025	1.444	25.7	308	119
	变异系数	27%	2%	7%	23%	4%

续表

		VD	VA	F1	F2	F3
双音节词	平均值	69	69.21	369	1247	2980
	标准差	0.02	2.895	33.3	283	206
	变异系数	29%	4%	9%	2%	7%
三音节词	平均值	58	67.56	369	1169	3021
	标准差	0.016	2.172	18.2	215	139
	变异系数	27%	3%	5%	18%	5%

3. 音节类型与声学参数之间的关系

统一平台统计结果显示，[u] 元音主要在 CV、CVC 音节中出现。如，在统一平台中出现的 148 次（M）和 175 次（F）[u] 元音中，61% ~62% 的 [u] 都在这 2 类音节中出现的。

表 2.34　不同音节类型中 [u] 元音的频率统计

发音人	音节类型	V	VC	VCC	CV	CVC	CVCC	共计
M	出现次数	13	20	5	47	44	19	148
F	出现次数	14	21	6	56	54	24	175
M	百分比	9%	14%	3%	31%	30%	13%	100%
F	百分比	8%	12%	3%	32%	30%	14%	100%

表 2.35 为不同音节类型中 [u] 元音的声学参数统计表，图 2.57 为根据表 2.35 所画的不同音节中 [u] 元音的第一、第二共振峰均值比较图。图表显示，音节类型与元音有些声学参数之间具有一定的相关性。如，出现在 V、VC、VCC 等以元音开头的音节中 [o] 元音的音长比其在 CV、CVC、CVCC 等以辅音开头的音节中音长相对长。如，男发音人在 V、VC、VCC 等以元音开头的音节中 [o] 元音音长均值为 104ms，而在 CV、CVC、CVCC 等以辅音开头的音节中其音长均值为 76ms，相差 28ms；女发音人在 V、VC、VCC 等以元音开头的音节中 [u] 元音的音长均值为 84ms，而在 CV、CVC、CVCC 等音节中 [u] 元音的音长均值为 71ms，相差 13ms。

该元音共振峰与音节类型之间有较好的相关性。出现在 V、VC、VCC 等音节中 [u] 元音第一共振峰 F1 及其前过渡 TF1 频率低于在 CV、CVC、

CVCC 等音节中的频率。出现在 V、VC、VCC 等音节中 ［u］元音第二共振峰 F2 及其 TF2 的频率低于在 CV、CVC、CVCC 等音节中的频率。如，男发音人在 V、VC、VCC 等音节中 F2 的频率为 851Hz，TF2 的频率为 8787Hz；在 CV、CVC、CVCC 等音节中 F2 的频率为 1166Hz，TF2 的频率为 1149Hz；女发音人在 V、VC、VCC 等音节中 F2 的频率为 1032Hz，TF2 的频率为 776Hz；在 CV、CVC、CVCC 等音节中 F2 的频率为 1290Hz，TF2 的频率为 1276Hz。

　　显然，［u］元音第二共振峰与音节类型之间的关系较密切。

表 2.35 – 1　不同音节类型中 ［u］元音的声学参数统计 （M）

		VD	VA	F1	F2	F3
V	平均值	111	69.1	341	834	2327
	标准差	0.019	2.89	24.7	129	134
	变异系数	17%	4%	7%	15%	6%
VC	平均值	87	67.6	350	888	2418
	标准差	0.021	3.54	23.5	183	187
	变异系数	24%	5%	7%	21%	8%
VCC	平均值	146	73.2	329	831	2379
	标准差	0.026	3.66	16.7	102	112
	变异系数	18%	5%	5%	12%	5%
CV	平均值	66	69.6	373	1228	2341
	标准差	0.02	3.15	31.4	229	122
	变异系数	31%	5%	8%	19%	5%
CVC	平均值	85	71	367	1169	2345
	标准差	0.033	3	24.3	244	108
	变异系数	39%	4%	7%	21%	5%
CVCC	平均值	80	72.7	378	1103	2348
	标准差	0.024	2.38	26	177	112
	变异系数	30%	3%	7%	16%	5%

表 2.35 – 2　不同音节类型中 ［u］元音的声学参数统计 （F）

		VD	VA	F1	F2	F3
V	平均值	92	68.64	355	952	2981
	标准差	0.018	2.662	12.7	111	180

续表

		VD	VA	F1	F2	F3
V	变异系数	20%	4%	4%	12%	6%
VC	平均值	73	67.33	363	1049	3005
	标准差	0.027	2.189	14.8	226	298
	变异系数	37%	3%	4%	22%	10%
VCC	平均值	108	71.17	391	1093	2991
	标准差	0.02	1.951	25.9	116	221
	变异系数	18%	3%	7%	11%	7%
CV	平均值	62	68.5	372	1253	2979
	标准差	0.019	3.279	32.8	229	192
	变异系数	30%	5%	9%	18%	6%
CVC	平均值	76	69.31	373	1285	2956
	标准差	0.021	1.989	31.2	226	127
	变异系数	28%	3%	8%	18%	4%
CVCC	平均值	79	69.08	389	1331	2963
	标准差	0.017	1.73	28.4	278	145
	变异系数	21%	25%	7%	21%	5%

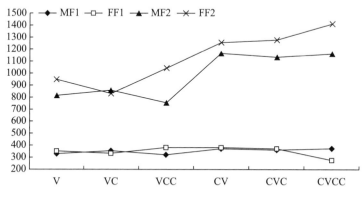

图 2.57　不同音节中［u］元音的第一、第二
共振峰均值比较（M&F）

4. 辅音音质与声学参数之间的关系

图 2.58 为出现在词首音节不同辅音之后和无前置辅音音节中［u］元音音长比较图，图 2.59 为出现在词首音节（包括单音节词）［u］元音第

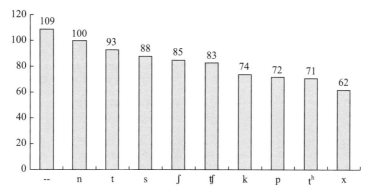

图 2.58 - 1　词首音节不同辅音之后和无前置辅音
音节中［u］元音音长比较（M）

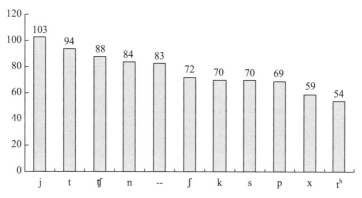

图 2.58 - 2　词首音节不同辅音之后和无前置辅音
音节中［u］元音音长比较（F）

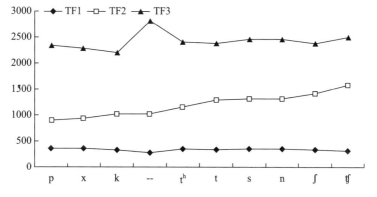

图 2.59 - 1　词首音节［u］元音三个共振峰前过渡 TF1、
TF2、TF3 等的变化示意（M）

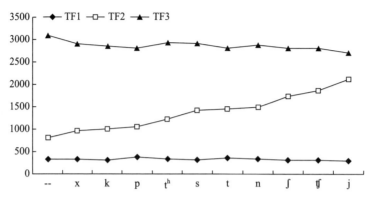

图 2.59 - 2　词首音节 [u] 元音三个共振峰前过渡 TF1、
TF2、TF3 等的变化示意 (F)

一、第二和第三共振峰前过渡 TF1、TF2、TF3 的变化示意图，以 TF2 的上升为序排列的，即以舌位自后至前排列示意图。

从这些图中可以看出，辅音音质与 [u] 元音有些声学参数之间具有一定的相关性。如，在送气辅音和清擦音之后出现的 [u] 元音音长比在不送气塞音和塞擦音以及其他辅音之后出现的 [u] 元音音长相对短。在送气辅音和清擦音之后出现的 [u] 元音音长为 M：76ms，F：64ms；而在其他辅音之后的 [u] 元音音长为 M：89ms，F：84ms，相差 15~20ms。

辅音音质与 [u] 元音目标位置第二共振峰 F2 及其前过渡 TF2 的频率之间具有较好的相关性。如，出现在 [p-, x-, k-, m-, s-, tʰ-, ʧʰ-] 等双唇音、软腭音以及送气辅音之后 [u] 元音目标位置第二共振峰 F2 及其前过渡 TF2 的频率低于其在其他辅音之后的频率。

(八) [ɛ] 元音

1. 参数平均值及其音质定位

表 2.36 为 [ɛ] 元音声学参数统计总表。该统计表显示，男女发音人 [ɛ] 元音平均时长、平均音强分别为 M = 89ms，F = 81ms；M = 71.4dB，F = 70.58dB。该元音 F1 和 F2 的频率均值分别为 M：F1 = 574Hz，F2 = 1866Hz；F：F1 = 688Hz，F2 = 2216Hz。

表 2.36 ［ɛ］元音声学参数统计总表

	M					F				
	VD	VA	F1	F2	F3	VD	VA	F1	F2	F3
平均值	89	71.4	574	1866	2645	81	70.58	688	2216	3178
标准差	0.033	3.64	67	130	382	0.022	2.63	135	195	261
变异系数	38%	5%	12%	7%	14%	27%	4%	20%	9%	8%

　　据本次实验和以往的研究（呼和，2009），我们认为该元音为次低、前、展唇、紧元音。图 2.60 为男性发音人［ɛˈɹaməːɹ］"（用）生命"一词的三维语图和三层标注实例。其中，词首元音［ɛ］的目标位置的 F1～F4 共振峰分别为 655Hz、1993Hz、3071Hz、4634Hz。这是［ɛ］元音比较典型的声学语图。图 2.61 为男女发音人［ɛ］元音在声学元音图中的位置及其声学空间中的分布模式图。显然，该元音在声学空间中的分布特点为前上↖和后下↘方向扩散，即趋向［i］和［ɐ］。请见图 2.61 中箭头所指方向。

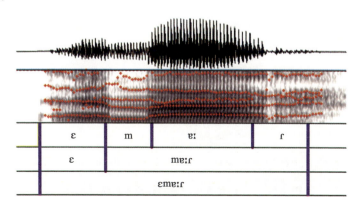

图 2.60　［ɛɹaməːɹ］"（用）生命"一词的三维语图和三层标注实例

　　图 2.62～2.63 为［ɛ］元音目标位置共振峰及其前、后过渡段共振峰比较图。其中，图 2.62 为目标位置共振峰 F1/F2 和前过渡 TF1/TF2 比较图，图 2.63 为目标位置共振峰 F1/F2 和后过渡 TP1/TP2 比较图。从图 2.62～2.63 中可以看出，与目标位置共振峰频率相比，［ɛ］元音前、后过渡段共振峰频率都有所变化，总体上"后段变化大于前段"。其中，前过渡段 TF1 的频率有所下降（开口度相对变小），后过渡段 TP1 和 TP2 频率都有较明显的下降，与目标位置共振峰相比趋向于"高后"。

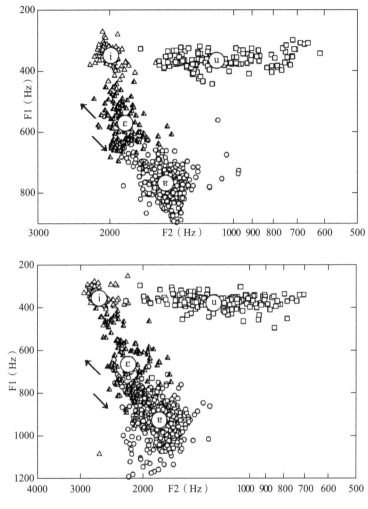

图 2.61 ［ε］元音在声学元音图中的位置及其
声学空间中的分布模式（M&F）

2. 音节数量与声学参数之间的关系

表 2.37 为出现在单音节和多音节单词中［ε］元音的出现频率统计表。
表 2.37 显示，大约 69%（M）和 66%（F）的［ε］元音都是在双音节词
中出现的。表 2.38 为出现在单音节词、双音节词和三音节词中［ε］元音
的音长（VD）、音强（VA）、共振峰前过渡（TF）、共振峰目标值（F）和
共振峰后过渡（TP）统计表。从表 2.38 可以看出，音节数量与［ε］元音

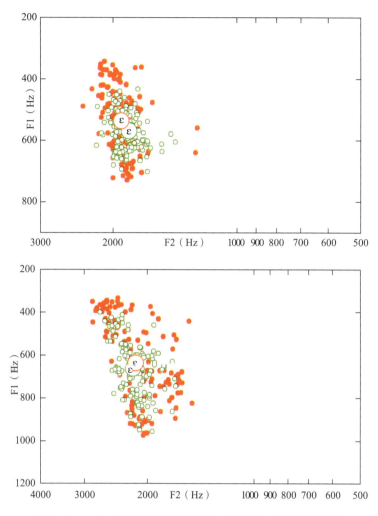

图 2.62　［ε］元音目标位置共振峰（F1/F2）及其前过渡段
共振峰（TF1/TF2）比较（M&F）

音长、音强之间具有较好的相关性。如，音长随着音节数量的增加而相对
缩短，而其音强随着音节数量的增多相对变弱。如，

M：136ms→84ms→65ms；M：76.3dB→70.7dB→70dB

F：105ms→82ms→71ms；F：71.86dB→70.91dB→69.25dB

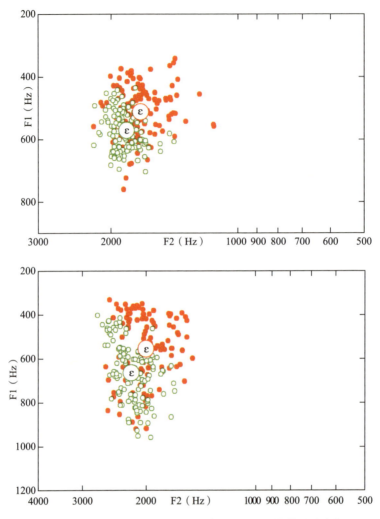

图 2.63　[ɛ] 元音目标位置共振峰（F1/F2）及其后过渡段
共振峰（TP1/TP2）比较（M&F）

表 2.37　出现在不同音节词 [ɛ] 元音中频率统计

发音人	音节数目	单音节词	双音节词	三音节词	共计
M	出现次数	23	107	24	154
F	出现次数	7	53	20	80
M	百分比	15%	69%	16%	100%
F	百分比	8%	66%	26%	100%

表 2.38 – 1　出现在不同类型词中 [ɛ] 元音的声学参数统计 （M）

		VD	VA	F1	F2	F3
单音节词	平均值	136	76.3	577	1875	2513
	标准差	0.039	3.23	50	131	346
	变异系数	29%	4%	9%	7%	14%
双音节词	平均值	84	70.7	573	1864	2618
	标准差	0.024	2.86	68.2	132	363
	变异系数	28%	4%	12%	7%	14%
三音节词	平均值	65	70	573	1866	2888
	标准差	0.021	3.35	75.4	121	394
	变异系数	33%	5%	13%	6%	14%

表 2.38 – 2　不同音节词中 [ɛ] 元音的声学参数统计 （F）

		VD	VA	F1	F2	F3
单音节词	平均值	105	71.86	620	2215	3232
	标准差	0.031	1.125	88	213	193
	变异系数	29%	2%	14%	10%	6%
双音节词	平均值	82	70.91	683	2228	3175
	标准差	0.017	2.658	132	186	267
	变异系数	20%	4%	19%	8%	8%
三音节词	平均值	71	69.25	723	2184	3169
	标准差	0.024	2.426	144	207	261
	变异系数	34%	4%	20%	9%	8%

3. 音节类型与声学参数之间的关系

统一平台统计结果显示，[ɛ] 元音主要在 CV、CVC 音节中出现。统一平台中出现的 153 次 （男） 和 80 次 （女） [ɛ] 元音中75% ~ 79%的 [ɛ] 都在这 2 类音节中出现。

表 2.39　不同音节类型中 [ɛ] 元音的频率统计

发音人	音节类型	V	VC	VCC	CV	CVC	CVCC	共计
M	出现次数	4	10	8	54	62	15	153

续表

发音人	音节类型	V	VC	VCC	CV	CVC	CVCC	共计
F	出现次数	1	4	2	31	32	10	80
M	百分比	3%	7%	5%	35%	40%	10%	100%
F	百分比	1%	5%	3%	39%	40%	12%	100%

表 2.40 为出现在不同音节类型中 [ε] 元音的声学参数统计表，图 2.64 为根据表 2.40 所画的不同音节中 [ε] 元音的第一、第二共振峰均值比较。从图表中可以看出，音节类型与元音有些声学参数之间具有一定的相关性。如，出现在 V、VC、VCC 等以元音开头的音节中 [o] 元音的音长比其在 CV、CVC、CVCC 等以辅音开头的音节中音长相对长。如，男发音人在 V、VC、VCC 等以元音开头的音节中 [o] 元音音长均值为 123ms，而在 CV、CVC、CVCC 等以辅音开头的音节中其音长均值为 82ms，相差 41ms；音节类型与 [ε] 元音第一共振峰 F1 及其前过渡 TF1 之间具有一定的相关性。如，出现在 V、VC、VCC 等音节中 [ε] 元音第一共振峰 F1 及其前过渡 TF1 的频率低于其在 CV、CVC、CVCC 等音节中的频率。同样出现在 V、VC、VCC 等音节中 [ε] 元音第二共振峰 F2 及其前过渡 TF2 的频率低于其在 CV、CVC、CVCC 等音节中的频率。

表 2.40 - 1　不同音节类型中 [ε] 元音的声学参数统计 （M）

		VD	VA	F1	F2	F3
V	平均值	125	68.5	637	2013	3048
	标准差	0.01	3.91	13.5	110	268
	变异系数	8%	6%	2%	5%	9%
VC	平均值	133	71.7	591	1974	2688
	标准差	0.031	3.93	66.1	86.6	472
	变异系数	23%	5%	11%	4%	18%
VCC	平均值	109	69.5	635	1843	2554
	标准差	0.024	2.24	41.6	114	417
	变异系数	22%	3%	7%	6%	16%

续表

		VD	VA	F1	F2	F3
CV	平均值	72	71.1	561	1842	2757
	标准差	0.022	2.92	69.2	126	411
	变异系数	30%	4%	12%	7%	15%
CVC	平均值	88	71.5	574	1875	2548
	标准差	0.031	3.75	66.8	122	316
	变异系数	35%	5%	12%	6%	12%
CVCC	平均值	93	73.3	562	1801	2549
	标准差	0.029	4.17	46.6	138	269
	变异系数	31%	6%	8%	8%	11%

表 2.40 – 2　不同音节类型中 [ε] 元音的声学参数统计 （F）

		VD	VA	F1	F2	F3
V	平均值	72	75	848	2117	2975
	标准差	—	—	—	—	—
	变异系数	—	—	—	—	—
VC	平均值	79	70.5	740	2252	3197
	标准差	0.007	2.598	98.5	73.1	173
	变异系数	9%	4%	13%	3%	5%
VCC	平均值	81	74.5	751	2251	3154
	标准差	0.019	1.5	74	113	0.5
	变异系数	23%	2%	10%	5%	0%
CV	平均值	78	69.81	692	2224	3167
	标准差	0.023	2.741	138	198	261
	变异系数	29%	4%	20%	9%	8%
CVC	平均值	84	70.63	672	2237	3222
	标准差	0.024	2.439	143	197	214
	变异系数	28%	3%	21%	9%	7%
CVCC	平均值	83	71.6	675	2109	3090
	标准差	0.018	1.281	101	194	394
	变异系数	22%	2%	15%	9%	13%

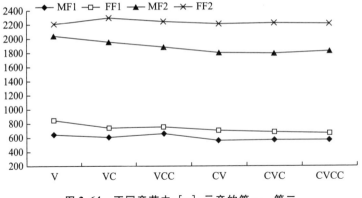

图 2.64　不同音节中［ε］元音的第一、第二
共振峰均值比较（M&F）

4. 辅音音质与声学参数之间的关系

图 2.65 为出现在词首音节不同辅音之后和无前置辅音音节中［ε］元音音长比较图，图 2.66 为出现在词首音节（包括单音节词）［ε］元音第一、第二和第三共振峰前过渡 TF1、TF2、TF3 的变化示意图，以 TF2 的上升为序排列的，即以舌位自后至前排列示意图。

从这些图中可以看出，辅音音质与［ε］元音有些声学参数之间具有一定的相关性。如，在送气辅音和清擦音之后出现的［ε］元音音长比在不送气塞音和塞擦音以及其他辅音之后出现的［ε］元音音长相对短。在送气辅音和清擦音之后出现的［ε］元音音长为 M：77ms，F：70ms；而在其他辅

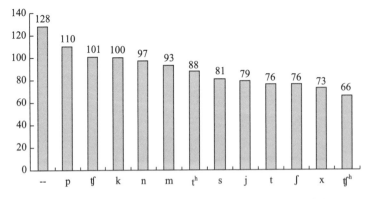

图 2.65 - 1　出现在词首音节不同辅音之后和无前置辅音
音节中［ε］元音音长比较（M）

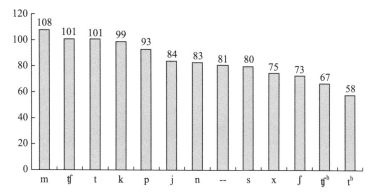

**图 2.65 - 2　出现在词首音节不同辅音之后和无前置辅音
音节中 [ε] 元音音长比较（F）**

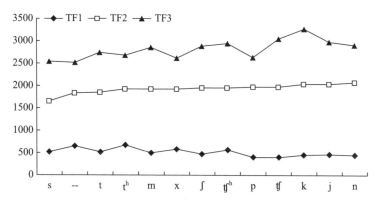

**图 2.66 - 1　词首音节 [ε] 元音三个共振峰前过渡 TF1、
TF2、TF3 等的变化示意（M）**

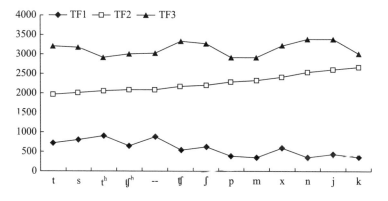

**图 2.66 - 2　词首音节 [ε] 元音三个共振峰前过渡 TF1、
TF2、TF3 等的变化示意（F）**

音之后的［ɛ］元音音长为 M：98ms，F：94ms，相差 23ms 左右；辅音音质与其后置元音［ɛ］的目标位置第二共振峰 F2 及其前过渡 TF2 之间几乎没有相关性。

（九）［œ］元音

1. 参数平均值及其音质定位

表 2.41 为［œ］元音声学参数统计总表。该统计表显示男女发音人［œ］元音的平均时长、平均音强分别为 M = 101ms，F = 98.4ms；M = 71.9dB，F = 71.214dB。该元音 F1 和 F2 的频率均值分别为 M：F1 = 571Hz，F2 = 1587Hz；F：F1 = 650Hz，F2 = 1661Hz. 与［ɛ］元音第一、第二共振峰相比（M：F1 = 574Hz，F2 = 1866Hz；F：F1 = 688Hz，F2 = 2216Hz），该两个元音的 F1 基本相等，主要差异在 F2 频率上。有关该两个元音差异的阐述请见《蒙古语语音实验研究》（呼和，2009）。

表 2.41　［œ］元音声学参数统计总表

	M					F				
	VD	VA	F1	F2	F3	VD	VA	F1	F2	F3
平均值	101	71.9	571	1587	2417	98.4	71.214	650	1661	2969
标准差	0.039	3.16	36.5	139	300	0.0303	3.4263	54.9	108	132.1
变异系数	39%	4%	6%	9%	12%	30%	5%	8%	7%	4%

据本次实验和以往的研究结果（呼和，2009），我们认为该元音为次低、前、圆唇、紧元音。图 2.67 为男性发音人［xœmɔːt］"归拢"一词的

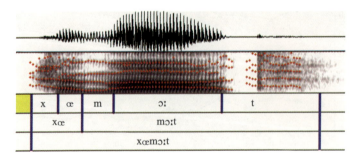

图 2.67　［xœmɔːt］"归拢"一词的三维语图和三层标注实例

三维语图和三层标注实例。其中，词首元音［œ］的目标位置的 F1 ~ F4 共
振峰分别为 552Hz、1520Hz、2103Hz、3244Hz。这是［œ］元音比较典型的
声学语图。图 2.68 为男女发音人［œ］元音在声学元音图中的位置及其声
学空间中的分布模式图。

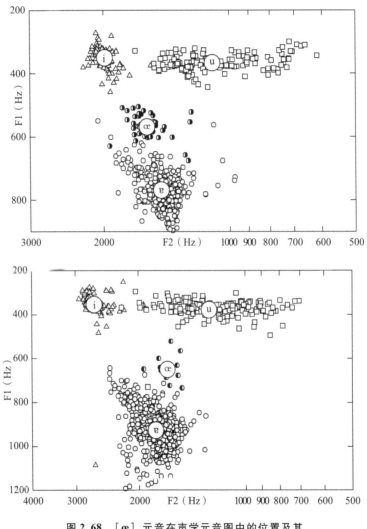

**图 2.68 ［œ］元音在声学元音图中的位置及其
声学空间中的分布模式（M&F）**

图 2.69 为男发音人［œ］元音目标位置共振峰及其前、后过渡段共
振峰比较图。其中，其中上图为目标位置共振峰 F1/F2 与前过渡 TF1/TF2

比较图，下图为目标位置共振峰 F1/F2 和后过渡 TP1/TP2 比较图。从图 2.69 中可以看出，与目标位置共振峰频率相比，[œ] 元音前、后过渡段共振峰频率都有所变化，总体上"后段变化大于前段"。其中，前过渡段 TF1 的频率有所下降（开口度相对变小），后过渡段 TP1 和 TP2 频率都较明显的下降，与目标位置共振峰相比趋向于"高后"。请见图 2.69 中的黄色实心圆。

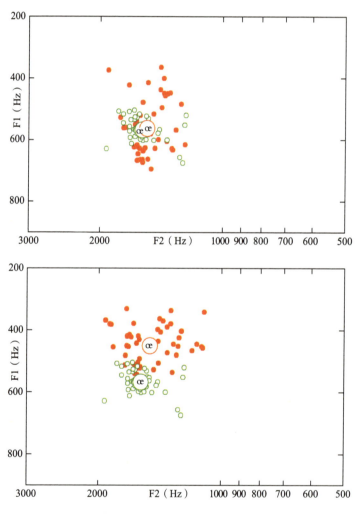

图 2.69 [œ] 元音目标位置共振峰及其前（上）、
后过渡段（下）共振峰比较（M）

2. 音节数量与声学参数之间的关系

表 2.42 为出现在单音节和多音节单词中 [œ] 元音的频率统计表。表 2.42 显示，在统一平台中，[œ] 元音共出现 58 次（M）和 14 次（F）。显然，该元音是蒙古语词首音节短元音中出现频率最低的元音。男女发音人出现频率的差异性说明，与 [ε] 元音相比，该元音音质或读法在标准话中没有完全稳定下来。

表 2.42　[œ] 元音出现频率统计

发音人	音节数目	单音节词	双音节词	三音节词	共计
M	出现次数	14	34	10	58
F	出现次数	7	4	3	14
M	百分比	24%	59%	17%	100%
F	百分比	50%	30%	21%	100%

表 2.43 为出现在单音节词、双音节词和三音节词中 [œ] 元音的音长（VD）、音强（VA）、共振峰目标值（F）统计表。从表 2.43 可以看出，音节数量与该元音音长、音强之间几乎没有相关性，即"音长随着音节数量的增加而相对缩短"等。如，

M：137ms→88ms→93ms；M：74.9dB→70.5dB→72.3dB

F：115ms→77ms→88ms；F：72.29dB→71.5dB→68.33dB

表 2.43 – 1　不同音节词中 [œ] 元音的声学参数统计（M）

		VD	VA	F1	F2	F3
单音节词	平均值	137	74.9	569	1601	2448
	标准差	0.029	3.37	27.7	73.08	217
	变异系数	22%	4%	5%	5%	9%
双音节词	平均值	88	70.5	568	1589	2407
	标准差	0.031	2.21	40.2	170.1	351
	变异系数	35%	3%	7%	11%	15%
三音节词	平均值	93	72.3	583	1559	2409
	标准差	0.044	2.33	31	71.67	192
	变异系数	47%	3%	5%	5%	8%

表 2.43 – 2　不同音节词中〔œ〕元音的声学参数统计（F）

		VD	VA	F1	F2	F3
单音节词	平均值	115	72.286	666	1650	2896
	标准差	0.0303	2.5475	45.1	83.2	70.69
	变异系数	26%	35%	7%	5%	24%
双音节词	平均值	77	71.5	603	1686	2946
	标准差	0.02	3.7749	62	153	69.85
	变异系数	26%	5%	10%	9%	24%
三音节词	平均值	88	68.333	673	1653	3168
	标准差	0.014	3.0912	13.4	76.6	101.4
	变异系数	16%	5%	2%	5%	3%

3. 音节类型与声学参数之间的关系

因女发音人语料中出现的〔œ〕元音较少，本次只观察男发音人〔œ〕元音。统一平台统计显示，〔œ〕主要在 CV、CVC 音节中出现。如，男发音人 81% 的〔œ〕都在这 2 类音节中出现。

表 2.44　不同音节类型中〔œ〕元音的统计

发音人	音节类型	V	VC	VCC	CV	CVC	CVCC	共计
M	出现次数	2	4	2	23	24	3	58
F	出现次数		2	1	2	7	2	14
M	百分比	3%	7%	3%	40%	41%	5%	100%
F	百分比		14%	7%	14%	50%	15%	100%

表 2.45 为出现不同音节类型中〔œ〕元音的声学参数统计表，图 2.70 为根据表 2.45 所画的不同音节中〔œ〕元音的第一、第二共振峰均值比较图。从图表中可以看出，音节类型与〔œ〕元音有些声学参数之间具有一定的相关性。如，出现在 V、VC、VCC 等以元音开头的音节中〔œ〕元音的音长比其在 CV、CVC、CVCC 等以辅音开头的音节中音长相对长。如，男发音人在 V、VC、VCC 等以元音开头的音节中〔œ〕元音音长均值为 135ms，而在 CV、CVC、CVCC 等以辅音开头的音节中其音长均值为 95ms，相差 40ms；从总体上看，音节类型与〔œ〕元音第一、第二共振峰之间具

有一定的相关性。如，出现在 V、VC、VCC 等音节里 [œ] 元音第一、第二共振峰频率高于其在 CV、CVC、CVCC 等音节中的频率。

表 2.45　不同音节类型中 [œ] 元音的声学参数统计 （M）

		VD	VA	F1	F2	F3
V	平均值	111	69.5	603	1734	2602
	标准差	0.026	0.5	26	201.5	93.5
	变异系数	23%	1%	4%	12%	4%
VC	平均值	142	71.3	571	1612	2571
	标准差	0.019	0.43	36.1	96.91	390
	变异系数	13%	1%	6%	6%	15%
VCC	平均值	144	67.5	601	1663	2926
	标准差	0.007	0.5	11.5	17	195
	变异系数	5%	1%	2%	1%	7%
CV	平均值	87	71.1	567	1580	2374
	标准差	0.038	2.8	42.4	124.6	302
	变异系数	43%	4%	7%	8%	13%
CVC	平均值	106	73.2	566	1588	2398
	标准差	0.038	3.44	30.2	147.7	254
	变异系数	36%	5%	5%	9%	11%
CVCC	平均值	75	72	596	1445	2235
	标准差	0.014	1.41	12.2	28.99	123
	变异系数	19%	2%	2%	2%	5%

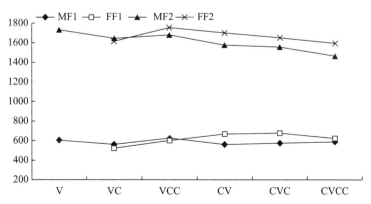

图 2.70　不同音节中 [œ] 元音的第一、第二共振峰均值比较 （M&F）

4. 辅音音质与声学参数之间的关系

图 2.71 为词首音节不同辅音之后和无前置辅音音节中［œ］元音音长比较图，图 2.72 为词首音节（包括单音节词）［œ］元音第一、第二和第三共振峰前过渡 TF1、TF2、TF3 的变化示意图，以 TF2 的上升为序排列的，即以舌位自后至前排列示意图。从这些图中可以看出，辅音音质与［œ］元音有些声学参数之间具有一定的相关性。如，出现在送气辅音和清擦音之后的［œ］元音音长短于其在不送气塞音和塞擦音以及其他辅音之后的音长。出现在送气辅音和清擦音之后的［œ］元音音长为 M：70ms；而在其他

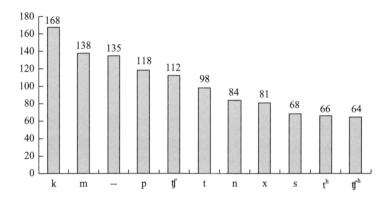

图 2.71　词首音节不同辅音之后和无前置辅音音节中
［œ］元音音长比较（M）

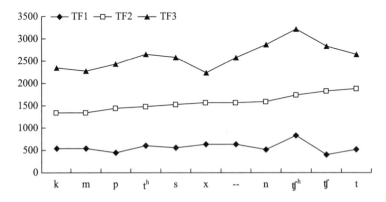

图 2.72　词首音节［œ］元音三个共振峰前过渡 TF1、
TF2、TF3 等的变化示意（M）

辅音之后的音长为 M：114ms，相差 34ms 左右；辅音音质与［œ］元音目标位置第二共振峰 F2 及其前过渡 TF2 之间具有一定的相关性。如，出现在［p-, x-, k-, m-, s-, tʰ-, ʧʰ-］等双唇音、软腭音以及送气辅音之后［œ］元音的目标位置第二共振峰 F2 及其前过渡 TF2 频率低于其在其他辅音之后的频率。

四 非词首音节短元音

据"统一平台"统计结果，在蒙古语标准话非词首共出现了［ɜ, ə, i, ɞ, ɵ, ɨ］等短元音。

（一）［ɜ］元音

1. 参数平均值及其音质定位

表 2.46 为［ɜ］元音参数统计总表。该统计表显示男女发音人［ɜ］元音的平均时长、平均音强分别为 M = 57ms，F = 53ms；M - 73.33dB，F = 68.07dB。该元音 F1 和 F2 的频率均值分别为 M：F1 = 582Hz，F2 = 1470Hz；F：F1 = 690Hz，F2 = 1609Hz。

据本次实验和以往的研究（呼和，2009），我们认为蒙古语标准话非词首音节［ɜ］元音为中、央、展唇、（紧）元音，用［ɜ］音标标记该元音接近其实际音值。图 2.73 为［ɤmsɜɾ］"口，盖儿"一词的三维语图和三层标注实例。其中，非词首元音［ɜ］的目标位置的 F1 ~ F4 共振峰分别为 614Hz、1593Hz、2572Hz、4241Hz。这是［ɜ］元音比较典型的声学语图。

表 2.46 ［ɜ］元音声学参数统计总表

	M					F				
	VD	VA	F1	F2	F3	VD	VA	F1	F2	F3
平均值	57	73.33	582	1470	2362	53	68.07	690	1609	3257
标准差	18	3.14	59	164	210	17	3.93	123	213	432
变异系数	32	4	10	11	9	32	6	18	13	13

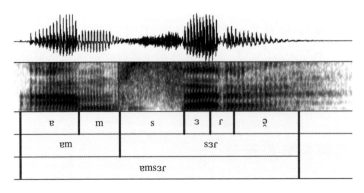

图 2.73　[ɐmsɜʃ]"口，盖儿"一词的三维语图和
三层标注实例

图 2.74 为男女发音人 [ɜ] 元音在声学空间中的分布模式（国际音标位置为其总均值。上图为男性发音人，下图为女性发音人，余同）。可以看出，[ɜ] 元音在声学空间中的位置为：F1 = 450 ~ 700Hz，F2 = 1100 ~ 1900Hz（M）；F1 = 450 ~ 850Hz，F2 = 1200 ~ 2000Hz（F）。该元音在声学空间中的分布方向（趋势）为前高↖后高↗后低↘前低↙（爆炸式扩散），请见图中箭头所指方向。

图 2.75 ~ 2.76 为 [ɜ] 元音目标位置第一、第二共振峰 F1/F2（绿色十字）及其前过渡 TF1/TF2 和后过渡 TP1/TP2 共振峰（黄色实心圆）比较图。其中，图 2.75 为目标位置共振峰和前过渡共振峰比较图，图 2.76 为目标位置共振峰和后过渡共振峰比较图。从图 2.75 ~ 2.76 中可以看出，与目标位置共振峰频率相比，[ɜ] 元音前、后过渡段 TP1 共振峰频率虽然都有所降低，但后过渡段频率 TP1 的下降比较明显（后过渡段变化大于前过渡段"后段变化大于前段"，与词首短元音相似），说明 [ɜ] 元音在其后过渡段中舌位相对上升（开口度相对变小）。

2. 音节数量与元音声学参数之间的关系

表 2.45 为 [ɜ] 元音在多音节单词中出现的频率统计表。表 2.47 显示，该元音在双音节和三音节词中出现的比例相对高。表 2.48 为出现在多音节词中 [ɜ] 元音的音长（VD）、音强（VA）、共振峰目标值（F）统计

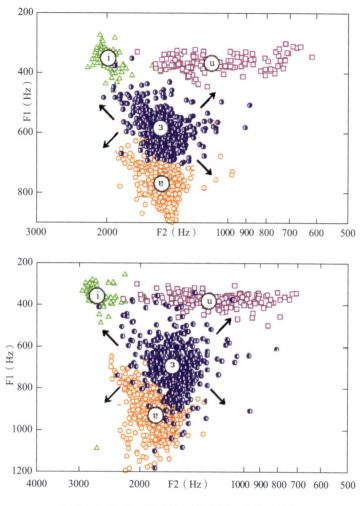

图 2.74　［ɜ］元音在声学元音图中的位置及其
声学空间中的分布模式（M&F）

表，图 2.77～2.79 为根据表 2.48 画的图，音 节 数 量 与［ɜ］元 音 音
长、音强之间具有一定的相关性。如，该元音音长随着音节数量的增加
而相对缩短，而其音强随着音节数量的增多相对变弱。这一点上与词首
音节短元音相似。本次实验结果显示，音节数量与该元音共振峰之间没
有相关性。

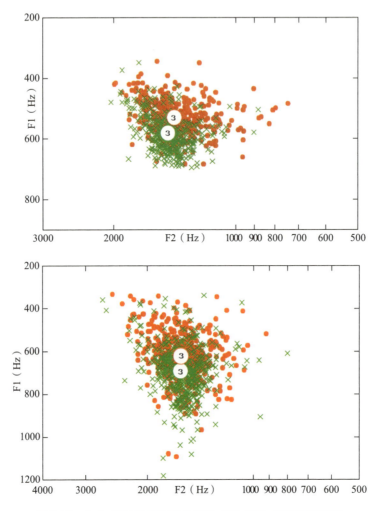

图 2.75　[з] 元音目标位置共振峰（F1/F2）及其前过渡段
共振峰（TF1/TF2）比较（M&F）

表 2.47　[з] 元音出现频率统计

	双音节词		三音节词		四音节词		共计	
发音人	M	F	M	F	M	F	M	F
出现次数	248	252	120	192	24	37	393	483
百分比	63%	52%	31%	40%	6%	8%	100%	100%

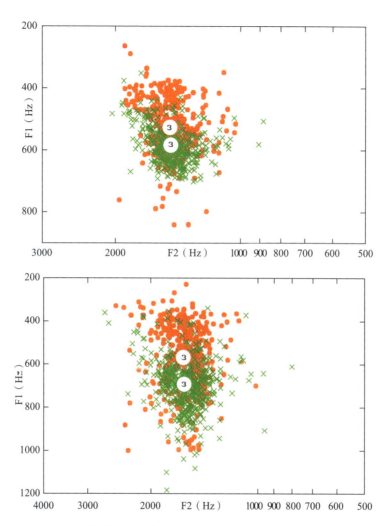

图 2.76 ［ɜ］元音目标位置共振峰（F1/F2）及其后过渡段
共振峰（TP1/TP2）比较（M&F）

表 2.48 不同音节词中［ɜ］元音声学参数统计

发音人 统计项		M					F				
		VD	VA	F1	F2	F3	VD	VA	F1	F2	F3
双音节词	平均值	61	74.16	586	1468	2369	59	70.02	693	1583	3229
	标准差	17	2.82	54	159	216	15	2.71	104	211	455
	变异系数	28	4	9	11	9	25	4	15	13	14

续表

发音人		M					F				
统计项		VD	VA	F1	F2	F3	VD	VA	F1	F2	F3
三音节词	平均值	50	72.07	572	1478	2350	47	66.23	686	1652	3276
	标准差	17	2.94	66	174	202	16	3.93	137	204	395
	变异系数	34	4	12	12	9	34	6	20	12	12
四音节词	平均值	49	71.25	579	1448	2344	44	64.95	688	1567	3325
	标准差	13	4.08	67	172	201	13	3.64	154	241	448
	变异系数	27	6	12	12	9	30	6	22	15	13

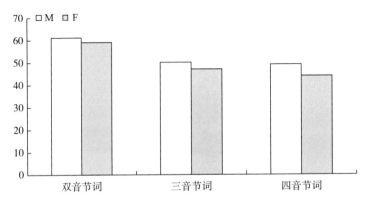

图 2.77　音节数量与音长之间的关系示意（M&F）

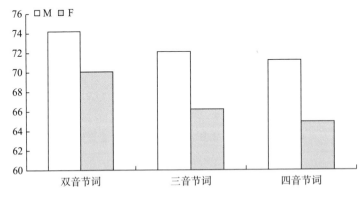

图 2.78　音节数量与音强之间的关系示意（M&F）

因非词首音节短元音主要在三音节和四音节词的 CVC 或 CVCC 音节中出现，为此本节不讨论音节类型与元音声学参数之间的关系问题（下同）。

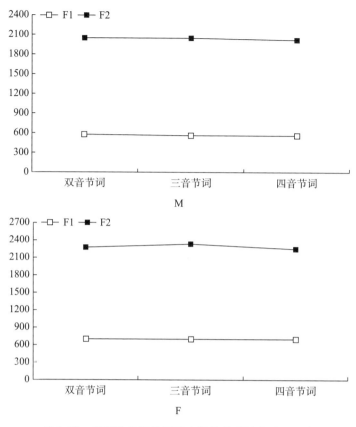

图 2.79 音节数量与共振峰之间的关系示意（M&F）

3. 辅音音质与元音声学参数之间的关系

图 2.80 为非词首音节不同辅音之后 ［ɜ］元音音长比较图，图 2.81 ~ 2.82 为出现在非词首音节 ［x-, t-, k-, n-, m-, l-, s-, tʰ-, ɾ-①］ 等辅音（前置辅音）之后 ［ɜ］元音的第一、第二和第三共振峰前过渡（TF1、TF2、TF3）的变化示意图。其中，图 2.81 为以 TF1 的上升为准排列的，即以舌位自高至低排列示意图，图 2.82 为以 TF2 的上升为准排列的，即以舌位自后至前排列示意图。这些图显示，辅音音质与 ［ɜ］元音声学参数之间几乎没有相关性。

---

① 在 Excel 上不显示 ［ɾ］音标，为了画图方便这里暂时用 ［r］音标代替了 ［ɾ］。

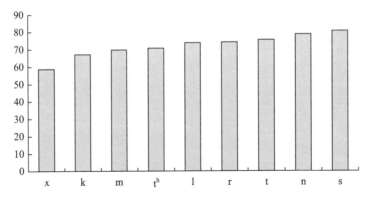

图 2.80 - 1 非词首音节不同辅音之后［ɜ］元音音长比较（M）

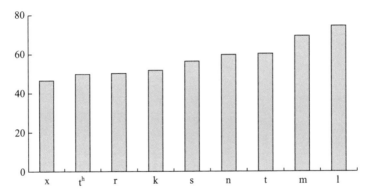

图 2.80 - 2 非词首音节不同辅音之后［ɜ］元音音长比较（F）

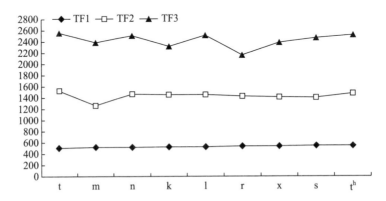

图 2.81 - 1 非词首辅音之后的［ɜ］元音三个共振峰前过渡 TF1、
TF2、TF3 等的变化示意（M）

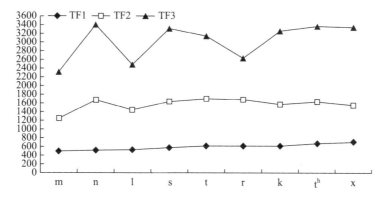

图 2.81 – 2　非词首辅音之后的［ɜ］元音三个共振峰前过渡 TF1、
TF2、TF3 等的变化示意（F）

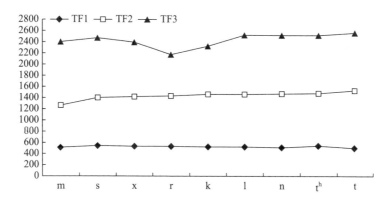

图 2.82 – 1　非词首辅音之后的［ɜ］元音三个共振峰前过渡 TF1、
TF2、TF3 等的变化示意（M）

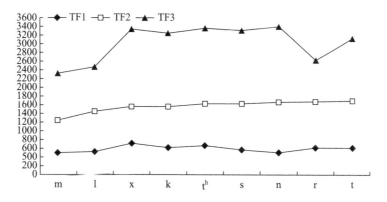

图 2.82 – 2　非词首辅音之后的［ɜ］元音三个共振峰前过渡 TF1、
TF2、TF3 等的变化示意（F）

（二）［ə］元音

1. 参数平均值及其音质定位

表 2.49 为［ə］① 元音参数统计总表。该统计表显示男女发音人［ə］元音的平均时长，平均音强分别为 M = 60ms，F = 53ms；M = 72.89dB，F = 67.90dB。该元音 F1 和 F2 的频率均值分别为 M：F1 = 413Hz，F2 = 1611Hz；F：F1 = 394Hz，F2 = 1928Hz。

表 2.49　　［ə］元音声学参数统计总表

	M					F				
	VD	VA	F1	F2	F3	VD	VA	F1	F2	F3
平均值	60	72.89	413	1611	2388	53	67.90	394	1928	3171
标准差	20	3.35	78	182	122	16	3.72	63	272	172
变异系数	33%	5%	19%	11%	5%	30%	5%	16%	14%	5%

据本次实验和以往的研究结果（呼和，2009），我们认为蒙古语标准话非词首音节［ə］元音为半闭（次高）、央、展唇、（松）元音，用［ə］音标标记该元音接近其实际音值。图 2.83 为［ʃir əm］"生铁"一词的三维语

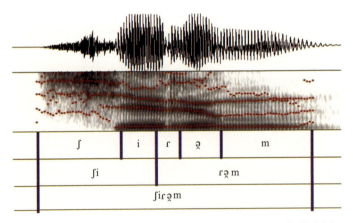

图 2.83　［ʃir əm］"生铁"一词的三维语图和三层标注实例

---

① 在以往研究中，我们用［ɛ］音标标记过该元音。为了更准确反映蒙古语词首ɔ元音实际音质，前面我们用［ɛ］音标标记了该元音，为此本项研究采用了［ə］音标。

图和三层标注实例。

　　图 2.84 为男女发音人［ə］元音在声学空间中的分布模式。可以看出，［ə］元音在声学空间中的位置为 M：F1 = 300 ~ 500Hz，F2 = 1100 ~ 2000Hz；F：F1 = 300 ~ 500Hz，F2 = 1300 ~ 2300Hz。其在声学空间中的分布方向（趋势）为前高↖后高↗后低↘前低↙（爆炸式扩散），离散度较大，请见图中箭头所指方向。

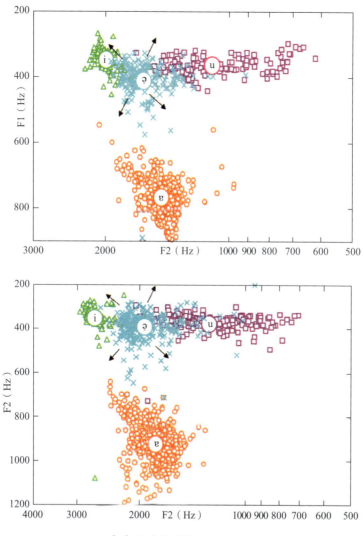

图 2.84　［ə］元音在声学元音图中的位置及其
声学空间中的分布模式（**M&F**）

　　图 2.85 ~ 2.86 为［ə］元音目标位置第一、第二共振峰 F1/F2（绿色实心圆，下同）及其前过渡 TF1/TF2 和后过渡 TP1/TP2 共振峰（黄色实心圆，下同）比较图。其中，图 2.85 为目标位置共振峰和前过渡共振峰比较图，图 2.86 为目标位置共振峰和后过渡共振峰比较图。从图 2.85 ~ 2.86 中可以看出，与目标位置共振峰频率相比，［ə］元音前、后过渡段共振峰频率均无明显差异。尚未出现［ɜ］元音那样"后段变化较大于前段"的现象，说明［ə］元音在其前、后过渡段中的舌位变化（开口度变化）不明显。

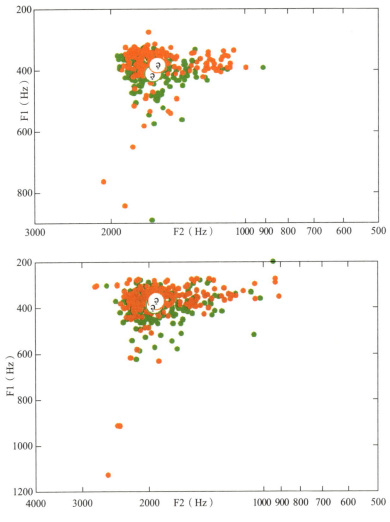

图 2.85　［ə］元音目标位置共振峰（F1/F2）及其前过渡段
共振峰（TF1/TF2）比较（M&F）

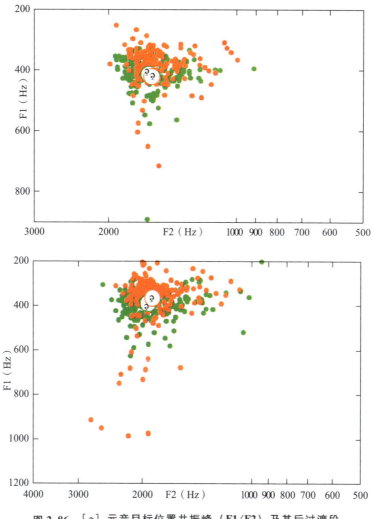

图 2.86 ［ə］元音目标位置共振峰（F1/F2）及其后过渡段
共振峰（TP1/TP2）比较（M&F）

2. 音节数量与元音声学参数之间的关系

表 2.50 为［ə］元音在多音节单词中出现的频率统计表。表 2.50 显示，在双音节和三音节词中出现的比例比较高。

表 2.51 为多音节词中［ə］元音音长（VD）、音强（VA）、共振峰（F）目标值统计表，图 2.87～2.89 为根据表 2.51 所画的图。从这些表和图中可以看出，音节数量与［ə］元音音长、音强之间具有一定的相关性。如，该元音音长随着音节数量的增加而相对缩短；而其音强随着音节数量

的增多相对变弱。这一点上与词首音节短元音相似。本次实验结果显示，音节数量与［ə］元音共振峰之间有一定的相关性。如，该元音第一共振峰随着音节数量的增加而舌位有靠低（开口度增大）趋势；第二共振峰随着音节数量的增加而舌位有靠前趋势。

表 2.50　　［ə］元音出现频率统计

发音人	双音节词		三音节词		四音节词		共计	
	M	F	M	F	M	F	M	F
出现次数	103	111	62	107	21	27	186	245
百分比	55%	45%	33%	44%	12%	11%	100%	100%

表 2.51　　不同音节词中［ə］元音声学参数统计

发音人 统计项		M					F				
		VD	VA	F1	F2	F3	VD	VA	F1	F2	F3
双音节词	平均值	66	73.89	404	1588	2379	58	70.31	402	1875	3149
	标准差	20	2.30	34	174	114	16	2.19	59	271	142
	变异系数	30%	3%	8%	11%	5%	28%	3%	15%	14%	5%
三音节词	平均值	51	72.71	405	1633	2382	51	66.35	386	1982	3182
	标准差	16	2.39	50	164	124	14	3.23	56	253	178
	变异系数	31%	3%	12%	10%	5%	27%	5%	15%	13%	6%
四音节词	平均值	47	68.52	478	1658	2454	45	64.00	692	1927	3217
	标准差	18	5.83	193	250	140	12	3.89	99	319	243
	变异系数	26%	4%	40%	15%	6%	27%	6%	25%	17%	8%

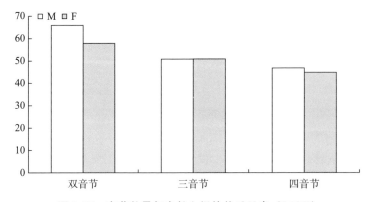

图 2.87　音节数量与音长之间的关系示意（M&F）

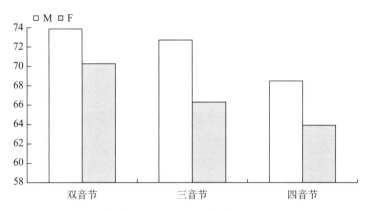

图 2.88　音节数量与音强之间的关系示意（M&F）

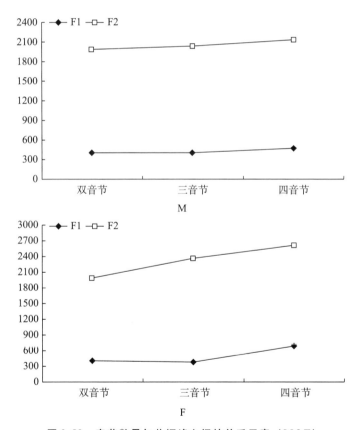

图 2.89　音节数量与共振峰之间的关系示意（M&F）

3. 辅音音质与元音声学参数之间的关系

图 2.90 为非词首音节不同辅音之后和无前置辅音音节中 ［ə］元音音长比较图，图 2.91 ~ 2.92 为非词首音节 ［l-，ɾ-，n-，t-，tʰ-，m-，k-，s-，p-，x-］等辅音（前置辅音）之后 ［ə］元音的第一、第二和第三共振峰前过渡（TF1、TF2、TF3）的变化示意图。其中，图 2.91 为以 TF1 的上升为准排列的，即以舌位自高至低排列示意图，图 2.92 为以 TF2 的上升为准排列的，即以舌位自后至前排列示意图。这些图显示，辅音音质与 ［ə］元音声学参数之间的相关性不显著。［ə］和 ［ɜ］元音等元音的这一特点是否与这些元音的央化有关？有待进一步研究。

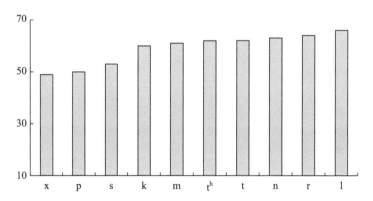

图 2.90 - 1　出现在非词首音节不同辅音之后和无前置辅音音节中 ［ə］元音音长比较 （M）

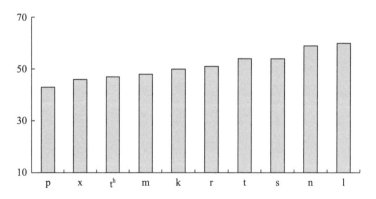

图 2.90 - 2　出现在非词首音节不同辅音之后和无前置辅音音节中 ［ə］元音音长比较 （F）

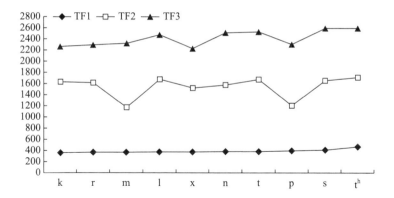

图 2.91 – 1　不同辅音之后的［ə］元音三个共振峰前过渡 TF1、
　　　　　　TF2、TF3 等的变化示意（M）

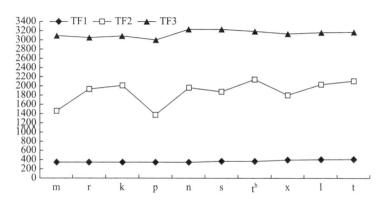

图 2.91 – 2　不同辅音之后的［ə］元音三个共振峰前过渡 TF1、
　　　　　　TF2、TF3 等的变化示意（F）

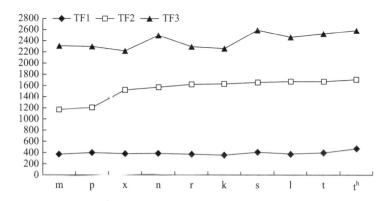

图 2.92 – 1　不同辅音之后的［ə］元音三个共振峰后过渡 TP1、
　　　　　　TP2、TP3 等的变化示意（M）

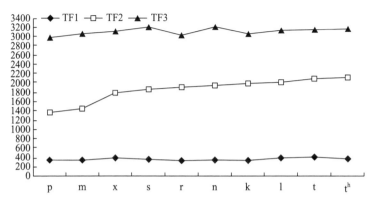

图 2.92 – 2　不同辅音之后的 [ə] 元音三个共振峰后过渡 TP1、
TP2、TP3 等的变化示意 （F）

（三）[ɨ] 元音

1. 参数平均值及其音质定位

表 2.52 为 [ɨ] 元音参数统计总表。该统计表显示男女发音人 [ɨ] 元音的平均时长，平均音强分别为 M = 49ms，F = 47ms；M = 72.03dB，F = 67.46dB。该元音 F1 和 F2 的频率均值分别为 M：F1 = 362Hz，F2 = 1858Hz；F：F1 = 388Hz，F2 = 2347Hz。

表 2.52　　[ɨ] 元音声学参数统计总表

	M					F				
	VD	VA	F1	F2	F3	VD	VA	F1	F2	F3
平均值	49	72.03	362	1858	2591	47	67.46	388	2347	3211
标准差	16	2.98	22	130	200	18	3.82	56	224	184
变异系数	33%	4%	6%	7%	8%	30%	5%	15%	9%	6%

据本次实验和以往的研究结果（呼和，2009），我们认为蒙古语标准话非词首音节 [ɨ] 元音为闭（高）、前、展唇、（松）元音，用 [ɨ] 音标标记该元音接近其实际音值。图 2.93 为 [xʊntʃɨl] "被子" 一词的三维语图和三层标注实例。

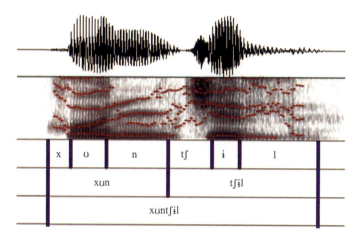

图 2.93　［xʊntʃɨl］"被子"一词的三维语图和三层标注实例

图 2.94 为男女发音人［ɨ］元音在声学空间中的分布模式。可以看出，［ɨ］元音在声学空间中的位置为：M：F1 = 300 ~ 400Hz，F2 = 1800 ~ 2200Hz；F：F1 = 300 ~ 400Hz，F2 = 2000 ~ 2800Hz。其在声学空间中的分布方向（趋势）与词首音节元音基本一致，离散度较小。

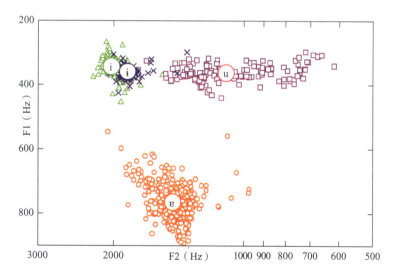

图 2.94 – 1　［ɨ］元音在声学元音图中的位置及其声学
空间中的分布模式（M）

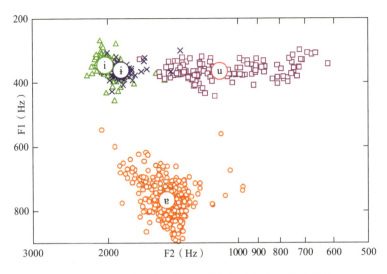

图 2.94 - 2　[i] 元音在声学元音图中的位置及其声学
空间中的分布模式（F）

　　图 2.95 ~ 2.96 为 [i] 元音目标位置第一、第二共振峰 F1/F2 及其前过渡 TF1/TF2 和后过渡 TP1/TP2 共振峰比较图。其中，图 2.95 为目标位置共振峰和前过渡共振峰比较图，图 2.96 为目标位置共振峰和后过渡共振峰比较图。从图 2.95 ~ 2.96 中可以看出，与目标位置共振峰频率相比，[i] 元音前、后过渡段 TF1、TP1 共振峰频率均无明显差异。

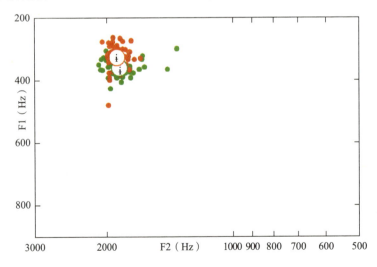

图 2.95 - 1　[i] 元音目标位置共振峰（F1/F2）及其前过渡段
共振峰（TF1/TF2）比较（M）

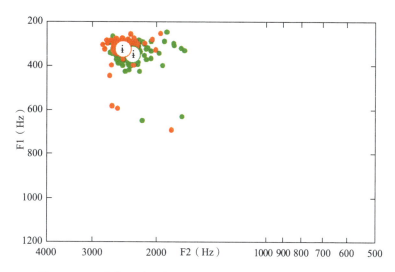

图 2.95 - 2　［ɨ］元音目标位置共振峰（F1/F2）及其前过渡段
共振峰（TF1/TF2）比较（F）

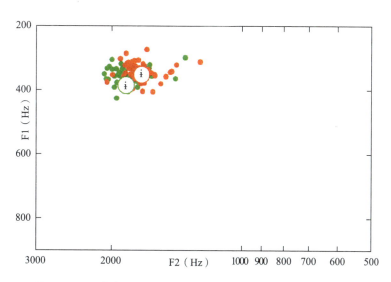

图 2.96 - 1　［ɨ］元音目标位置共振峰（F1/F2）及其后过渡段
共振峰（TP1/TP2）比较（M）

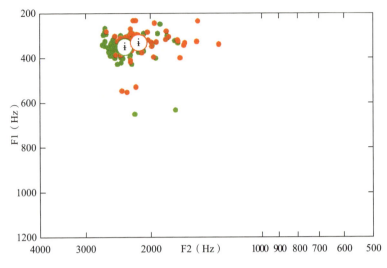

图 2.96 – 2 ［i］元音目标位置共振峰（F1/F2）及其后过渡段
共振峰（TP1/TP2）比较（F）

2. 音节数量与元音声学参数之间的关系

表 2.53 为 ［i］元音在多音节单词中出现的频率统计表。表 2.53 显示，
在双音节和三音节词中出现的比例较高。

表 2.53 ［i］元音出现频率统计

发音人	双音节词		三音节词		四音节词		共计	
	M	F	M	F	M	F	M	F
出现次数	26	33	31	54	8	10	65	97
百分比	40%	34%	48%	56%	12%	10%	100%	100%

表 2.54 为出现在多音节词中 ［i］元音的音长（VD）、音强（VA）、共
振峰目标值（F）统计表，图 2.97 ~ 2.99 为根据表 2.54 所画的图。从表和
图中可以看出，音节数量与 ［i］元音音强之间具有一定的相关性，即音强
随着音节数量的增多相对变弱。

表 2.54 不同音节词中〔i〕元音声学参数统计

发音人统计项		M					F				
		VD	VA	F1	F2	F3	VD	VA	F1	F2	F3
双音节词	平均值	59	73.65	366	1895	2540	59	68.82	361	2345	3118
	标准差	13	2.35	20	111	231	18	3.92	63.18	241	173
	变异系数	22%	3%	5%	6%	9%	31%	6%	17%	10%	5%
三音节词	平均值	40	71.03	359	1822	2612	39	65.63	340	2343	3203
	标准差	13	3.09	25	150	171	14	3.1	38	196	174
	变异系数	32%	4%	7%	8%	7%	36%	5%	11%	8%	5%
四音节词	平均值	54	70.62	362	1879	2677	47	63.2	371	2274	3351
	标准差	15	2	20	48	174	13	2.8	95	313	162
	变异系数	28%	3%	6%	3%	6%	28%	5%	26%	14%	5%

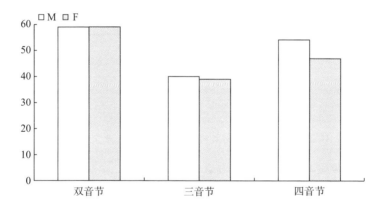

图 2.97 音节数量与音长之间的关系示意 (M&F)

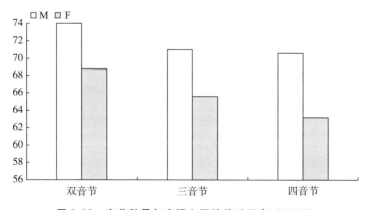

图 2.98 音节数量与音强之间的关系示意 (M&F)

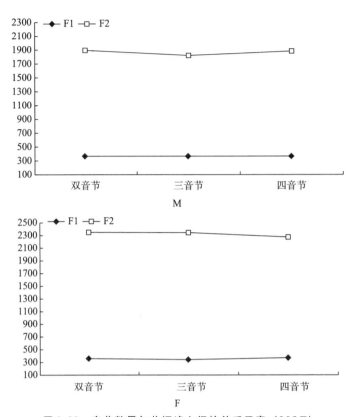

图 2.99　音节数量与共振峰之间的关系示意 （M&F）

3. 辅音音质与元音声学参数之间的关系

图 2.100 为非词首音节不同辅音之后和无前置辅音音节中 ［ɨ］元音音长比较图，图 2.101 为出现在非词首音节四个辅音 （前置辅音） 之后 ［ɨ］

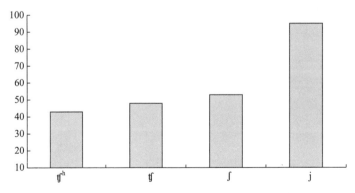

图 2.100 – 1　不同辅音之后和无前置辅音音节
中 ［ɨ］元音音长比较 （M）

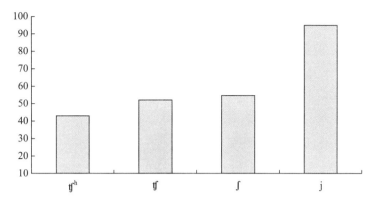

图 2. 100 - 2　不同辅音之后和无前置辅音音节
中〔i〕元音音长比较（F）

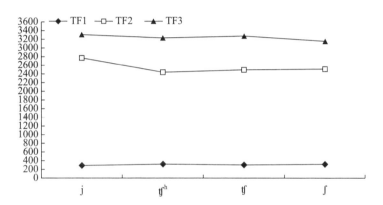

图 2. 101 - 1　不同辅音之后的〔i〕元音三个共振峰前过渡 TF1、
TF2、TF3 等的变化示意（M）

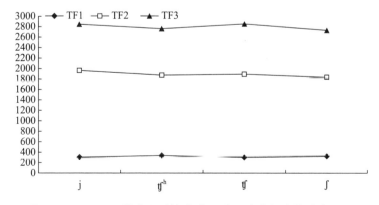

图 2. 101 - 2　不同辅音之后的〔i〕元音三个共振峰前过渡 TF1、
TF2、TF3 等的变化示意（F）

元音的第一、第二和第三共振峰前过渡（TF1、TF2、TF3）的变化示意图。这些图显示，除［j］辅音之后［ɨ］元音音长和 TF2 外，其他声学参数没有明显的差异。

（四）［ɞ］元音

1. 参数平均值及其音质定位

表 2.55 为［ɞ］元音参数统计总表。该统计表显示男女发音人［ɞ］元音的平均时长、平均音强分别为 M = 58ms，F = 52ms；M = 72.68dB，F = 67.28dB。该元音 F1 和 F2 的频率均值分别为 M：F1 = 530Hz，F2 = 1327Hz；F：F1 = 640Hz，F2 = 1448Hz。

表 2.55　［ɞ］元音声学参数统计总表

［ɞ］	M					F				
	VD	VA	F1	F2	F3	VD	VA	F1	F2	F3
平均值	58	72.68	530	1337	2363	52	67.28	640	1448	3332
标准差	16	3.13	68	201	234	17	4.37	131	195	364
变异系数	28%	4%	13%	15%	10%	33%	6%	20%	13	11

据本次实验和以往的研究（呼和，2009），我们认为蒙古语标准话非词首音节［ɞ］元音为中、央、圆唇、（紧）元音，用［ɞ］音标标记该元音接近其实际音值。图 2.102 为［tʃɔnɞl］"苦恼"一词的三维语图和三层标注实例。

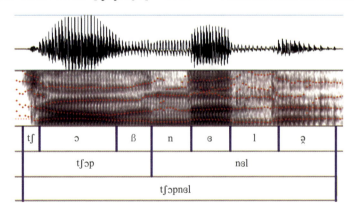

图 2.102　［tʃɔnɞl］"苦恼"一词的三维语图和三层标注实例

　　图 2.103 为男女发音人［ɐ］元音在声学元音图中的位置及其声学空间
中的分布模式。可以看出，［ɐ］元音在声学空间中的位置为 M：F1 = 400 ~
650Hz，F2 = 1000 ~ 1800Hz；F：F1 = 400 ~ 800Hz，F2 = 1000 ~ 2000Hz。该
元音在声学空间中的分布方向（趋势）为前高↖后高↗后低↘前低↙（爆
炸式扩散），离散度较大，请见图 2.103 中箭头所指方向。

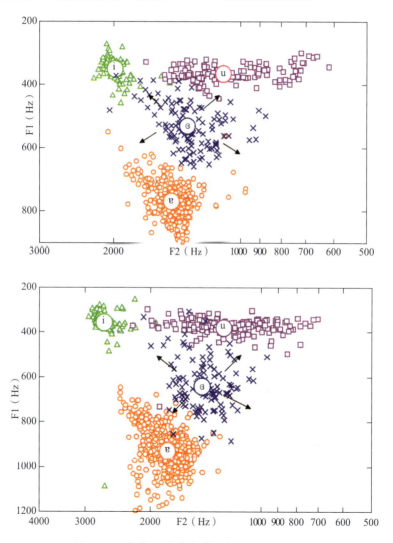

图 2.103　［ɐ］元音在声学元音图中的位置及其
声学空间中的分布模式（M&F）

图 2.104 ~ 2.105 为 [ɵ] 元音目标位置第一、第二共振峰 F1/F2 及其前过渡 TF1/TF2 和后过渡 TP1/TP2 共振峰比较图。从图 2.104 ~ 2.105 中可以看出，与目标位置共振峰频率相比，[ɵ] 元音前、后过渡段 TF1、TP1 共振峰频率均无明显差异。

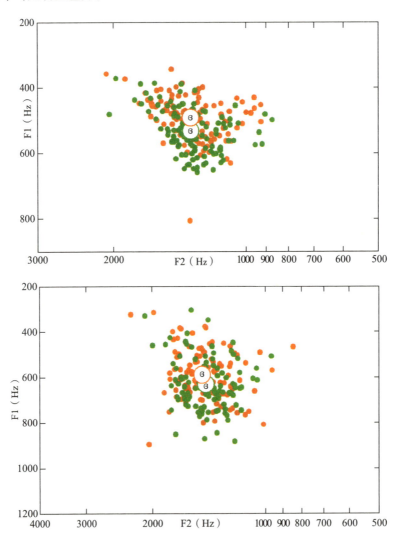

图 2.104 [ɵ] 元音目标位置共振峰 （F1/F2） 及其前过渡段
共振峰 （TF1/TF2） 比较 （M&F）

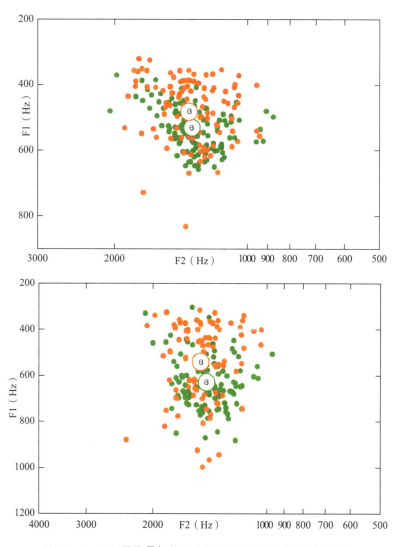

图 2.105 〔ɐ〕元音目标位置共振峰（F1/F2）及其后过渡段
共振峰（TP1/TP2）比较（M&F）

2. 音节数量与元音声学参数之间的关系

表 2.56 为〔ɐ〕元音在多音节单词中出现的频率统计表。表 2.55 显示，
在双音节和三音节词中出现的比例比较高。

表 2.56　[ɐ] 元音出现频率统计

发音人	双音节词		三音节词		四音节词		共计	
	M	F	M	F	M	F	M	F
出现次数	75	65	35	53	3	5	113	123
百分比	66%	53%	31%	43%	3%	6%	100%	100%

　　表 2.57 为出现在多音节词中 [ɐ] 元音的音长（VD）、音强（VA）、共振峰目标值（F）统计表，图 2.106 ~ 2.108 为根据表 2.57 画的图。从表和图中可以看出，音节数量与 [ɐ] 元音第二共振峰之间有一定的相关性，即随着音节数量的增加其频率相对降低。

表 2.57　不同音节词中 [ɐ] 元音声学参数统计

发音人 统计项		M					F				
		VD	VA	F1	F2	F3	VD	VA	F1	F2	F3
双音节词	平均值	63	72.95	537	1304	2364	59	69.54	627	1438	3354
	标准差	14	3.53	63	195	237	16	3.05	110	175	321
	变异系数	22%	5%	12%	15%	10%	27%	4%	20%	12%	10%
三音节词	平均值	47	71.97	517	1401	2354	43	65.06	640	1450	3297
	标准差	15	1.87	79	199	238	15	4	141	219	424
	变异系数	32%	3%	15%	14%	10%%	35%	6%	22%	15%	13%
四音节词	平均值	56	74.33	507	1402	2435	52	61.6	664	1554	3416
	标准差	11	3.79	31	277	90	14	5.94	101	179	166
	变异系数	20%	5%	6%	20%	4%	27%	10%	15%	12%	5%

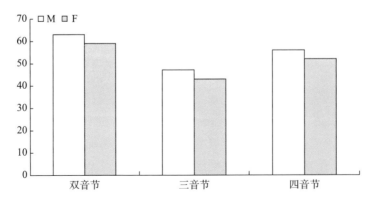

图 2.106　音节数量与音长之间的关系示意（M&F）

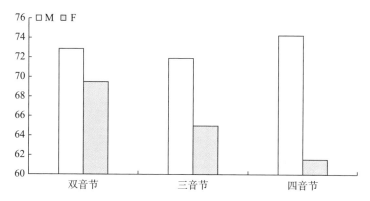

图 2.107　音节数量与音强之间的关系示意 （M&F）

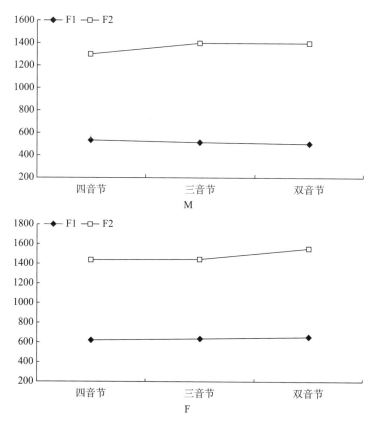

图 2.108　音节数量与共振峰之间的关系示意 （M&F）

3. 辅音音质与元音声学参数之间的关系

图 2.109 为出现在非词首音节不同辅音之后和无前置辅音音节中 [6]

元音音长比较图，图 2.110～2.111 为出现在非词首音节 [t-、k-、n-、ɾ-、m-、l-、p-、x-、s-] 等辅音（前置辅音）之后 [ɵ] 元音的第一、第二和第三共振峰前过渡（TF1、TF2、TF3）的变化示意图。其中，图 2.110 为以 TF1 的上升为准排列的，即以舌位自高至低排列示意图，图 2.111 为以 TP2 的上升为准排列的，即以舌位自后至前排列示意图。这些图显示，辅音音质与 [ɵ] 元音第二共振峰前过渡（TF2）之间有一定的相关性，即 [n、l-、ɾ-、s-、t-] 等辅音之后 [ɵ] 元音 TF2 频率比其他辅音（[p-、x-、m-、k-]）之后的相对高。

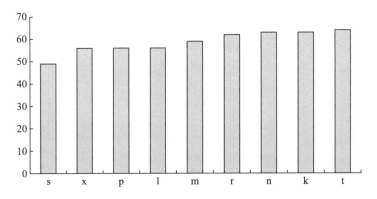

**图 2.109 – 1　不同辅音之后和无前置辅音音节中
[ɵ] 元音音长比较（M）**

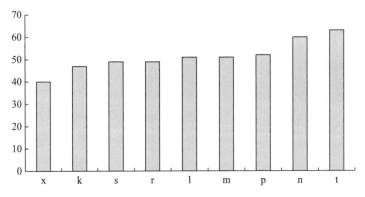

**图 2.109 – 2　不同辅音之后和无前置辅音音节中
[ɵ] 元音音长比较（F）**

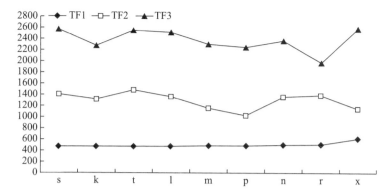

图 2. 110 – 1　不同辅音之后的 ［ɵ］ 元音三个共振峰前过渡 TF1、
TF2、TF3 等的变化示意 （M）

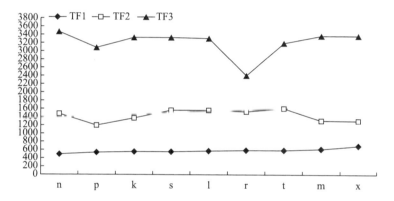

图 2. 110 – 2　不同辅音之后的 ［ɵ］ 元音三个共振峰前过渡 TF1、
TF2、TF3 等的变化示意 （F）

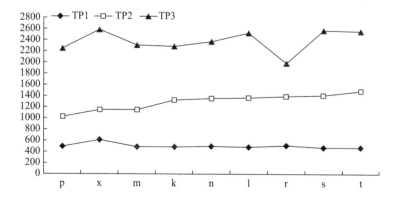

图 2. 111 – 1　不同辅音之后的 ［ɵ］ 元音三个共振峰后过渡 TP1、
TP2、TP3 等的变化示意 （M）

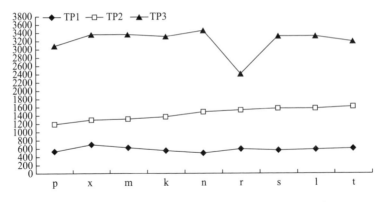

图 2.111 – 2 不同辅音之后的〔ɵ〕元音三个共振峰后过渡 TP1、
TP2、TP3 等的变化示意（F）

（五）〔ɵ〕元音

1. 参数平均值及其音质定位

表 2.58 为〔ɵ〕元音参数统计总表。该统计表显示男女发音人〔ɵ〕元音的平均时长，平均音强分别为 M = 59ms，F = 55ms；M = 72.82dB，F = 67.15dB。该元音 F1 和 F2 的频率均值分别为 M：F1 = 387Hz，F2 = 1359Hz；F：F1 = 389Hz，F2 = 1550Hz。

表 2.58　〔ɵ〕元音声学参数统计总表

〔ɵ〕	M					F				
	VD	VA	F1	F2	F3	VD	VA	F1	F2	F3
平均值	59	72.82	387	1359	2346	55	67.15	389	1550	3211
标准差	20	2.57	36	228	143	16	3.2	49	262	224
变异系数	34%	4%	9%	17%	6%	30%	5%	13%	17%	7%

根据本次实验和以往的研究结果（呼和，2009），我们认为蒙古语标准话非词首音节〔ɵ〕元音为次高、央、圆唇、（松）元音，用〔ɵ〕音标标记该元音接近其实际音值。图 2.112 为〔nʊmrɵk〕"斗篷"一词的三维语图和三层标注实例。

图 2.113 为男女发音人〔ɵ〕元音在声学元音图中的位置及其声学空间中的分布模式。可以看出，〔ɵ〕元音在声学空间中的位置为：F1 = 350 ～

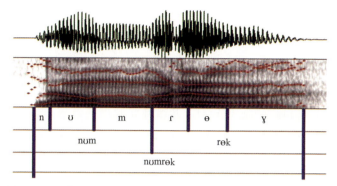

图 2.112 ［nʊmɾɵk］"斗篷" 一词的三维语图和三层标注实例

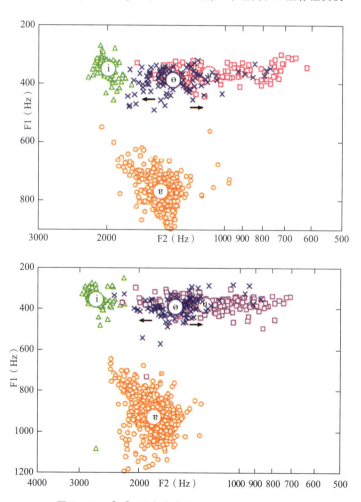

图 2.113 ［ɵ］元音在声学元音图中的位置及其
声学空间中的分布模式（M&F）

500Hz，F2 = 1000 ～ 1800Hz（M）；F1 = 300 ～ 450Hz，F2 = 1500 ～ 2000Hz（F）。该元音在声学空间中的分布方向（趋势）为前←后→扩散，离散度较大。请见图 2.113 中箭头所指方向。

图 2.114 ～ 2.115 为［ɵ］元音目标位置第一、第二共振峰 F1/F2 及其前过渡 TF1/TF2 和后过渡 TP1/TP2 共振峰比较图。其中，图 2.114 为目标位置共振峰和前过渡共振峰比较图，图 2.115 为目标位置共振峰和后过渡共

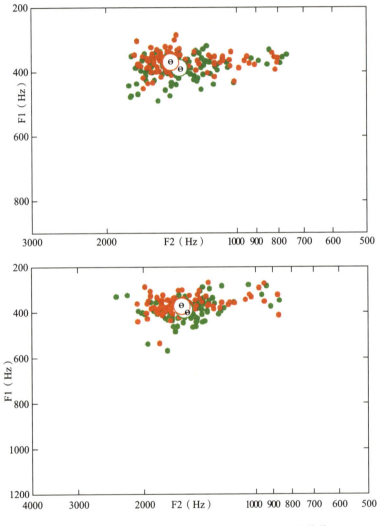

图 2.114 ［ɵ］元音目标位置共振峰（**F1/F2**）及其前
过渡段共振峰（**TF1/TF2**）比较（**M&F**）

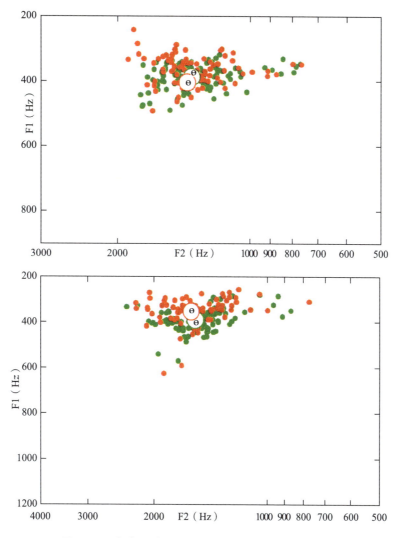

图 2. 115　〔ө〕元音目标位置共振峰（F1/F2）及其后
过渡段共振峰（TP1/TP2）比较（M&F）

振峰比较图。从这两个图中可以看出，〔ө〕元音前、后过渡段共振峰 TF、
TP 频率与目标位置共振峰频率之间的差距较小。

2. 音节数量与元音声学参数之间的关系

表 2.59 为〔ө〕元音在多音节单词中出现的频率统计表。表 2.59 显
示，在双音节和三音节词中出现的比例比较高。

表 2.59　　[ɵ] 元音出现频率统计

	双音节词		三音节词		四音节词		共计	
发音人	M	F	M	F	M	F	M	F
出现次数	58	53	35	34	9	11	102	98
百分比	57%	54%	34%	35%	9%	11%	100%	100%

　　表 2.60 为出现在多音节词中 [ɵ] 元音的音长（VD）、音强（VA）、共振峰目标值（F）统计表，图 2.116～2.118 为根据表 2.60 所画的图。从表和图中可以看出，音节数量与 [ɵ] 元音声学参数之间具有一定的相关性。如，随着音节数量的增加该元音音长相对变短，音强相对变弱；另外，随着音节数量的增加该元音第二共振峰频率相对提高。

表 2.60　　出现在不同音节词中 [ɵ] 元音声学参数统计

发音人 统计项		M					F				
		VD	VA	F1	F2	F3	VD	VA	F1	F2	F3
双音节词	平均值	62	73.47	586	1468	2369	59	68.92	398	1496	3142
	标准差	21	2.39	54	159	216	15	2.01	48	222	206
	变异系数	34%	3%	9%	11%	9%	25%	3%	12%	15%	7%
三音节词	平均值	54	72.14	388	1412	2345	47	65.38	375	1590	3104
	标准差	18	2.52	43	212	186	16	2.8	51	270	271
	变异系数	33%	3%	11%	15%	8%	34%	4%	14%	17%	9%
四音节词	平均值	51	71.33	404	1416	2377	42	64.09	387	1688	3229
	标准差	15	2.87	38	335	70	11	3.86	35	360	111
	变异系数	29%	4%	9%	24%	3%	26%	6%	9%	21%	3%

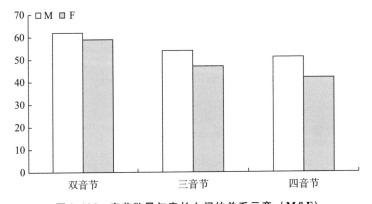

图 2.116　音节数量与音长之间的关系示意（M&F）

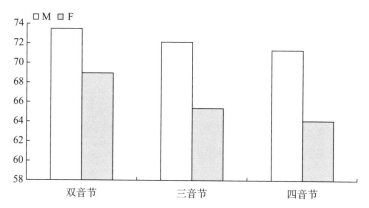

图 2.117　音节数量与音强之间的关系示意（M&F）

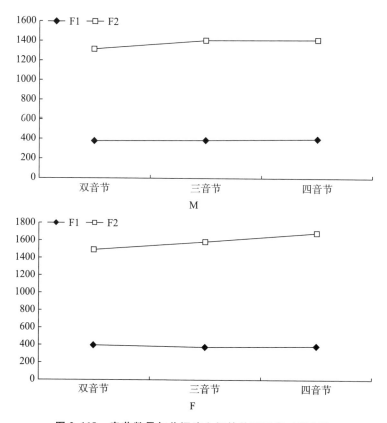

图 2.118　音节数量与共振峰之间的关系示意（M&F）

3. 辅音音质与元音声学参数之间的关系

图 2.119 为非词首音节不同辅音之后和无前置辅音音节中 ［ɵ］元音音长比较图，图 2.119 为非词首音节 ［n-，k-，p-，ɾ-，tʰ-，t-，m-，s-，l-，x-］等辅音 (前置辅音) 之后 ［ɵ］元音的第一、第二和第三共振峰前过渡 (TF1、TF2、TF3) 的变化示意图。其中，图 2.120 为以 TF1 的上升为准排列的，即以舌位自高至低排列示意图；图 2.121 为以 TF2 的上升为准排列的，即以舌位自后至前排列示意图。这些图显示，辅音音质与 ［ɵ］元音第二共振峰前过渡 (TF2) 之间有一定的相关性，即 ［s-，l-，tʰ-，t-］等辅音之后 ［ɵ］元音 TF2 频率比其他辅音之后的相对高。

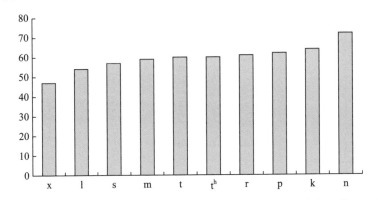

图 2.119 − 1　不同辅音之后和无前置辅音音节中 ［ɵ］元音音长比较 (M)

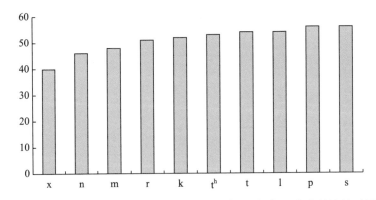

图 2.119 − 2　不同辅音之后和无前置辅音音节中 ［ɵ］元音音长比较 (F)

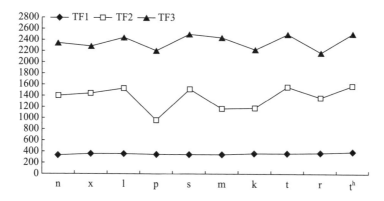

图 2.120 - 1　不同辅音之后的 [ə] 元音三个共振峰前过渡 TF1、
　　　　TF2、TF3 等的变化示意（M）

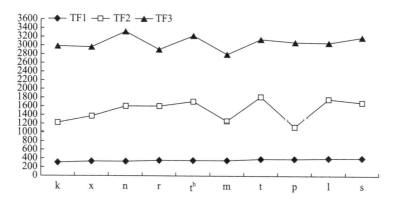

图 2.120 - 2　不同辅音之后的 [ə] 元音三个共振峰前过渡 TF1、
　　　　TF2、TF3 等的变化示意（F）

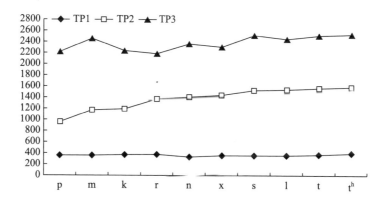

图 2.121 - 1　不同辅音之后的 [ə] 元音三个共振峰后过渡 TP1、
　　　　TP2、TP3 等的变化示意（M）

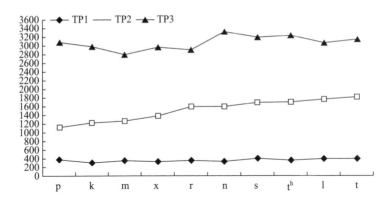

图 2.121 - 2　不同辅音之后的 ［ɵ］元音三个共振峰后过渡 TP1、TP2、TP3 等的变化示意（F）

（六）［ɨ］元音

1. 参数平均值及其音质定位

表 2.61 为 ［ɨ］元音参数统计总表。该统计表显示男女发音人 ［ɨ］元音的平均时长，平均音强分别为 M = 56ms，F1 = 51ms；M = 71.98dB，F1 = 66.87dB。该元音 F1 和 F2 的频率均值分别为 M：F1 = 486Hz，F2 = 1788Hz；F1：F1 = 528Hz，F2 = 2105Hz。

据本次实验和以往的研究结果（呼和，2009），我们认为蒙古语标准话非词首音节 ［ɨ］是中、前、展唇、紧元音。用 ［ɨ］音标标记该元音接近其实际音值。图 2.122 为 ［ɵ̆ɫɡ̊］"工作"一词的三维语图和三层标注实例。

表 2.61　［ɨ］元音声学参数统计总表

［ɨ］	M					F				
	VD	VA	F1	F2	F3	VD	VA	F1	F2	F3
平均值	56	71.98	486	1788	2569	51	66.87	528	2105	3304
标准差	17	3.07	62	156	257	18	4.16	144	257	228
变异系数	30%	4%	13%	9%	10%	35%	6%	27%	12%	7%

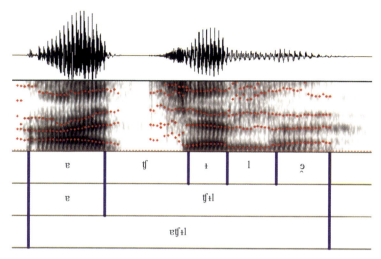

图 2.122 ［ɐ-tʃɨlɘ̭］"工作"一词的三维语图和三层标注实例

图 2.123 为男女发音人［ɨ］元音在声学空间中的分布模式。可以看出，［ɨ］元音在声学空间中的位置为：F1 = 400 ~ 600Hz，F2 = 1500 ~ 2200Hz（M）；F1 = 350 ~ 700Hz，F2 = 1800 ~ 2500Hz（F）。该元音在声学空间中的主要分布方向（趋势）为上↑下↓扩散，离散度较大。

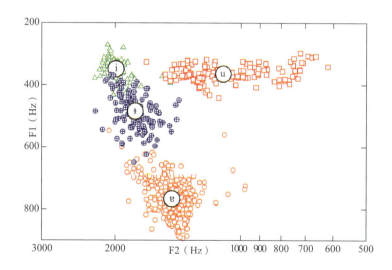

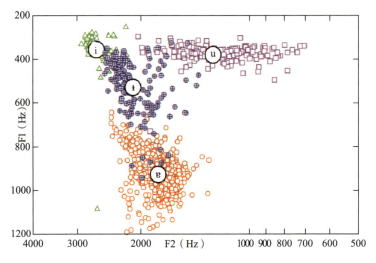

图 2.123 ［ɨ］元音在声学元音图中的位置及其声学
空间中的分布模式 （M&F）

图 2.124 ~ 2.125 为 ［ɨ］元音目标位置第一、第二共振峰 F1/F2 及其前
过渡 TF1/TF2 和后过渡 TP1/TP2 共振峰比较图。其中，图 2.124 为目标位
置共振峰和前过渡共振峰比较图，图 2.125 为目标位置共振峰和后过渡共振
峰比较图。从这两个图中可以看出，［ɨ］元音前过渡段共振峰 TF1 的频率
比目标位置共振峰 F1 的频率略小，说明其舌位略抬高。［ɨ］元音后过渡段
共振峰 TP2 的频率比目标位置共振峰 F2 的频率略小，说明其舌位略靠后。

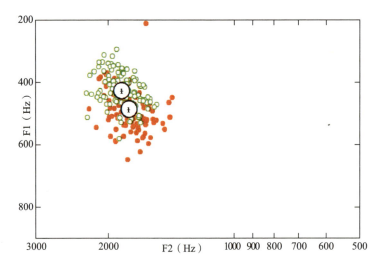

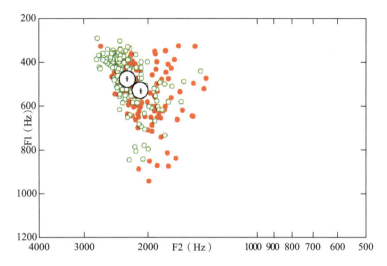

图 2.124　[ɨ] 元音目标位置共振峰（F1/F2）及其前过渡段
共振峰（TF1/TF2）比较（M&F）

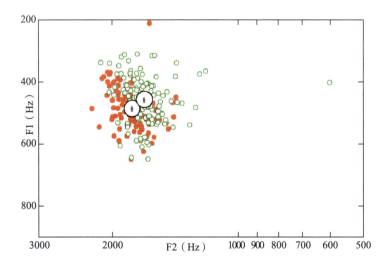

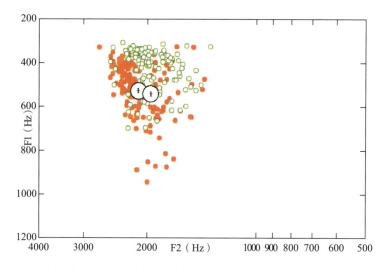

图 2.125 ［ɨ］元音目标位置共振峰（F1/F2）及其后过渡段
共振峰（TP1/TP2）比较（M&F）

2. 音节数量与元音声学参数之间的关系

表 2.62 为［ɨ］元音在多音节单词中出现的频率统计表。表 2.62 显示，在双音节和三音节词中出现的比例比较高。

表 2.62 ［ɨ］元音出现频率统计

发音人	双音节词		三音节词		四音节词		共计	
	M	F	M	F	M	F	M	F
出现次数	61	71	55	66	13	14	129	151
百分比	47%	47%	43%	44%	10%	9%	100%	100%

表 2.63 为出现在多音节词中［ɨ］元音的音长（VD）、音强（VA）、共振峰目标值（F）统计表，图 2.126 ~ 2.128 为根据表 2.63 所画的图。从表和图中可以看出，音节数量与［ɨ］元音声学参数之间具有一定的相关性。如，随着音节数量的增多该元音音长相对变短，音强相对变弱。

表 2.63　出现在不同音节词中 [ɨ] 元音声学参数统计

发音人 统计项		M					F				
		VD	VA	F1	F2	F3	VD	VA	F1	F2	F3
双音节词	平均值	65	73	508	1783	2500	45	66.41	538	2116	3280
	标准差	16	3	57	164	252	18	5	129	246	199
	变异系数	25%	4%	11%	9%	1%	40%	8%	24%	12%	6%
三音节词	平均值	48	71.35	472	1782	2590	45	66.41	507	2088	3314
	标准差	15	3	51	146	226	15	4	121	265	208
	变异系数	31%	4%	11%	8%	9%	33%	6%	24%	13%	6%
四音节词	平均值	52	69.85	440	1843	2810	44	64.35	524	2096	3362
	标准差	9	3	76	117	208	7	3	45	212	362
	变异系数	17%	4%	17%	6%	7%	16%	5%	9%	10%	11%

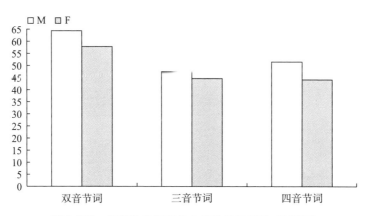

图 2.126　音节数量与音长之间的关系示意（M&F）

3. 辅音音质与元音声学参数之间的关系

图 2.129 为非词首音节中不同辅音之后的 [ɨ] 元音音长比较图，图 2.130 ~ 2.131 为男女发音人非词首音节 [tʃ-，tʃʰ-，ʃ-，j-] 等辅音之后 [ɨ] 元音的第一、第二和第三共振峰前过渡（TF1、TF2、TF3）的变化示意图。图 2.129 ~ 2.131 显示，除 [j-] 辅音之后 [ɨ] 元音音长相对长外，没有看到辅音音质与元音声学参数之间的其他相关性。

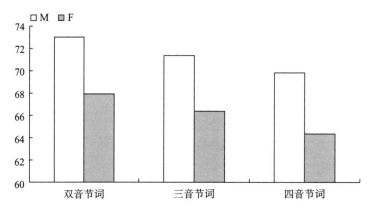

图 2.127　音节数量与音强之间的关系示意（M&F）

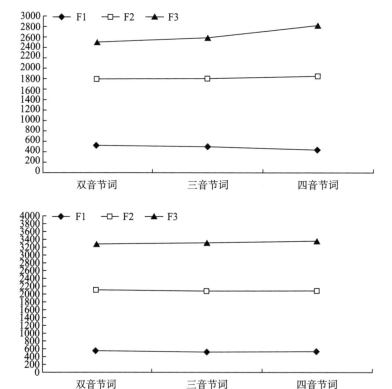

图 2.128　音节数量与共振峰之间的关系示意（M&F）

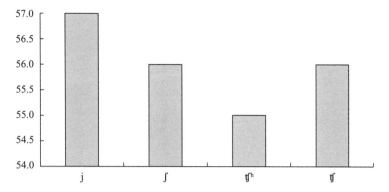

图 2.129 – 1　不同辅音之后和无前置辅音音节中〔ɨ〕元音音长比较（M）

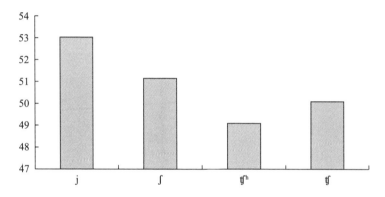

图 2.129 – 2　不同辅音之后和无前置辅音音节中〔ɨ〕元音音长比较（F）

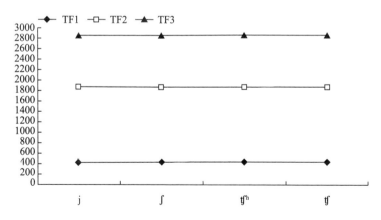

**图 2.130 – 1　不同辅音之后的〔ɨ〕元音三个共振峰前过渡
TF1、TF2、TF3 等的变化示意（M）**

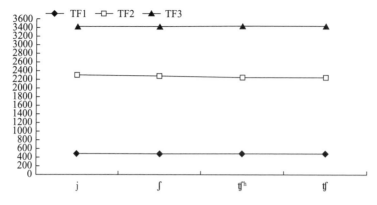

图 2.130 - 2　不同辅音之后的 [ɨ] 元音三个共振峰前过渡
TF1、TF2、TF3 等的变化示意 （F）

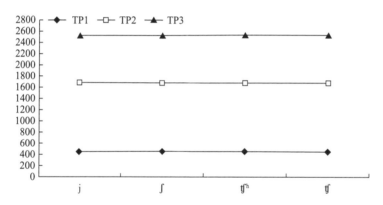

图 2.131 - 1　不同辅音之后的 [ɨ] 元音三个共振峰后过渡
TF1、TF2、TF3 等的变化示意 （M）

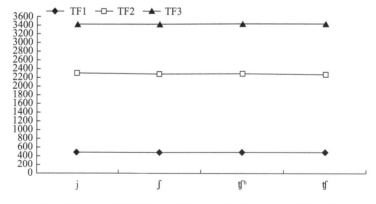

图 2.131 - 2　不同辅音之后的 [ɨ] 元音三个共振峰后过渡
TF1、TF2、TF3 等的变化示意图 （F）

五 长元音

在分析蒙古语标准话长元音之前，需要说明长短元音音质问题。前辈们认为，蒙古语 [ɐ] ～ [ɐ:]、[ə] ～ [ə:]、[i] ～ [i:]、[ɔ] ～ [ɔ:]、[o] ～ [o:]、[ʊ] ～ [ʊ:]、[u] ～ [u:] 等短、长元音之间只存在音长差异，不存在音质差异。通过实验我们发现，短、长元音不但在音长方面有差别，而且在音质方面也有所不同（呼和，1999、2009，请见图2.132～2.133）。

从图2.132～2.133中，我们可以看到如下有趣的现象，随着词首音节长元音、词首音节短元音和非词首音节短元音的发音时间（音长）的相对缩短，元音舌位三角形变小，构成了大、中、小三个不同的三角形。三角形大小排列为（由大到小）：词首音节长元音的舌位三角形（空心三角）＞词首音节短元音的舌位三角形（实心三角）＞非词首音节短元音的舌位三角形（十字心三角）。其中，非词首音节短元音的舌位三角形最小。

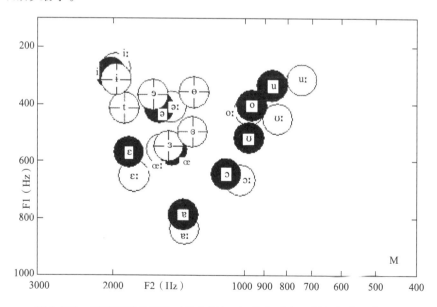

图2.132 词首音节长元音（空心圆）、短元音（实心圆）和非词首音节短元音（十字心圆）的声学元音（引自呼和，2009）

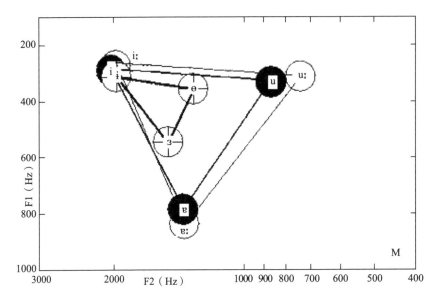

图 2.133 词首音节长元音（空心三角）、短元音（实心三角）和非词首音节
短元音（十字心三角）的舌位三角形（引自呼和，2009）

　　蒙古语标准话中已形成了词首音节长元音、词首音节短元音和非词首
音节短元音的大、中、小三个舌位三角形的有趣格局，可以说，词首音节
和非词首音节短元音的关系不再是音位和音位变体之间的关系，而是独立
音位之间的关系了。如果不与书面语比较，无法断定非词首音节短元音
[ʒ, ə, ɨ, ɐ, θ, ɬ] 是由书面语/ɑ, e, i, o, ö/等演变而来的现实。这些
非词首音节短元音之间可以自由地交换而不区别意义，但是这些短元音与
长元音之间有对比功能，不能随意交换。基于蒙古语非词首音节短元音的
上述特点，我们认为，它们具有独立音位和非独立音位（相关几个元音的
变体）的双重特征，但不能认为是某一个重读音节元音的变体。蒙古语标
准话中即将形成词首音节短元音、长元音（复合元音）和非词首音节短元
音等新的音系。

　　在词首和非词首音节长元音之间也存在一定的音长和音值差异，但这
种差异尚未导致音系变化。为此，我们团队改变以往描写长元音的方法，
尝试了忽略非词首音节长元音参数，只描述词首音节长元音的方法。

（一）［ɐː］元音

1. 参数平均值及其音质定位

表 2.64 ~ 2.65 为词首和非词首音节［ɐː］元音参数总统计表。这两个表显示，词首音节男女发音人［ɐː］元音音长、音强和共振峰均值分别为：M = 239ms，F = 244ms；M = 77.64dB，F = 71.67dB；F1 和 F2 的频率均值分别为 M：F1 = 861Hz，F2 = 1436Hz；F：F1 = 1007Hz，F2 = 1707Hz。非词首音节男女发音人［ɐː］元音音长、音强和共振峰均值分别为：M = 195ms，F = 197ms；M = 76.05dB，F = 70.03dB；F1 和 F2 的频率均值分别为 M：F1 = 791Hz，F2 = 1477Hz；F：F1 = 952Hz，F2 = 1762Hz。可以看出，词首和非词首音节［ɐː］元音声学参数具有一定的差异。如，在音长、音强和共振峰均值方面的差异分别为：M：+44ms，F：+47ms；M：+1.59dB，F：+1.64dB；MF1：+70Hz，MF2：−41Hz；FF1：+55Hz，FF2：−55Hz。其中，"+"表示词首大于非词首；"−"表示词首小于非词首，下同。

表 2.64　词首［ɐː］元音统计总表

［ɐː］	M					F				
	VD	VA	F1	F2	F3	VD	VA	F1	F2	F3
平均值	239	77.64	861	1436	2379	244	71.67	1007	1707	2814
标准差	56	1.91	29	40	202	50	2.01	76	147	320
变异系数	23%	2%	3%	3%	8%	20%	3%	8%	9%	11%

表 2.65　非词首［ɐː］元音统计总表

［ɐː］	M					F				
	VD	VA	F1	F2	F3	VD	VA	F1	F2	F3
平均值	195	76.05	791	1477	2371	197	70.03	952	1762	2909
标准差	56	2.46	39	54	254	50	2.97	63	130	321
变异系数	29%	3%	5%	4%	11%	25%	4%	7%	7%	11%

据本次实验和以往的研究（呼和，2009），我们认为该元音为中、央、展唇、紧元音（请见词首音节［ɐ］的描述）。图 2.134 为男性发音人［ɐːltʃ］"蜘蛛"一词的三维语图和三层标注实例。其中，词首元音［ɐː］的目标位置 F1 ~ F4 共振峰分别为 439 Hz、1480 Hz、2308 Hz、3721 Hz。这是［ɐː］元音比较典型的声学语图。图 2.135 为词首和非词首音节长元音［ɐː］在声学空间中所处位置及其分布模式比较图。图中，黑色图标为词首音节长元音，绿色、粉色和橘黄色图标为非词首音节长元音，下同；其中，上为男发音人图，下为女发音人图。从图 2.135 中可以看出，非词首音节［ɐː］元音舌位比词首［ɐː］相对高。

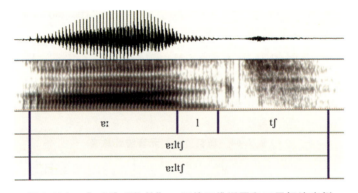

图 2.134 ［ɐːltʃ］"蜘蛛"一词的三维语图和三层标注实例

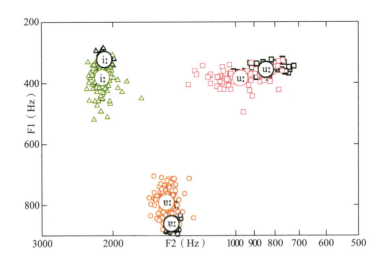

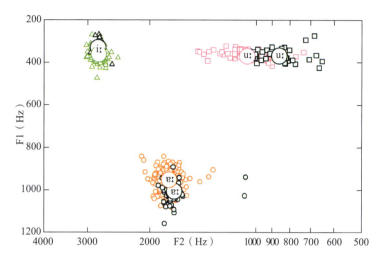

**图 2.135　词首和非词首音节长元音［ɐː］在声学空间中所处位置
及其分布模式比较（M&F）**

图 2.136 ~ 2.137 为词首音节和非词首音节长元音［ɐː］的目标位置共振峰（F1/F2）及其前过渡段共振峰（TF1/TF2）和后过渡段共振峰（TP1/TP）比较图。图中，绿色实心圆为目标位置共振峰分布图；桔黄色实心圆为前过渡段共振峰分布图；黑色乘号为后过渡段共振峰分布图。其中，上为男发音人图，下为女发音人图。

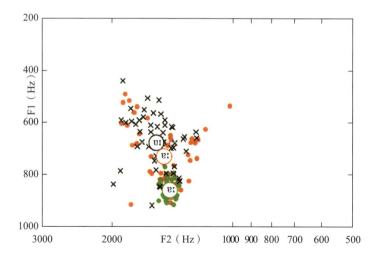

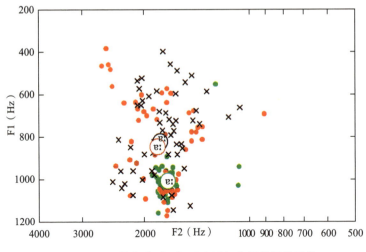

图 2.136　词首音节［ɐː］元音目标位置共振峰及其前后过渡段共振峰比较（M&F）

从图 2.136～2.137 中可以看出，与目标位置共振峰频率相比，词首和非词首音节［ɐː］元音前、后过渡段共振峰频率都有所变化。其中，词首音节［ɐ］元音前、后过渡段变化基本上与词首、非词首音节短元音的"后段变化大于前段"结论相符，但非词首音节［ɐː］元音前、后过渡段共振峰频率变化与上述结果有所不同，其后过渡段共振峰集结在目标位置附近，后过渡段在舌位高低（开口度）维度上的变化大于其在舌位前后维度

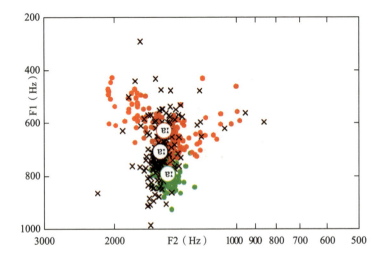

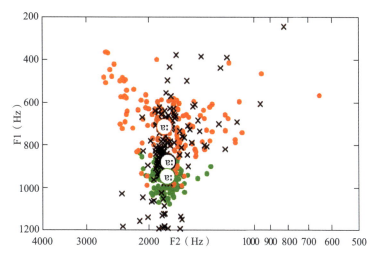

图 2.137　非词首音节 [ɐː] 元音目标位置共振峰及其前后过渡段共振峰比较 (M&F)

上的变化，即第一共振峰离散度较大。这是否与非词首音节 [ɐː] 元音出现的多数音节为开音节（没有后置辅音）有关？有关这一问题有待进一步研究。

2. 辅音音质与声学参数之间的关系

图 2.138 为词首音节不同辅音之后和无前置辅音音节中 [ɐː] 元音音长比较图，图 2.139 为词首音节不同辅音之后 [ɐː] 元音三个共振峰（F1 ~ F3）前过渡段频率（TF1、TF2、TF3）比较图，图 2.140 为非词首音节不同辅音之后 [ɐː] 元音三个共振峰（F1 ~ F3）前过渡段频率（TF1、TF2、TF3）比较图。其中，图 2.139 和图 2.140 是以 TF2 的上升为准排列的，即以舌位自后至前排列的。从这些图中可以看出，辅音音质与 [ɐː] 元音第二共振峰前过渡频率之间具有一定的相关性。如，[ʧ-, ʧʰ-, s-, ʃ-, j-, r-] 等辅音之后 [ʊː] 元音第二共振峰前过渡频率比其他辅音之后的相对高。相比之下非词首 [ɐː] 元音的变化相对显著。当然，无前置辅音的 [ɐː] 元音音长比有前置辅音的 [ɐː] 元音相对长。本次实验结果未显示前面有些元音中所出现的"不送气清塞音、塞擦音和浊辅音之后的元音音长比在送气清塞音、塞擦音和清擦音之后的相对长"的现象。

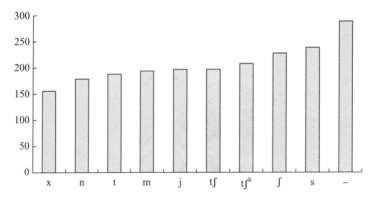

图 2.138 - 1　词首音节不同辅音之后和无前置辅音
音节中 ［ɐ:］元音音长比较（M）

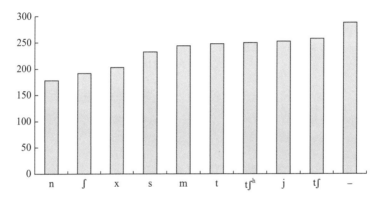

图 2.138 - 2　词首音节不同辅音之后和无前置辅音
音节中 ［ɐ:］元音音长比较（F）

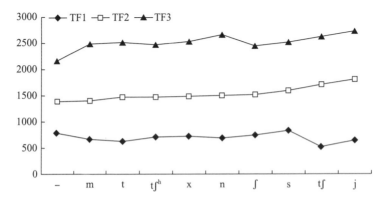

图 2.139 - 1　词首音节不同辅音之后 ［ɐ:］元音第一、第二和
第三共振峰前过渡段频率比较（M）

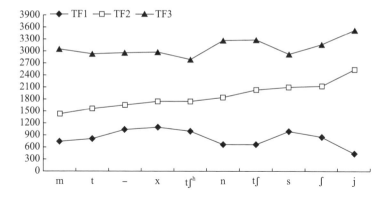

图 2.139 - 2　词首音节不同辅音之后［ɐ:］元音第一、第二和
第三共振峰前过渡段频率比较（F）

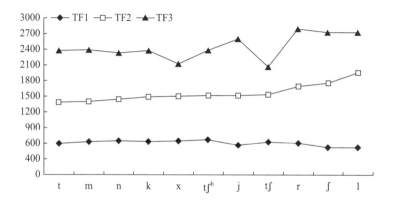

图 2.140 - 1　非词首音节不同辅音之后［ɐ:］元音第一、第二和
第三共振峰前过渡段频率比较（M）

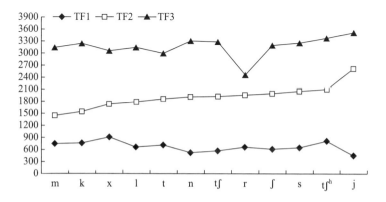

图 2.140 - 2　非词首音节不同辅音之后［ɐ:］元音第一、第二和
第三共振峰前过渡段频率比较（F）

3. 音节数量与声学参数之间的关系

表 2.66 为在单音节词、双音节词和三音节词中出现的 [ɐː] 元音的音长（VD）、音强（VA）、目标位置共振峰目标值（F）均值统计表，图 2.141～2.143 为音节数量与 [ɐː] 元音音长、音强和目标位置共振峰之间的关系示意图。从表和图中可以看出，音节数量与 [ɐː] 元音声学参数之间具有一定的相关性。如，随着音节数量的增加，该元音音长相对变短，音强相对变弱。显然，元音音长的这种变化不是随着音节数量的增加而不断缩短，而只在单音节词与多音节词之间比较明显。音节数量与 [ɐː] 元音目标位置共振峰频率之间几乎看不到相关性。

表 2.66 不同音节词中 [ɐː] 元音声学参数统计

发音人 统计项		M					F				
		F3	VD	VA	F1	F2	F3	VD	VA	F1	F2
单音节词	平均值	274	78.38	864	1436	2377	281	71.37	997	1723	2814
	标准差	55	1.5	22	42	175	36	1.79	37	62	276
	变异系数	20%	2%	3%	3%	7%	13%	3%	4%	4%	10%
双音节词	平均值	209	76.63	870	1441	2361	217	72.63	1006	1714	2836
	标准差	39	2.11	30	40	272	30	2.27	119	126	333
	变异系数	19%	3%	3%	3%	12%	14%	3%	12%	7%	12%
三音节词	平均值	207	77.64	839	1427	2417	192	70.82	1037	1649	2776
	标准差	28	1.75	34	35	110	23	1.54	56	289	424
	变异系数	14%	2%	4%	2%	5%	12%	2%	5%	18%	15%

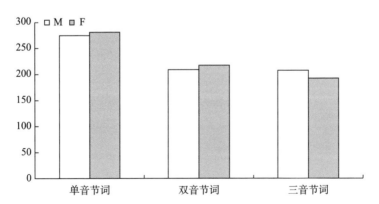

图 2.141 音节数量与 [ɐː] 元音音长之间的关系示意（M&F）

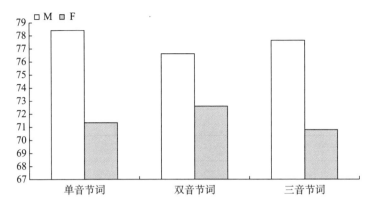

图 2.142　音节数量与［ɐː］元音音强之间的关系示意 （M&F）

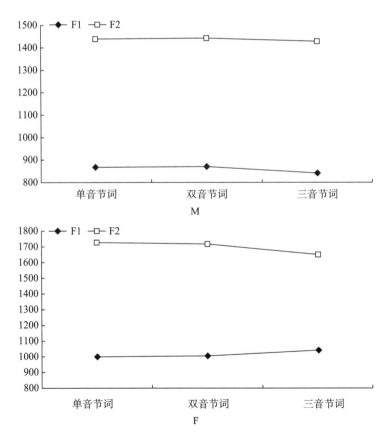

图 2.143　音节数量与［ɐː］元音目标位置共振峰
之间的关系示意 （M&F）

从总体上看，在"统一平台"中长元音出现的频率比短元音相对低。其中有些长元音只出现十几次，为此，那些出现频率低长元音的描写中我们忽略了元音音节数量、音节类型和辅音音质与元音声学参数之间的关系问题。

（二）［ɘː］元音

1. 参数平均值及其音质定位

表 2.67～2.68 为词首和非词首音节［ɘː］元音参数总统计表。可以看出，词首音节［ɘː］元音音长、音强和共振峰均值分别为：M = 261ms，F = 241ms；M = 77.42dB，F = 72dB；F1 和 F2 的频率均值分别为 M：F1 = 439Hz，F2 = 1456Hz；F：F1 = 450Hz，F2 = 2031Hz；非词首音节［ɘː］元音音长、音强和共振峰均值分别为：M = 205ms，F = 189ms；M = 76.14dB，F = 70.01dB；F1 和 F2 的频率均值分别为 M：F1 = 511Hz，F2 = 1529Hz；F：F1 = 513Hz，F2 = 2074Hz。显然，词首和非词首音节［ɘː］元音的声学参数具有一定的差异。如，M：+ 56ms，F：+ 52ms；M：+ 1.28dB，F：+ 0.99dB；MF1：− 72Hz，MF2：− 73Hz；FF1：− 63Hz，FF2：− 43Hz。

表 2.67 词首音节［ɘː］元音统计总表

［ɘː］	M					F				
	VD	VA	F1	F2	F3	VD	VA	F1	F2	F3
平均值	261	77.42	439	1456	2390	241	72	450	2031	2924
标准差	59	1.84	24	88	63	59	2.19	24	117	133
变异系数	23%	2%	5%	6%	3%	24%	3%	5%	6%	5%

表 2.68 非词首音节［ɘː］元音统计总表

［ɘː］	M					F				
	VD	VA	F1	F2	F3	VD	VA	F1	F2	F3
平均值	205	76.14	511	1529	2388	189	71.01	513	2074	3160
标准差	63	2.44	55	127	88	47	2.59	55	259	122
变异系数	31%	3%	11%	8%	4%	25%	4%	11%	12%	4%

据本次实验和以往研究结果（呼和，2009），我们认为该元音为半闭、央、展唇、松元音（请见词首音节［ə］的描述）。图 2.144 为男性发音人［kə:ɣtməl］"被抛弃的"一词的三维语图和三层标注实例。其中，词首元音［ə:］的目标位置的 F1 ~ F4 共振峰分别为 461Hz、1458Hz、2323Hz、3721Hz。这是［ə:］元音比较典型的声学语图。

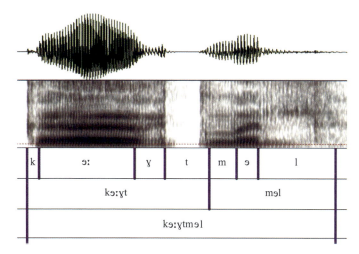

图 2.144　［kə:ɣtməl］"被抛弃的"一词的三维语图和三层标注实例

图 2.145 为词首和非词首音节长元音［ə:］在声学空间中所处位置及其分布模式比较图。可以看出，非词首音节长元音［ə:］在声学空间中的离散度比词首音节［ə:］相对大。

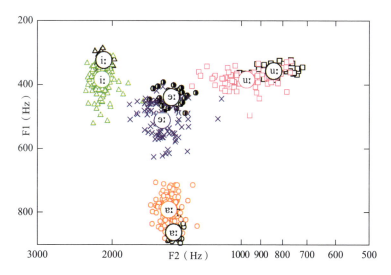

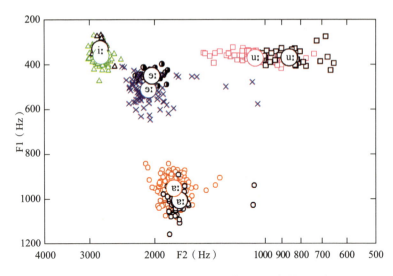

图 2.145 词首和非词首音节长元音 ［ɵː］在声学空间中所处
位置及其分布模式比较 （M&F）

2. 目标位置共振峰及其前后过渡段共振峰比较

图 2.146 ~ 2.147 为词首音节和非词首音节长元音 ［ɵː］的目标位置共振峰 （F1/F2） 及其前过渡段共振峰 （TF1/TF2） 和后过渡段共振峰 （TP1/TP2） 比较图。可以看出，与目标位置共振峰频率相比，词首和非词首音节 ［ɵː］元音前、后过渡段共振峰频率都有所变化。其中，词首音节 ［ɵː］ 的

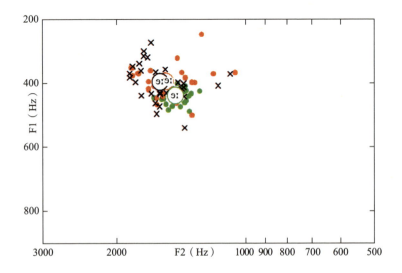

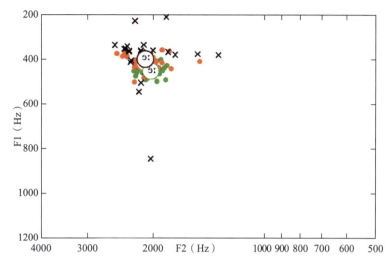

**图 2.146　词首音节 ［ə:］元音目标位置共振峰及其
前后过渡段共振峰比较 （M&F）**

前后过渡段频率变化相对小，而非词首音节 ［ə:］元音在前过渡段中的变
化大于其在后过渡段中的变化，即 "前段变化大于后段"。另外，非词首音
节 ［ə:］元音前过渡段在舌位前后维度上的变化大于其在舌位高低维度上
的变化，即第二共振峰离散度较大。而其后过渡段在舌位高低 （开口度）
维度上的变化大于其在舌位前后维度上的变化，即第一共振峰离散度较大。

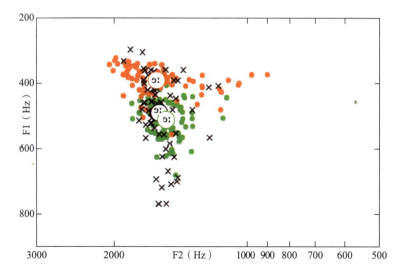

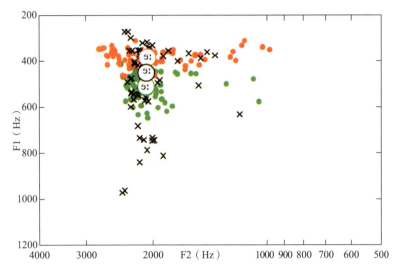

图 2.147　非词首音节 ［ɘ:］ 元音目标位置共振峰及其
前后过渡段共振峰比较 （M&F）

（三）［iː］ 元音

1. 参数平均值及其音质定位

表 2.69～2.70 为词首和非词首音节 ［iː］ 元音参数总统计表。可以看出，词首和非词首音节 ［iː］ 元音声学参数具有一定的差异。如，词首音节 ［iː］ 元音音长、音强和共振峰均值分别为：M = 218ms，F = 205ms；M = 76.60dB，F = 69.79dB；F1 和 F2 的频率均值分别为 M：F1 = 323Hz，F2 = 2095Hz；F：F1 = 331Hz，F2 = 2810Hz；非词首音节 ［iː］ 元音音长、音强和共振峰均值分别为：M = 267ms，F = 183ms；M = 72.71dB，F = 70.01dB；F1 和 F2 的频率均值分别为 M：F1 = 383Hz，F2 = 2119Hz；F：F1 = 362Hz，F2 = 2792Hz。差异分别为：M：－49ms，F：＋22ms；M：＋3.89dB，F：－0.22dB；MF1：－60Hz，MF2：－24Hz；FF1：－31Hz，FF2：＋18Hz。

据本次实验和以往的研究结果 （呼和，2009），我们认为该元音为高、前、展唇、松元音 （请见词首音节 ［i］ 的描述）。图 2.148 为男性发音人 ［iːmɘːs］ "所以" 一词的三维语图和三层标注实例。其中，词首元音 ［iː］

的目标位置的 F1～F3 共振峰分别为 297Hz、2226Hz、3522Hz。这是［iː］元音比较典型的声学语图。

表 2.69 词首音节［iː］元音统计总表

［iː］	M					F				
	VD	VA	F1	F2	F3	VD	VA	F1	F2	F3
平均值	218	76.60	323	2095	3044	205	69.79	331	2810	3567
标准差	79	1.94	21	59	115	64	1.9	30	71	138
变异系数	36%	3%	7%	3%	4%	31%	3%	9%	3%	4%

表 2.70 非词首音节［iː］元音统计总表

［iː］	M					F				
	VD	VA	F1	F2	F3	VD	VA	F1	F2	F3
平均值	267	72.71	383	2119	2907	183	70.01	362	2792	3451
标准差	53	2	45	94	229	40	2.03	31	175	144
变异系数	20%	3%	12%	4%	8%	22%	3%	9%	6%	4%

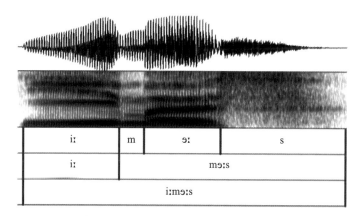

图 2.148 ［iːmɔːs］"所以"一词的三维语图和三层标注实例

图 2.149 为词首和非词首音节长元音［iː］在声学空间中所处位置及其分布模式比较图。可以看出，非词首音节长元音［iː］的舌位比词首［iː］相对低，并且离散度较大。

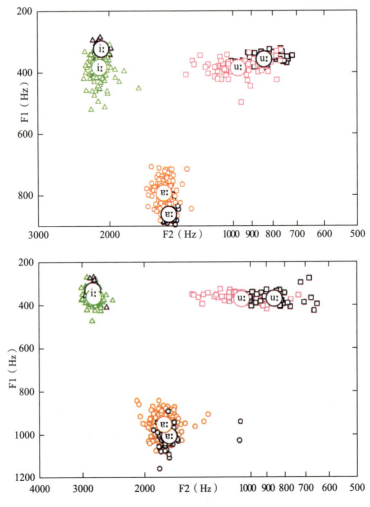

图 2.149　词首和非词首音节长元音［iː］在声学空间所处位置及其分布模式比较（M&F）

2. 目标位置共振峰及其前后过渡段共振峰比较

图 2.150 ~ 2.151 为词首音节和非词首音节长元音［iː］的目标位置共振峰（F1/F2）及其前过渡段共振峰（TF1/TF2）和后过渡段共振峰（TP1/TP2）比较图。可以看出，与目标位置共振峰频率相比，词首音节前、后过

渡段频率基本上没有变化，而非词首音节［iː］元音后过渡段共振峰频率在舌位高低维度上的离散度较大。虽然其他非词首音节长元音中也有过类似现象，但［iː］元音后过渡段共振峰频率比较明显。

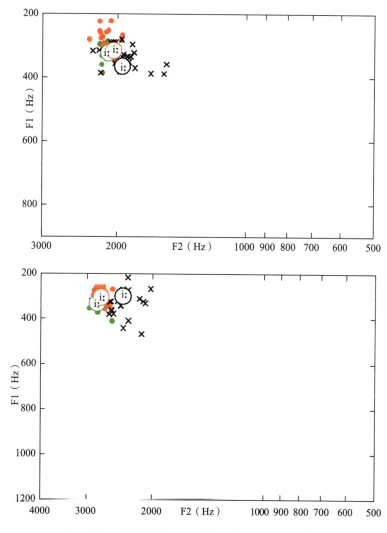

图 2.150　词首音节［iː］元音目标位置共振峰及其前后过渡段共振峰比较（M&F）

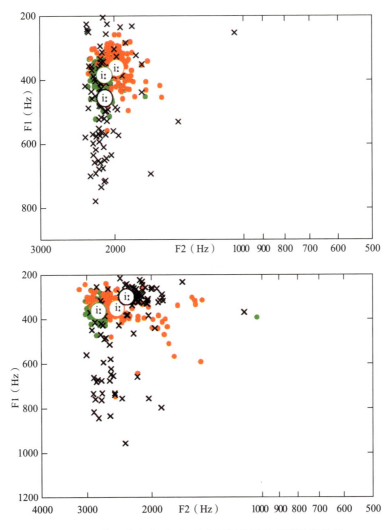

图 2.151　非词首音节［iː］元音目标位置共振峰及其前后
过渡段共振峰比较（M&F）

（四）［ɔː］元音

1. 参数平均值及其音质定位

表 2.71～2.72 为词首和非词首音节［ɔː］元音参数总统计表。可以看出，

词首音节［ɔː］元音音长、音强和共振峰均值分别为：M = 237ms，F = 234ms；M = 79.33dB，F = 72.68dB；M：F1 = 649Hz，F2 = 1011Hz；F：F1 = 804Hz，F2 = 1221Hz；非词首音节［ɔː］元音音长、音强和共振峰均值分别为：M = 199ms，F = 188ms；M = 77.43dB，F = 72.47dB；F1 和 F2 的频率均值分别为 M：F1 = 670Hz，F2 = 1156Hz；F：F1 = 802Hz，F2 = 1340Hz。可以看出，词首和非词首音节［ɔː］元音声学参数具有一定的差异。如，在音长、音强和共振峰均值方面的差异分别为：M：+ 38ms，F：+ 46ms；M：+ 1.9dB，F：+ 0.21dB；MF1：- 21Hz，MF2：- 145Hz；FF1：+ 2Hz，FF2：- 119Hz。

表 2.71　词首音节［ɔː］元音统计总表

［ɔː］	M					F				
	VD	VA	F1	F2	F3	VD	VA	F1	F2	F3
平均值	237	79.33	649	1011	2481	234	72.68	804	1221	3035
标准差	51	2.26	18	48	189	66	1.62	58	91	100
变异系数	22%	3%	3%	5%	8%	28%	2%	7%	7%	3%

表 2.72　非词首音节［ɔː］元音统计总表

［ɔː］	M					F				
	VD	VA	F1	F2	F3	VD	VA	F1	F2	F3
平均值	199	77.43	670	1156	2370	188	72.47	802	1340	3079
标准差	43	2.17	25	90	141	41	3.44	34	81	137
变异系数	22%	3%	4%	8%	6%	22%	5%	4%	6%	4%

据本次实验和以往的研究结果（呼和，2009），我们认为该元音为次低、后、圆唇、紧元音（请见词首音节［ɔ］的描述）。图 2.152 为男性发音人［tʰɔːcɔːt］"上马鞍子"一词的三维语图和三层标注实例（为能够比较短、长元音三维语图，我们选择了非词首音节长元音）。其中，非词首元音［ɔː］的目标位置的 F1 ~ F4 共振峰分别为 754Hz、1191Hz、2982Hz、4034Hz。这是［ɔː］元音比较典型的声学语图。图 2.153 为词

首和非词首音节长元音［ɔ:］在声学空间所处位置及其分布模式比较图。可以看出，非词首音节长元音［ɔ:］的舌位比词首［ɔ:］相对靠前（男发音人的前而低）。

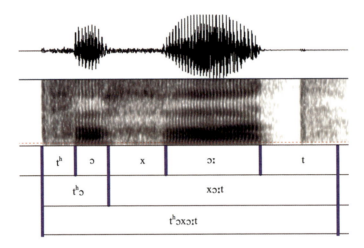

图 2.152　［tʰɔxɔ:t］"上马鞍子"一词的三维语图和三层标注实例

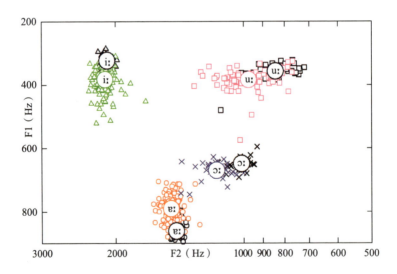

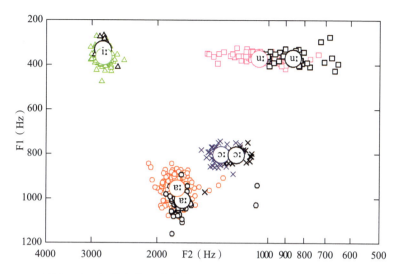

图 2. 153　词首和非词首音节长元音 [ɔː] 在声学空间中所处位置及其分布模式比较（M&F）

2. 目标位置共振峰及其前后过渡段共振峰比较

图 2.154 ~ 2.155 为词首音节和非词首音节长元音 [ɔː] 的目标位置共振峰（F1/F2）及其前过渡段共振峰（TF1/TF2）和后过渡段共振峰（TP1/TP2）比较图。可以看出，与目标位置共振峰频率相比，词首和非词首音节 [ɔː] 元音前、后过渡段共振峰频率都有所变化。其中，词首音

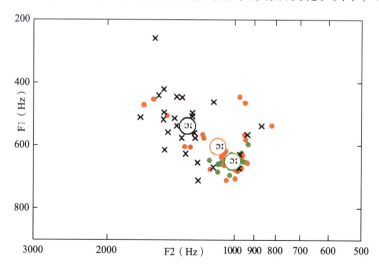

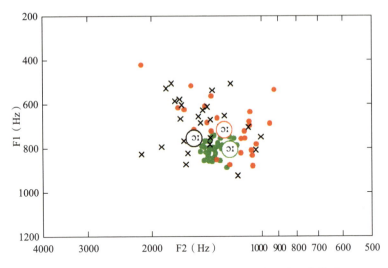

**图 2.154　词首音节［ɔː］元音目标位置共振峰及其前后
过渡段共振峰比较（M&F）**

节［ɔ］的前过渡段频率变化（央化）大于其前过渡段变化，而非词首
音节［ɔː］元音前过渡段频率在高低维度上的变化相对大于其在后过渡段
中的变化，而其后过渡段在舌位前后维度上的变化相对大于其在前过渡段
中的变化。无论在词首还是非词首［ɔː］元音前后过渡段共振峰频率离散
度都较大。

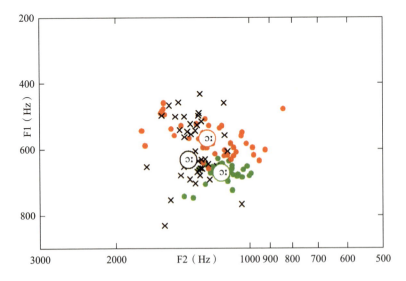

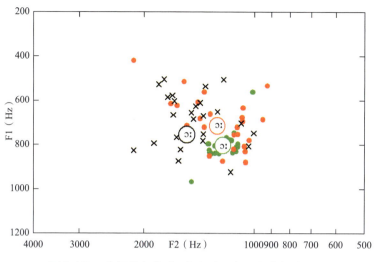

图 2.155　非词首音节［ɔː］元音目标位置共振峰及其
前后过渡段共振峰比较（M&F）

2. 辅音音质与声学参数之间的关系

图 2.156 ~ 2.159 为词首、非词首音节（包括单音节词）［p-，t-，n-，k-，ʧ-，s-，ʃ-，tʰ-，ʧʰ-，j-，x-，ɾ-，l-，m-］等辅音之后和 V 开头音节（无前置辅音）中［ɔː］元音音长比较图和第一、第二和第三共振峰前过渡 TF1、TF2、TF3 的变化示意图，以 TF2 的上升为准排列的，即以舌位自后至前排列示意图。从图 2.159 中可以看出，辅音音质与非词首音节［ɔː］元音第一、第二共振峰前过渡 TF1、TF2 之间有一定的相关性。如，在［ʧ-，ʧʰ-，ʃ-，j-］之后的［ɔː］元音 TF1 值下降，TF2 值上升。

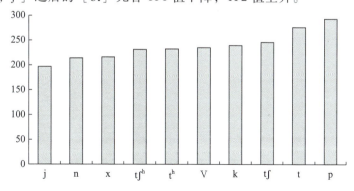

图 2.156 － 1　词首音节不同辅音之后和无前置辅音（V）
音节中［ɔː］元音音长比较（M）

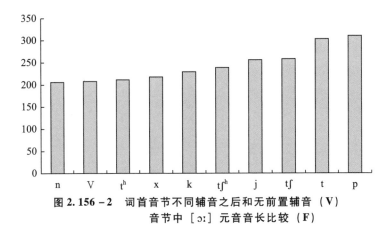

图 2.156 - 2　词首音节不同辅音之后和无前置辅音 (V)
音节中 [ɔ:] 元音音长比较 (F)

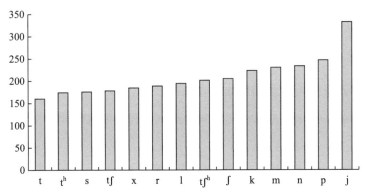

图 2.157 - 1　非词首音节不同辅音之后 [ɔ:] 元音音长比较 (M)

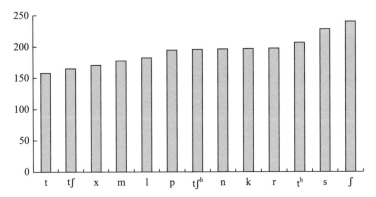

图 2.157 - 2　非词首音节不同辅音之后 [ɔ:] 元音音长比较 (F)

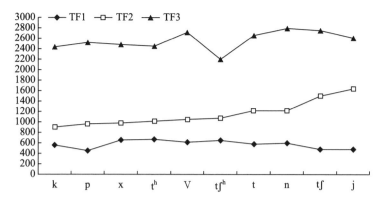

图 2. 158 – 1 词首音节不同辅音之后和无前置辅音音节中 ［ɔ:］
元音三个共振峰前过渡变化示意（M）

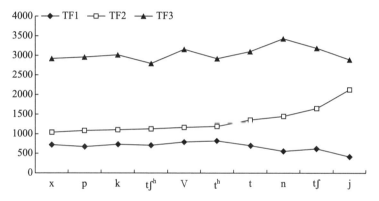

图 2. 158 – 2 词首音节不同辅音之后和无前置辅音音节中 ［ɔ:］
元音三个共振峰前过渡变化示意（F）

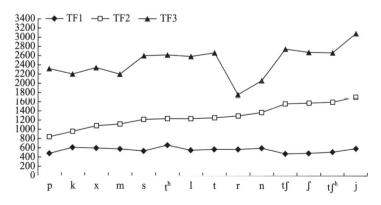

图 2. 159 – 1 非词首音节不同辅音之后 ［ɔ:］ 元音
三个共振峰前过渡变化示意（M）

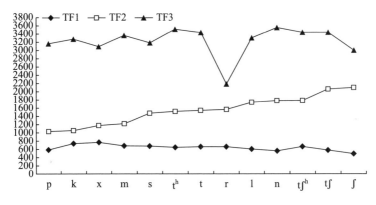

**图 2.159 – 2　非词首音节不同辅音之后 [ɔ:] 元音
三个共振峰前过渡变化示意 (F)**

(五) [o:] 元音

1. 参数平均值及其音质定位

　　表 2.73 ~ 2.74 为 [o:] 词首和非词首音节元音参数总统计表。可以看出，词首音节 [o:] 元音音长、音强和共振峰均值分别为：M = 236ms，F = 238ms；M = 76.42dB，F = 71.38dB；F1 和 F2 的频率均值分别为 M：F1 = 413Hz，F2 = 984Hz；F：F1 = 461Hz，F2 = 1020Hz；非词首音节 [o:] 元音音长、音强和共振峰均值分别为：M = 184ms，F = 188ms；M = 76.18dB，F = 70.07dB；F1 和 F2 的频率均值分别为 M：F1 = 470Hz，F2 = 1183Hz；F：F1 = 514Hz，F2 = 1204Hz。词首和非词首音节 [o:] 元音声学参数之间的差异是：M：+ 52ms，F：+ 50ms；M：+ 0.24dB，F：+ 1.31dB；MF1：− 57Hz，MF2：− 199Hz；FF1：− 53Hz，FF2：− 184Hz。

表 2.73　词首音节 [o:] 元音统计总表

[o:]	M					F				
	VD	VA	F1	F2	F3	VD	VA	F1	F2	F3
平均值	236	76.42	413	984	2443	238	71.38	461	1020	3226
标准差	57	1.65	18	67	56	54	2.3	28	85	88
变异系数	24%	2%	4%	7%	2%	23%	3%	6%	8%	3%

表 2.74　非词首音节 ［oː］元音统计总表

［oː］	M					F				
	VD	VA	F1	F2	F3	VD	VA	F1	F2	F3
平均值	184	76.18	470	1183	2377	188	70.07	514	1204	3289
标准差	49	2.07	49	142	76	41	2.67	42	232	158
变异系数	27%	3%	10%	12%	3%	22%	4%	8%	19%	5%

据本次实验和以往的研究结果（呼和，2009），我们认为该元音为中、后、圆唇、紧元音（请见词首音节 ［o］的描述）。图 2.160 为 ［oːlnɛːs］"从山上"一词的三维语图和三层标注实例。其中，非词首元音 ［oː］的目标位置的 F1 ～ F3 共振峰分别为 441Hz、816Hz、2399Hz。这是词首音节 ［oː］元音比较典型的声学语图。

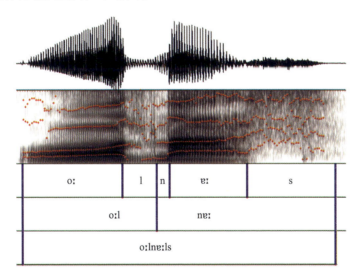

图 2.160　［oːlnɛːs］"从山上"一词的三维语图和三层标注实例

图 2.161 为词首和非词首音节长元音 ［oː］在声学空间中所处位置及其分布模式比较图。可以看出，非词首音节长元音 ［oː］的舌位比词首 ［oː］相对前而低。

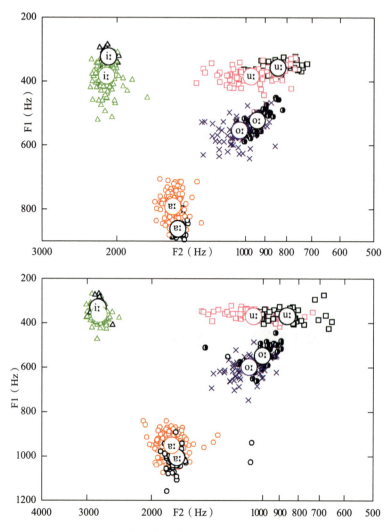

**图 2.161　词首和非词首音节长元音［o:］在声学空间中所处
位置及其分布模式比较（M&F）**

2. 目标位置共振峰及其前后过渡段共振峰比较

图 2.162～2.163 为词首音节和非词首音节长元音［o:］的目标位置共振峰（F1/F2）及其前过渡段共振峰（TF1/TF2）和后过渡段共振峰（TP1/TP2）比较图。可以看出，与目标位置共振峰频率相比，词首和非词首音节

［oː］元音前、后过渡段共振峰频率都有所变化。总体上词首和非词首音节
［oː］的前过渡段频率变化趋向于高（前后维度上的变化相对大），而后过
渡段变化趋向于低（高低维度上的变化相对大）。相比之下，后段变化大于
前段。无论在词首还是非词首［oː］元音前后过渡段共振峰频率离散度都
较大。

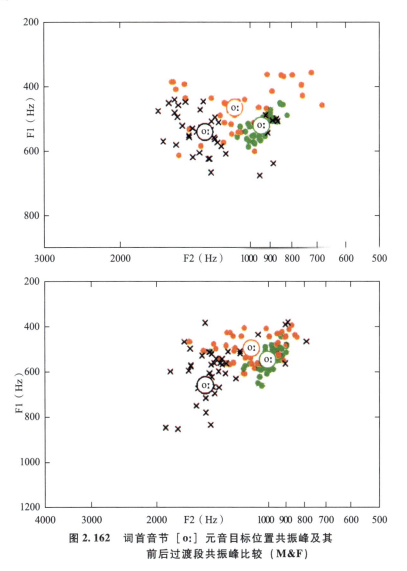

图 2.162　词首音节 ［oː］元音目标位置共振峰及其
前后过渡段共振峰比较 （M&F）

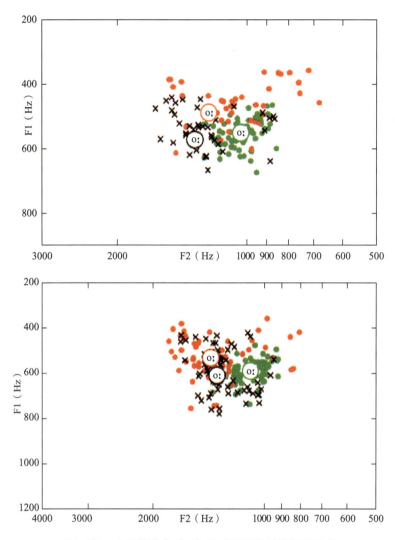

图 2.163 非词首音节［o:］元音目标位置共振峰及其
前后过渡段共振峰比较（M&F）

（六）［ʊ:］元音

1. 参数平均值及其音质定位

表 2.75～2.76 为词首和非词首音节［ʊ:］元音参数总统计表。统计表
显示，词首音节［ʊ:］元音音长、音强和共振峰均值分别为：M＝224ms，

F = 229ms；M = 75.36dB，F = 71.09dB；F1 和 F2 的频率分别为 M：F1 = 522Hz，F2 = 939Hz；F：F1 = 548Hz，F2 = 1003Hz；非词首音节［ʊː］元音音长、音强和共振峰均值分别为：M = 191ms，F = 176ms；M = 74.45dB，F = 69.18dB；F1 和 F2 的频率均值分别为 M：F1 = 553Hz，F2 = 1033Hz；F：F1 = 599Hz，F2 = 1091Hz。显然，词首和非词首音节［ʊː］元音声学参数具有一定的差异。如，在音长、音强和共振峰均值方面的差异分别为：M：+33ms，F：+53ms；M：+0.91dB，F：+1.91dB；MF1：−31Hz，MF2：−94Hz；FF1：−51Hz，FF2：−88Hz。

表 2.75　词首音节［ʊː］元音统计总表

［ʊː］	M					F				
	VD	VA	F1	F2	F3	VD	VA	F1	F2	F3
平均值	224	75.36	522	939	2341	229	71.09	548	1003	3200
标准差	72	2.16	37	63	109	61	1.86	46	89	128
变异系数	32%	3%	7%	7%	5%	27%	3%	8%	9%	4%

表 2.76　非词首音节［ʊː］元音统计总表

［ʊː］	M					F				
	VD	VA	F1	F2	F3	VD	VA	F1	F2	F3
平均值	191	74.45	553	1033	2263	176	69.18	599	1091	3282
标准差	70	2.43	40	93	167	60	2.36	48	107	171
变异系数	37%	3%	7%	9%	7%	34%	3%	8%	10%	5%

据本次实验和以往的研究（呼和，2009），我们认为该元音为次高、后、圆唇、紧元音（请见词首音节［ʊ］的描述）。图 2.164 为男性发音人「xʊʃʊː」"碑"一词的三维语图和三层标注实例。其中，非词首音节［ʊː］元音目标位置 3 个共振峰分别为 585Hz、1161Hz、2370Hz。这是［ʊː］元音比较典型的声学语图。图 2.165 为词首和非词首音节长元音［ʊː］在声学空间中所处位置及其分布模式比较图。显然，非词首音节［ʊː］元音舌位比词首音节［ʊː］相对前而低。

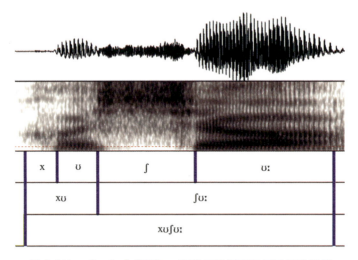

图 2.164   ［xʊʃʊː］ "碑" 一词的三维语图和三层标注实例

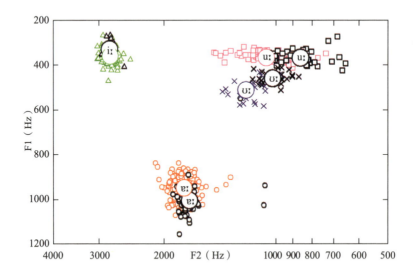

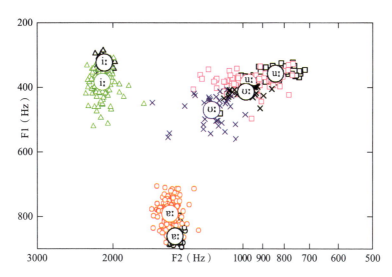

图 2.165　词首和非词首音节长元音［ʊː］在声学空间中所处
位置及其分布模式比较（M&F）

2. 目标位置共振峰及其前后过渡段共振峰比较

图 2.166 ~ 2.167 为词首音节和非词首音节长元音［ʊː］的目标位置共振峰（F1/F2）及其前过渡段共振峰（TF1/TF2）和后过渡段共振峰（TP1/TP2）比较图。可以看出，与目标位置共振峰频率相比，词首和非词首音节［ʊː］元音前、后过渡段共振峰频率都有所变化。总体上词首和非词首音节

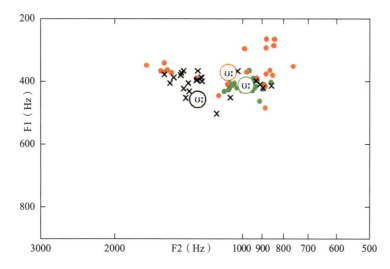

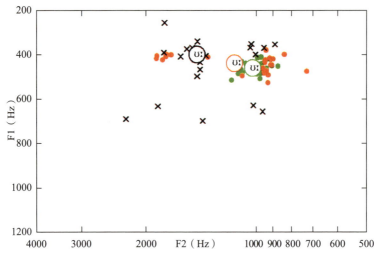

**图 2.166 词首音节 [ʊː] 元音目标位置共振峰及其
前后过渡段共振峰比较 (M&F)**

[ʊː] 的前过渡段频率变化趋向于高（前后维度上的变化相对大），而后过渡段变化趋向于低（高低维度上的变化相对大）。相比之下，后段变化大于前段。无论在词首还是非词首 [ʊː] 元音前后过渡段共振峰频率离散度都较大。

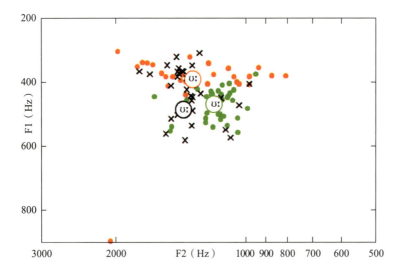

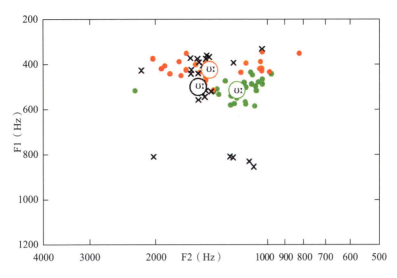

图 2.167 非词首音节 ［ʊː］元音目标位置共振峰及其
前后过渡段共振峰比较 （M&F）

（七）［uː］元音

1. 参数平均值及其音质定位

表 2.77 ~ 2.78 为词首和非词首音节 ［uː］元音参数总统计表。统计表显示，词首音节 ［uː］元音音长、音强和共振峰均值分别为：M = 222ms，F = 197ms；M = 73.81dB，F = 67.84dB；F1 和 F2 的频率均值分别为 M：F1 = 357Hz，F2 = 840Hz；F：F1 = 369Hz，F2 = 859Hz；非词首音节 ［uː］元音音长、音强和共振峰均值分别为：M = 186ms，F = 163ms；M = 73.96dB，F = 68.58dB；F1 和 F2 的频率均值分别为 M：F1 = 384Hz，F2 = 972Hz；F：F1 = 370Hz，F2 = 1061Hz。显然，词首和非词首音节 ［uː］元音声学参数具有一定的差异。如，在音长、音强和共振峰均值方面的差异分别为：M：+ 36ms，F：+ 34ms；M：− 0.15dB，F：− 0.74dB；MF1：− 27Hz，MF2：− 132Hz；FF1：− 1Hz，FF2：− 202Hz。

表 2.77 词首音节 ［uː］元音统计总表

［uː］	M					F				
	VD	VA	F1	F2	F3	VD	VA	F1	F2	F3
平均值	222	73.81	357	840	2377	197	67.84	369	859	3138

续表

[uː]	M					F				
	VD	VA	F1	F2	F3	VD	VA	F1	F2	F3
标准差	105	2.34	27	92	96	61	1.88	31	110	135
变异系数	47%	3%	8%	11%	4%	31%	3%	8%	13%	4%

表 2.78 非词首音节 [uː] 元音统计总表

[uː]	M					F				
	VD	VA	F1	F2	F3	VD	VA	F1	F2	F3
平均值	186	73.96	384	972	2329	163	68.58	370	1061	3159
标准差	73	2.46	36	128	93	58	2.59	41	163	282
变异系数	39%	3%	9%	13%	4%	36%	4%	11%	15%	9%

据本次实验和以往的研究结果（呼和，2009），我们认为该元音为高、后、圆唇、紧元音（请见词首音节短 [u] 的描述）。图 2.168 为男性发音人 [tʃukluːr] "指南针" 一词的三维语图和三层标注实例。这是 [uː] 元音比较典型的声学语图。图 2.169 为词首和非词首音节长元音 [uː] 在声学

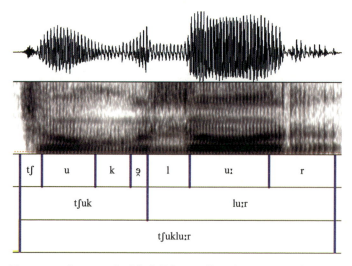

图 2.168 [tʃukluːr] "指南针" 一词的三维语图和三层标注实例

空间中所处位置及其分布模式比较图。显然，非词首音节 [uː] 元音舌位
比词首音节 [uː] 相对靠前，其中男发音人 [uː] 前而低。

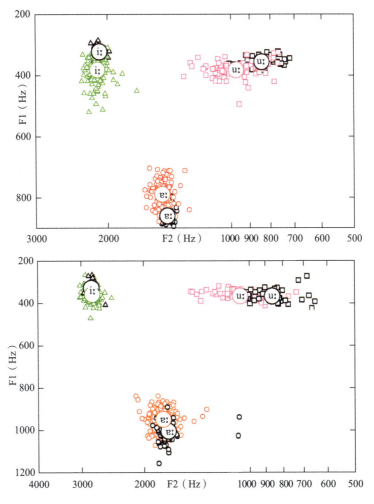

图 2.169　词首和非词首音节长元音 [uː] 在声学空间中所处
位置及其分布模式比较（M&F）

2. 目标位置共振峰及其前后过渡段共振峰比较

图 2.170 ~ 2.171 为词首音节和非词首音节长元音 [uː] 的目标位置共
振峰（F1/F2）及其前过渡段共振峰（TF1/TF2）和后过渡段共振峰（TP1/
TP2）比较图。可以看出，与目标位置共振峰频率相比，词首和非词首音节

［uː］元音前、后过渡段共振峰频率都有所变化。总体上词首和非词首音节
［uː］的前后过渡段频率变化趋向于高（前后维度上的变化相对大）。其中，
男发音人后过渡段变化趋向于低（高低维度上的变化相对大）。总体上，后
段变化大于前段。无论在词首还是非词首［uː］元音前后过渡段共振峰频
率离散度都较大。

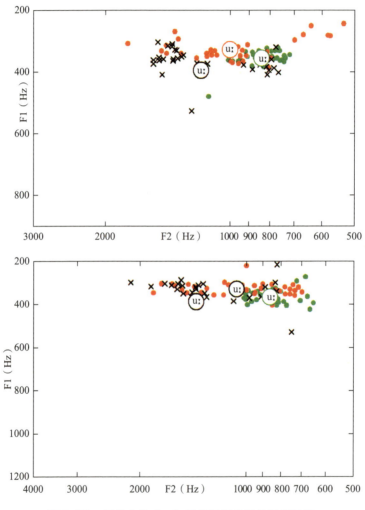

图 2.170　词首音节［uː］元音目标位置共振峰及其
前后过渡段共振峰比较（M&F）

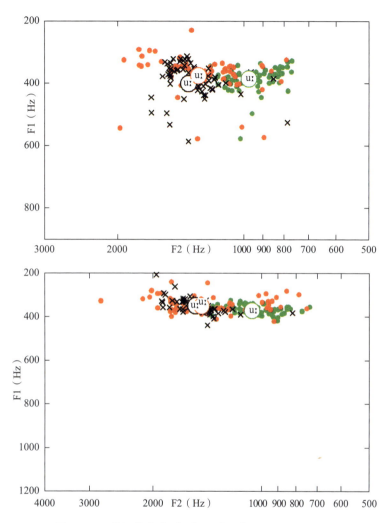

图 2.171　非词首音节［uː］元音目标位置共振峰及其
前后过渡段共振峰比较（M&F）

（八）［εː］元音

1. 参数平均值及其音质定位

表 2.79～2.80 为词首和非词首［εː］元音参数总统计表。统计表显示，词首音节［εː］元音音长、音强和共振峰均值分别为：M = 212ms，F = 232ms；M = 76.35dB，F = 69.50dB；F1 和 F2 的频率均值分别为 M：F1 =

602Hz，F2＝1882Hz；F：F1＝617Hz，F2＝2154Hz；非词首音节男女发音人［ɛː］元音音长、音强和共振峰均值分别为：M＝244ms，F＝235ms；M＝75.03dB，F＝67.48dB；F1和F2的频率均值分别为M：F1＝642Hz，F2＝1745Hz；F：F1＝711Hz，F2＝2263Hz。差异分别为：M：－32ms，F：－3ms；M：＋1.32dB，F：＋2.02dB；MF1：－40Hz，MF2：＋137Hz；FF1：－94Hz，FF2：－109Hz。

表2.79　词首音节［ɛː］元音总统计表

［ɛː］	M					F				
	VD	VA	F1	F2	F3	VD	VA	F1	F2	F3
平均值	212	76.35	602	1882	2342	232	69.5	617	2154	2828
标准差	57	3.37	34	171	300	39	1.29	180	472	602
变异系数	27%	4%	6%	9%	13%	17%	2%	29%	22%	21%

表2.80　非词首音节［ɛː］元音统计总表

［ɛː］	M					F				
	VD	VA	F1	F2	F3	VD	VA	F1	F2	F3
平均值	244	75.03	642	1745	2322	235	67.48	711	2263	3151
标准差	42	2.46	32	158	281	41	3.57	110	285	433
变异系数	17%	3%	5%	9%	12%	17%	5%	15%	13%	14%

据本次实验和以往的研究结果（呼和，2009），我们认为该元音为中低（开）、前、展唇、紧元音（请见词首音节［ɛ］的描述）。图2.172为男性发音人［ittʃɛː］"吃了"一词的三维语图和三层标注实例。这是［ɛː］元音比较典型的声学语图。图2.173为词首和非词首音节长元音［ɛː］在声学空间中所处位置及其分布模式比较图。其中，［ɛː］元音在女发音人语料中词首只出现4次（见图2.173下图）。男发音人非词首音节［ɛː］元音舌位比词首音节［ɛː］相对后而低（见图2.173上图）。

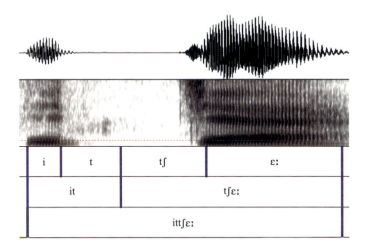

图 2.172　［ittʃɛː］"吃了"一词的三维语图和三层标注实例

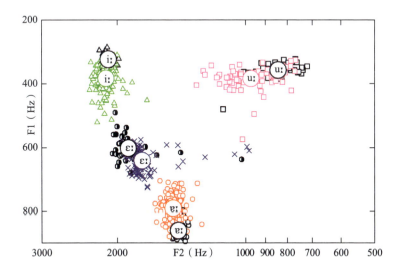

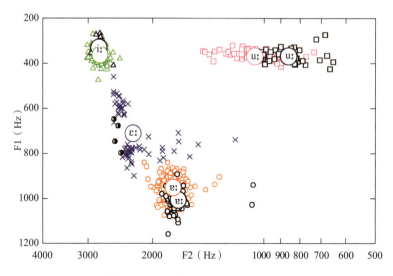

图 2.173 词首和非词首音节长元音 ［ɛː］在声学空间中所处
位置及其分布模式比较 （M&F）

2. 目标位置共振峰及其前后过渡段共振峰比较

图 2.174～2.175 为词首音节和非词首音节长元音 ［ɛː］的目标位置共
振峰（F1/F2）及其前过渡段共振峰 （TF1/TF2） 和后过渡段共振峰 （TP1/

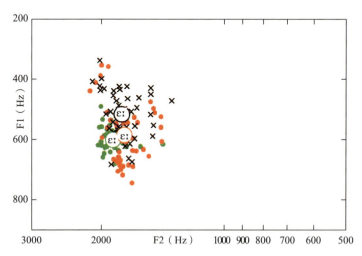

图 2.174 词首音节 ［ɛː］元音目标位置共振峰及其
前后过渡段共振峰比较 （M）

TP2）比较图。可以看出，与目标位置共振峰频率相比，男发音人词首音节
[ɛː] 元音前、后过渡段共振峰频率都相对升高（舌位上升）。男女发音人
非词首音节 [ɛː] 前过渡段频率相对上升，后过渡段频率相对下降，离散
度都较大。

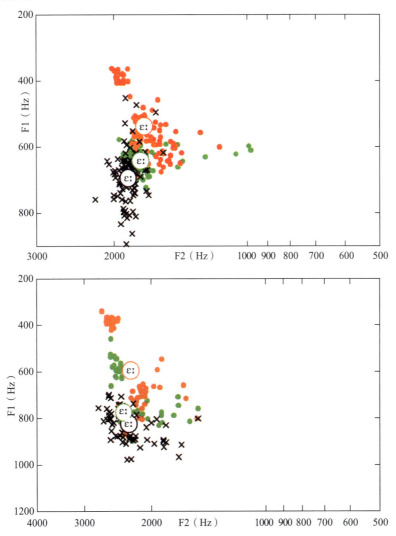

图 2.175　非词首音节 [ɛː] 元音目标位置共振峰及其
前后过渡段共振峰比较（M&F）

（九）［œː］元音

1. 参数平均值及其音质定位

表 2.81～2.82 为词首和非词首［œː］元音参数总统计表。统计表显示，词首音节［œː］元音音长、音强和共振峰均值分别为：M = 253ms，F = 229ms；M = 76.24dB，F = 73.0dB；F1 和 F2 的频率均值分别为 M：F1 = 566Hz，F2 = 1666Hz；F：F1 = 732Hz，F2 = 1700Hz；非词首音节［œː］元音音长、音强和共振峰均值分别为：M = 253ms，F = 245ms；M = 76.04dB，F = 69.60dB；F1 和 F2 的频率均值分别为 M：F1 = 611Hz，F2 = 1723Hz；F：F1 = 756Hz，F2 = 2007Hz。差异分别为：M：0ms，F：－16ms；M：＋0.2dB，F：＋3.4dB；MF1：＋45Hz，MF2：－57Hz；FF1：－24Hz，FF2：－307Hz。

表 2.81　词首音节［œː］元音统计总表

［œː］	M					F				
	VD	VA	F1	F2	F3	VD	VA	F1	F2	F3
平均值	253	76.24	567	1666	2441	229	73	732	1700	2784
标准差	77	2.37	36	99	178	17	2.83	9	45	97
变异系数	30%	3%	6%	6%	7%	7%	4%	1%	3%	3%

表 2.82　非词首音节［œː］元音统计总表

［œː］	M					F				
	VD	VA	F1	F2	F3	VD	VA	F1	F2	F3
平均值	253	76.04	611	1723	2400	245	69.6	756	2007	3120
标准差	56	2.24	44	120	262	46	3.23	49	141	199
变异系数	22%	3%	7%	7%	11%	19%	5%	6%	7%	6%

据本次实验和以往的研究结果（呼和，2009），我们认为该元音为中低（开）、前、圆唇、紧元音（请见词首音节短［œ］的描述）。图 2.176 为男

性发音人［tɔrœ:］"弱"一词的三维语图和三层标注实例。这是［œ:］元音比较典型的声学语图。图 2.177 词首和非词首音节长元音［œ:］在声学空间中所处位置及其分布模式比较图。可以看出，男发音人非词首音节［œ:］元音舌位比词首音节［œ:］相对高而后。

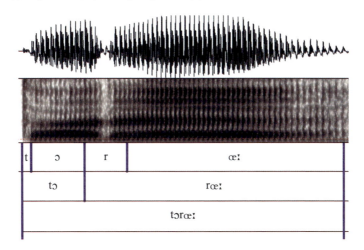

图 2.176　［tɔrœ:］"弱"一词的三维语图和三层标注实例

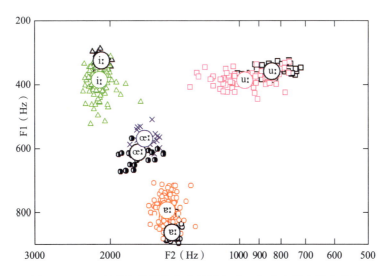

图 2.177 - 1　词首和非词首音节长元音［œ:］在声学空间中所处位置及其分布模式比较（M）

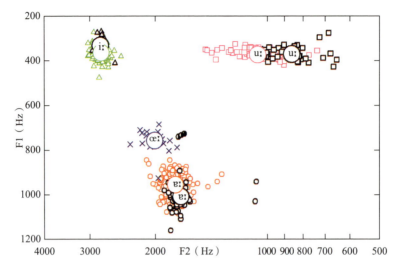

图 2.177 – 2　词首和非词首音节长元音［œː］在声学空间中所处
位置及其分布模式比较（F）

2. 目标位置共振峰及其前后过渡段共振峰比较

图 2.178 ~ 2.179 为词首和非词首音节长元音［œː］的目标位置共振峰
（F1/F2）及其前过渡段共振峰（TF1/TF2）和后过渡段共振峰（TP1/TP2）
比较图。可以看出，与目标位置共振峰频率相比，男发音人词首音节［œː］

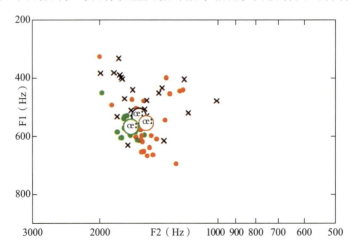

图 2.178　词首音节［œː］元音目标位置共振峰及其
前后过渡段共振峰比较（M）

元音前、后过渡段共振峰频率都相对升高（舌位上升）。男女发音人非词首音节［œː］前过渡段频率相对上升，后过渡段频率相对下降，离散度都较大。

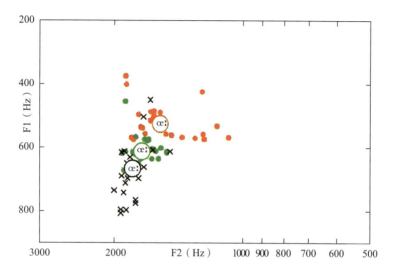

图 2.179 - 1　词首音节［œː］元音目标位置共振峰及其
前后过渡段共振峰比较（M）

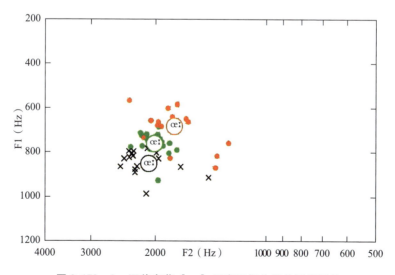

图 2.179 - 2　词首音节［œː］元音目标位置共振峰及其
前后过渡段共振峰比较（F）

　　〔yː〕元音在男发音人语料中只出现 12 次。其中，词首出现了 9 次，非词首 3 次，即〔tʃyː〕、〔tʃyːl〕、〔tʃyːr〕、〔syːt〕、〔syːx〕、〔tʰyːpɵːn〕、〔tʰyːmɵr〕、〔yːmuːl〕、〔xyːs〕和〔xʊːrxyː〕、〔tʰʊtyː〕、〔ɵtyː〕等。

　　图 2.180 为男发音人〔yːmuːl〕"打扰"一词的三维语图和三层标注实例。其中，词首元音〔yː〕的目标位置共振峰（F1～F3）分别为 297Hz、2054Hz、25431Hz。

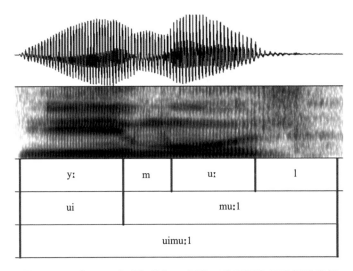

图 2.180　〔yːmuːl〕"打扰"一词的三维语图和三层标注实例

六　复合元音

（一）关于蒙古语复合元音问题

　　蒙古语书面语里有 ᠠᠢ（ɑi）、ᠡᠢ（ei）、ᠣᠢ（oi）、ᠤᠢ（ui）、ᠥᠢ（üi）、ᠥᠢ（ɑu）、ᠡᠥ（eü）、ᠢᠥ（iu～iü）、uwɑ，u-ɑ，uwɑi 等复合元音（清格尔泰，1991）。有人认为应该这样写：ayi、eyi、oyi、uyi、öyi、üyi（词首和词中）和 ay、ey、oy、uy、öy、üy（词尾）等。不管怎样，蒙古语书面语上述复合元音在蒙古语标准话中基本上变成或正在变成前长元音。其中，二合元音演变成为长元音（包括前化长元音）是蒙古语语音发展的一种趋势。这种趋势是带有普遍性的，但是它们的发展过程是不平衡的。这种不平衡既表现在各个方言土语之间，也表现在各个语音之间（清格尔泰，1992）。我们把蒙古语书面语中的 ayi、eyi、oyi、uyi、öyi、üyi（词首和词中）和 ay、ey、oy、uy、öy、üy（词尾）等组合在各个方言土语（话）中发展成前长元音的变化称为"前长元音化"。这种前长元音化在蒙古语各个方言土语（话）中的发展过程是不平衡的。其中，科尔沁话中的前长元音化较快，基本上完成了。而察哈尔话中的前长元音化较慢，正处于自由交替阶段。从 2006 年我们进行的大规模（正蓝旗上都镇、哈毕日嘎镇、桑根达来镇、扎格斯台苏木、宝绍岱苏木、那日图苏木、赛音胡都嘎苏木、伊和海日罕苏木、乌苏图查干苏木等 9 个乡镇苏木）的调查资料看，察哈尔话目前的状况如下：书面语词首和非词首的 ayi 和 ay，在察哈尔话中已变成了 [ɛː]，未发现 [ɜɐ] 的说法；词首的 eyi 变成了 [iː]，而非词首 eyi 和 ey 有 [eː]，[iː] 和 [ɛː] 等三种读法并有了 [ɛː] 代替 [eː] 和 [iː] 的趋势。这说明，察哈尔话中基于松紧特点上的元音和谐律也像科尔沁话一样，有了松弛的趋势。如，[əmɛktʰɜɾ]"女性"，[suɹtʰɹuɪ]"有威风的"；词首的 oyi 已变成了 [œː]，而非词首 oyi 和 oy 有 [œː] 和 [ɔɛ] 两种读法并有了 [œː] 代替 [ɔɛ] 的趋势；词首 uyi 只有 [oɪ] 的读法，而非词首 uyi 和 uy 有 [oɪ] 和 [iː] 的读法，但尚未出现 [øː] 或 [ʏː] 元音；词首和非词首的 öyi 和 öy 只有 [ui] 的读法，尚未出现 [ʊi] 元音；词首 üyi 有 [ui] 和 [yː] 的读法，而非词首 üyi 和 üy 有 [ui]、[ue]、[iː] 等三种读法。

从我们分析的 8 位专业播音员的语料看，xöisö"脐"有两种说法，即 [xuis]~[xyːs]，未出现 [xʊis] 的说法。ayimag"部，类"有 [ɛːmɜkə̯] 和 [ɜɐmɜkə̯] 等说法；uyitgar"寂寞"只有 [oɪtʰkɜɾ] 的说法，未出现 [ʏːtʰkɜɾ] 的说法；χoyin‿a"北边"有 [ɡ̊ɛːnə̯] 和 [ɡ̊ɜɔn] 等说法；üyimexü"喑哑"有 [nimɛ̯] 和 [yːmɔ̯x] 等说法。图 2.183（上述描述和该图均引自呼和，2009）是一位男性发音合作人的词首音节短元音声学元音图（均值）和上述四个词中的前长元音和二合元音的声学元音图比较。显然，二合元音是不可分隔的有机体，构成二合元音的前、后位元音的音色与单元音有所不同。

蒙古语标准话有 [ɜɐ，ɔɛ，oɪ，øʊ，ʊi，ui，ue] 等 7 个二合元音。其中，[ɜɐ] 是 /ɛː/ 的一个自由变体；[ɔɛ] 是 /œː/ 的一个自由变体；

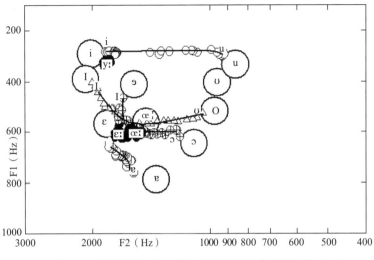

图 2.181　词首音节短元音、前元音和二合元音声学元音（M）

〔ɪ〕是/ɔɪ/的主要变体，除此之外，/ɔɪ/还有〔ɔɐ〕和〔iː〕等只出现在非词首音节里的变体；〔ɐ〕元音只在少数固有词中出现。因此，有关/ɐ/音位问题，有待进一步探讨；本次实验中没有出现二合元音〔ʊi〕，我们认为该说〔ʊi〕的地方，发音人都说了〔ui〕。作者不主张把〔ʊi〕作为蒙古语标准音的独立音位；/ui/有〔ui〕、〔yː〕、〔ue〕和〔iː〕等变体，其中〔ue〕和〔iː〕只出现在非词首音节里。察哈尔话中有时把词首的 üyi 说成短〔u〕。如 güyičex〔kuʧʰ ǝx〕"赶，够"等。词缀化的 ügey "不在，没有"，在察哈尔话中有〔koɛ ~ koɪ〕、〔kue〕、〔koː〕等三种说法。

现代蒙古语中没有以〔i〕开头的二合元音，如〔ɪɐ, ei, ɪo, iu〕等。有关蒙古语二合元音的真、假性问题有待进一步探讨。

（二）蒙古语复合元音实例分析

我们统一平台中共出现〔ɪo〕（词首）、〔ɔɐ〕（非词首）、〔ɐɐ〕和〔ʊi〕、〔ui〕等二合元音。书面语 ᠠᠢ（ɑi）·ᠣᠢ（oi）等二合元音都读成了〔ɛː〕、〔œː〕等前长元音，请见图 2.182。我们在本书中只列举几个比较典型的二合元音。

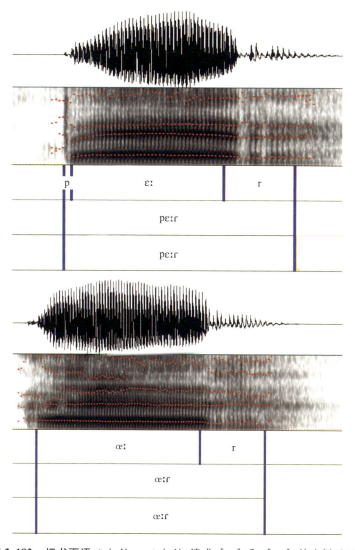

图 2.182 把书面语 ᠠᠢ (ɑi)、ᠣᠢ (oi) 读成 [ɛ:] 和 [œ:] 的实例 (M)

　　二合元音是不可分割的有机体，构成二合元音的前、后位元音的音色与单元音有所不同（见图 2.187）。但为了提取二合元音相关参数，我们把二合元音人为地切分成两个元音，请见图 2.183 ~ 2.186。

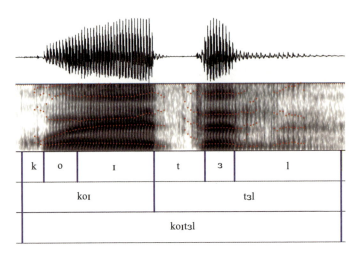

图 2.183　词首音节二合元音［oɛ］的三维语图和标注实例（M）

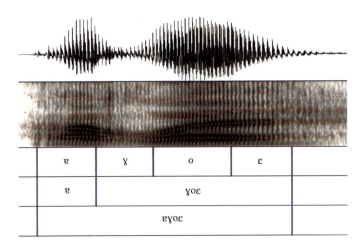

图 2.184　非词首音节二合元音［oɛ］的三维语图和标注实例（M）

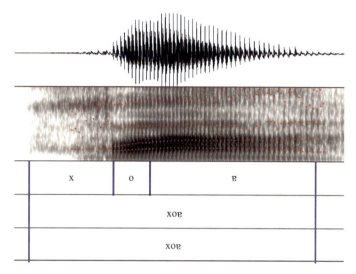

图 2.185 二合元音［oɐ］的三维语图和标注实例（M）

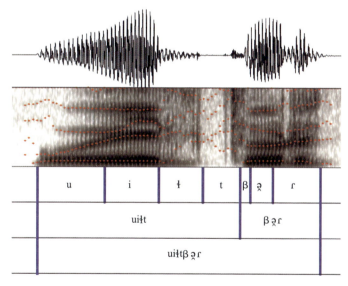

图 2.186 二合元音［ui］的三维语图和标注实例（M）

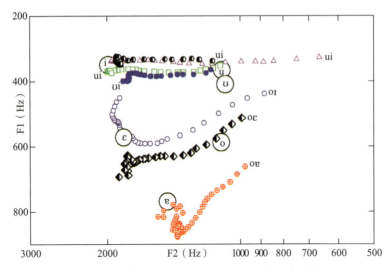

图 2.187　蒙古语词首音节相关短元音和二合元音比较（M）

第三章

蒙古语辅音声学特征

鲍怀翘研究员在其实验语音学讲义中，从以下几方面比较准确地总结了辅音的发音特点。以下是对鲍氏观点稍做修改后的阐述：（1）声源：气流克服阻碍通过口腔时激发阻碍的各部位而形成声波。发浊辅音时在上述声源上加载声带振动波；（2）感知：噪声（除半元音外）；（3）时程：虽然相对短促，但不一定比元音短；（4）气流类型：脉冲波（塞音）和湍流（擦音）；（5）气流受阻方式：口腔中存在不同程度的阻塞（塞音）或阻碍（擦音）；（6）肌肉活动范围：发音成阻部位肌肉紧张。这是辅音的共性。下面从蒙古语自身的特点总结其辅音系统的某些特点。

一 蒙古语辅音基本特点

（一）单辅音系统

有关蒙古语辅音发音部位和发音方法以及变体等方面的论著较多。从腭位的视角，辅音可以分为腭位辅音和非腭位辅音。前者指用电子假腭能够完整记录到舌腭接触的辅音。如［n，l，ɔ，ʃ，tʰ，t，tʃʰ，tʃ，j，ɾ］等。另外还包括不能够完整记录到舌腭接触的［ŋ，x，k］等辅音；而后者指不能够记录到舌腭接触的辅音（如果不受元音的影响，它们不会在假腭上形成接触）。如［p，pʰ，m，w］等。从辅音自身的结构看，蒙古语辅音可以分为单辅音和辅音组合。其中，单辅音系统比较简单，有/n，ŋ，p，pʰ，x，k，m，l，s，ʃ，tʰ，t，tʃʰ，tʃ，j，ɾ，w/等17个基本辅音音位和/f，dz，ts，dʐ，tʂ，ʂ，ʐ，ɬ，kʰ，h/等10个借词辅音。按发音方法蒙古语基本辅音可以分为：（1）清塞音/p，p^h，t^h，t，k/；（2）清塞擦音/ʧ^h，ʧ/；（3）擦音/s，ʃ，x/；（4）鼻音/n，ŋ，m/；（5）边音/l/；（6）闪音/ɾ/；（7）半元音/j，w/。其中，［n，ŋ，m，l，j，ɾ，w］为浊辅音。表 3.1 为有关蒙古语标准话最新归纳的发音表（呼和等，2010）。

表 3.1　蒙古语基本辅音发音

发音部位 发音方法		双唇阻 上唇下唇	舌尖前阻 舌尖齿区	舌叶阻 舌叶齿龈前区	舌叶阻 舌叶齿龈后区	舌面阻 舌面前硬腭区	舌面阻 舌面后硬腭区
塞音	不送气	p	t				k
	送气	p^h	t^h				
塞擦音	不送气				ʧ		
	送气				ʧ^h		
擦音	清				s	ʃ	x
	浊	w			j		
鼻音		m	n				ŋ
边音			l				
闪音					ɾ		

（二）辅音群问题

无论从词层面还是从音节层面看，蒙古语是辅音群比较丰富的语言之一。我们把词中跨音节和音节内的辅音组合统称辅音群。辅音群指出现在同一个音节（一起发音）或跨音节（有音节停顿）的由两个或三个甚至四个连续的辅音组合。其中，由两个或三个甚至四个辅音组成的一起发音（同一个音节）的辅音群叫作复辅音（在英文文献中叫作 consonant cluster），这是不可分割的音节单元，可以用 CC、CCV#、#VCC 表示（#表示任何元音和辅音，下同）；而由两个或三个甚至四个辅音组成的不一起发音（跨音节，有音节停顿）的辅音群叫作辅音串，在音节层面上辅音串是跨音节的，而在词层面上它们属同一个单元，可以用#C/C#、#CC/C#、#C/CC#表示。复辅音分独立（单独构成音节）或非独立（与元音一起构成音节），辅音串分二辅音串、三辅音串、四辅音串等。复辅音的组合规律比较严谨，而辅音串的组合没有特定的组合规律，随机性和自由度较大。以下是辅音群分类图。

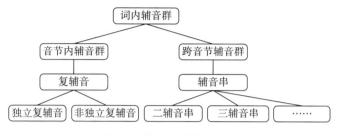

图 3.1 蒙古语辅音群分类

在蒙古文里没有真正的复辅音音节或独立音节（借词例外），它们只在口语中出现。其中，复辅音音节只出现在音节末，蒙古语固有词的音节首不出现复辅音。复辅音的形成与非词首音节短元音的央化（[ə] 化）、脱落和词末短元音失去其音位和音节功能有关。如：

u/lus→[o/l ŏs]→[o/l3s] ~ [ols] "国家"（非词首音节短元音）

ɯɯ/ˈtu→[ɛm/tʰ ĕ]→[ɛmtʰ ə̥] ~ [ɛmtʰ] "味道"（词末短元音）

其中，由非词首音节短元音的央化而形成的复辅音，正处于不稳定状态。如[o/l3s] ~ [ols] "国家"、[v/mɵt] ~ [vmt] "裤子" 等。与此相比，由词末短元音脱落而形成的复辅音相对稳定。如[ɛmtʰ ə̥] ~ [ɛmtʰ] "味道"、[nɛpʨʰ i̥] ~ [nɛpʨʰ] "叶"。这说明，非词首音节短元音仍保留着其音位和音节功能，而词末短元音已失去这种功能，它在语流中只保留其"语音外壳"。清格尔泰教授在其《蒙古语语法》（第 89 ~ 96 页）中，用"辅音结合律"详细解释了有关非词首音节短元音央化脱落而形成的复辅音的出现规律，这里不再赘述。总之，现代蒙古语复辅音正处于其演变阶段（过渡阶段）。

陈秀梅首次采用声学和生理分析结合的方法，利用动态腭位仪（EPG）和 KAY 3700 Multi-speech 观察了蒙古语察哈尔土语辅音组合 "4 × 6"（前置辅音为 [n]、[l]、[r]、[k]，后置辅音为 [t]、[tʰ]、[ʧ]、[ʧʰ]、[s]、[ʃ] 的辅音组合，简称辅音组合 "4 × 6"）。她的硕士论文重点分析了音节间和音节内辅音组合的生理时长、声学时长、频域变化和腭位变化，并对协同发音的某些现象做了初步的解释。例如，成因问题、非线性叠加以及由此形成的前置辅音的几种变化问题等。此外，她还讨论了声学、生理时长变化在音节内部和音节之间的关系问题（陈秀梅，2004）。据哈斯其木格的初步统计，在蒙古语察哈尔话中有［ns，nʃ，ntʰ，nt，ntʃʰ，ntʃ，ŋk，ŋkʰ，ŋɣ，ßt，mp，ms，mʃ，mtʰ，mt，mtʃʰ，mtʃ，fs，fx，ftʰ，ftʃʰ，stʰ，st，kt，ɣt，ɣtʃ，xs，xʃ，xtʰ，xt，xtʃʰ，js］等 32 个复辅音（哈斯其木格，2006）。

蒙古语是复辅音较丰富的语言，蒙古语辅音组合问题是蒙古语语音研究中比较有趣的问题，它牵涉到蒙古语一系列语音变化问题。如：非词首音节短元音的央化（［ə］化）或脱落、词末短元音功能（音位和音节）的消失、辅音结合律、协同发音等。

（三）"长辅音"问题

本节将分析和讨论上述辅音串中由同一个辅音组成的辅音串，如，［n/n，m/m，l/l，x/x，s/s，ʃ/ʃ，k/k，tʰ/tʰ，t/t，tʃ/tʃ，tʃʰ/tʃʰ］等的问题。大部分学者不认为这些辅音串是长辅音。如，武达（1982），清格尔泰（1991），诺尔金（1998），呼和（2003、2009）等；只有部分学者认为是长辅音。如，符拉基米尔佐夫（1988），李兵（2011）。图 3.2 为蒙古语［s/s，l/l，t/t］（同一个辅音组成的）等辅音串和［s，l，t］等音节首单辅音的声学语图比较图。从该图中可以看出，这是同一个辅音在特殊位置（跨音节，即前音节末，后音节首）上出现时的特殊辅音串，发音机制（方式）因其特殊位置而有些特殊。如，相同两个清擦音和浊擦音前置辅音的除阻段和后置辅音的成阻段的界限变模糊或相同两个塞音共享一个较长的持阻段（前音节末辅音不破裂，两个辅音享用共同的持阻段，比单一辅音的相对长）。尽管这些辅音串无论在发音还是感知方面结合得非常紧密，但母语人还是能够清楚地感受到这些辅音串之间所存在的简短的音节停顿。

无论从音节理论还是从发音机制看，由同一个辅音组成的辅音串是诸多辅音串中的特殊类型而已，笔者不赞同把这类辅音串叫作"长辅音"的观点。在阿尔泰语系语言有些方言土语中确实存在类似于长辅音的复辅音。如，在蒙古语科尔沁土语中有［sɐ/nn］"想，亲"，［pɐ/ll］"涂，消除"

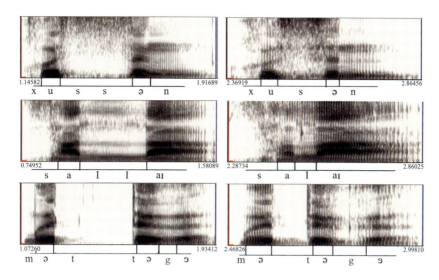

图 3.2　由同一个辅音组成的辅音串和单辅音的声学语图比较
（引自哈斯其木格，2006）

等。这是由相同辅音之间的元音脱落（[sɐ/nɜn]→[sɐ/nn]、[pɐ/lɜl]→[pɐ/ll]）而形成的特殊的独立复辅音，这些独立复辅音在发音机制和感知上非常接近于长辅音。有关这些特殊复辅音的特点和音系归纳问题，有待进一步探讨。

（四）辅音的腭化问题

蒙古语辅音的腭化问题是蒙古语语音学研究中比较棘手的问题之一。它不仅仅是辅音本身的问题，还涉及元音的前化、音位系统和言语声学工程等重要研究领域。"腭化"是指一个音段的次要发音为舌前部向腭部抬起，或（带后辅音）收紧点移向腭部，而主要发音在别的位置上产生的现象（R. L. 特拉斯克，2000）。蒙古语辅音腭化问题中分歧最多的是有关腭化辅音的数量问题。例如，察哈尔话中有 [nʲ, lʲ, rʲ, xʲ] 等 4 个腭化辅音（白音朝克图，1978）；察哈尔话中有 [nʲ, lʲ, mʲ, rʲ, kʲ, xʲ, pʲ, tʲ] 等 8 个腭化辅音（卜・图力更，1988。其实，卜・图力更坚持了《蒙古语调查总结》的观点，1957 年 5 月）；除卜・图力更提出的 8 个腭化辅音外还有 [ŋʲ, tʰʲ] 两个腭化辅音（道布，1983）；在《蒙古语标准音水平测试大纲》中把 [ʧ, ʧʰ, ʃ, j] 等辅音叫作腭化辅音，其他如 [n, p, x, k, m, l, t，tʰ，r] 等叫作非腭化辅音，并提出 [nʲ，pʲ（wʲ），xʲ，kʲ，mʲ，lʲ，tʲ，tʰʲ，rʲ] 等辅音有腭化变体的观点；舍·罗布苍旺丹（1982）认为，在蒙古国喀尔喀方言里有 /nʲ，pʲ ~ wʲ，pʰʲ，xʲ，kʲ，lʲ，mʲ，tʲ，tʰʲ，rʲ/ 等软（腭化）辅音音位，[ʧ，ʧʰ，ʃ，j] 是弱辅音，[ŋ] 也可以腭化，但他在《现代蒙古语结构语法》（1986）中把上述腭化辅音更正为"腭化变体"。有关腭化辅音的其他问题讨论得较少。

从动态腭位的视角看，辅音的腭化是指舌腭接触面积因受到外来因素（前元音）的影响而有所增加的现象，是由协同发音所引起的音段舌位变化。一个舌腭接触面积大的音段（如，图 3.3 中箭头所指处的音段）会影响（拉大或扩大）其周围音段的舌腭接触面积。这是由协同发音所引起的音段舌位在语流中相互影响的结果。语流中音段之间的这种相互作用可以称为"弹性效应"（见图 3.3）。

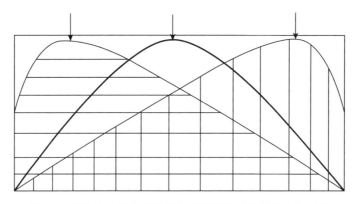

图 3.3　语流中音段之间舌腭接触面积的"弹性效应"示意

如果只用舌腭接触面积的大小来衡量，蒙古语标准音所有的基本辅音，如 /n，ŋ，p ~ ß，x，k ~ ɣ，m，l，s，ʃ，tʰ，t，ʧʰ，ʧ，j，ɾ/ 等都会有腭化变体。舌腭接触面积是确定一个音素是否视为腭化变体的主要指标，这与它们是否伴有 [ɪ] 的音色无关。也就说，出现在前元音前后的辅音都可以视为腭化变体，以便与出现在央、后元音前后的辅音（非腭化变体）对立。从现代语音学的角度看，辅音的腭化是指舌腭接触面积（如果只从腭位的角度说）因受到外来因素（前元音）的影响而有所增加的现象。这不同于辅音本身的固有特点（内在因素）。因此不能混淆"腭化辅音"和"腭化变体"这两个既有联系又有区别的概念。

（五）辅音的唇化问题

有些传统语音学论著认为，有些辅音因受其前后置元音舌位的影响而其发音部位发生变化。如［ɢɑl］"火"和［əgtʃ］"姐姐"，［bex̌］"几个"和［χɔjir］"两个"等（现代蒙古语，1964）。按照上述推理，辅音是否同样也受其前后元音唇形的影响？即在圆唇元音前后的辅音是否有唇化现象？从发音机理看，所有圆唇元音前后的辅音都可能被圆唇化。如［sɐɾ］"月亮"—［sʷɔɾ］（"学"的命令式），［xɐɾ］（"看"的命令式）—［xʷɔɾ］"聚集"，［ɐɾ］（"压"的命令式）—［tʷɔɾ］"喜好，爱好"等。这与达斡尔语的唇化辅音是有区别的。有关辅音唇化问题的研究应该从视位的角度去探讨更为直接，本书暂不讨论该问题。

（六）辅音的浊化和清化问题

在语流中辅音因受前后置或前后位音段的影响而改变其发音方法和部位的现象比较普遍。例如，元音之间出现的［p］通常会变成［ß］（清塞音变成浊擦音），元音之间出现的［k］通常会变成［ɣ］（清塞音变成浊擦音），清擦音之前的塞音和塞擦音会变成清擦音［s］（塞音变成擦音），清擦音之前的［l］会变成［ɬ］（浊音变成清擦音）等。请见图 3.4 和图 3.5。

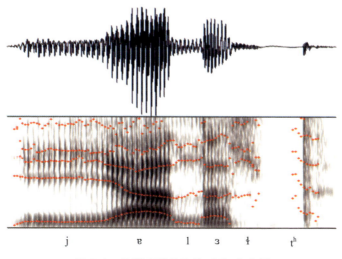

图 3.4　/l/ 辅音清化变体［ɬ］音实例

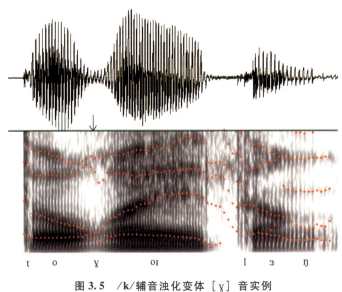

图 3.5 /k/辅音浊化变体［ɣ］音实例

二　辅音声学特征参数及分析方法

根据声学语音学理论和鲍怀翘研究员的讲义，辅音的基本声学特征可以归纳为如下几个模式。

（一）冲直条（spike）

塞音破裂产生的脉冲频谱，表现一直条。时程较短，约 10 ~ 20ms，意味在所有的频率成分上都有能量分布。图 3.6 为［tʊtʰ］"近便的"一词中［t］和［tʰ］的冲直条示例。请见该图中两个斜线箭头所指位置。

（二）无声空间（gap）

在塞音和塞擦音破裂之前有一段空白，这是辅音成阻、持阻时段的表现，造成清塞音的效果。这一段虽是空白，但对塞音感知来说是不可缺少的。可以说"此处无声胜有声"。请见图 3.6 中直线箭头所指位置。

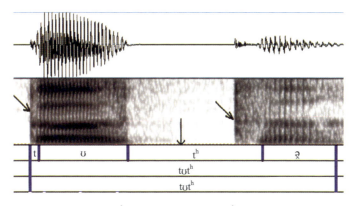

图 3.6　在 [tʊtʰ] 一词中 [t] 和 [tʰ] 的冲直条示例

（三）嗓音横杠（voice bar）

这是声带振动的浊音流经鼻腔辐射到空气中在语图上的表现。冲直条之前若有一条 500Hz 以下较宽的嗓音横杠，说明这是浊塞音。蒙古语标准话中没有浊塞音。请见图 3.8。

（四）乱纹（fills）

这是气流流经口腔某部位狭窄通道造成的湍流，所有的擦音在语图上都表现为乱纹。图 3.7 为 [sum]"寺庙"一词中 [s] 的乱纹示例，请见斜线箭头所指位置。

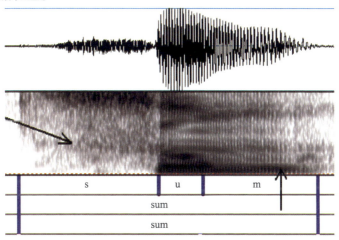

图 3.7　在 [sum] 一词中 [s] 的乱纹示例

（五）共振峰（formant）

共振峰是由声带振动作为激励源经声腔共鸣形成的，鼻音、边音等浊辅音都有共振峰。请见图3.8中直线箭头所指位置。

以下是引自鲍怀翘讲义的辅音声学特征基本模式图：

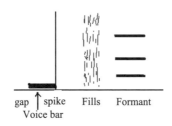

图 3.8　辅音声学特征基本模式

因辅音发音方法的不同，这些基本模式的组合方式也不同。如，浊塞音的声学表现为噪音横条与冲直条，清塞音为无声间隙与冲直条，清塞擦音为冲直条与一段较短时程的乱纹，清送气塞擦音为冲直条与一段较长时程的乱纹，清擦音为较长的乱纹，浊擦音为乱纹与共振峰，等等。

（六）嗓音起始时间（Voice Onset Time，VOT）

如图3.9所示，嗓音起始时间是指声带振动产生的浊音流（嗓音）出现在冲直条前后的位置及其时间。出现在冲直条之前，就是浊音，VOT为负值，出现在冲直条之后为正值，就是清辅音。它们都分布在时间轴上，因此都可以用时间来量化。根据VOT数据，比较容易区分清塞音、清塞擦音、清塞送气音、清塞擦送气音。图3.9为引自鲍怀翘讲义的嗓音起始时间（VOT）示意图。

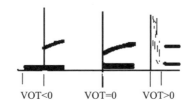

图 3.9　嗓音起始时间（VOT）示意

GAP和VOT参数对塞音/塞擦音有较明确的区别意义。李玲玲利用

"蒙古语标准音语音声学参数库",用冉启斌和石锋在 2008 年提出的塞音格局理论和方法统计分析了蒙古语塞音、塞擦音的声学格局,探讨它们在格局图上音类的集聚特征,音类的位置规律和纵、横轴上所反映的特点等。图 3.10 为蒙古语标准话词中音节首塞音、塞擦音的声学格局图。图中的 x 轴为 GAP,y 轴为 VOT。从该图中我们可以看到,(1)[p],[pʰ],[t],[tʰ],[k],[kʰ],[ʧ],[ʧʰ] 等 8 个清塞音、塞擦音,在格局图上总是分布在三个区域,形成三个聚合;(2)送气塞音 [tʰ] 在格局图中总是居于最高的位置,而不送气塞音 [t] 在格局图中总是居于最左边的位置,送气塞擦音 [ʧʰ] 在格局图中总是居于最右边的位置,而不送气 [k] 音在格局图中总是居于最低位置上;(3)在送气和不送气塞音、塞擦音中,送气音在格局图中总是居于不送气的右、上的位置。

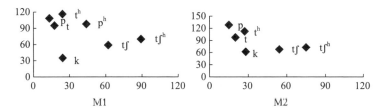

图 3.10　词中音节首塞音、塞擦音的声学格局

(七)强频集中区 (Concentrated Frequency Area)

强频集中区(CFA)又称辅音共振峰,是清擦音和一切摩擦噪声(塞擦音中的摩擦段和送气音)经声腔共鸣形成的共振峰(我们在参数库中标记为 CF1,CF2,……)。擦音是一种摩擦噪声,在语图上表现为乱纹。但由于发音部位的不同(气流受阻位置不同),形成特定的共鸣腔和反共鸣腔,于是某些频率位置的能量得到加强,这就是强频区。发音部位越靠前,共鸣腔越短,共鸣频率(特别是最强共鸣)就越高,反之则相反。所以/s/音最高,/h/音最低。/f/是唇齿音,几乎没有共鸣腔体,因此它的乱纹也没有特别强的频率区(鲍怀翘,2005)。胡红彦利用"蒙古语标准音语音声学参数库"探讨蒙古语 [s,ʃ,x] 等清擦音的共振峰分布模式后得出:[s,ʃ,x] 等清擦音的 CF 在词中不同位置上的分布模式相对稳定,说明清辅音共振峰频率是有效参数。该三个清擦音的共振峰(CF2~CF4),随着舌位的后移，呈现了整体下降的趋势（胡红彦，2011）。请见图 3.11。

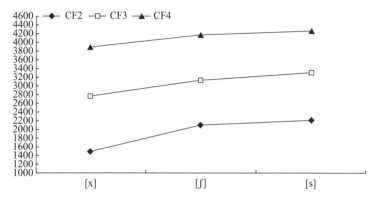

图 3.11　[s，∫，x] 等三个辅音共振峰（CF2 ~ CF4）分布模式（M2）

　　虽然清擦音、清塞音和清塞擦音的 CF 是有效参数，但与其他声学参数相比提取该参数需要经验。我们在"中国少数民族语言语音声学参数统一平台"中采用自动提取和手工修改相结合的方法。提取原则和方法是：每个人的共鸣腔是固定的，决定上下移动幅度的是舌位（高低前后）。这对准确采集擦音、清塞音和塞擦音等的共振峰具有非常重要的意义。我们采用这种"顺藤摸瓜"的方法，比较容易找到这些辅音的共振峰。请见图 3.12。

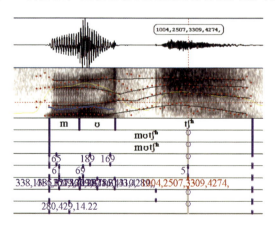

图 3.12　蒙古语 [mʊtʃʰ] "肢体"一词中的音段共振峰分布模式

（八）辅音谱特征

　　在清擦音噪声谱分析中，Svantesson（1986）提出了"谱重心"（COG，Center of Gravity）和"离散"（Dispersion）程度方法。具体做法是在擦音谱稳定段的某一时间点上做 FFT 分析，然后将其转换为临界带（critical band）。将 0 ~ 10000Hz 频率范围划分为 24 个子带，计算出每个子带的平均能量。谱重心即为能量最强的子带的频率，计算重心的公式为：

$$m = \sum n \times 10^{(xn/10)} / F \qquad 其中\ m\ 为重心子带, n\ 为\ 1 ~ 24\ 个子带$$

离散度表示语音频谱的离散程度，离散度越大表示谱越离散，离散度越大，则谱越集中。离散度的计算公式为：

$$s = \sqrt{\left(\sum (n-m)^2 \times 10^{(xn/10)} / F\right)} \qquad s\ 为离散度$$

$$F = \sum 10^{(xn/10)} \qquad\qquad\qquad F\ 为语音谱能量$$

以谱重心为 x 轴，分散度为 y 轴可以绘制图 3.13 擦音空间分布图。

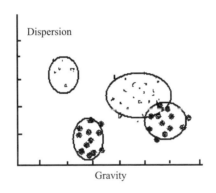

图 3.13　擦音谱重心—分散度分布图示例

对以上公式做一些修正，用 $S(f)$ 表示语音的复数谱，f 表示频率，将频率域改为连续域，则参数的积分式定义如下：

谱能量（Energy）= $\int_0^\infty |S(f)|^2 df$；

谱重心（COG）为：$\int_0^\infty f|S(f)|^2 df$ 除以谱能量，单位赫兹，以卜公式中 fc 等于谱重心 COG；

离散度（Dispersion）为：$\int_0^\infty (f-fc)^2 |S(f)|^2 df$ 除以谱能量，单位赫兹，然后取平方根；

令 A 为：$\int_0^\infty (f-fc)^3 |S(f)|^2 df$ 除以 $\int_0^\infty |S(f)|^2 df$；B 为：$\int_0^\infty (f-fc)^2$

$|S(f)|^2 df$ 除以 $\int_0^\infty |S(f)|^2 df$，则倾斜度 SKEW 为：$A/(B)^{1.5}$。

倾斜度 SKEW 表示低于谱重心的谱与平均频率以上的谱的差，无单位。

上述描述引自周学文《彝语辅音谱特征分析》（周学文，2013）一文。

冉启斌在他的博士学位论文（2005）中引入了这种方法并对普通话及几种方言的擦音进行了深入的研究并给出了具体的数据。结论是：普通话 5 个清擦音可分为两类，/s/、/ç/、/ʂ/谱重心高而分散度小，分布范围小；/f/、/x/谱重心低而分散度大，分布范围也大。该文表明，谱重心对应的频率比语图中实际显示的高得多，从统计上看，擦辅音两两比较时才有显著性意义。尽管如此，该方法在清擦音研究中是一种值得重视的方法。

我们在"少数民族语言语音声学参数统一平台"中采用了 COG、Dispersion 和 SKEW 这三个谱参数。为了避免辅音随便取点可能带来的野点问题和受其前、后置音段的影响因素，在经过多次实验的基础上，我们采用辅音中间三分之一段来计算的方法。

呼和用该三个参数分析蒙古语标准话辅音后得出：COG、STD 和 SKEW 等三个谱参数相对稳定，能够有效区别蒙古语标准话辅音的清、浊和不同发音部位的清擦音，具有语言学意义。其中，清辅音的 COG 和 STD 值都明显大于浊辅音，而其 SKEW 值则小于浊辅音；该三个参数与清辅音发音部位之间具有较好的相关性，而与浊辅音发音部位之间的相关性较差（呼和：《满语研究》，2015）。

三　单辅音

蒙古语标准话有/n, ŋ, p, pʰ, x, k, m, l, s, ʃ, tʰ, t, tʃʰ, tʃ, j, ɾ, w/等 17 个基本辅音音位。按照发音方法可以分塞音 [p, pʰ, tʰ, t, k]，塞擦音 [tʃʰ, tʃ]，擦音 [s, ʃ, x]，鼻音 [n, ŋ, m]，边音 [l]，半元音 [j, w]，闪音 [ɾ]。其中，[p, pʰ, x, k, s, ʃ, tʰ, t, tʃʰ, tʃ] 为清音，[n, ŋ, m, l, j, ɾ, w] 为浊音。

分析方法：我们从以下几个方面观察辅音声学特征：（1）词首（CV-）和（2）词末（-VC）。其中，V 为任何一个能够在该位置上出现的元音。满足上述两种条件的是在单音节或多音节词中出现的所有开头或结尾的辅音。

（3）词中音节首（-CV-）。其中，V 为任何一个能够在该位置上出现的元音。满足这种条件的是在多音节词中出现的所有非词首音节首的辅音。
（4）词中音节末（-VC-）。其中，V 为任何一个能够在该位置上出现的元音。满足这种条件的是在多音节词中出现的所有非词末音节末的辅音。
（5）复辅音后置辅音（-VC1C2）。其中，C2 为后置辅音，包括词末和非词末位置。（6）复辅音前置辅音（-VC1C2-）。C1 为前置辅音，其中，C2 为能够与其组成复辅音的辅音。满足这种条件的是在音节尾（包括词尾和非词尾）出现的能够与其他辅音组成复辅音的所有辅音。请见图 3.14 中对应于 6 个位置上的 6 种辅音。其中，1 ~ 4 为针对单辅音，5 ~ 6 为针对复辅音。显然，这 6 种位置是不重复的。

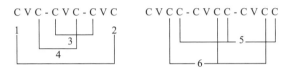

图 3.14　辅音分析条件示意

（一）塞音

塞音（stop），又称作爆破音（plosive），是辅音中按发音方法区分的一个基本类别。塞音的发音特点是：（1）主动发音器官上举与被动发音器官构成完全性的接触，从而关闭了口腔或鼻腔的气流通路，这就是塞音的成阻阶段；（2）声门下的气流被阻塞在关闭点后部，随着气流的积聚，口腔内形成超压（即大于体外的大气压力），这就是持阻阶段；（3）关闭点被突然打开，释放出一股强气流，冲破空气的阻力，形成一个类冲击波，这就是除阻阶段。由于发这类辅音时，口腔或鼻腔完全关闭，气流被阻塞，故而称为塞音。塞音与塞擦音的主要区别是：发音时两个器官必须构成阻塞，气流不断在口腔内集聚，口腔内就会形成超压，突然释放，发出一个爆破音。因此塞音又叫破裂音。先是塞音破裂，口腔不马上打开，而是留有一窄缝，紧接着口腔内余气从缝隙中挤出，产生摩擦，发出塞擦音（鲍怀翘，2005）。

1. /p/ 辅音

在统一平台中 /p/ 辅音以［p］，［ß］，［ɸ］，［b］等 4 种变体形式共出现了 287 次（M）或 299 次（F）。其中，M 的［p］为 121 次，占所有/p/辅音的 42%；F 为 127 次，占所有/p/辅音的 42.5%。该变体主要在词首和词中/p/辅音前后出现，即同一个辅音重叠时出现；M 的［ß］为 106 次，占所有/p/辅音的 37%，F 为 110 次，占所有/p/辅音的 36.8%。该变体一般在词中音节首元音之间或音节末［n］、［k］、［m］、［l］、［t］、［ʧ］、［j］、［r］等辅音之前或词末出现；M 的［ɸ］为 54 次，占所有/p/辅音的 19%，F 为 59 次，占所有/p/辅音的 19.7%。变体［ɸ］一般在音节末［s］、［ʃ］、［x］、［tʰ］、［ʧʰ］等辅音之前出现；M 的［b］出现了 6 次，占所有/p/辅音的 2%，F 为 3 次，占所有/p/辅音的 1%。该变体一般在［m］辅音之后出现。从/p/辅音［p］，［ß］，［ɸ］，［b］等四种变体的统计分析结果看，无论是从词和音节里的分布特点，还是从词中的出现位置和条件以及出现频率看，［p］已具备了作为典型变体的条件，把［p］作为典型变体，符合蒙古语标准音语音特点。/p/辅音的四个变体［p］、［ß］、［ɸ］、［b］等是在不同条件下出现的条件变体。请见表 3.2。

表 3.2　/p/辅音统计

/p/	M		F	
	出现次数	百分比	出现次数	百分比
/p/	287	100%	299	100%
［p］	121	42%	127	42.5%
［ß］	106	37%	110	36.8%
［ɸ］	54	19%	59	19.7%
［b］	6	2%	3	1%

1.1　［p］辅音

1.1.1　声学语图特点

蒙古语标准话/p/辅音的典型变体［p］为双唇、不送气、清塞音，而不是双唇、不送气、浊塞音［b］。图 3.15 为两位发音人［pɐχʃɫ］"当老师"一词的三维语图。显然，蒙古语标准话［p］辅音是比较典型的双唇、不送气、清塞音。到目前为止，有些论著中把蒙古语标准话的该辅音标记为［b］，这不符合国际音标的标记原则，因为蒙古语标准话/p/辅音的典型变体是［p］。

1.1.2 共振峰分布模式

表 3.3 为两位发音人［p］辅音的参数统计表。图 3.16 – 1 和图 3.16 – 2 为两位发音人［p］辅音第一、第二和第三共振峰的分布图。表 3.3 显示了两位发音人［p］辅音三个共振峰均值，即 M：CF1 = 744Hz，CF2 = 1655Hz，CF3 = 2610Hz；F：CF1 = 814Hz，CF2 = 1762Hz，CF3 = 2794Hz。

表 3.3　［p］辅音统计

单位：CD = G + VOT 为 ms，CA 为 dB，CF 为 Hz，下同

［p］	M					F				
	VOT	CA	CF1	CF2	CF3	VOT	CA	CF1	CF2	CF3
平均值	14	55.64	744	1655	2610	14	51.42	814	1762	2794
标准差	4	5.82	249	293	259	14	6.12	255	304	306
变异系数	29%	10%	33%	18%	10%	100%	12%	31%	17%	11%

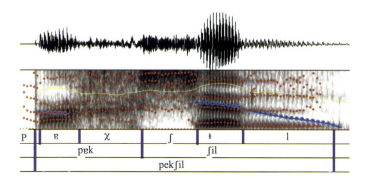

图 3.15　男发音人［pɐχʃɪl］"当老师"一词的三维语图和三层标注（音段、音节和词，下同）实例

从表 3.3 可以看出，［p］辅音的 VOT 比较短，十几毫秒，男发音人的音强略高于女性发音人（目前词首塞音的 GAP 无法测量）。图 3.16 – 1 和图 3.16 – 2 显示，虽然女发音人的 CF 的频率总体上略高于男性发音人，但两位发音人［p］辅音的共振峰分布模式基本相同，即 CF1 围绕 500Hz，在 500～1000Hz 之间；CF2 围绕 1500Hz，在 1000～2000Hz 之间；CF3 围绕

2500Hz，在 2000～3000Hz 之间。显然，该辅音的共振峰分布比较均匀。这是否与该辅音是非舌位，即双唇辅音有关？有待进一步研究。

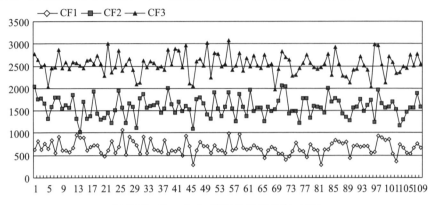

图 3.16－1　［p］辅音共振峰分布（M）

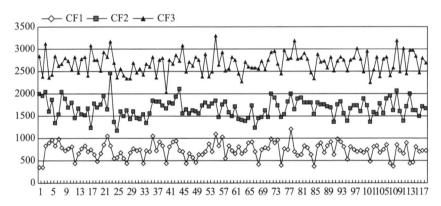

图 3.16－2　［p］辅音共振峰分布（F）

1.1.3　后置元音音质与声学参数之间的关系

图 3.17 为［p］辅音在［ɐ］和［i］两个元音之前的三个共振峰分布图。从这两个图可以看出，［p］在［i］之前的第二共振峰（CF2）频率明显高于在［ɐ］之前的频率。显然，这是受后置元音［i］的影响所致。

1.2　［ß］辅音

1.2.1　声学语图特点

蒙古语标准话/p/辅音另一个重要的变体是双唇浊擦音［ß］。图 3.18 为［sɐß］"容器"一词的三维语图。蒙古语标准话［ß］辅音是比较典型的双唇浊擦音。

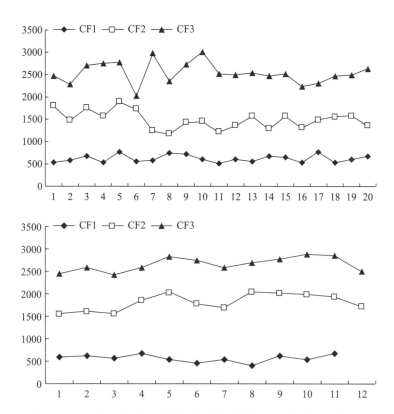

图 3.17　出现在 ［ɐ］（上图）和 ［i］（下图）之前 ［p］辅音的
三个共振峰分布比较（M）

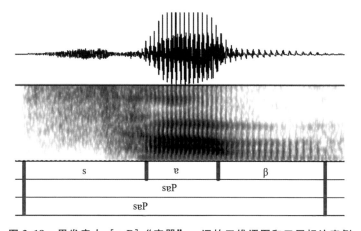

图 3.18　男发音人 ［sɐP］"容器"一词的三维语图和三层标注实例

1.2.2　共振峰和谱特点

表 3.4 - 1 和表 3.4 - 2 为两位发音人 [ß] 辅音的统计，图 3.19 - 1 和图 3.19 - 2 为两位发音人 [ß] 辅音第一、第二和第三共振峰的分布。表 3.4 显示了两位发音人 [ß] 辅音三个共振峰均值。M：VF1 = 442Hz，VF2 = 1142Hz，VF3 = 2265Hz；F：VF1 = 425Hz，VF2 = 1280Hz，VF3 = 3005Hz。从图 3.19 - 1 和图 3.19 - 2 中可以看出，男女发音人 [ß] 辅音的 VF1 和 VF2 的变化范围基本一致，都在 300 ~ 600Hz 和 900 ~ 1500Hz 之间。其中，两人 VF2 都围绕 1200Hz 变化。主要差别在于 VF3 的频率上。其中，M 的变化范围低而窄（2100 ~ 2400Hz），F 的变化范围高而宽（2700 ~ 3300Hz）并且围绕 3000Hz 变化。从表 3.4 - 1 和表 3.4 - 2 中我们还可以看到，男女发音人 [ß] 辅音谱重心（COG）、偏移量（STD）和偏离度（SKEW）等三个谱参数的变异系数比较接近，说明该系数比较稳定。

表 3.4 - 1　[ß] 辅音统计（M）

参数	CD	CA	VF1	VF2	VF3	COG	Dispersion	SKEW
平均值	70	67.26	442	1142	2265	364	356	10.65
标准差	37	3.49	107	214	149	97	128	4.02
变异系数	53%	5%	24%	19%	7%	27%	36%	38%

表 3.4 - 2　[ß] 辅音统计（F）

参数	CD	CA	VF1	VF2	VF3	COG	STD	SKEW
平均值	56	59.4	425	1280	3005	321	376	12.02
标准差	26	4.44	167	272	259	100	129	4.41
变异系数	46%	7%	39%	21%	9%	31%	34%	37%

1.3　[ɸ] 辅音

1.3.1　声学语图特点

蒙古语标准话/p/辅音还有双唇清擦音变体 [ɸ]。图 3.20 为男发音人 [xɐɸtʰχɛːɑ] "偏平的" 一词的三维语图。蒙古语标准话/p/辅音在 [s]、[ʃ]、[x]、[tʰ]、[ʧʰ] 等辅音之前会变成双唇清擦音，这是比较典型的逆同化现象。该现象与我们在 [ɐ] 元音分析中所提出的 "后置影响大于前

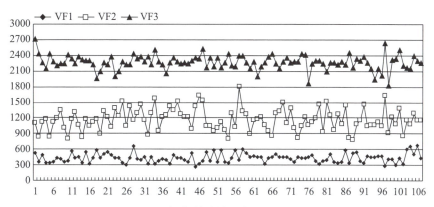

图 3.19 - 1　　[ß] 辅音的三个共振峰分布（M）

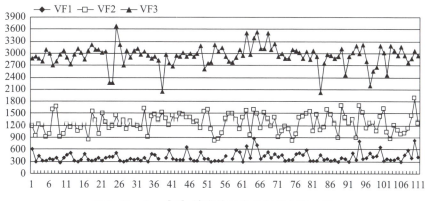

图 3.19 - 2　　[ß] 辅音的三个共振峰分布（F）

置”（后大于前）的结论是一致的。

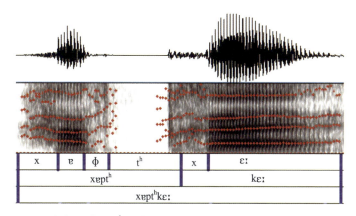

图 3.20　男发音人 [xɐptʰkɛː]"偏平的"一词的三维语图和三层标注实例

1.3.2 共振峰和谱特点

表 3.5 - 1 和表 3.5 - 2 为两位发音人〔ɸ〕辅音的统计，图 3.21 - 1 和图 3.21 - 2 为两位发音人〔ɸ〕辅音第一、第二和第三共振峰的分布。表 3.5 显示了两位发音人〔ɸ〕辅音三个共振峰均值，即 M：CF1 = 893Hz，CF2 = 1824Hz，CF3 = 2758Hz；F：CF1 = 1172Hz，CF2 = 2024Hz，CF3 = 3111Hz。从图 3.21 - 1 和图 3.21 - 2 中可以看出，女发音人〔ɸ〕辅音的 CF1、CF2、CF3 等三个共振峰频率和变化幅度都比男发音人大。如，男发音人 CF1 的变化范围为 500 ~ 1000Hz，而女发音人为 500 ~ 1500Hz。显然，两人的频率几乎差 500Hz。

表 3.5 - 1　〔ɸ〕辅音统计 （M）

参数	CD	CA	CF1	CF2	CF3	COG	STD	SKEW
平均值	59	54. 45	893	1824	2758	1107	1460	3. 74
标准差	13	4. 1	437	362	387	832	567	2. 86
变异系数	22%	8%	49%	20%	14%	75%	39%	76%

表 3.5 - 2　〔ɸ〕辅音统计 （F）

参数	CD	CA	CF1	CF2	CF3	COG	STD	SKEW
平均值	71	47. 42	1172	2024	3111	1380	1413	3. 03
标准差	25	5. 6	391	349	402	881	558	2. 77
变异系数	35%	12%	33%	17%	13%	64%	39%	91%

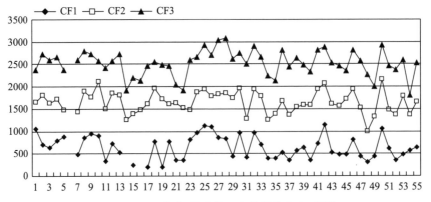

图 3.21 - 1　〔ɸ〕辅音的三个共振峰分布 （M）

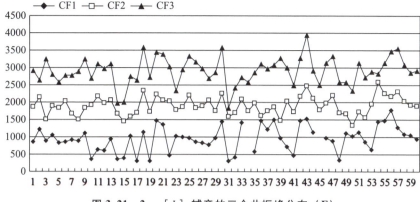

图 3.21 - 2 ［φ］辅音的三个共振峰分布 （F）

从表 3.5 - 1 和表 3.5 - 2 中我们还可以看到，男女发音人［ß］辅音谱重心（COG）和偏离度（SKEW）等两个谱参数的变异系数差异较大。这是否与其双唇清擦音特点有关？有待进一步研究。

1.4 ［b］辅音

在蒙古语标准话中是否有双唇不送气浊塞音［b］变体？图 3.22 - 1 和图 3.22 - 2 为两位发音人［sempɛː］"机灵"一词的三维语图。首先，该辅音的出现条件十分有限。目前只发现［m］之前出现的［b］；其次，与浊音相比声带振动不明显，可视为声带振动惯性所致；再次，两位发音人发同一个词时，男发音人发类似浊音，而女发音人类似于清音（请比较图

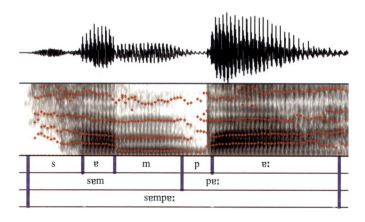

图 3.22 - 1 男发音人［sempɛː］"机灵"一词的
三维语图和三层标注实例

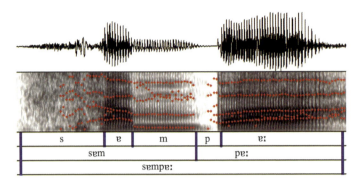

图 3.22 – 2　女发音人［sɐmpɐː］"机灵"一词的
三维语图和三层标注实例

3.22 – 1 和图 3.22 – 2）；复次，听感上浊音音色不明显；最后，出现频率非常少，M 出现 5 次，F 出现 3 次。基于上述原因我们认为，与其说浊辅音，不如说清音浊流，可视为在［m］之前出现的一种特殊变体。

2./pʰ/辅音

在蒙古语标准话中/pʰ/辅音相对少，在统一平台中只出现了 4 次，出现在词首和词中音节首位置。例如［pʰəŋs, sompʰɐn, pʰɐktkɜʐ, pʰɐrʧʰɫknɜx］等。

2.1　声学语图特点

蒙古语标准话［pʰ］为双唇、送气、清塞音。图 3.23 – 1（男）和图 3.23 – 2（女）为两位发音人［pʰəŋs］"盆子"一词的三维语图及其标注层实例。

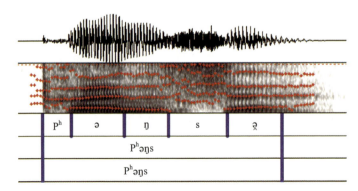

图 3.23 – 1　［pʰəŋs］"盆子"一词的三维语图和三层标注实例（M）

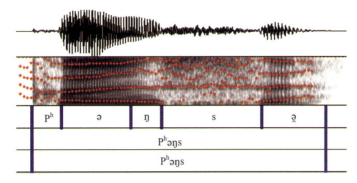

图 3.23 - 2　[pʰəŋs] "盆子" 一词的三维语图和三层标注实例（F）

3. /t/辅音

3.1　词中分布特征

/t/辅音在统一平台中的出现频率较高（M：508 次，F：496 次）。其中，以单辅音形式出现的位置为词首、词中音节首、词中音节末和词末等；以复辅音后置辅音的形式出现的位置为词中音节末和词末等。其中，/t/辅音以单辅音形式出现 414 次，以复辅音后置辅音形式出现 94 次（M）；以单辅音形式出现 423 次，以复辅音后置辅音形式出现 73 次（F）。在所有/t/辅音中，（1）以单辅音形式在词中音节首出现的比例最高。如，170 次，占33%（M）；184 次，占 37%（F）；（2）以单辅音形式在词首和词末出现的比例位居第二。如，在词首 115 次，占 23%，在词末 84 次，占 17%（M）；在词首 108 次，占 22%，在词末 84 次，占 17%（F）；（3）以单辅音形式在词中音节末出现的比例较少。如，45 次，占 9%（M）；47 次，占 9%（F）；（4）以复辅音后置辅音形式出现的比例最少。如，在词中音节末 56 次，占 11%，在词末出现 38 次，占 7%（M）；在词中音节末 39 次，占8%，词末 34 次，占 7%（F）。请见表 3.6。

显然，/t/辅音在词中主要以单辅音形式出现于词首和词末位置，在其他位置上出现的比例相对少。

表 3.6　[t] 辅音出现频率统计

词中位置	发音人	M		F	
		出现次数	百分比	出现次数	百分比
所有		508	100%	496	100%

续表

词中位置	发音人	M		F	
		出现次数	百分比	出现次数	百分比
单辅音	词首	115	23%	108	22%
	词中音节首	170	33%	184	37%
	词中音节末	45	9%	47	9%
	词末	84	17%	84	17%
复辅音	词中音节末 复辅音后置辅音	56	11%	39	8%
	词末 复辅音后置辅音	38	7%	34	7%

3.2 声学特征

3.2.1 声学语图特点

蒙古语标准话 [t] 为不送气清塞音，而不是不送气浊塞音 [d]。图 3.24 为 [kɛtɛːt]"外面的、国外"一词的三维语图。根据本次实验和以往研究结果（呼和等，2010），我们认为蒙古语标准话 [t] 辅音是比较典型的舌尖齿区、不送气、清塞音。到目前为止，大多数论著中把该辅音标记为 [d]，这与国际音标标记原则不符，我们建议用 [t] 音标标记。

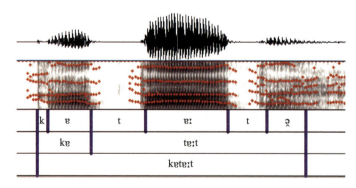

图 3.24 男发音人 [kɛtɛːt]"外面的"一词的三维语图和三层标注实例

3.2.2 共振峰分布模式

表 3.7－1 和表 3.7－2 为两位发音人 [t] 辅音参数统计。图 3.25－1 和图 3.25－2 为两位发音人 [t] 辅音第一、第二和第三共振峰分布，其显示了两位发音人 [t] 辅音三个共振峰频率范围，即 CF1 为 500～1000Hz，CF2 为 1500～2000Hz，CF3 为 2500～3000Hz（女发音人 CF3 为 3000Hz 左

右）。各类声学参数的标准差和变异系数都较大，说明对于该辅音来说，因所出现的词中位置不同其声学参数也有所差别。

表 3.7 - 1　　[t] 辅音统计表（M）

	GAP	VOT	CD	CA	CF1	CF2	CF3
平均值	101	25.6	124	55.17	806	1778	2729
标准差	40	27.1	42	7.749	210	650	273
变异系数	39%	106%	33%	14%	26%	37%	10%

表 3.7 - 2　　[t] 辅音统计表（F）

	GAP	VOT	CD	CA	CF1	CF2	CF3
平均值	107	33.4	132.4	51.004	840.7	1872	2909
标准差	48	35.4	50.55	6.0348	193.5	262.8	334.3
变异系数	45%	106%	38%	12%	23%	14%	11%

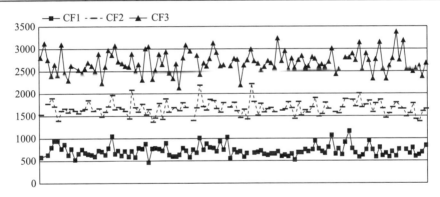

图 3.25 - 1　所有 [t] 辅音共振峰分布（M）

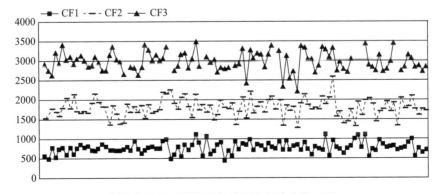

图 3.25 - 2　所有 [t] 辅音共振峰分布（F）

3.2.3 词中位置与声学参数之间的关系

表 3.8 为词中不同位置 [t] 辅音声学参数统计。图 3.26 为根据表 3.8 所画的词中不同位置 [t] 辅音 GAP 和 VOT 参数比较，图 3.27 为词中不同位置 [t] 辅音音强比较。图 3.28 为词中不同位置 [t] 辅音第一、第二和第三共振峰比较。表和图显示，词中位置与 [t] 辅音声学参数之间具有一定的相关性。如，（1）词首 [t] 的 VOT 最短，词中 [t] 的 VOT 居中，词末 [t] 的 VOT 最长；（2）另外，弱短元音对 [t] 辅音 VOT 的影响也较大。出现弱短元音时 VOT 时长为 M：21ms，F：17ms，不出现弱短元音时 M：106ms，F：94ms；（3）男女两位发音人 VOT 时长也有所不同，即男发音人 VOT 比女发音人相对长。

表 3.8　词中不同位置 [t] 辅音的参数统计（M）

位置	参数	GAP	VOT	CD	CA	CF1	CF2	CF3
词首	平均值		15		58.43	734	1686	2681
	标准差		5		4.67	149	214	253
	变异系数		33		8	20	13	9
词中音节首	平均值	96	19	115	58	841	1858	2771
	标准差	35	5.48	36	5	187	1063	257
	变异系数	37%	29%	31%	9%	22%	57%	9%
词中音节末	平均值	122	18	136	59	783	1640	2651
	标准差	36	5.8	31	12	299	325.2	310
	变异系数	29%	32%	23%	21%	38%	20%	12%
词末不带ɔ	平均值	138	106	198	43	852	1744	2646
	标准差	56	35	29	3.1	148	142.1	259
	变异系数	40%	33%	15%	7%	17%	8%	10%
词末带ɔ	平均值	98	21	119	51	854	1823	2763
	标准差	16	4.7	17	3.4	121	144.6	268
	变异系数	16%	22%	14%	7%	14%	8%	10%
词中音节末复辅音	平均值	96	17	113	51	820	1829	2779
	标准差	38	5.9	34	8	319	344.4	317
	变异系数	39%	35%	30%	16%	39%	19%	11%

续表

位置 参数		GAP	VOT	CD	CA	CF1	CF2	CF3
词末 复辅音	平均值	75	22	97	51	807	1754	2723
	标准差	31	6	32	4.8	196	161.9	228
	变异系数	41%	27%	33%	9%	24%	9%	8%

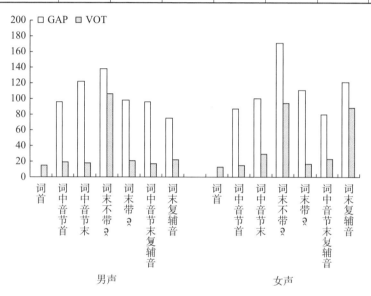

图 3.26 词中不同位置 [t] 辅音音长均值比较

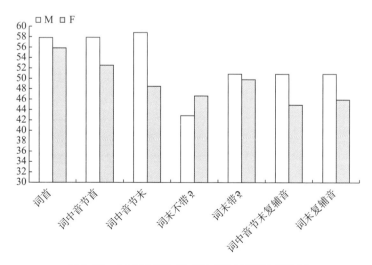

图 3.27 词中不同位置 [t] 辅音音强均值比较

再看 GAP 时长：以单辅音为例，词中音节首最短，词中音节末居中，词末不带弱短元音的最长。弱短元音对 [t] 辅音 GAP 的影响同样较明显。如，有弱短元音时相对短，没有弱短元音时相对长。显然，弱短元音占据了 VOT 和 GAP 的部分时长。因塞音塞擦音时长为 CD = GAP + VOT，这里就

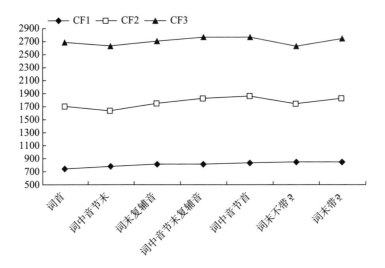

图 3.28 - 1　词中不同位置 [t] 辅音的共振峰均值（以 CF1 的
上升为序排列的）比较（M）

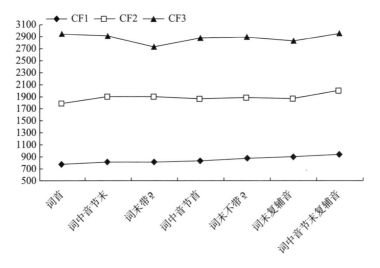

图 3.28 - 2　词中不同位置 [t] 辅音的共振峰均值（以 CF1 的
上升为序排列的）比较（F）

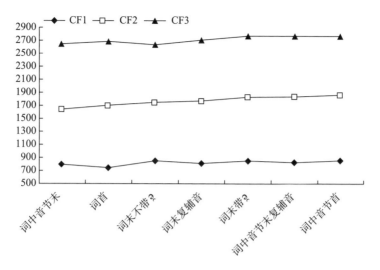

图 3.28 - 3　词中不同位置 [t] 辅音的共振峰均值（以 CF2 的
　　　　　　上升为序排列的）比较（M）

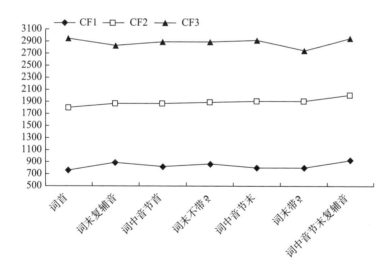

图 3.28 - 4　词中不同位置 [t] 辅音的共振峰均值（以 CF2 的
　　　　　　上升为序排列的）比较（F）

不赘述总时长分布规律了。

　　图 3.27 显示，词中位置与 [t] 辅音音强之间也有一定的相关性。如，词首和音节首音强比其他位置音强相对强。图 3.28 显示词中位置与 [t] 辅音共振峰频率之间几乎没有相关性（词首 CF1 相对低）。

3.2.4 后置元音音质与声学参数之间的关系

表 3.9 为男发音人词首不同元音之前 [t] 辅音参数统计（因受篇幅限制女发音人数据略，下同），图 3.29～3.31 为不同元音之前 [t] 辅音音长、音强和共振峰的比较。从表 3.9 和图 3.29 至图 3.31 中可以看出，后置元音与 [t] 辅音音长（VOT）和音强之间有一定的相关性。如，高元音 [i，u]（高元音）之前的音长比其他元音之前的相对长（男发音人 [œ] 例外）；[i] 和 [u] 元音之前 [t] 辅音的音强比其在其他辅音之前的音强相对弱。在 [ɐ，ɔ] 等舌位较低元音之前的音强比其他元音之前的相对强；男发音人元音之前 [t] 辅音第二共振峰（CF2）比其他元音之前的共振峰相对高，但女发音人数据（除 [i] 之外）没有显示这一特点。

表 3.9 词首不同元音之前 [t] 辅音统计（M）

	N		VOT	CA	CF1	CF2	CF3
tɐ	34	平均值	11.9	60.09	710.2	1606	2655
		标准差	2.79	4.388	97.26	170.34	238
		变异系数	24%	7%	14%	11%	9%
kə	13	平均值	16.8	58.46	673	1730	2637
		标准差	4.44	3.608	115.2	147.59	262.2
		变异系数	26%	6%	17%	9%	10%
ti	1	平均值	25	45	910	1874	2819
tɔ	17	平均值	11.5	61.53	721	1652	2711
		标准差	1.54	4.06	135.4	330.99	222.1
		变异系数	13%	7%	19%	20%	8%
tʊ	18	平均值	13.2	56.89	756	1727	2763
		标准差	1.38	3.914	166	169.97	261.3
		变异系数	11%	7%	22%	10%	9%
to	8	平均值	17.9	57.25	645	1655	2697
		标准差	5.42	3.929	98	85.68	202.8
		变异系数	30%	7%	15%	5%	8%

续表

	N		VOT	CA	CF1	CF2	CF3
tu	9	平均值	21.1	54.22	833	1758	2632
		标准差	3.25	3.735	205	203.6	243.9
		变异系数	15%	7%	25%	12%	9%
tɜ	11	平均值	16.5	57.73	781	1787	2774
		标准差	3.47	2.831	137.2	156.56	251.3
		变异系数	21%	5%	18%	9%	9%
tœ	4	平均值	27.8	55.75	760	1876	2642
		标准差	6.61	4.38	179	236.3	501.7
		变异系数	24%	8%	24%	13%	19%

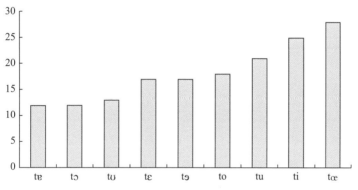

图 3.29 - 1　不同元音之前 [t] 辅音 VOT 均值比较 （M）

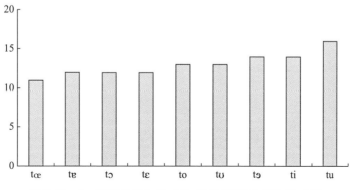

图 3.29 - 2　不同元音之前 [t] 辅音 VOT 均值比较 （F）

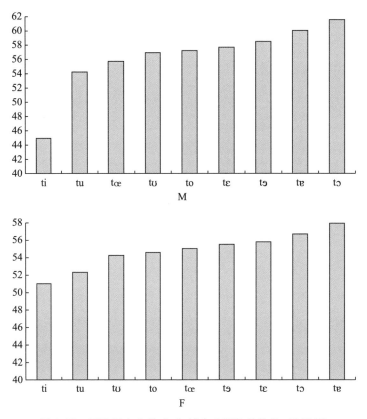

图 3.30　不同元音之前 ［t］ 辅音音强均值比较 （M&F）

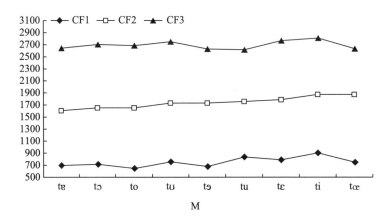

图 3.31 – 1　不同元音之前 ［t］ 辅音的三个共振峰均值 （以 CF2 的
上升为序排列的） 比较 （M）

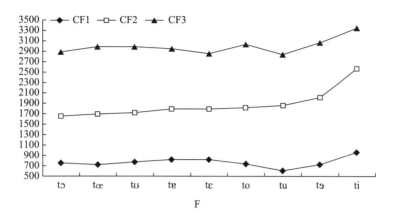

图 3.31 – 2　不同元音之前 [t] 辅音的三个共振峰均值（以 CF2 的
上升为序排列的）比较（F）

4. /tʰ/辅音

4.1　词中分布特征

/tʰ/辅音在统一平台中以单辅音或复辅音后置辅音形式共出现 517 次
（M），535 次（F）。其中，以单辅音形式出现的位置为词首、词中音节首、
词中音节末和词末等；以复辅音后置辅音形式出现的位置为词中音节末和
词末等。

在所有/tʰ/辅音中，（1）以单辅音形式在词首和词中音节首出现的比例
最高，如 M：在词首 169 次，占 33%，在词中音节首 185 次，占 36%；F：
在词首 178 次，占 33%，在词中音节首 184 次，占 34%。（2）以复辅音后
置辅音形式在词中音节末和词末出现的比例位居第二。如，在词中音节末
49 次，占 9%，在词末 59 次，占 11%（M）；在词中音节末 50 次，占 9%，
在词末 64 次，占 12%（F）。（3）以单辅音形式在词中音节末和词末出现
的比例最少。如，在词中音节末 38 次，占 7%，在词末 17 次，占 3%
（M）；在词中音节末 43 次，占 8%，在词末 16 次，占 3%（F）。请见
表 3.10。

显然，/tʰ/辅音在词中主要以单辅音形式出现于词首和词中音节首（音
节首）位置，在其他位置上出现的比例相对少。

表 3.10 [tʰ] 辅音出现频率统计

发音人 词中位置		M		F	
		出现次数	百分比	出现次数	百分比
所有		517		535	
单辅音	词首	169	33%	178	33%
	词中音节首	185	36%	184	34%
	词中音节末	38	7%	43	8%
	词末	17	3%	16	3%
复辅音	词中音节末 复辅音后置辅音	49	9%	50	9%
	词末 复辅音后置辅音	59	11%	64	12%

与/t/辅音相比，/tʰ/在词末出现比例（M：59 次，占 11%；F：64 次，占 12%）少于/t/在词末出现比例（M、F：词末 84 次，占 17%）。这与/t/辅音在书面语中承担 ᠤᠭᠡᠰ ᠲᠡᠭᠦᠰᠬᠡᠭᠴᠢ "词末辅音" 有关。另外，/tʰ/辅音以复辅音后置辅音形式出现的比例比/t/辅音明显高，这可能与其送气特点有关。

4.2 声学特征

4.2.1 声学语图特点

蒙古语标准话 [tʰ] 为舌尖齿、送气、清塞音。图 3.32 为 [tʰɐp] "五" 和 [ɐtʰeːtʰ] "有仇的" 两个词的三维语图。可以看出，[tʰ] 在词中的 VOT 明显短于其在词首 [tʰ] 的 VOT。

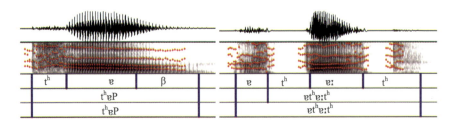

图 3.32 男发音人 [tʰɐp] "五" 和 [ɐtʰeːtʰ] "有仇的"
三维语图和三层标注实例

4.2.2　共振峰分布模式

表 3.11 – 1 和表 3.11 – 2 为两位发音人 [tʰ] 辅音参数统计。图 3.33 为两位发音人 [tʰ] 辅音第一、第二和第三共振峰的分布。表 3.11 和图 3.33 显示了两位发音人 [tʰ] 辅音的三个共振峰的频率范围，即 CF1 在 850 ~ 900Hz 左右，CF2 为 1700 ~ 1900Hz，CF3 为 2700 ~ 2900Hz。

表 3.11 – 1　　[tʰ] 辅音统计（M）

统计项	GAP	VOT	CD	CA	CF1	CF2	CF3
平均值	115	44	142	51.1	877	1784	2714
标准差	39	33	40	4.794	194	208	256
变异系数	34%	76%	28%	9%	22%	12%	9%

表 3.11 – 2　　[tʰ] 辅音统计（F）

统计项	GAP	VOT	CD	CA	CF1	CF2	CF3
平均值	108	48	137	48.45	881	1876	2902
标准差	33	32	37	4.199	182	279	345
变异系数	30%	66%	27%	9%	21%	15%	12%

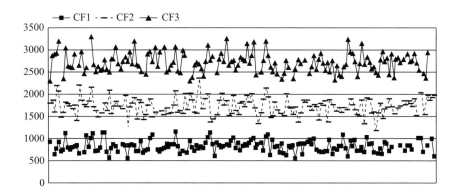

图 3.33 – 1　　[tʰ] 辅音共振峰分布（M）

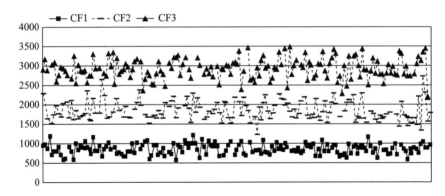

图 3.33 - 2　[tʰ] 辅音共振峰分布（F）

4.2.3　词中位置与声学参数之间的关系

　　表 3.12 为词中不同位置时的 [tʰ] 辅音参数统计。图 3.34 和图 3.35 为根据表 3.12 所画的词中不同位置 [tʰ] 辅音 GAP 和 VOT 的分布，图 3.36 为词中不同位置时的 [tʰ] 辅音音强分布。图 3.37 为词中不同位置 [tʰ] 辅音的第一、第二和第三共振峰（CF）分布。从这些表和图中可以看出，词中位置与 [tʰ] 辅音声学参数之间具有一定的相关性。如，词末不携带弱短元音的 [tʰ] 辅音（包括复辅音）GAP 和 VOT 明显比其他位置上的 GAP 和 VOT 长。因塞音塞擦音时长为 CD = GAP + VOT，这里就不赘述总时长分布规律了。词末辅音音长较长是由单独发音单词而引起的自由延长现象，在计算辅音音长时我们一般不纳入该位置上的音长。词首和词中音节首 [tʰ] 辅音的音强比其他位置上的音强相对强。词首和词中音节末 [tʰ] 辅音的第一共振峰频率比其他位置上的相对低。

表 3.12　词中不同位置 [tʰ] 辅音统计（M）

位置＼参数		GAP	VOT	CD	CA	CF1	CF2	CF3
词首	平均值		67		48.76	823	1713	2724
	标准差		15		3.27	131	193	219
	变异系数		23%		7%	16%	11%	8%
词中音节首	平均值	113	26	139	53.54	869	1825	2745
	标准差	26	7.5	26	4.107	156	171	229
	变异系数	23%	29%	19%	8%	18%	9%	8%

续表

位置 \\ 参数		GAP	VOT	CD	CA	CF1	CF2	CF3
词中音节末	平均值	120	24	142	52.63	947	1837	2651
	标准差	34	15	33	7.013	252	290	289
	变异系数	29%	65%	23%	13%	27%	16%	11%
词末不带 ə	平均值	190	144	256	47.75	968	1674	2780
	标准差	85	30	40	2.332	117	240	213
	变异系数	45%	21%	16%	5%	12%	14%	8%
词末带 ə	平均值	125	28	153	52.11	901	1886	2711
	标准差	21	9.1	15	4.095	125	104	89.5
	变异系数	17%	33%	10%	8%	14%	5%	3%
词中音节末复辅音	平均值	104	20	123	50.24	976	1830	2748
	标准差	30	10	28	5.854	351	285	342
	变异系数	29%	50%	22%	12%	36%	16%	12%
词末复辅音带 ə	平均值	98	26	124	50.42	872	1782	2635
	标准差	25	8.4	26	4.217	125	151	172
	变异系数	25%	32%	21%	8%	14%	8%	7%
词末复辅音不带 ə	平均值	184	178	265	49.09	885	1781	2702
	标准差	97	21	29	1.832	104	180	210
	变异系数	53%	12%	11%	4%	12%	10%	8%

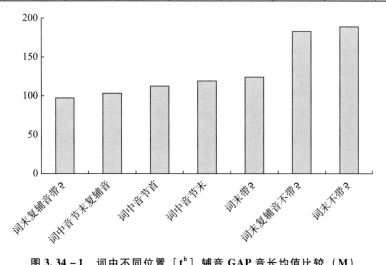

图 3.34 - 1　词中不同位置〔tʰ〕辅音 GAP 音长均值比较（M）

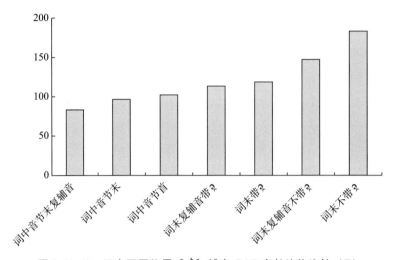

图 3.34 - 2　词中不同位置 [tʰ] 辅音 GAP 音长均值比较 (F)

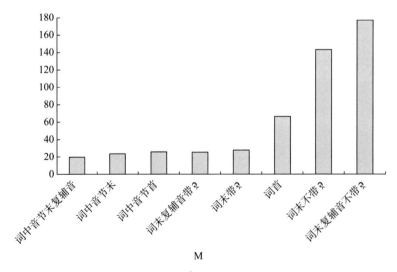

M

图 3.35 - 1　词中不同位置 [tʰ] 辅音 VOT 音长均值比较 (M)

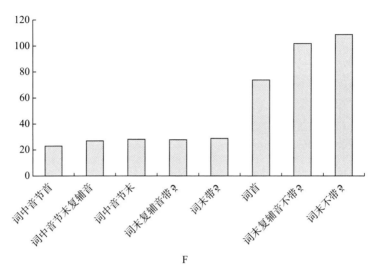

图 3.35 – 2　词中不同位置 [tʰ] 辅音 VOT 音长均值比较（F）

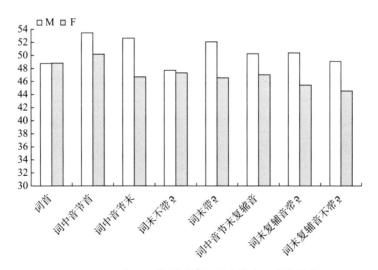

图 3.36　词中不同位置 [tʰ] 辅音的音强均值比较

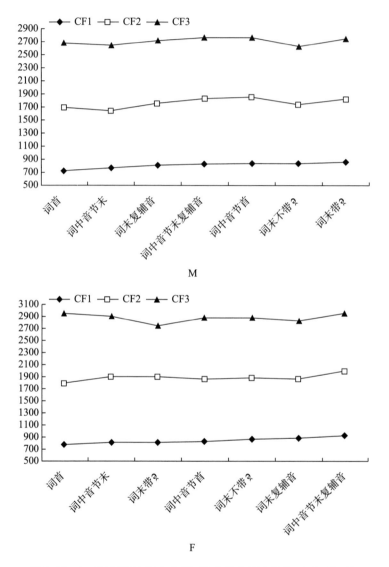

图 3.37 – 1　词中不同位置［tʰ］辅音的共振峰均值（以 CF1 的
　　　　　　上升为序排列的）比较（M&F）

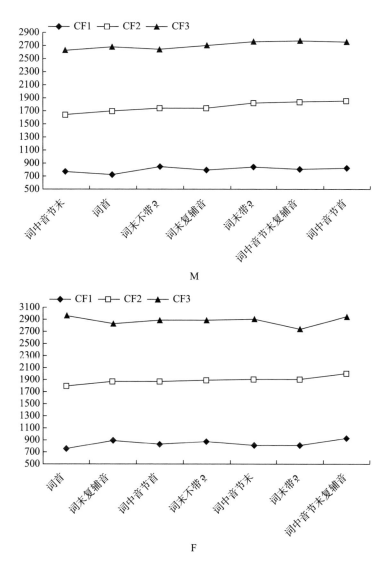

图 3.37 - 2　词中不同位置 [tʰ] 辅音的共振峰均值（以 CF2 的
上升为序排列的）比较（M&F）

4.2.4　后置元音音质与声学参数之间的关系

表 3.13 为不同元音之前 [tʰ] 辅音参数统计。图 3.38～3.40 为根据表
3.13 所画的不同元音之前 [tʰ] 辅音的音长、音强和共振峰分布（下

同）。本次实验数据显示，除［i］元音之前［tʰ］辅音的共振峰（CF）比其他元音之前的共振峰明显高外，没有其他明显的规律性。

表 3.13　不同元音前的［tʰ］辅音统计（M）

	N		VOT	CA	CF1	CF2	CF3
tɐ	30	平均值	77	50.03	883	1664	2689
		标准差	15	3.291	173	161	286
		变异系数	20%	7%	20%	10%	11%
kə	22	平均值	57	49.05	827	1713	2729
		标准差	11	2.705	162	149	250
		变异系数	20%	6%	20%	9%	9%
ti	5	平均值	87	49.4	719	1879	2823
		标准差	9.4	1.497	99.1	255	165
		变异系数	11%	3%	14%	14%	6%
cɔ	26	平均值	75	49.46	837	1631	2717
		标准差	16	3.237	138	192	186
		变异系数	21%	7%	17%	12%	7%
tʊ	15	平均值	64	48	869	1734	2670
		标准差	12	2.221	119	172	248
		变异系数	18%	5%	14%	10%	9%
to	19	平均值	63	47.89	790	1670	2666
		标准差	13	3.042	191	188	231
		变异系数	20%	6%	24%	11%	9%
tu	25	平均值	59	47	815	1791	2764
		标准差	10	2.898	138	204	266
		变异系数	17%	6%	17%	11%	10%
tɛ	18	平均值	66	49.5	830	1724	2620
		标准差	14	3.436	160	193	357
		变异系数	21%	7%	19%	11%	14%
tœ	5	平均值	67	50.2	842	1718	2484
		标准差	11	2.713	123	83.9	311
		变异系数	16%	5%	15%	5%	13%

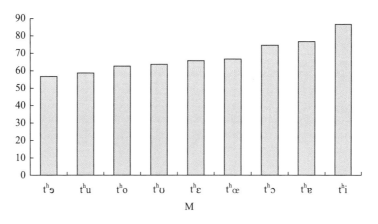

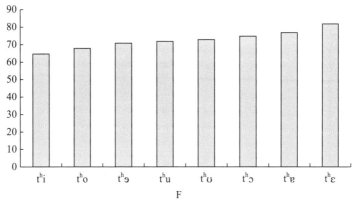

图 3.38　不同元音之前 ［tʰ］ 辅音的 VOT 均值比较 （M&F）

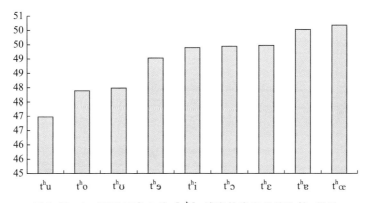

图 3.39 - 1　不同元音之前 ［tʰ］ 辅音的音强均值比较 （M）

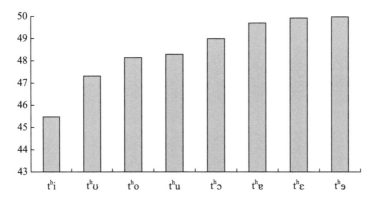

图 3.39 – 2　不同元音之前 [tʰ] 辅音的音强均值比较 （F）

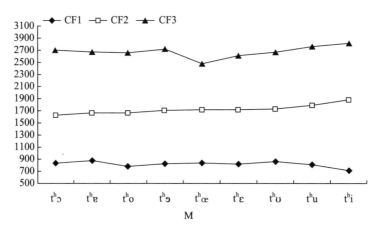

M

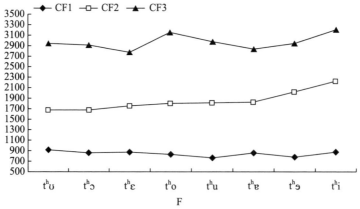

F

图 3.40　不同元音之前 [tʰ] 辅音的三个共振峰均值 （以 CF2 的
上升为序排列的） 比较 （M&F）

5. /k/辅音

/k/辅音在统一平台中以［k］、［ɣ］、［χ］、［g］等 4 种变体形式共出现了 688 次（M）或 731 次（F），如表 3.14 所示。其中，M 的［k］为 120次，占所有/k/辅音的 17%，［ɣ］为 375 次（55%），［χ］为 176 次（26%），［g］出现了 17 次（2%）；F 的［k］为 168 次（23%），［ɣ］为 198 次（27%），［χ］为 346 次（47%），［g］为 19 次（3%）。［k］主要在词首出现，［ɣ］一般在词中音节首元音之间或音节末在［n］、［k］、［m］、［l］、［t］、［ʧ］、［j］、［ɾ］等辅音之前或词末出现，［χ］一般在音节末［s］、［ʃ］、［x］、［tʰ］、［ʧ］等辅音之前出现，［g］一般在［ŋ］辅音之后出现。从/k/辅音的四种变体的统计结果看，［ɣ］或［χ］的占比最高，但考虑到词首位置的重要性，我们把［k］作为典型变体。

表 3.14　/k/辅音统计

发音人 辅音	M		F	
	出现次数	百分比	出现次数	百分比
/k/	688	100%	731	100%
［k］	120	17%	168	23%
［ɣ］	375	55%	198	27%
［χ］	176	26%	346	47%
［g］	17	2%	19	3%

5.1　［k］辅音

5.1.1　声学语图特点

蒙古语标准话［k］为舌面后 – 软腭、不送气、清塞音，而不是不送气浊塞音［g］。图 3.41 为［kɐl］"火"一词的三维语图。显然，蒙古语标准话［k］辅音是清塞音。到目前为止，有些论著中把该辅音标记为［g］，这不符合其实际音质。

5.1.2　共振峰分布模式

表 3.15 为［k］辅音声学参数总统计。图 3.42 为两位发音人［k］辅音第一、第二和第三共振峰的分布。表 3.15 和图 3.42 显示了两位发音人［k］辅音的三个共振峰的频率范围，即 CF1 为 800~900Hz，CF2 为 1300~1600Hz，CF3 为 2400~3000Hz。

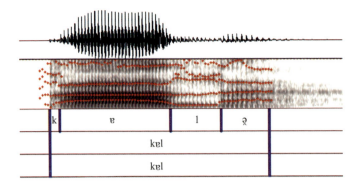

图 3.41 男发音人 [kɐl] "火" 一词的三维语图和三层标注实例

表 3.15 [k] 辅音统计

[k]	M					F				
	VOT	CA	CF1	CF2	CF3	VOT	CA	CF1	CF2	CF3
平均值	27	52.11	818	1322	2469	44	45.92	899	1520	2963
标准差	8.7	8.097	244	297	412	36	9.35	290	485	579
变异系数	32%	16%	30%	22%	17%	82%	20%	32%	32%	20%

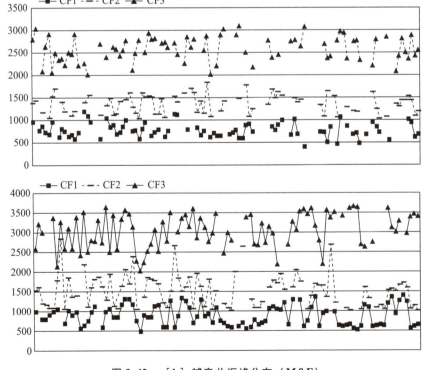

图 3.42 [k] 辅音共振峰分布（M&F）

5.1.3　后置元音音质与声学参数之间的关系

表 3.16 为不同元音之前 [k] 辅音声学参数统计。图 3.43 ~ 3.46 为不同元音之前 [k] 辅音音长、音强和共振峰比较。从表和图上可以看出，后置元音音质与 [k] 辅音共振峰频率之间具有一定的相关性。如，[k] 辅音在 [ɵ，ɛ，i] 等之前的第二共振峰频率相对高于在其他元音之前的；在 [ɛ，ɐ，ɔ，o] 等阳性元音之前的第三共振峰频率相对高于在其他元音之前的（这是比较有趣的现象，有待进一步研究）。本次实验结果没有显示后置元音音质与 [k] 辅音音长和音强之间的相关性。

表 3.16　不同元音前的 [k] 辅音统计 （M）

参数	条件		VOT	CA	CF1	CF2	CF3
kɐ	N	平均值	28	49.09	1088	1458	2669
	23	标准差	8.7	6.996	209	106	250
		变异系数	31%	14%	19%	7%	9%
kə	N	平均值	27	51.83	934	1546	2081
	18	标准差	5.5	4.167	182	91.3	335
		变异系数	20%	8%	20%	6%	16%
ki	N	平均值	28	45.5	885	1733	2467
	2	标准差	6.5	0.5	42.5	223	49.5
		变异系数	24%	1%	5%	13%	2%
kɔ	N	平均值	19	55.67	727	1057	2688
	12	标准差	6.1	4.989	113	91.7	439
		变异系数	32%	9%	16%	9%	16%
kʊ	N	平均值	23	49.67	609	1154	2796
	18	标准差	9.3	8.498	85	266	247
		变异系数	40%	17%	14%	23%	9%
ko	N	平均值	33	52	735	1106	2054
	2	标准差	7	0	132	40	26.5
		变异系数	21%	0%	18%	4%	1%
ku	N	平均值	33	46.42	715	1047	2119
	19	标准差	5.3	2.961	85	235	413
		变异系数	16%	6%	12%	22%	19%

续 表

参数\条件			VOT	CA	CF1	CF2	CF3
kɛ	3	N 平均值	21	53.33	761	2024	2655
		标准差	8.2	3.3	222	283	238
		变异系数	40%	6%	29%	14%	9%
kœ	4	N 平均值	20	55	881	1408	2550
		标准差	4.6	4.062	112	265	373
		变异系数	23%	7%	13%	19%	15%

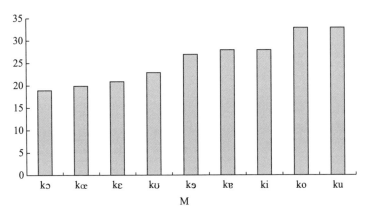

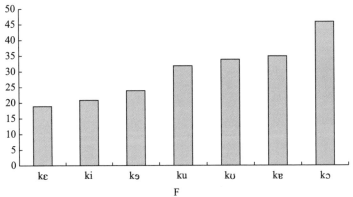

图 3.43 不同元音之前 [k] 辅音的 VOT 均值比较（M&F）

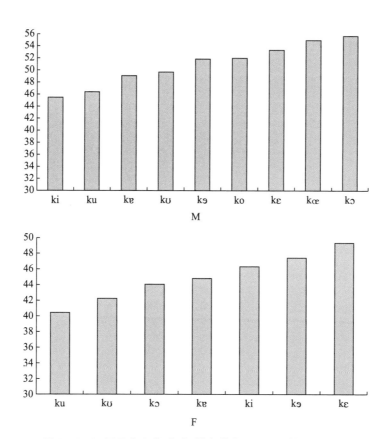

图 3.44 不同元音之前 [k] 辅音的音强均值比较 (M&F)

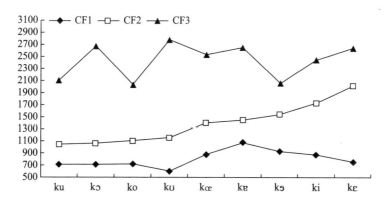

图 3.45 - 1 不同元音之前 [k] 辅音的三个共振峰均值 (以 CF2 的
上升为序排列的) 比较 (M)

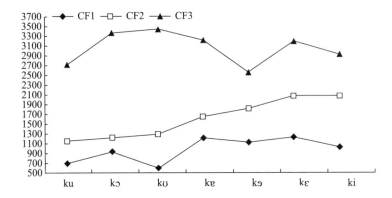

图 3.45 - 2 不同元音之前 [k] 辅音的三个共振峰均值（以 CF2 的
上升为序排列的）比较（F）

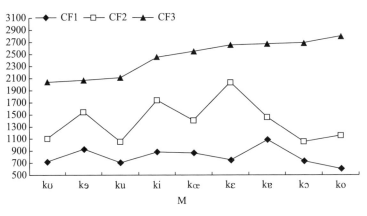

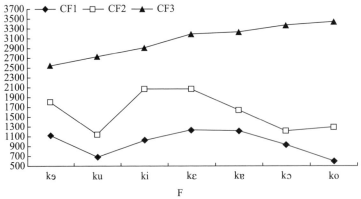

图 3.46 不同元音之前 [k] 辅音的三个共振峰均值（以 CF3 的
上升为序排列的）比较（M&F）

5.2 [ɣ] 辅音

5.2.1 声学语图特点

蒙古语标准话 [ɣ] 为舌面后 - 软腭浊擦音，主要出现在词中和词末位置。图 3.47 为男发音人 [jeɣɛ:n] "粉红（色）"一词的三维语图，显然，[ɣ] 是浊擦音。

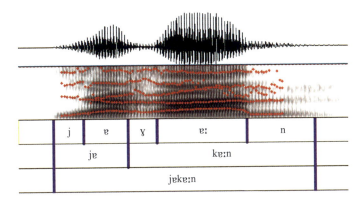

图 3.47 男发音人 [jeɣɛ:n] "粉红（色）"一词的三维
语图和三层标注实例

5.2.2 共振峰分布模式

表 3.17 为两位发音人 [ɣ] 辅音的参数统计。图 3.48 为两位发音人 [ɣ] 辅音第一、第二和第三共振峰的分布。表 3.17 和图 3.48 显示了两位发音人 [ɣ] 辅音的三个共振峰的频率范围，即 VF1 在 400～600Hz，VF2 为 1300～1600Hz，VF3 为 2400～3300Hz。

表 3.17 [ɣ] 辅音统计

	M					F				
	CD	CA	VF1	VF2	VF3	CD	CA	VF1	VF2	VF3
平均值	104	60.9	475	1369	2353	60	53.92	549	1550	3252
标准差	59	4.735	192	319	257	31	4.981	323	501	287
变异系数	57%	8%	40%	23%	11%	52%	9%	59%	32%	9%
变化范围	351～	72～	1831～	2660～	3971～	233～	64～	1885～	2968～	4070～
最小值	27	42	180	669	1397	24	40	170	724	2510

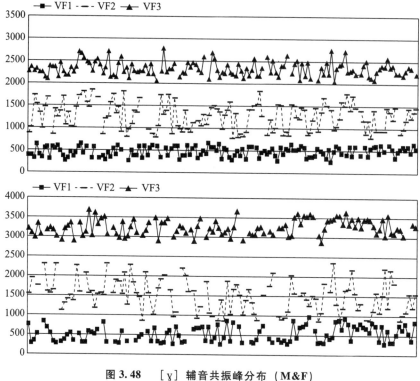

图 3.48　[ɣ] 辅音共振峰分布 （M&F）

5.2.3　词中位置与声学参数之间的关系

表 3.18 为词中不同位置上 [ɣ] 辅音的参数统计。图 3.49 ~ 3.51 为词中不同位置上 [ɣ] 辅音的共振峰、音长和音强的比较。表和图显示，[ɣ] 辅音词中位置与其声学参数之间具有一定的相关性。如，词末和音节末 [ɣ] 辅音的第二共振峰频率相对高于其他位置上的频率；词末不带弱短元音的 [ɣ] 辅音明显长于其他位置上的。这与其词末位置有关。

表 3.18　词中不同位置 [ɣ] 辅音统计 （M）

参数	位置	CD	CA	VF1	VF2	VF3
词中音节首	平均值	63	62.28	476	1259	2339
	标准差	15	4.109	110	293	156
	变异系数	24%	7%	23%	23%	7%

续表

参数	位置	CD	CA	VF1	VF2	VF3
词中音节末	平均值	66	62.2	538	1452	2374
	标准差	19	4.622	310	394	350
	变异系数	29%	7%	58%	27%	15%
词末不带ǝ	平均值	171	58.55	444	1460	2368
	标准差	44	4.878	174	193	257
	变异系数	26%	8%	39%	13%	11%
词末带ǝ	平均值	83	62.86	437	1443	2241
	标准差	18	3.241	95.4	252	138
	变异系数	22%	5%	22%	17%	6%
词中音节末复辅音	平均值	61	60.92	500	1195	2312
	标准差	14	3.353	111	263	221
	变异系数	23%	6%	22%	22%	10%
词末复辅音	平均值	73	61.33	424	1089	2274
	标准差	14	3.902	117	169	100
	变异系数	19%	6%	28%	16%	4%

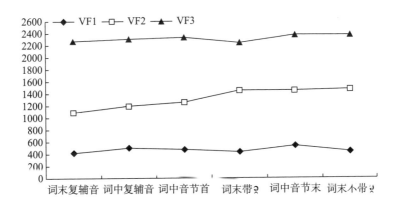

图 3.49－1　不同元音之前［ɣ］辅音三个共振峰均值（以 VF2 的
上升为序排列的）比较（M）

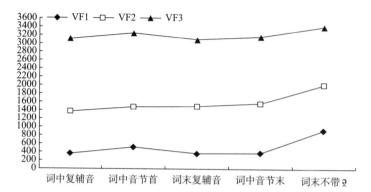

图 3. 49 – 2　不同元音之前 [ɣ] 辅音三个共振峰均值（以 VF2 的
上升为序排列的）比较（F）

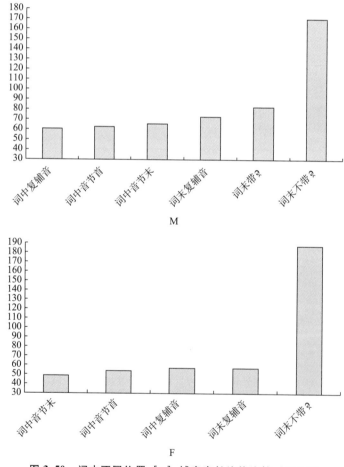

图 3. 50　词中不同位置 [ɣ] 辅音音长均值比较（M&F）

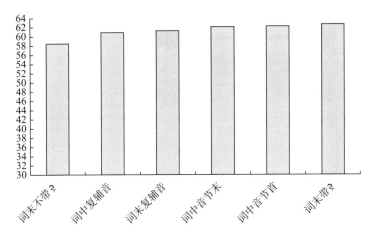

图 3.51 - 1　词中不同位置 [ɣ] 辅音音强均值比较（M）

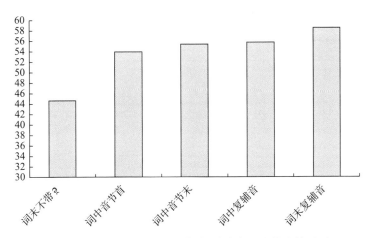

图 3.51 - 2　词中不同位置 [ɣ] 辅音音强均值比较（F）

5.3　[χ] 辅音

5.3.1　声学语图特点

蒙古语标准话 [χ] 为舌面后 - 软腭清擦音，主要出现在词中和词末 [s]、[ʃ]、[x]、[tʰ]、[ʧʰ] 等送气清音和清擦音之前。图 3.52 为 [peχʧʰoːt]"少年（们）"一词的三维语图，显然，[χ] 是清擦音。

5.3.2　共振峰分布模式

表 3.19 为两位发音人 [χ] 辅音参数统计。图 3.53 为 [χ] 辅音第一、第二和第三共振峰的分布。表 3.19 和图 3.53 显示了两位发音人 [χ] 辅音

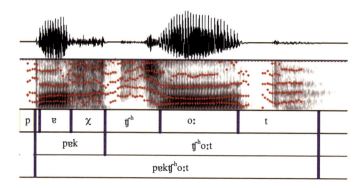

图 3.52 男发音人［pɐkʧʰoːt］"少年（们）"一词的三维语图和三层标注实例

的三个共振峰的频率范围，即 CF1 在 900 ~ 1200Hz 左右，CF2 为 1500 ~ 1900Hz，CF3 为 2600 ~ 3200Hz。

表 3.19　［χ］辅音统计

	M					F				
	CD	CA	CF1	CF2	CF3	CD	CA	CF1	CF2	CF3
平均值	89	55.13	908	1562	2657	126	40.48	1172	1846	3162
标准差	37	4.625	244	309	347	56	8.379	345	348	439
变异系数	42%	8%	27%	20%	13%	44%	21%	29%	19%	14%

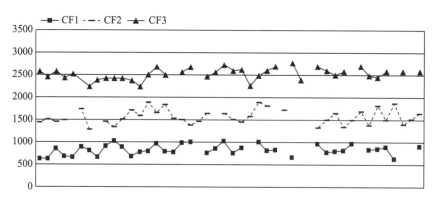

图 3.53 - 1　［χ］辅音共振峰分布（M）

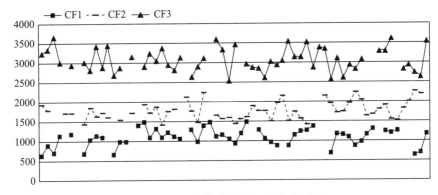

图 3.53 - 2　[χ] 辅音共振峰分布（F）

5.3.3　辅音词中位置与其声学参数之间的关系

表 3.20 为词中不同位置上的 [χ] 辅音参数统计。图 3.54 ~ 3.56 为两位发音人 [χ] 辅音在词中不同位置上的共振峰、音长和音强分布图。从表和图中可以看出，词中位置与 [χ] 辅音声学参数之间具有一定的相关性。如，词末 [χ] 辅音最长、最弱，词中音节首 [χ] 最短。词中音节首 [χ] 辅音最短。

表 3.20　词中不同位置 [χ] 辅音统计（M）

位置	参数	CD	CA	CF1	CF2	CF3
词中音节首	平均值	69	55.78	831	1572	2531
	标准差	13	4.582	118	158	130
	变异系数	19%	8%	14%	10%	5%
词中音节末	平均值	85	54.78	853	1540	2640
	标准差	26	4.976	217	288	293
	变异系数	31%	9%	25%	19%	11%
词末不带ə	平均值	212	49.89	1010	1503	2825
	标准差	52	2.514	268	89.7	240
	变异系数	24%	5%	27%	6%	9%
词中音节末复辅音	平均值	96	55.86	955	1601	2756
	标准差	21	4.075	279	482	483
	变异系数	22%	7%	29%	30%	18%

续表

位置 \ 参数		CD	CA	CF1	CF2	CF3
词末复辅音	平均值	91	55.59	924	1520	2636
	标准差	24	3.942	230	270	399
	变异系数	27%	7%	25%	18%	15%

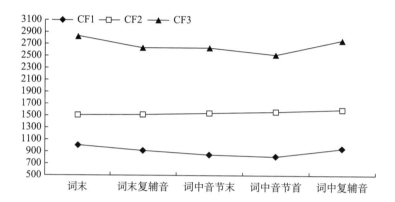

图 3.54 - 1　出现在词中不同位置 [χ] 辅音的共振
峰均值比较（M）

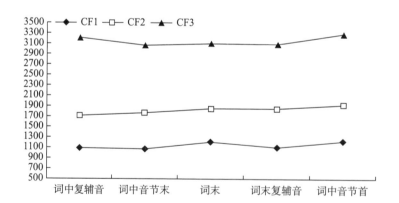

图 3.54 - 2　出现在词中不同位置 [χ] 辅音的共振
峰均值比较图（F）

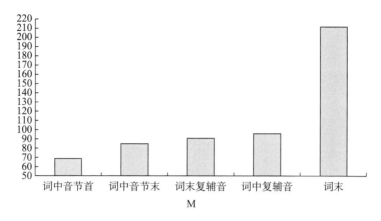

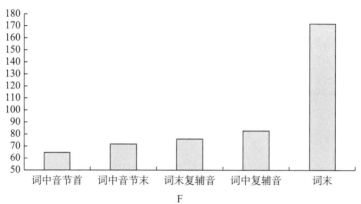

图 3.55　出现在词中不同位置 [χ] 辅音的音长均值比较（M&F）

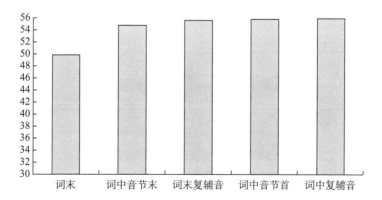

图 3.56 – 1　出现在词中不同位置 [χ] 辅音的
音强均值比较（M）

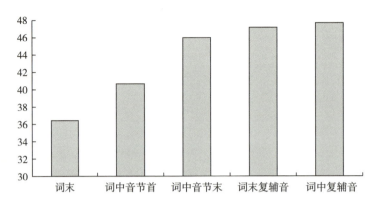

图 3.56 - 2　出现在词中不同位置 [χ] 辅音的
音强均值比较（F）

5.4　[g] 辅音

在统一平台中，词中或词末 [ŋ] 辅音之后出现了十几个类似于浊辅音
[g]。如图 3.57 和图 3.58 为两位发音人 [sœŋgɜn] "葱" 一词的三维语
图，显然，从声学语图上看貌似 [g] 辅音。但我们认为是由 [ŋ] 辅音引
起的 "清音浊流"。表 3.21 为 [g] 辅音相关参数统计。

表 3.21　[g] 辅音统计表

	M				F			
	VOT	CA	VF1	VF2	VOT	CA	VF1	VF2
平均值	-34	63	386	1234	-29	55	679	1509
标准差	11	5	76	197	6.224	293	286	384
变异系数	48%	9%	15%	15%	11%	43%	19%	14%

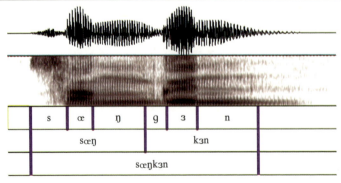

图 3.57　男发音人 [sœŋkɜn] "葱" 一词的三维语图和三层标注实例

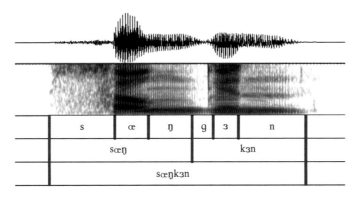

| s | œ | ŋ | g | ʒ | n |

图 3.58 女发音人［sœŋkʒn］"葱"一词的三维语图和三层标注实例

（二）擦音

擦音指发音时两个器官靠近，不完全阻塞，形成一个缝隙，气流强行通过缝隙产生摩擦噪声。这是气流流经口腔某部位狭窄通道造成的湍流，所有的擦音在语图上都表现为乱纹。蒙古语标准话有/s，ʃ，x/等三个清擦音音位。

1. /s/辅音

1.1 词中分布特征

在统一平台中/s/辅音共出现了 448 次（M）和 449 次（F），以单辅音或复辅音后置辅音形式出现。其中，单辅音形式出现在词首、词中音节首、词中音节末和词末等位置；复辅音后置辅音形式出现在词中音节末和词末等位置。男发音人 448 次/s/辅音中，393 次为单辅音，只有 55 次为复辅音后置辅音；女发音人 449 次/s/辅音中，382 次为单辅音，只有 67 次为复辅音后置辅音。在所有/s/辅音中，（1）60% 左右在词首和词中音节首位置上出现。如 M：266 次，F：271 次。（2）在词末位置上出现的比例也较高。其中，词末出现比例略多于其在词中音节末出现比例。（3）以复辅音后置辅音形式出现的/s/辅音最少。显然，该辅音主要在词首和词中音节首位置上出现。在词末位置上出现的比例也较高的原因与该辅音在书面语中承担ᠳᠠᠭᠠᠪᠤᠷᠢ ᠭᠡᠶᠢᠭᠦᠯᠦᠭᠴᠢ（蒙古文音节末的结尾辅音，下同）有关。见表 3.22。

表 3.22   [s] 辅音出现频率统计

发音人\词中位置		M		F	
		出现次数	百分比	出现次数	百分比
所有		448	100%	449	100%
单辅音	词首	144	32%	144	32%
	词中音节首	122	27%	127	28%
	词中音节末	43	10%	41	9%
	词末	84	19%	67	15%
复辅音	词中音节末	35	8%	32	7%
	词末	20	4%	35	8%

1.2   声学特征

1.2.1   声学语图

据我们的研究蒙古语标准话 [s] 辅音是舌叶齿龈后区清擦音。图 3.59 为 [sɛnsɜɾ] "宇宙" 一词三维语图和三层标注图。

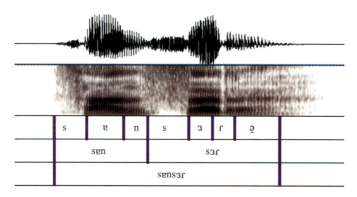

图 3.59   [sɛnsɜɾ] "宇宙" 一词的三维语图和三层标注实例 (M)

1.2.2   共振峰分布模式

表 3.23 为两位发音人 [s] 辅音的参数统计。图 3.60 为两位发音人 [s] 辅音共振峰分布。图 3.60 显示 [s] 辅音的三个共振峰的频率范围，CF1 为 1000～1500Hz 左右，CF2 为 1500～2500Hz，CF3 为 2500～3500Hz。

表 3.23 ［s］辅音统计

	CD	CA	CF1	CF2	CF3	CD	CA	CF1	CF2	CF3
平均值	141	57.69	1296	2138	3178	174	53.38	1473	2349	3545
标准差	53	4.737	186	269.9	302	49	4.863	264	289	261
变异系数	37%	8%	14%	13%	9%	28%	9%	18%	12%	7%

图 3.60 ［s］辅音共振峰分布（M&F）

1.2.3 词中位置与声学参数之间的关系

表 3.24 为词中不同位置上的［s］辅音参数统计。图 3.61～3.63 为出现在词中不同位置上［s］辅音的共振峰、音长、音强参数比较。从表和图中看出，［s］辅音词中位置与其声学参数之间具有一定的相关性。例如，在词首位置上的第二和第三共振峰频率比其他位置的相对高（男发音人的数据较明显）；词末［s］音长比其他位置上的音长相对长（特别是其后不出现弱短元音时更长，这是自由延长所致）；词首［s］比其他位置上的［s］相对弱。

表 3.24　词中不同位置［s］辅音统计（M）

位置	参数	CD	CA	CF1	CF2	CF3
词首	平均值	114	52.6	1219	2401	3322
	标准差	26	3.639	240	1800	355
	变异系数	23%	7%	20%	75%	11%
词中音节首	平均值	124	59.47	1251	2140	3185
	标准差	26	2.832	248	287.3	328
	变异系数	21%	5%	20%	13%	10%
词中音节末	平均值	134	60.49	1232	2077	3102
	标准差	33	2.88	219	256.5	310
	变异系数	25%	5%	18%	12%	10%
词末不带ə	平均值	252	58.72	1186	1988	3001
	标准差	47	2.714	186	220.7	316
	变异系数	18%	5%	16%	11%	11%
词末带ə	平均值	157	62.27	1192	2033	3013
	标准差	26	2.641	267	266.5	320
	变异系数	17%	4%	22%	13%	11%
词中音节末复辅音	平均值	131	59.89	1148	1989	3050
	标准差	27	2.55	270	215.8	249
	变异系数	21%	4%	23%	11%	8%
词末复辅音	平均值	196	62.05	1276	2124	3110
	标准差	75	1.857	156	291.6	365
	变异系数	38%	3%	12%	14%	12%

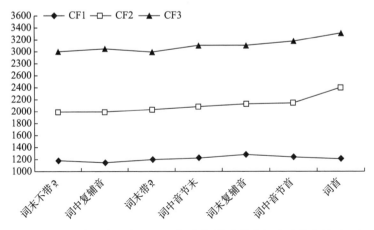

图 3.61－1　出现在词中不同位置［s］辅音的共振峰均值比较（M）

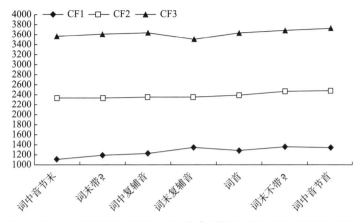

图 3.61 - 2 出现在词中不同位置 [s] 辅音的共振峰均值比较 (F)

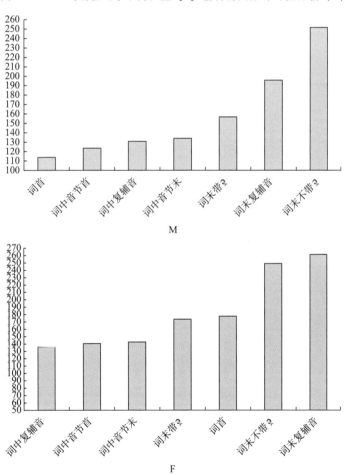

M

F

图 3.62 出现在词中不同位置 [s] 辅音的音长均值比较 (M&F)

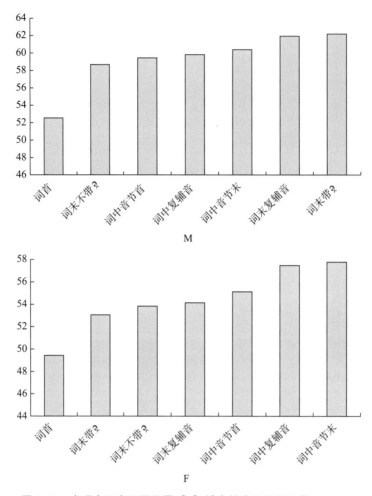

图 3.63 出现在词中不同位置 [s] 辅音的音强均值比较 (M&F)

1.2.4 后置元音音质与声学参数之间的关系

表 3.25 为 [s] 辅音在不同元音之前的参数统计。图 3.64 ~ 3.66 为不同元音之前 [s] 辅音的共振峰、音长和音强比较。这些图表显示后续元音音质与 [s] 辅音声学参数之间有一定的相关性。如，[s] 辅音在 [ɐ, ʊ, o, u] 等元音之前的音长比其在其他元音之前的相对长；在 [ɜ, ɐ, ɛ] 等元音之前的音强比其在其他元音之前的相对强。另外，这些表和图还显

示了男女发音人的个人差异。如，女发音人［s］辅音明显比男发音人长；
男发音人［s］辅音明显比女发音人强。

表 3.25 不同元音前的［s］辅音统计（M）

统计		参数	CD	CA	CF1	CF2	CF3
sæ	45	N 平均值	116	53.93	1149	2634	3110
		标准差	26	3.415	242	3160	312
		变异系数	22%	6%	21%	120%	10%
sə	19	N 平均值	109	53.89	1253	2047	3192
		标准差	22	2.972	172	278.5	310
		变异系数	21%	6%	14%	14%	10%
sɔ	14	N 平均值	99	50.14	1212	2389	3467
		标准差	27	2.973	218	437.6	273
		变异系数	27%	6%	18%	18%	8%
so	17	N 平均值	114	51	1236	2413	3481
		标准差	26	3.881	220	506.1	323
		变异系数	23%	8%	18%	21%	9%
sʊ	11	N 平均值	124	51.45	1331	2526	3692
		标准差	26	2.271	149	577.4	231
		变异系数	21%	4%	11%	23%	6%
su	15	N 平均值	126	50.87	1181	2187	3399
		标准差	26	4.129	208	535.5	237
		变异系数	21%	8%	18%	24%	7%
sɜ	12	N 平均值	105	54.08	1410	2379	3325
		标准差	26	3.303	344	398	405
		变异系数	25%	6%	24%	17%	12%
sœ	8	N 平均值	110	51.88	1188	2443	3537
		标准差	25	2.666	101	411.6	289
		变异系数	22%	5%	9%	17%	8%

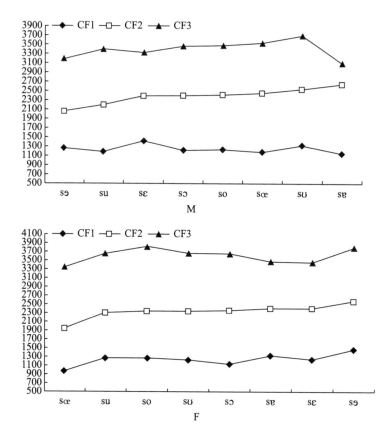

图 3.64 不同元音之前 [s] 辅音的三个共振峰比较 (M&F)

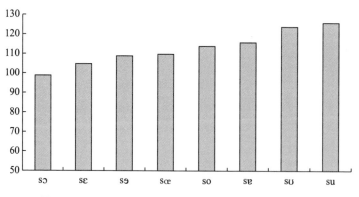

图 3.65－1 不同元音之前 [s] 辅音的音长比较 (M)

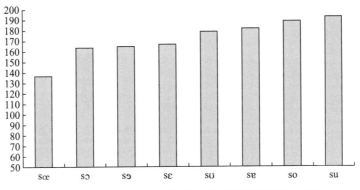

图 3.65 – 2　不同元音之前［s］辅音的音长比较（F）

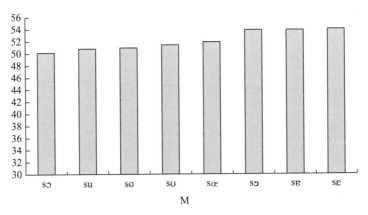

M

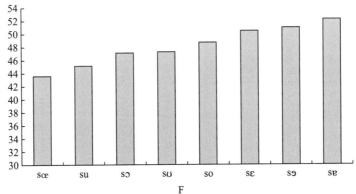

F

图 3.66　不同元音之前［s］辅音的音强比较（M&F）

2. /ʃ/辅音

2.1　词中分布特征

在统一平台中/ʃ/辅音以单辅音或复辅音后置辅音形式共出现256次（M）和257次（F）。其中，以单辅音形式主要在词首、词中音节首、词中音节末和词末等位置上出现；以复辅音后置辅音形式主要在词中音节末和词末等位置上出现。在男发音人语料中出现的256次/ʃ/辅音中，213次为单辅音，其他43次为复辅音后置辅音；在女发音人语料中出现的257次/ʃ/辅音中，220次为单辅音，其余37次为复辅音后置辅音。在所有/ʃ/辅音中，（1）70%左右出现在词首和词中音节首位置，其中男发音人175次，女发音人183次；（2）在词末出现比例最少，男、女发音人各12次；（3）在其他位置，如词中音节末或复辅音后置辅音位置出现18~26次，见表3.26。显然，该辅音主要出现于词首和音节首位置。

表 3.26　/ʃ/辅音出现频率统计

词中位置	发音人	M		F	
		出现次数	百分比	出现次数	百分比
所有		256	100%	257	100%
单辅音	词首	99	39%	99	39%
	词中音节首	76	30%	84	33%
	词中音节末	26	10%	25	10%
	词末	12	5%	12	5%
复辅音	词中音节末	25	10%	19	7%
	词末	18	7%	18	7%

2.2　声学特征

2.2.1　声学语图

据我们的以往研究结果蒙古语标准话［ʃ］辅音是舌面前、前硬腭区清擦音。图3.67为［ʃeʃtn］"宗教"一词三维语图和三层标注图。

2.2.2　共振峰模式

表3.27为两位发音人［ʃ］辅音参数统计。图3.68为两位发音人［ʃ］辅音共振峰分布。图3.68显示［ʃ］辅音的三个共振峰的频率范围，CF1在1000~2000Hz，CF2为2000~3000Hz，CF3为3000~4000Hz。

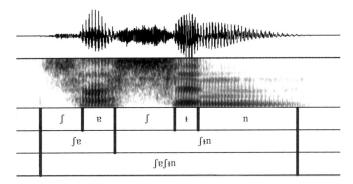

图 3.67　[ʃeʃɫn] "宗教" 一词的三维语图和三层标注图（M）

表 3.27　[ʃ] 辅音统计

	M					F				
	CD	CA	CF1	CF2	CF3	CD	CA	CF1	CF2	CF3
平均值	141	57.49	1462	2436	3287	165	54.83	1382	2582	3603
标准差	49	5.598	194	323	278	44	4.968	179	157	201
变异系数	35%	10%	13%	13%	8%	27%	9%	13%	6%	6%

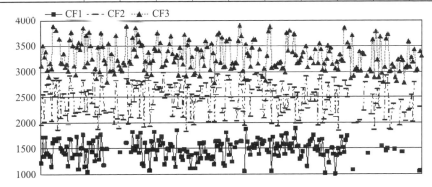

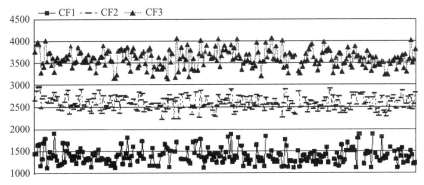

图 3.68　[ʃ] 辅音共振峰分布（M&F）

2.2.3 词中位置与声学参数之间的关系

表 3.28 为词中不同位置上［ʃ］辅音的参数统计。图 3.69～3.71 为词中不同位置上［ʃ］辅音的共振峰、音长、音强参数比较。

表 3.28 词中不同位置［ʃ］辅音统计（M）

位置	参数	CD	CA	CF1	CF2	CF3
词首	平均值	123	51.65	1362.2	2385	3215
	标准差	28	3.442	334.517	349	267
	变异系数	23%	7%	25%	15%	8%
词中音节首	平均值	128	60.87	1440.98	2402	3359
	标准差	30	3.25	254.429	415	338
	变异系数	23%	5%	18%	17%	10%
词中音节末	平均值	151	60.69	1455.32	2376	3283
	标准差	27	1.749	278.683	459	344
	变异系数	18%	3%	19%	19%	10%
词末	平均值	198	63.92	1433.91	2431	3314
	标准差	67	2.985	226.808	372	355
	变异系数	34%	5%	16%	15%	11%
词中音节末复辅音	平均值	136	60.68	1449.26	2440	3305
	标准差	33	2.111	191.505	382	375
	变异系数	25%	3%	13%	16%	11%
词末复辅音	平均值	245	62.06	1478.18	2416	3428
	标准差	70	2.46	230.481	268	328
	变异系数	29%	4%	16%	11%	10%

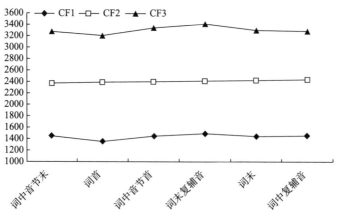

图 3.69-1 出现在词中不同位置［ʃ］辅音的共振峰均值比较（M）

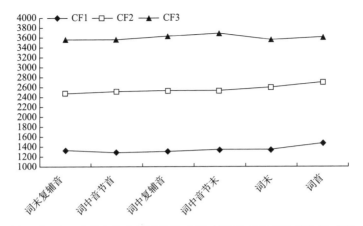

图 3.69 - 2　出现在词中不同位置 [ʃ] 辅音的共振峰均值比较（F）

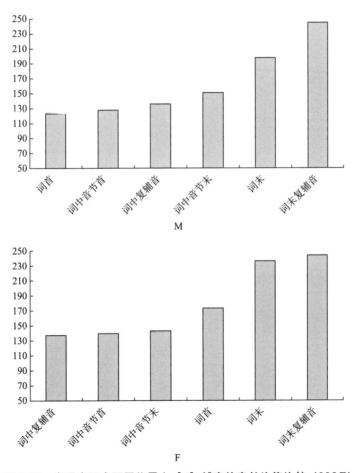

图 3.70　出现在词中不同位置上 [ʃ] 辅音的音长均值比较（M&F）

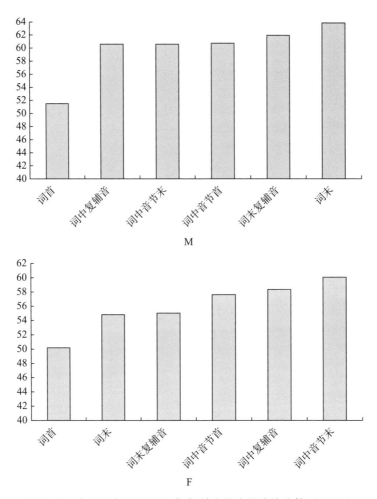

图 3.71 出现词中不同位置 [ʃ] 辅音的音强均值比较 （M&F）

从上述表和图中看出，[ʃ] 辅音词中位置与其声学参数之间具有一定的相关性。例如，词首 [ʃ] 比其他位置上的 [ʃ] 相对弱。

2.2.4 后置元音音质与声学参数之间的关系

表 3.29 为不同元音之前的 [ʃ] 辅音参数统计。图 3.72～3.74 为两位发音人不同元音之前 [ʃ] 辅音的共振峰、音长和音强比较。

表 3.29 不同元音前的 〔ʃ〕 辅音统计表 （M）

统计		参数	CD	CA	CF1	CF2	CF3
ʃɐ	21	N 平均值	112	50.71	1265	2260	3308
		标准差	22	2.603	280	315	240
		变异系数	20%	5%	22%	14%	7%
ʃə	2	N 平均值	117	52	1951	2226	3220
		标准差	6.5	3		210	23
		变异系数	6%	6%		9%	1%
ʃi	31	N 平均值	138	53.71	1247.11	2304	3135
		标准差	32	3.576	336.638	291	216
		变异系数	23%	7%	27%	13%	7%
ʃɔ	7	N 平均值	114	50.14	1615.25	2367	3117
		标准差	25	2.748	201.683	481	316
		变异系数	22%	5%	12%	20%	10%
ʃʊ	11	N 平均值	112	49.09	1524.5	2785	3290
		标准差	16	2.065	187.049	324	328
		变异系数	14%	4%	12%	12%	10%
ʃo	2	N 平均值	137	52	1488	2834	3044
		标准差	20	1	—	—	267
		变异系数	14%	2%	—	—	9%
ʃu	11	N 平均值	126	50.09	1513.88	2499	3265
		标准差	26	3.175	118.977	197	279
		变异系数	21%	6%	8%	8%	9%
ʃɛ	13	N 平均值	117	52.46	1227.27	2300	3203
		标准差	22	3.153	400.607	308	251
		变异系数	19%	6%	33%	13%	8%
ʃœ	1	平均值	121	51	1863	2846	3535

从表 3.29 和图 3.72~3.74 中可以看出，后续元音音质与 〔ʃ〕 辅音声学参数之间有一定的相关性。如，〔ʃ〕 辅音在 〔œ，ʊ，u〕 等元音之前的共振峰频率比其在其他元音之前的相对高；在 〔i，ʊ〕 等元音之前的音长比其在其他元音之前的相对长。

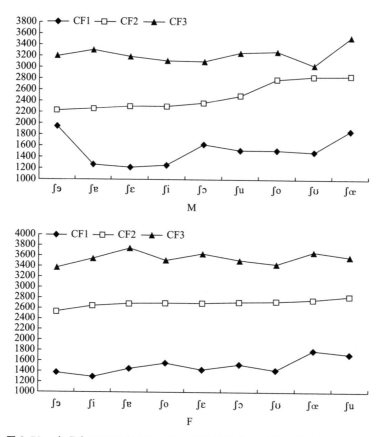

图 3.72　出现在不同元音之前［ʃ］辅音的三个共振峰均值比较（M&F）

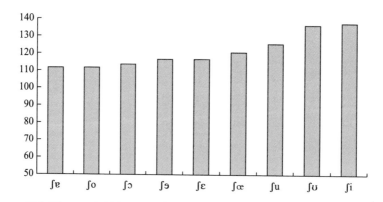

图 3.73 - 1　出现在不同元音之前［ʃ］辅音的音长均值比较（M）

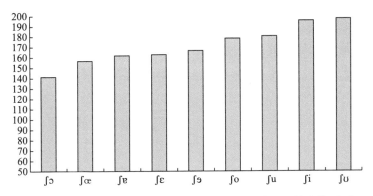

图 3.73 - 2　出现在不同元音之前 [ʃ] 辅音的音长均值比较（F）

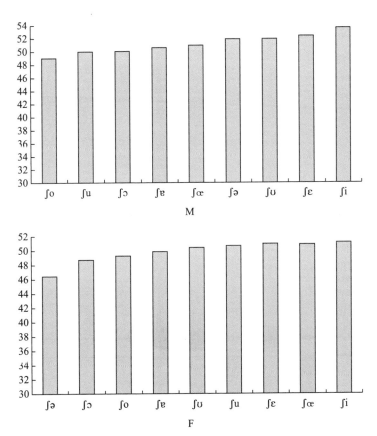

M

F

图 3.74　出现在不同元音之前 [ʃ] 辅音的音强均值比较（M&F）

　　另外，我们的表和图还显示了男女发音人的个人差异。如，女发音人 [ʃ] 辅音明显比男发音人长；男发音人 [ʃ] 辅音明显比女发音人强。

3. /x/辅音

3.1 词中分布特征

/x/辅音在统一平台中共出现了 736 次（M）和 754 次（F）。其中，主要以单辅音形式出现，以复辅音后置辅音形式出现的比例相对少，只在［ŋx］组合里出现了几次。如，［ɐŋx］"初"，［əŋx］"和平"，［mʊŋx］"永恒"等。从表 3.30 中可以看出，在所有/x/辅音中，45%左右在词首出现，30%左右在词末出现，19%在词中音节首出现，6%在词中音节末出现。可见，词首和词末出现的/x/辅音占绝大多数。

表 3.30　［x］辅音出现频率统计

词中位置	发音人	M		F	
		出现次数	百分比	出现次数	百分比
所有		736	100%	754	100%
单辅音	词首	341	46%	342	45%
	词中音节首	138	19%	145	19%
	词中音节末	44	6%	45	6%
	词末	213	29%	223	30%

3.2 声学特征

3.2.1 声学语图

据我们的研究，蒙古语标准话［x］辅音是舌面后 – 硬腭区清擦音。图 3.75 为［xɐmxoːl］"大翅猪毛菜"一词三维语图和三层标注图。

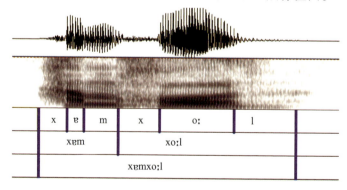

图 3.75　［xɐmxoːl］"大翅猪毛菜"一词的三维语图和三层标注实例（M）

3.2.2 共振峰模式

表 3.31 为两位发音人 [x] 辅音的参数统计。图 3.76 为两位发音人 [x] 辅音共振峰分布。图 3.76 显示 [x] 辅音的三个共振峰的频率范围，CF1 在 800 ~ 1200Hz 左右，CF2 为 1500 ~ 2000Hz，CF3 为 2500 ~ 3500Hz。

表 3.31　[x] 辅音统计（M）

	CD	CA	CF1	CF2	CF3	CD	CA	CF1	CF2	CF3
平均值	112	49.26	928	1656	2722	142	43.36	1144	1770	3105
标准差	55	7.708	210	348	355	54	6.916	285	347	400
变异系数	49%	16%	23%	21%	13%	38%	16%	25%	20%	13%

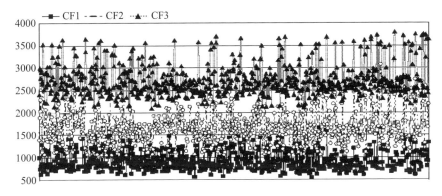

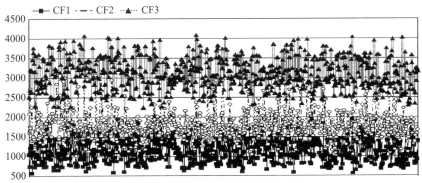

图 3.76　[x] 辅音共振峰分布（M&F）

3.2.3 词中位置与声学参数之间的关系

表 3.32 为两位发音人词中不同位置上的 [x] 辅音参数统计。图 3.77 ~ 3.79 为词中不同位置上 [x] 辅音的共振峰、音长、音强均值比较。表

3.32 和图 3.77 ~ 3.79 显示，[x] 辅音词中位置与其声学参数之间具有一定
的相关性。如，词末 [x] 辅音第一、第二共振峰相对高，该位置上其音长
也相对长（无论带不带弱短元音）；[x] 辅音在词首位置上的音强比其他位
置上的音强相对弱。在 [s，ʃ，x] 等清擦音中，[x] 的音强最弱，这可能
与其发音部位有关。

表 3.32　词中不同位置 [x] 辅音统计

位置	参数	CD	CA	CF1	CF2	CF3
词首	平均值	79	42.47	912	1553	2627
	标准差	22	4.561	189	314	272
	变异系数	28%	11%	21%	20%	10%
词中音节首	平均值	105	55.41	856	1536	2611
	标准差	26	4.368	255	359	311
	变异系数	25%	8%	30%	23%	12%
词中音节末	平均值	122	54.48	906	1473	2566
	标准差	32	4.624	226	430	460
	变异系数	26%	8%	25%	29%	18%
词末带ə	平均值	136	55.63	939	1568	2628
	标准差	22	3.966	238	243	342
	变异系数	16%	7%	25%	15%	13%
词末不带ə	平均值	270	53.3	1039	1741	2769
	标准差	44	4.281	263	258	362
	变异系数	16%	8%	25%	15%	13%

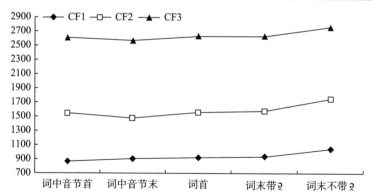

图 3.77 - 1　出现在词中不同位置 [x] 辅音的共振峰均值比较（M）

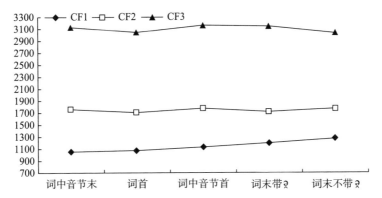

图 3.77 - 2　出现在词中不同位置 ［x］辅音的共振峰均值比较（F）

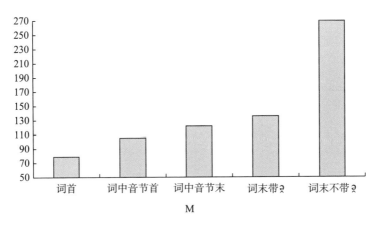

M

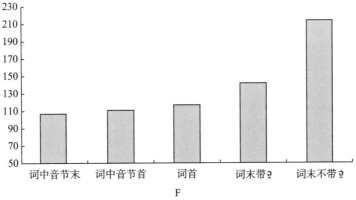

F

图 3.78　出现在词中不同位置 ［x］辅音的音长均值比较（M&F）

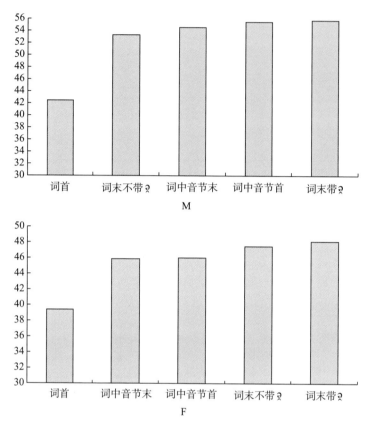

图 3.79　出现在词中不同位置 [x] 辅音的
音强均值比较（M&F）

3.2.4　后置元音音质与声学参数之间的关系

表 3.33 为不同元音之前的 [x] 辅音参数统计。图 3.80～3.82 为出现在不同元音之前 [x] 辅音的共振峰、音长和音强的均值比较。从表和图中可以看出，辅音声学参数与其后置元音音质之间具有一定的相关性。如，[x] 辅音在展唇、前元音 [i]、[ɛ] 之前的第二共振峰明显高于在圆唇后元音 [ɔ]、[o]、[ʊ]、[u] 之前的第二共振峰；[i]元音之前的 [x] 辅音音长相对长于出现在其他元音之前的音长；在圆唇后元音 [ɔ]、[ʊ]、[o]、[u] 之前的音强比出现在其他元音之前的音强相对弱。

表 3.33　不同元音之前的 ［x］辅音统计 （M）

条件		参数	CD	CA	CF1	CF2	CF3
xɐ	19	N　平均值	77	43.47	902	1447	2349
		标准差	23	3.084	160	94.2	210
		变异系数	29%	7%	18%	7%	9%
xə	90	N　平均值	86	45.32	1152	1727	2678
		标准差	19	2.304	102	131	207
		变异系数	22%	5%	9%	8%	8%
xi	11	N　平均值	116	44.55	735	1908	2860
		标准差	29	3.056	89.3	157	180
		变异系数	25%	7%	12%	8%	6%
xɔ	39	N　平均值	83	42.03	885	1598	2587
		标准差	20	3.068	85.5	237	147
		变异系数	24%	7%	10%	15%	6%
xo	33	N　平均值	83	38.03	755	1511	2670
		标准差	24	2.634	86.5	251	267
		变异系数	30%	7%	11%	17%	10%
xʊ	51	N　平均值	73	39.24	840	1179	2605
		标准差	20	4.373	91.9	136	310
		变异系数	27%	11%	11%	12%	12%
xu	35	N　平均值	75	38.2	744	1137	2622
		标准差	18	4.732	96.1	215	470
		变异系数	24%	12%	13%	19%	18%
xɛ	34	N　平均值	70	46.35	874	1962	2695
		标准差	17	3.621	183	158	189
		变异系数	25%	8%	21%	8%	7%
xœ	23	N　平均值	63	44.7	850	1653	2536
		标准差	15	3.056	121	126	220
		变异系数	24%	7%	14%	8%	9%

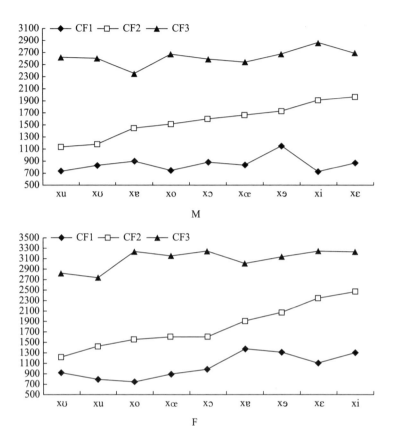

图 3.80 出现在不同元音之前 [x] 辅音的三个共振峰比较 （M&F）

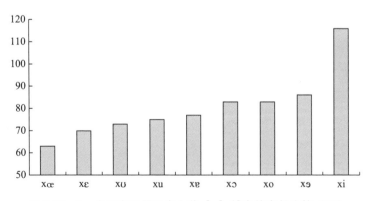

图 3.81-1 出现在不同元音之前 [x] 辅音的音长比较 （M）

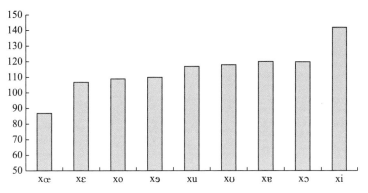

图 3.81 - 2 出现在不同元音之前［x］辅音的音长比较（F）

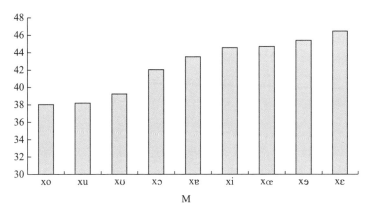

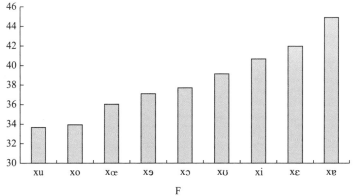

图 3.82 出现在不同元音之前［x］辅音的音强均值比较（M&F）

（三） 塞擦音

塞擦音指具有先塞后擦特点的辅音，但塞擦音不是塞音和擦音在时序（时位空间）上的简单序列（组合），也不是连续发塞音和擦音的结果，而是将塞与擦的特点融于一体的特殊辅音。发音机制为：首先，两个发音器官先产生闭塞，堵住气流，形成一个闭塞段（GAP），然后在形成闭塞处出现缝隙，气流强行通过缝隙，产生摩擦噪声。塞擦音在三维语图上表现为空白段、微弱冲直条和摩擦乱纹。蒙古语标准话固有词中只有/ʧ/，ʧʰ/等2个清塞擦音。

1. /ʧ/辅音

1.1 词中分布特征

/ʧ/辅音在统一平台中共出现了 355 次（M）和 360 次（F），以单辅音或复辅音后置辅音形式出现。其中，单辅音形式出现在词首、词中音节首、词中音节末和词末等位置；复辅音后置辅音形式出现在词中音节末和词末等位置。男发音人语料中出现的 355 次/ʧ/辅音中，307 次为单辅音，其他48 次为复辅音后置辅音；女发音人语料中出现的 360 次/ʧ/中，312 次为单辅音，其余 48 次为复辅音后置辅音。在所有/ʧ/辅音中，出现在词首和词中音节首的单辅音比例最高，共占 75% ~76%，出现在其他位置的少很多。见表 3.34。显然，该辅音主要以单辅音形成出现在词中音节首和词首。

表 3.34　　[ʧ] 辅音出现频率统计

词中位置	发音人	M		F	
		出现次数	百分比	出现次数	百分比
所有		355	100%	360	100%
单辅音	词首	132	37%	131	36%
	词中音节首	139	39%	142	39%
	词中音节末	22	6%	24	7%
	词末	14	4%	15	4%
复辅音	词中音节末复辅音后置辅音	22	6%	21	6%
	词末复辅音后置辅音	26	7%	27	8%

1.2 声学特征

1.2.1 声学语图特点

蒙古语标准话 [ʧ] 为舌叶 – 齿龈后区、不送气、清塞擦音，而不是浊塞擦音 [ʤ]。图 3.83 为 [ʧiʧuːɾ]"值班"一词的三维语图。

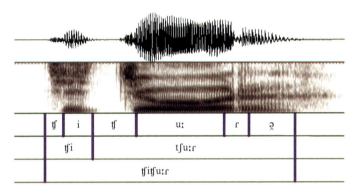

图 3.83 男发音人 [ʧiʧuːɾ]"值班"一词的三维语图和三层标注实例

1.2.2 共振峰分布模式

表 3.35 – 1 和表 3.35 – 2 为两位发音人 [ʧ] 辅音的参数统计。图 3.84 为 [ʧ] 辅音第一、第二和第三共振峰的分布。图 3.84 显示了 [ʧ] 辅音三个共振峰的频率范围。男（M）、女（F）发音人的 CF1 为 800～1500Hz，M 的 CF2 为 1800～2500Hz（F 的 CF2 为 2500Hz 左右），M 的 CF3 为 2800～3500Hz（F 的 CF3 为 3500Hz 左右）。可以看出，女发音人 CF2 和 CF3 频率略高于男发音人。

表 3.35 – 1　　[ʧ] 辅音统计（M）

统计项	参数	GAP	VOT	CD	CA	CF1	CF2	CF3
[ʧ]	平均值	62	57	122	54.27	1134	2157	3190
	标准差	36	27	40	5.229	209	323	264
	变异系数	58%	49%	33%	10%	18%	15%	8%

表 3.35 – 2   ［ʧ］辅音统计（F）

统计项	参数	GAP	VOT	CD	CA	CF1	CF2	CF3
［ʧ］	平均值	82	61	138	50.38	1279	2544	3558
	标准差	57	42	55	4.71	293	271	247
	变异系数	70%	68%	40%	9%	23%	11%	7%

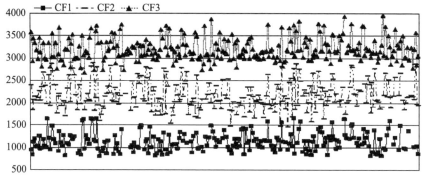

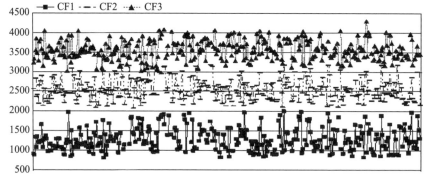

图 3.84   ［ʧ］辅音共振峰分布（M&F）

1.2.3   词中位置与声学参数之间的关系

表 3.36 为词中不同位置上［ʧ］辅音参数统计。图 3.85 ~ 3.87 为根据表 3.36 所画的词中不同位置上［ʧ］辅音的共振峰、音长、音强均值比较。表 3.36 和图 3.85 至图 3.87 显示，词中位置与辅音声学参数之间具有一定的相关性。如，词首［ʧ］辅音的音长和音强比其他位置上的相对短而弱，CF2 频率也相对低。

表 3.36　词中不同位置［ʧ］辅音统计（M）

位置 ＼ 参数		GAP	VOT	CD	CA	CF1	CF2	CF3
词首	平均值	—	44	—	52.08	988	2156	3144
	标准差	—	14	—	3.265	221	390	263
	变异系数	—	33%	—	6%	22%	18%	8%
词中音节首	平均值	63	57	120	54.9	1165	2180	3178
	标准差	29	15	35	4.299	299	344	268
	变异系数	46%	26%	29%	8%	26%	16%	8%
词中音节末	平均值	67	64	124	59.55	1029	1962	2988
	标准差	26	23	22	10.36	313	410	354
	变异系数	39%	35%	18%	17%	30%	21%	12%
词末带ə	平均值	50	71	121	55.29	1195	2286	3321
	标准差	11	10	18	2.763	409	391	395
	变异系数	22%	14%	15%	5%	34%	17%	12%
词中音节末复辅音	平均值	41	57	103	55.27	971	2088	3081
	标准差	18	25	25	8.114	313	278	304
	变异系数	44%	43%	24%	15%	32%	13%	10%
词末复辅音	平均值	46	67	111	56.15	1128	2181	3110
	标准差	21	16	30	3.84	328	413	357
	变异系数	46%	23%	27%	7%	29%	19%	11%

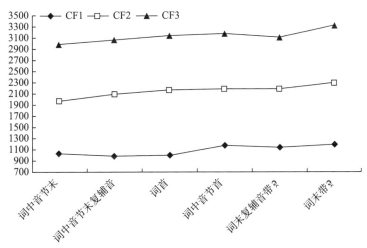

图 3.85 – 1　词中不同位置［ʧ］辅音的共振峰均值比较（M）

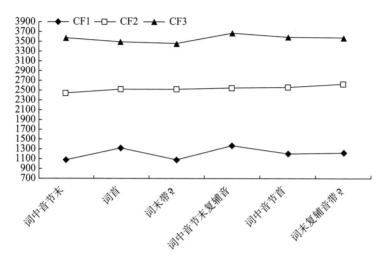

图 3.85 - 2　词中不同位置 ［ʧ］ 辅音的共振峰均值比较 （F）

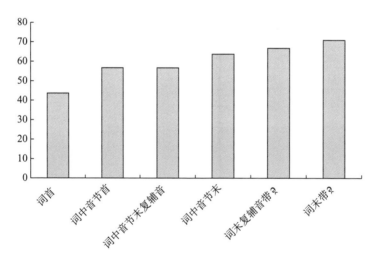

图 3.86 - 1　词中不同位置 ［ʧ］ 辅音 VOT 音长均值比较 （M）

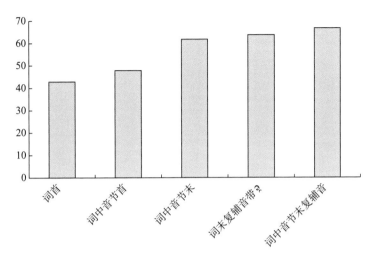

图 3.86 – 2 词中不同位置 [ʧ] 辅音 VOT 音长均值比较（F）

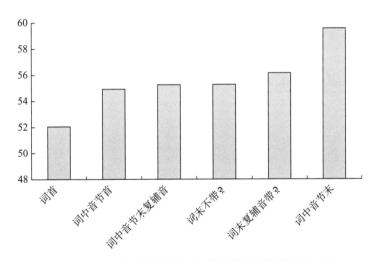

图 3.87 – 1 词中不同位置 [ʧ] 辅音的音强均值比较（M）

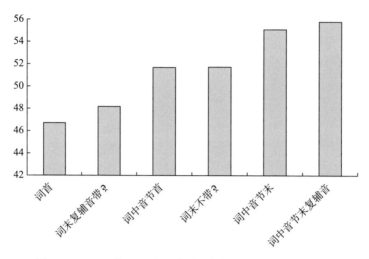

图 3.87 - 2　词中不同位置 [ʧ] 辅音的音强均值比较 (F)

1.2.4　后置元音音质与声学参数之间的关系

表 3.37 为不同元音之前 [ʧ] 辅音的参数统计。图 3.88～3.90 为不同元音之前 [ʧ] 辅音的共振峰、音长和音强均值比较。从表和图中可以看出，后置元音音质与 [ʧ] 辅音声学参数之间具有一定的相关性。如，[i] 之前的 [ʧ] 辅音相对长而强，而 [o] 之前的 [ʧ] 辅音相对短而弱。

表 3.37　不同元音前的 [ʧ] 辅音统计 (M)

条件		参数	VOT	CA	CF1	CF2	CF3
ʧɐ 33	N	平均值	36	51.09	873	1841	3074
		标准差	7.7	3.919	137	289	278
		变异系数	21%	8%	16%	16%	9%
ʧɵ 3	N	平均值	41	52	904	1777	2955
		标准差	3.1	2.16	90	85.5	196
		变异系数	7%	4%	10%	5%	7%
ʧi 18	N	平均值	64	53.83	1088	2247	3180
		标准差	16	2.734	139	299	210
		变异系数	25%	5%	13%	13%	7%

续表

条件		参数	VOT	CA	CF1	CF2	CF3
ʧɔ	N	平均值	35	51.5	1014	2168	3301
	10	标准差	7.3	3.471	169	296	202
		变异系数	21%	7%	17%	14%	6%
ʧo	N	平均值	34	51.54	1022	2278	3105
	13	标准差	5.2	2.437	311	387	278
		变异系数	15%	5%	30%	17%	9%
ʧʊ	N	平均值	39	52.73	852	2154	3203
	15	标准差	6.8	2.462	234	421	314
		变异系数	17%	5%	27%	20%	10%
ʧu	N	平均值	45	50.95	1086	2409	3091
	19	标准差	5.5	3.086	216	311	218
		变异系数	12%	6%	20%	13%	7%
ʧɛ	N	平均值	50	54.07	1000	2114	3142
	15	标准差	11	2.351	150	237	208
		变异系数	22%	4%	15%	11%	7%
ʧœ	N	平均值	44	52	1317	2710	3571
	2	标准差	7	0	254	97	127
		变异系数	16%	0%	19%	4%	4%

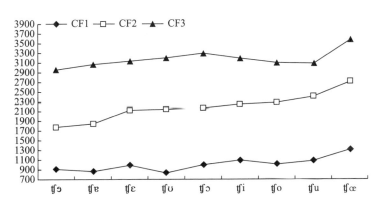

图 3.88 - 1 不同元音之前［ʧ］辅音的三个共振峰均值比较（M）

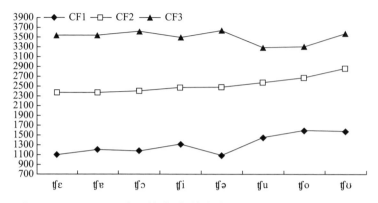

图 3.88 - 2 不同元音之前［ʧ］辅音的三个共振峰均值比较（F）

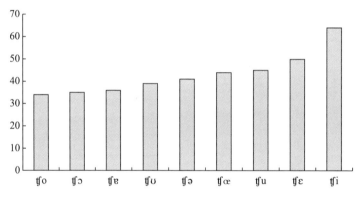

图 3.89 - 1 不同元音之前［ʧ］辅音的 VOT 均值比较（M）

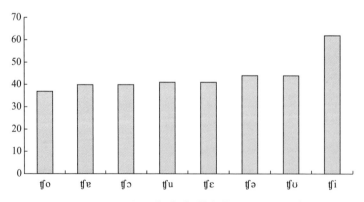

图 3.89 - 2 不同元音之前［ʧ］辅音的 VOT 均值比较（F）

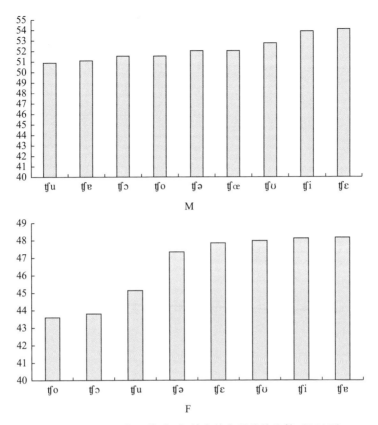

图 3.90　不同元音之前［ʧ］辅音的音强均值比较（M&F）

2. /ʧʰ/辅音

2.1　词中分布特征

/ʧʰ/辅音在统一平台中以单辅音或复辅音后置辅音形式共出现了 392 次（M）和 387 次（F）。其中，以单辅音形式在词首、词中音节首、词中音节末和词末等位置出现；复辅音后置辅音形式在词中音节末和词末等位置出现。其中，在男发音人语料中出现的 392 次/ʧʰ/辅音中，303 次为单辅音，89 次为复辅音后置辅音；在女发音人语料中出现的 387 次/ʧʰ/辅音中，315 次为单辅音，72 次为复辅音后置辅音。在所有/ʧʰ/辅音中，以单辅音形式出现在词中音节首的比例最高（40% ~ 44%），以单辅音形式出现在词首位置的/ʧʰ/辅音位居第二（25%），在其他位置上出现的比例相对少。见表 3.38。显然，该辅音主要以单辅音形成在词中音节首和词首出现。

表 3. 38　[ʧʰ] 辅音出现频率统计

词中位置	发音人	M		F	
		出现次数	百分比	出现次数	百分比
所有		392	100%	387	100%
单辅音	词首	97	25%	98	25%
	词中音节首	158	40%	171	44%
	词中音节末	30	8%	29	7%
	词末	18	5%	17	4%
复辅音	词中音节末复辅音后置辅音	44	11%	26	7%
	词末复辅音后置辅音	45	11%	46	12%

2.2　声学特征

2.2.1　声学语图特点

蒙古语标准话 [ʧʰ] 为舌叶 – 齿龈后区、送气、清塞擦音。图 3.91 为 [ʧʰɐrʧʰɐːxɛː] "蝗虫" 一词的三维语图。

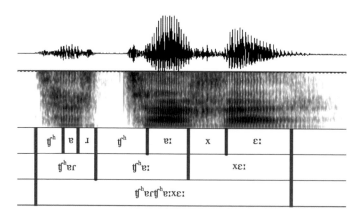

图 3.91　男发音人 [ʧʰɐrʧʰɐːxɛː] "蝗虫" 一词的三维
语图和三层标注实例

2.2.2　共振峰分布模式

表 3.39 为 [ʧʰ] 辅音的参数统计。图 3.92 为两位发音人 [ʧʰ] 辅音第一、第二和第三共振峰分布。图 3.92 显示了 [ʧʰ] 辅音三个共振峰的频率范围，即 M：CF1 = 800 ~ 1500Hz，CF2 = 1800 ~ 2500Hz，CF3 = 2800 ~ 3500Hz；

F：CF1 = 800 ~ 1500Hz，CF2 = 2000 ~ 3000Hz，CF3 = 3000 ~ 3800Hz。

表 3.39 - 1　　[ʧʰ] 辅音统计（M）

参数 统计项		GAP	VOT	CD	CA	CF1	CF2	CF3
[ʧʰ]	均值	70	93	153	58.45	1109	2112	3094
	标准差	44	41	45	5.201	191	257	240
	变异系数	64%	44%	29%	9%	17%	12%	8%

表 3.39 - 2　　[ʧʰ] 辅音统计（F）

参数 统计项		GAP	VOT	CD	CA	CF1	CF2	CF3
[ʧʰ]	平均值	83	96	161	54.54	1271	2448	3512
	标准差	56	43	53	4.749	260	247	222
	变异系数	67%	44%	33%	9%	20%	10%	6%

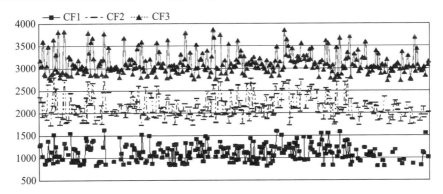

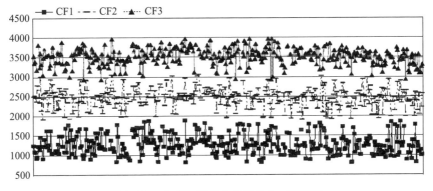

图 3.92　　[ʧʰ] 辅音共振峰分布（M&F）

2.2.3　词中位置与声学参数之间的关系

表 3.40 为词中不同位置 ［ʧʰ］辅音统计，图 3.93 ~ 3.95 为根据表 3.40 所画的图。这些图和表显示，辅音词中位置与其声学参数之间具有一定的相关性。如，在词首位置上 ［ʧʰ］辅音的 CF2 频率相对低、VOT 音长相对长，而其音强相对弱。当然，词末 ［ʧʰ］辅音无论带不带弱短元音都比较长（因特长未纳入图中）。

表 3.40　词中不同位置 ［ʧʰ］辅音统计表 （M）

统计 \ 参数		GAP	VOT	CD	CA	CF1	CF2	CF3
词首	平均值		96		56.4	859	1981	2997
	标准差		21		3.989	135	213	175
	变异系数		22%		7%	16%	11%	6%
词中音节首	平均值	66	76	143	59.69	1096	2170	3106
	标准差	24	21	30	4.439	378	376	253
	变异系数	36%	28%	21%	7%	35%	17%	8%
词中音节末	平均值	66	74	137	57.9	1057	2115	3013
	标准差	28	26	20	7.799	319	403	368
	变异系数	42%	35%	14%	13%	30%	19%	12%
词末带ə	平均值	57	111	166	59.06	1175	2324	3269
	标准差	13	15	23	5.807	200	283	359
	变异系数	22%	14%	14%	10%	17%	12%	11%
词中音节末复辅音	平均值	58	80	142	58.09	1189	2150	3107
	标准差	24	24	33	6.96	331	335	334
	变异系数	42%	30%	23%	12%	28%	16%	11%
词末复辅音	平均值	54	97	151	57.31	1285	2216	3119
	标准差	18	24	28	2.997	207	274	256
	变异系数	33%	25%	18%	5%	16%	12%	8%

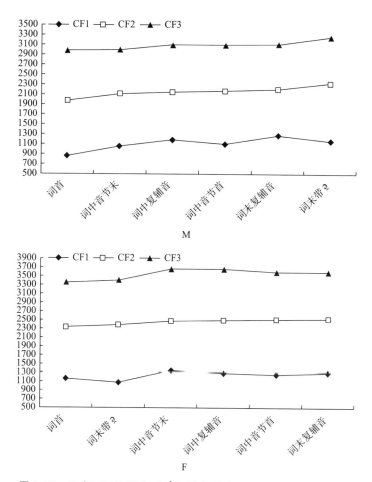

图 3.93　词中不同位置上［ʧʰ］辅音的共振峰均值分布（M&F）

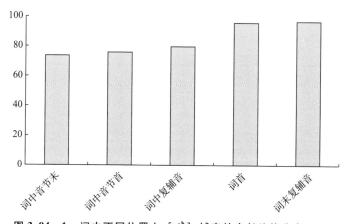

图 3.94 - 1　词中不同位置上［ʧʰ］辅音的音长均值分布（M）

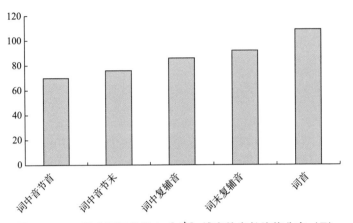

图 3.94 – 2 词中不同位置上 [ʧʰ] 辅音的音长均值分布 (F)

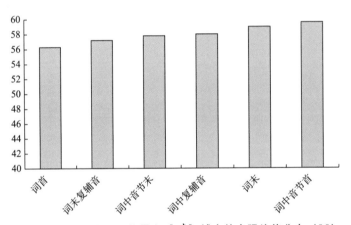

图 3.95 – 1 词中不同位置上 [ʧʰ] 辅音的音强均值分布 (M)

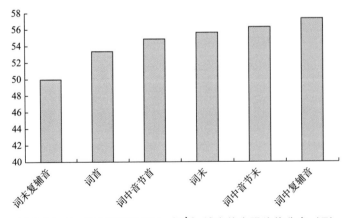

图 3.95 – 2 词中不同位置上 [ʧʰ] 辅音的音强均值分布 (F)

2.2.4　后置元音音质与声学参数之间的关系

表 3.41 为不同元音之前［ʧʰ］辅音的参数统计。图 3.96～3.98 为不同元音之前［ʧʰ］辅音的共振峰、音长和音强均值比较。表和图显示，辅音声学参数与其后置元音音质之间具有一定的相关性。在［i］和［ɛ］等元音之前［ʧʰ］辅音第二共振峰比其他元音之前的相对高。其中［i］元音之前［ʧʰ］辅音的 VOT 和音强比其他元音之前的相对长而强。

表 3.41　不同元音前的［ʧʰ］辅音统计（M）

统计		参数	VOT	CA	CF1	CF2	CF3
ʧʰɐ	26	平均值	89	54.88	820	1951	2968
		标准差	22	2.547	99.1	97.8	130
		变异系数	24%	5%	12%	5%	4%
ʧʰə	11	平均值	86	55	815	1926	2961
		标准差	18	2.523	58.4	85.4	111
		变异系数	21%	5%	7%	4%	4%
ʧʰi	11	平均值	126	63.18	938	2146	3092
		标准差	17	3.128	140	213	136
		变异系数	14%	5%	15%	10%	4%
ʧʰɔ	10	平均值	104	55.1	788	1829	2888
		标准差	13	3.986	71.9	116	176
		变异系数	12%	7%	9%	6%	6%
ʧʰo	15	平均值	88	54.27	920	1958	2990
		标准差	12	3.605	189	356	252
		变异系数	14%	7%	21%	18%	8%
ʧʰʊ	2	平均值	97	56.5	852	1724	2774
		标准差	12	0.5	126	2.5	26
		变异系数	12%	1%	15%	0%	1%
ʧʰu	2	平均值	105	58.5	1103	2219	3050
		标准差	14	0.5	138	241	142
		变异系数	13%	1%	13%	11%	5%

表头第一列小字为 N。

续表

统计 \ 参数			VOT	CA	CF1	CF2	CF3
ʧʰɛ	17	平均值	93	57.24	867	2080	3090
		N					
		标准差	18	2.579	116	199	152
		变异系数	19%	5%	13%	10%	5%
ʧʰœ	2	平均值	90	60.5	833	1864	3032
		N					
		标准差	7	0.5	79	81.5	20
		变异系数	8%	1%	9%	4%	1%

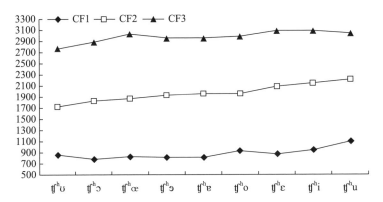

图 3.96 – 1　不同元音之前［ʧʰ］辅音的三个共振峰均值比较（M）

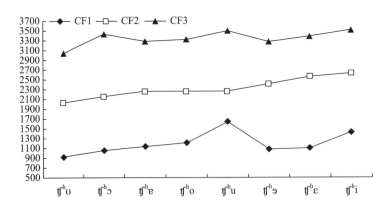

图 3.96 – 2　不同元音之前［ʧʰ］辅音的三个共振峰均值比较（F）

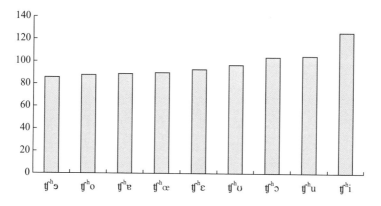

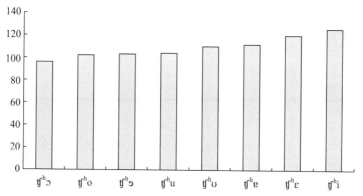

图 3.97　不同元音之前［ʧʰ］辅音 VOT 均值比较（M&F）

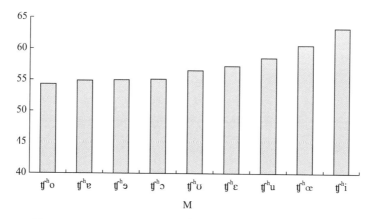

图 3.98－1　不同元音之前［ʧʰ］辅音的音强均值比较（M）

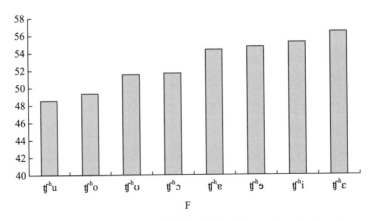

图 3.98 - 2　不同元音之前［ʧʰ］辅音的音强均值比较（F）

（三）鼻音

鼻音是通过鼻腔辐射到外的辅音，发鼻音时口腔紧闭，声带振动，气流通过鼻腔，鼻腔产生共鸣。根据口腔内阻塞形成点的不同，蒙古语鼻音可以分为双唇鼻音、舌尖 - 齿鼻音和舌面后 - 软腭鼻音。蒙古语有/n/、/m/、/ŋ/等三个鼻音。

1. /n/辅音

1.1　词中分布特征

/n/辅音在统一平台中以单辅音或复辅音前置辅音形式共出现了 454 次（M）和 519 次（F）。其中，以单辅音形式出现的位置有词首、词中音节首、词中音节末和词末等；以复辅音前置辅音形式出现的位置有词中音节末和词末等。M 的 454 次/n/辅音中，373 次为单辅音，其他 81 次为复辅音前置辅音；F 的 519 次/n/辅音中，454 次为单辅音，其余 65 次为复辅音前置辅音。从整体上看，/n/辅音在词首、词中和词末位置出现的频率和词中音节首和音节末出现的频率较均衡，见表 3.42。与其他辅音相比，/n/辅音词末出现的比例较高（M：21%，F：36%），充分显示了其 ᠮᠣᠩᠭᠣᠯ ᠬᠡᠯᠡᠨᠦ 的特点。

表 3.42 ［n］辅音出现频率统计

词中位置	发音人	M		F	
		出现次数	百分比	出现次数	百分比
所有		454	100%	519	100%
单辅音	词首	98	22%	99	19%
	词中音节首	95	21%	96	18%
	词中音节末	84	19%	73	14%
	词末	96	21%	186	36%
复辅音	词中音节末	45	10%	30	6%
	词末	36	8%	35	7%

1.2 声学特征

1.2.1 声学语图

根据我们的研究，蒙古语标准话［n］辅音是舌尖－齿区鼻音。图 3.99 为［nɔjin］"官员"一词三维语图和三层标注。

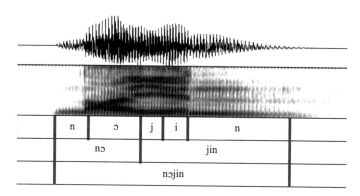

图 3.99 男发音人［nɔjin］"官员"一词的三维语图和三层标注

1.2.2 共振峰分布模式

表 3.43 为两位发音人［n］辅音参数统计。图 3.100 为［n］辅音共振峰分布。图 3.100 显示了［n］辅音的三个共振峰的频率范围。如，男发音人 VF1 为 300Hz 左右，VF2 为 1500Hz 左右，VF3 为 2500Hz 左右；女发音

人VF1也是300Hz左右，VF2为1300~2300Hz，VF3为2800Hz左右。显然，辅音［n］的第一共振峰比较稳定，而第二和第三共振峰的离散度较大。

表 3.43　　［n］辅音统计

	M					F				
	CD	CA	VF1	VF2	VF3	CD	CA	VF1	VF2	VF3
平均值	103	65.08	307	1433	2576	91	63.2	319	1685	2876
标准差	58	4.252	56.3	180	266	39	4.458	30.2	230	395
变异系数	56%	7%	18%	13%	10%	42%	7%	9%	14%	14%

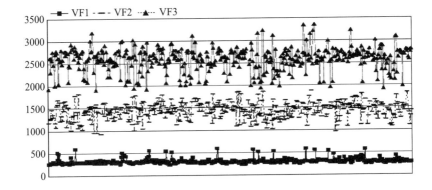

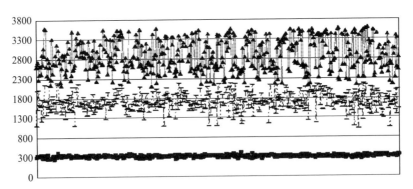

图 3.100　　［n］辅音共振峰分布图

1.2.3　词中位置与声学参数之间的关系

表 3.44 为词中不同位置上的［n］辅音参数统计。图 3.101~3.103

为根据表 3.44 所画的词中不同位置上［n］辅音的共振峰、音长、音强参数均值比较图。表和图显示，［n］词中位置与该辅音声学参数之间具有一定的相关性。如，在词首位置上［n］辅音的音长和音强比其他位置上的音长和音强相对短而弱；在词末（带或不带弱短元音）位置上［n］辅音的音长比其他位置上的音长相对长。

表 3.44　词中不同位置［n］辅音统计（M）

位置	参数	CD	CA	VF1	VF2	VF3
词首	平均值	51	59.93	294	1432	2791
	标准差	16	2.357	56.2	485	274
	变异系数	31%	4%	19%	34%	10%
词中音节首	平均值	73	66.72	313	1432	2502
	标准差	24	2.646	101	172	270
	变异系数	33%	4%	32%	12%	11%
词中音节末	平均值	104	67.33	324	1442	2484
	标准差	30	1.748	63	273	430
	变异系数	29%	3%	19%	19%	17%
词末不带ə	平均值	193	64.26	319	1454	2357
	标准差	47	4.898	117	209	405
	变异系数	24%	8%	37%	14%	17%
词末带ə	平均值	123	68.71	291	1393	2391
	标准差	39	1.979	13.4	60.6	192
	变异系数	31%	3%	5%	4%	8%
词中音节末复辅音	平均值	93	66.49	317	1481	2555
	标准差	28	2.527	49.5	199	303
	变异系数	30%	4%	16%	13%	12%
词末复辅音	平均值	108	69.11	323	1405	2457
	标准差	34	2.27	71	197	327
	变异系数	32%	3%	22%	14%	13%

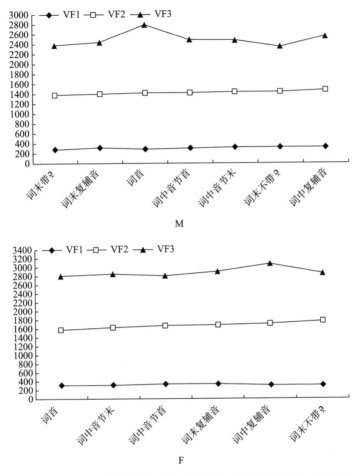

图 3.101 词中不同位置上［n］辅音的共振峰均值比较（M&F）

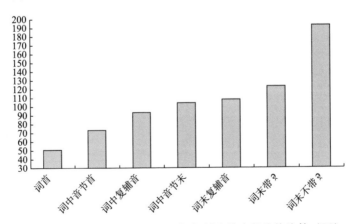

图 3.102 - 1 词中不同位置上［n］辅音的音长均值比较（M）

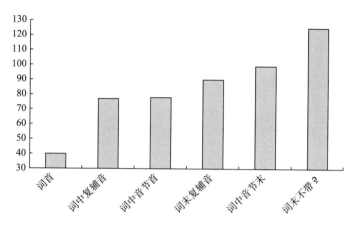

图 3.102 - 2　词中不同位置上 [n] 辅音的音长均值比较（F）

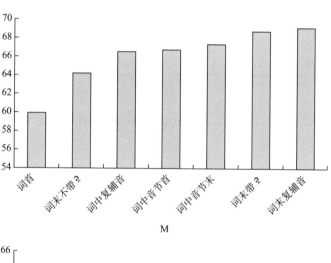

M

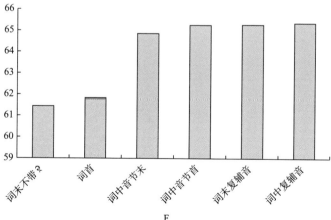

F

图 3.103　词中不同位置上 [n] 辅音的音强均值比较（M&F）

1.2.4 后置元音音质与声学参数之间的关系

表 3.45 为不同元音之前 [n] 辅音的参数统计。图 3.104～3.106 为根据表 3.45 所画的 [n] 辅音在不同元音之前的共振峰、音长和音强均值比较图。表和图显示，后续元音音质与 [n] 辅音声学参数之间几乎没有相关性。有关 [u] 元音之前 [n] 辅音的音长明显长于其他辅音之前音长问题有待进一步探讨。

表 3.45　不同元音前的 [n] 辅音统计（M）

条件		参数	CD	CA	VF1	VF2	VF3
nɐ	18	平均值	56	59.78	308	1486	2748
		标准差	20	1.872	26.6	61.1	98.8
		变异系数	35%	3%	9%	4%	4%
nə	11	平均值	48	60.36	269	1565	2713
		标准差	11	2.46	13.4	574	165
		变异系数	24%	4%	5%	37%	6%
ni	16	平均值	45	60.69	279	1605	3004
		标准差	8.4	2.468	11.6	648	461
		变异系数	19%	4%	4%	40%	15%
nɔ	16	平均值	50	59.06	324	1373	2832
		标准差	16	1.56	98.1	414	248
		变异系数	32%	3%	30%	30%	9%
no	11	平均值	56	60.09	312	1345	2772
		标准差	12	1.928	77.3	239	247
		变异系数	21%	3%	25%	18%	9%
nʊ	5	平均值	43	60.4	269	1531	2789
		标准差	9.7	1.02	15.4	733	121
		变异系数	22%	2%	6%	48%	4%
nu	7	平均值	66	61.71	250	972	2591
		标准差	22	1.829	17	441	82.1
		变异系数	33%	3%	7%	45%	3%

续表

参数 条件			CD	CA	VF1	VF2	VF3
nɛ	N 9	平均值	50	58.11	283	1178	2675
		标准差	14	2.283	14.1	383	186
		变异系数	29%	4%	5%	32%	7%
nœ	N 5	平均值	46	59.8	320	1769	2847
		标准差	6.1	4.118	55.6	258	135
		变异系数	13%	7%	17%	15%	5%

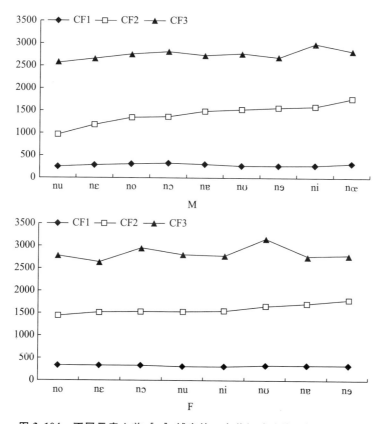

图 3.104　不同元音之前 ［n］ 辅音的三个共振峰均值比较 （M&F）

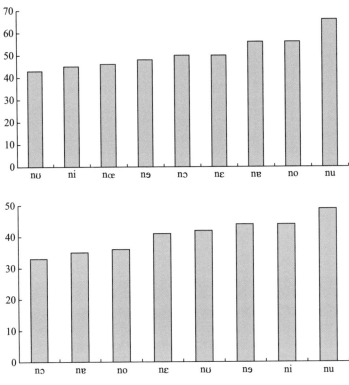

图 3.105　不同元音之前 ［n］ 辅音的音长均值比较 （M&F）

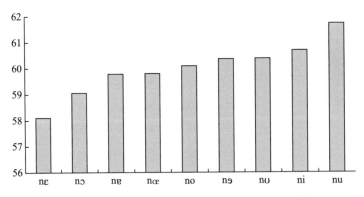

图 3.106 - 1　不同元音之前 ［n］ 辅音的音强均值比较 （M）

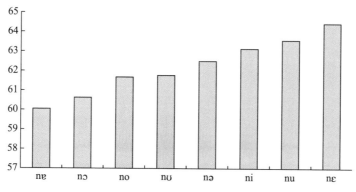

图 3.106 – 2 不同元音之前 [n] 辅音的音强均值比较 (F)

2. /m/辅音

2.1 词中分布特征

/m/辅音在统一平台中以单辅音或复辅音前置辅音形式共出现了 372 次（M）和 365 次（F）。其中，以单辅音形式出现的位置有词首、词中音节首、词中音节末和词末等；以复辅音前置辅音形式出现的位置有词中音节末和词末等。M 的 372 次/m/辅音中，315 次为单辅音形式出现，其余 57 次为复辅音前置辅音形式出现；F 的 365 次/m/辅音中，308 次为单辅音形式出现，其余 57 次为复辅音前置辅音形式出现。从词中整体分布特征看，在词中音节首出现频率最高，其次是在词首和词中音节末位置出现的单辅音频率，该辅音在词末和复辅音后置辅音位置上出现的频率较低，见表 3.46。/m/辅音词末出现的比例没有/n/辅音高（M、F：11%），未能显示其 ᠣᠷᠤᠯᠬᠤ ᠲᠣᠯᠣᠭᠠᠢ 的特点。

表 3.46 [m] 辅音出现频率统计

词中位置	发音人	M		F	
		出现次数	百分比	出现次数	百分比
所有		372	100%	365	100%
单辅音	词首	89	24%	89	24%
	词中音节首	109	29%	104	28%
	词中音节末	76	20%	75	21%
	词末	41	11%	40	11%
复辅音	词中音节末	33	9%	27	7%
	词末	24	6%	30	8%

2.2 声学特征

2.2.1 声学语图

蒙古语标准话［m］辅音是双唇鼻音。图 3.107 为［mɐnɛ:］"守夜/守卫"一词三维语图和三层标注图。

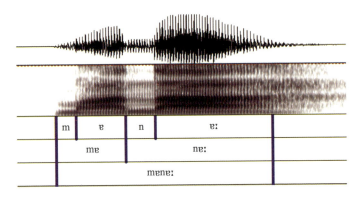

图 3.107 男发音人［mɐnɛ:］"守夜/守卫"一词的三维
语图和三层标注图

2.2.2 共振峰分布模式

表 3.47 为［m］辅音的参数统计。图 3.108 为两位发音人［m］辅音共振峰的分布。图 3.108 显示了［m］辅音三个共振峰的频率范围。如，男女发音人 VF1 在 300Hz 左右，男发音人 VF2 为 1000～1500Hz，女发音人 VF2 为 1500Hz 左右，男发音人 VF3 为 2000～2500Hz，女发音人 VF3 为 2500～3000Hz。显然，［m］辅音第一共振峰比较稳定，而其第二和第三共振峰频率变化幅度较大。

表 3.47 ［m］辅音统计

	M					F				
	CD	CA	VF1	VF2	VF3	CD	CA	VF1	VF2	VF3
平均值	101	65.73	285	1224	2353	91	64.55	316	1449	2754
标准差	55	3.749	32	169	185	38	2.97	40.4	118	212
变异系数	55%	6%	11%	14%	8%	42%	5%	13%	8%	8%

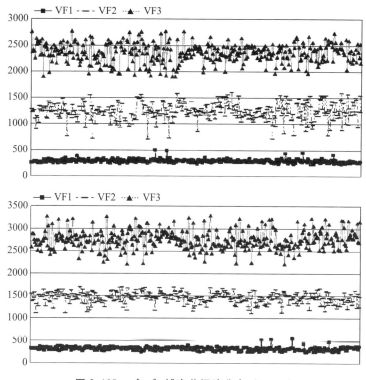

图 3.108　［m］辅音共振峰分布（M&F）

2.2.3　词中位置与声学参数之间的关系

表 3.48 为词中不同位置上［m］辅音的参数统计。图 3.109 ~ 3.111 为根据表 3.48 所画的两位发音人词中不同位置上［m］辅音的共振峰、音长、音强参数均值比较。表和图显示，词中位置与［m］辅音声学参数之间具有一定的相关性。如，在词首位置上［m］辅音的第二共振峰频率、音长和音强都明显低、短而弱于其他位置上的（在词末位置上的［m］最长，这类似于之前所说的现象）。显然，词首和非词首音节［m］辅音声学参数之间的差异性较明显。

表 3.48　词中不同位置［m］辅音统计（M）

位置	参数	CD	CA	VF1	VF2	VF3
词首	平均值	57	60.15	262	1112	2377

续表

位置 \ 参数		CD	CA	VF1	VF2	VF3
词首	标准差	16	1.963	17	291	302
	变异系数	28%	3%	6%	26%	13%
词中音节首	平均值	77	67.26	315	1207	2302
	标准差	16	2.161	92	155	176
	变异系数	21%	3%	29%	13%	8%
词中音节末	平均值	111	67.29	303	1312	2322
	标准差	23	1.613	60	193	205
	变异系数	20%	2%	20%	15%	9%
词末不带ə	平均值	227	67.59	269	1268	2278
	标准差	57	2.439	19	87	211
	变异系数	25%	4%	7%	7%	9%
词中音节末复辅音	平均值	105	66.91	300	1365	2312
	标准差	22	1.485	21	131	197
	变异系数	21%	2%	7%	10%	9%
词末复辅音	平均值	120	69.83	309	1256	2384
	标准差	21	1.546	105	101	164
	变异系数	18%	2%	34%	8%	7%

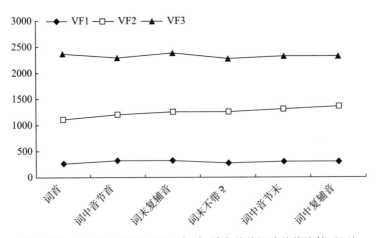

图 3.109 - 1　词中不同位置上［m］辅音的共振峰均值比较（M）

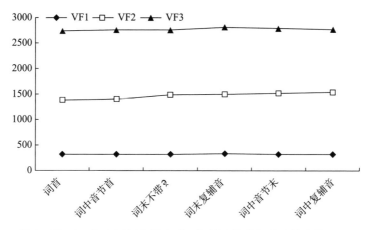

图 3.109 - 2　词中不同位置上 [m] 辅音的共振峰均值比较 (F)

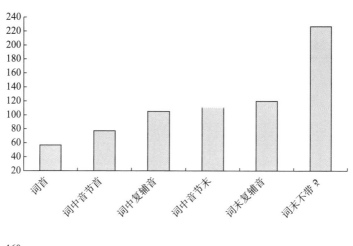

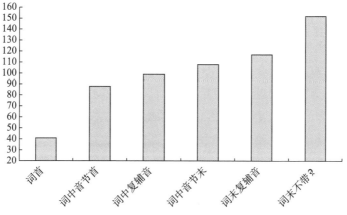

图 3.110　词中不同位置上 [m] 辅音的音长均值比较 (M&F)

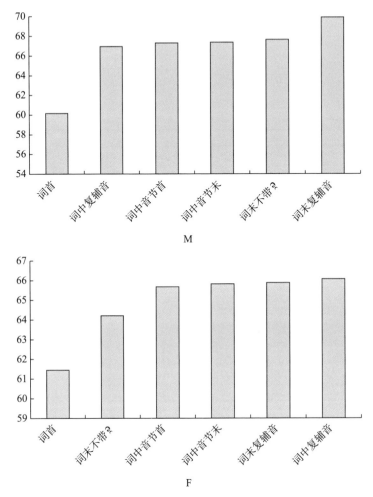

图 3.111　不同位置上 ［m］辅音的音强均值比较 （M&F）

2.2.4　后置元音音质与声学参数之间的关系

表 3.49 为两位发音人不同元音之前 ［m］ 辅音参数统计。图 3.112 ~ 3.114 为 ［m］ 辅音在不同元音之前的共振峰、音长和音强均值比较。从这些图和数据看，［m］ 辅音声学参数与其后置元音音质之间具有一定的相关性。如，［i］ 元音之前 ［m］ 辅音的第二共振峰频率比在 ［ɔ］、［ʊ］、［o］、［u］ 等圆唇后元音之前的频率相对高。本次实验结果显示，［m］ 辅音音

长、音强与其后续元音音质之间没有明显的相关性。

表 3.49　不同元音前的 [m] 辅音统计 （M）

条件	参数		CD	CA	VF1	VF2	VF3
mɐ	N	平均值	56	59.32	267	1174	2230
	34	标准差	14	1.693	14	91.4	250
		变异系数	26%	3%	5%	8%	11%
mə	N	平均值	56	61	256	1114	2565
	11	标准差	12	1.279	11	428	61.7
		变异系数	22%	2%	4%	38%	2%
mi	N	平均值	49	60.33	289	1510	2993
	3	标准差	10	1.886	12	474	576
		变异系数	21%	3%	4%	31%	19%
mɔ	N	平均值	50	60.4	248	1058	2169
	5	标准差	15	1.96	5.9	72.6	329
		变异系数	30%	3%	2%	7%	15%
mo	N	平均值	62	61.29	263	1064	2194
	7	标准差	11	1.75	5.9	105	281
		变异系数	17%	3%	2%	10%	13%
mʊ	N	平均值	62	60.73	249	906	2563
	15	标准差	22	2.719	15	189	63.2
		变异系数	36%	4%	6%	21%	2%
mu	1	平均值	45	60	257	908	2601
mɛ	N	平均值	54	60.2	276	1087	2367
	10	标准差	14	1.166	16	484	223
		变异系数	26%	2%	6%	45%	9%
mœ	N	平均值	71	60	247	1399	2486
	3	标准差	18	1.414	6.5	16.8	125
		变异系数	25%	2%	3%	1%	5%

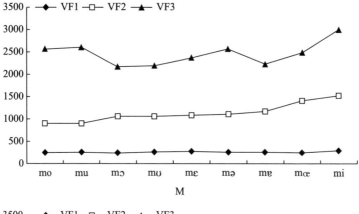

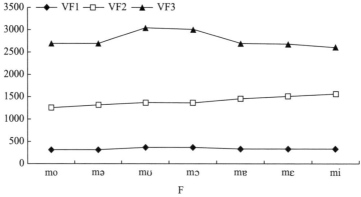

图 3.112　不同元音之前［m］辅音的三个
共振峰均值比较（M&F）

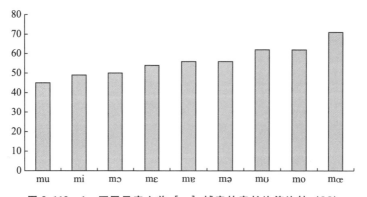

图 3.113 – 1　不同元音之前［m］辅音的音长均值比较（M）

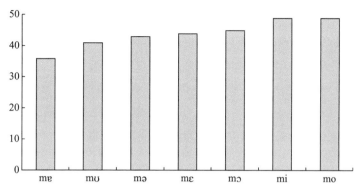

图 3.113 - 2　不同元音之前 [m] 辅音的音长均值比较（F）

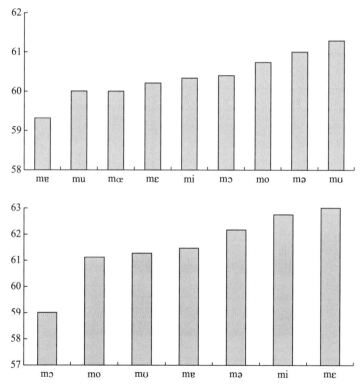

图 3.114　不同元音之前 [m] 辅音的音强均值比较（M&F）

3. /ŋ/辅音

3.1　词中分布

/ŋ/辅音在统一平台中共出现了 200 次（M）和 140 次（F）。蒙古语标准话中该辅音以单辅音或复辅音前置辅音形式只在词中音节末和词末位置出现，不出现在词首和词中音节首。M 的 200 次/ŋ/辅音中，158 次为单辅音，其余 42 次为复辅音前置辅音；F 的 140 次/ŋ/辅音中，90 次为单辅音，其余 50 次为复辅音前置辅音，见表 3.50。统计结果显示了该辅音 ᠠᠩᠬᠠᠨ ᠬᠡᠯᠡ 的特点。

表 3.50　[ŋ] 辅音出现频率统计

词中位置	发音人	M		F	
		出现次数	百分比	出现次数	百分比
所有		200	100%	140	100%
单辅音	词中音节末	46	23%	63	45%
	词末	112	56%	27	19%
复辅音	词中音节末	25	13%	25	18%
	词末	17	9%	25	18%

3.2　声学特征

3.2.1　声学语图

蒙古语标准话 [ŋ] 辅音为软腭 – 舌面后鼻音。图 3.115 为 [jeŋkɜnɜm]"刺骨的"一词的三维语图和三层标注图。

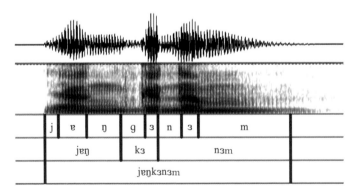

图 3.115　男发音人 [jeŋkɜnɜm]"刺骨的"一词的三维语图和三层标注图

3.2.2 共振峰分布模式

表 3.51 为两位发音人 [ŋ] 辅音的参数统计。图 3.116 为两位发音人 [ŋ] 辅音共振峰分布。表 3.51 和图 3.116 显示 [ŋ] 辅音的三个共振峰的频率范围，VF1 在 300Hz 左右，VF2 为 1000~1500Hz（F：1300~1800Hz），VF3 离散度较大。

表 3.51 [ŋ] 辅音统计

	M					F				
	CD	CA	VF1	VF2	VF3	CD	CA	VF1	VF2	VF3
平均值	169	65.67	372	1268	2503	100	64.59	360	1398	2865
标准差	74	3.204	88	184	216	36	3.196	44	162	357
变异系数	44%	5%	24%	14%	9%	36%	5%	12%	12%	12%

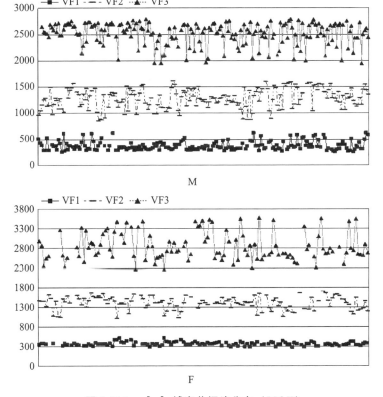

图 3.116 [ŋ] 辅音共振峰分布（M&F）

3.2.3 词中位置与声学参数之间的关系

表 3.52 为词中不同位置上〔ŋ〕辅音的参数统计。图 3.117～3.119 为根据表 3.52 所画的两位发音人词中不同位置上〔ŋ〕辅音的共振峰、音长、音强参数均值比较。

本次实验结果显示，词中位置与〔ŋ〕辅音声学参数之间有一定的相关性。如，词末〔ŋ〕辅音音强较弱。

表 3.52 词中不同位置〔ŋ〕辅音统计（M）

位置	参数	CD	CA	VF1	VF2	VF3
词中音节末	平均值	102	66.67	376	1216	2347
	标准差	37	2.993	74	228	226
	变异系数	36%	4%	20%	19%	10%
词末不带ʔ	平均值	219	64.71	367	1310	2493
	标准差	57	3.25	97	165	264
	变异系数	26%	5%	26%	13%	11%
词中音节末复辅音	平均值	100	66.8	434	1259	2335
	标准差	30	2.191	148	251	416
	变异系数	30%	3%	34%	20%	18%
词末复辅音	平均值	119	67.59	409	1209	2538
	标准差	26	2.328	97	141	118
	变异系数	22%	3%	24%	12%	5%

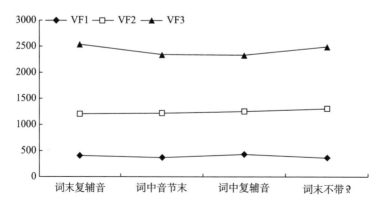

图 3.117－1 词中不同位置上〔ŋ〕辅音的共振峰均值比较（M）

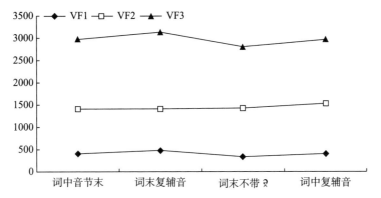

图 3.117 – 2　词中不同位置上［ŋ］辅音的共振峰均值比较（F）

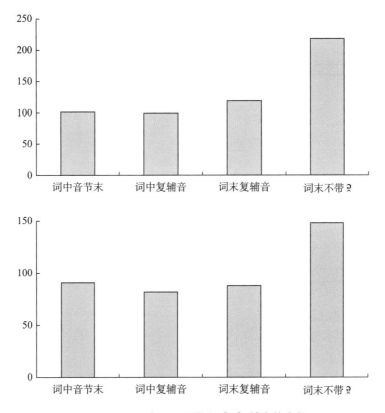

**图 3.118　词中不同位置上［ŋ］辅音的音长
均值比较（M&F）**

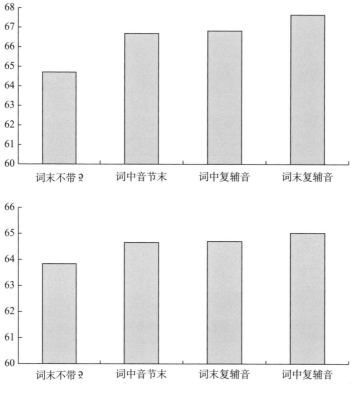

图 3.119 词中不同位置上 [ŋ] 辅音的音强
均值比较 (M&F)

（四）其他辅音

本节主要讨论边音/l/，闪音/ɾ/和半元音/j/、/w/等辅音。

1. /l/辅音

蒙古语标准话/l/辅音有浊边音 [l] 和清边音 [ɬ] 等两种变体。其中，
[l] 为典型变体。[ɬ] 变体主要在清擦音和送气辅音之前出现。/l/辅音在统一
平台中的出现频率较高，为702 次（M）或708 次（F）。请见表3.53 和表3.56。

1.1 [l] 辅音

[l] 辅音在统一平台中以单辅音或复辅音前置辅音形式共出现了 566
（M）或534 次（F）。其中，以单辅音形式主要在词首、词中音节首、词中
音节末和词末等位置出现；以复辅音前置辅音形式主要在词中音节末和词

末等位置出现。M 的 566 次［l］辅音中，544 次为单辅音，其余 22 次为复辅音前置辅音；F 的 534 次［l］辅音中，510 次为单辅音，其余 24 次为复辅音前置辅音。可以看出，［l］辅音主要以单辅音形式出现，以复辅音前置辅音形式出现的频率较低；该辅音主要在词中音节首和词末位置出现，在词首位置出现的频率较低。统计结果显示了该辅音 ᠳᠠᠷᠤ ᠪᠠᠰᠠ 的特点。

表 3.53　［l］辅音出现频率统计

词中位置	发音人	M		F	
		出现次数	百分比	出现次数	百分比
所有		566	100%	534	100%
单辅音	词首	17	3%	17	3%
	词中音节首	227	40%	228	43%
	词中音节末	99	17%	98	18%
	词末	201	36%	166	31%
复辅音	词中音节末	11	2%	12	2%
	词末	11	2%	12	2%

1.1.1　声学语图

根据我们的研究，蒙古语标准话［l］辅音是舌尖－齿浊边音（在 2007 年中国语言学会语音学分会翻译的"国际音标"中叫"边近音"）。图 3.120 为［kɐloː］"大雁"一词的三维语图和三层标注图。

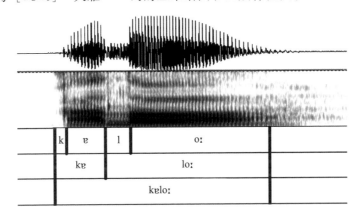

图 3.120　男发音人［kɐloː］"大雁"一词的三维语
图和三层标注图

1.1.2 共振峰分布模式

表 3.54 为 ［1］辅音声学参数的统计。图 3.121 为 ［1］辅音共振峰的分布。该图显示，［1］辅音三个共振峰的频率范围为 VF1 在 250~400Hz（M、F），M 的 VF2 为 1500Hz 左右（F 为 2000Hz 左右），M 的 VF3 为 2500Hz（F 为 3000Hz 左右）。

表 3.54　［1］辅音统计

	M					F				
	CD	CA	VF1	VF2	VF3	CD	CA	VF1	VF2	VF3
平均值	98	59.36	288	1567	2617	113	52.63	337	1944	3120
标准差	52	5.071	52.2	193	156	54	5.55	121	286	269
变异系数	53%	9%	18%	12%	6%	48%	11%	36%	15%	9%

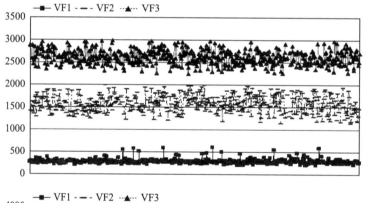

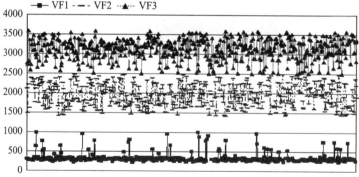

图 3.121　［1］辅音共振峰分布（M&F）

1.1.3　词中位置与声学参数之间的关系

表 3.55 为词中不同位置上的［l］辅音参数统计。图 3.122 至图 3.124 为词中不同位置上的［l］辅音共振峰、音长、音强参数分布。图和表显示，在词首位置上［l］辅音的音强相对弱。

表 3.55　词中不同位置［l］辅音统计（M）

统计	参数	CD	CA	VF1	VF2	VF3
词首	平均值	55	54.94	317	1556	2725
	标准差	17	7.596	67.9	347	249
	变异系数	31%	14%	21%	22%	9%
词中音节首	平均值	65	61.49	296	1584	2641
	标准差	17	3.404	74.3	285	255
	变异系数	27%	6%	25%	18%	10%
词中音节末	平均值	76	61.25	302	1617	2587
	标准差	22	2.765	84.7	268	181
	变异系数	28%	5%	28%	17%	7%
词末带ə	平均值	97	60.97	275	1566	2638
	标准差	20	2.369	29.6	192	166
	变异系数	20%	4%	11%	12%	6%
词末不带ə	平均值	175	53.89	288	1675	2744
	标准差	40	4.973	87.5	223	277
	变异系数	23%	9%	30%	13%	10%
词中音节末复辅音	平均值	74	61.73	351	1731	2748
	标准差	14	3.25	190	262	386
	变异系数	18%	5%	54%	15%	14%
词末复辅音	平均值	78	62.82	296	1671	2564
	标准差	18	2.249	44.8	191	302
	变异系数	24%	4%	15%	11%	12%

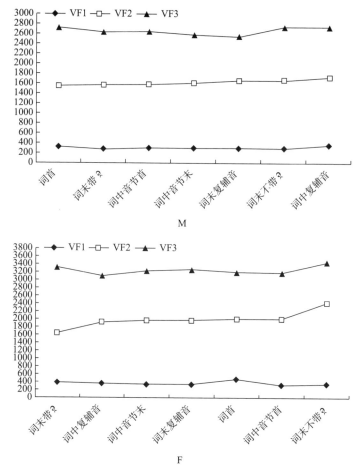

图 3.122　词中不同位置上 [l] 辅音的共振峰均值比较 （M&F）

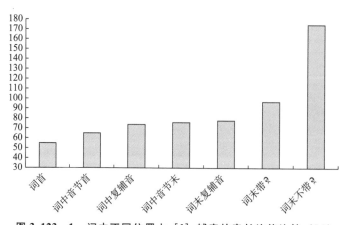

图 3.123 - 1　词中不同位置上 [l] 辅音的音长均值比较 （M）

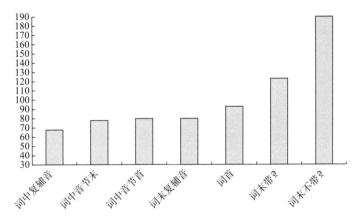

图 3.123 - 2　词中不同位置上 [l] 辅音的音长均值比较 (F)

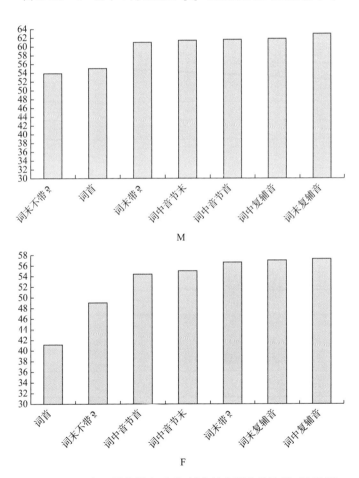

M

F

图 3.124　词中不同位置上 [l] 辅音的音强均值比较 (M&F)

1.2　[ɬ]辅音

[ɬ]辅音在统一平台中共出现了136次（M）或175次（F）。以单辅音或复辅音前置辅音形式主要在词中音节首、词中音节末和词末等位置出现。M的136次[ɬ]辅音中，76次为单辅音，其余60次为复辅音前置辅音；F的175次[ɬ]辅音中，116次为单辅音，其余59次为复辅音前置辅音。显然，该变体主要以单辅音形式和复辅音前置辅音形式出现，其主要出现位置为词中音节末，很少在词中音节首出现，见表3.56。

表3.56　[ɬ]辅音出现频率统计

发音人 词中位置		M		F	
		出现次数	百分比	出现次数	百分比
所有		136	100%	175	100%
单辅音	词中音节首	11	8%	6	3%
	词中音节末	43	32%	55	31%
	词末	22	16%	55	31%
复辅音	词中音节末	29	21%	18	10%
	词末	31	23%	41	23%

1.2.1　声学语图

蒙古语标准话[ɬ]辅音是舌尖－齿清边音，发音时声带不振动。图3.125为男女两位发音人发的[xɐːltʰ]"障碍物/封锁"一词三维语图和三层标注图。

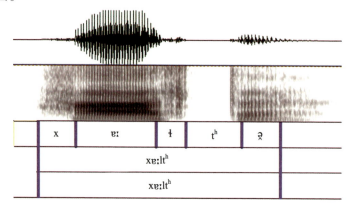

图3.125－1　男发音人[xɐːltʰ]"障碍物/封锁"一词的三维语图和三层标注图

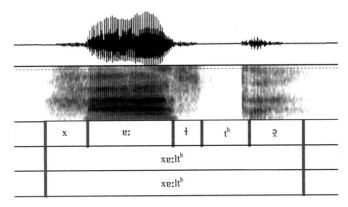

图 3. 125 - 2　女发音人 [xɛːltʰ] "障碍物/封锁" 一词的三维语图和三层标注图

1.2.2　共振峰分布模式

表 3.57 为两位发音人 [ɬ] 辅音的参数统计。图 3.126 为 [ɬ] 辅音共振峰分布。图 3.126 显示了 [ɬ] 辅音的三个共振峰的频率范围。如，男发音人 CF1 为 500～1000Hz，CF2 为 2000Hz 左右，CF3 为 2500～3300Hz；女发音人 CF1 为 1000～1500Hz，CF2 为 2500Hz 左右，CF3 为 3000～3500Hz。

表 3. 57　[ɬ] 辅音统计

	M					F				
	CD	CA	CF1	CF2	CF3	CD	CA	CF1	CF2	CF3
平均值	87	53. 54	736	1966	2763	104	46. 84	1118	2413	3195
标准差	42	5. 412	117	176	162	48	5. 779	206	301	199
变异系数	48%	10%	16%	9%	6%	46%	12%	18%	12%	6%

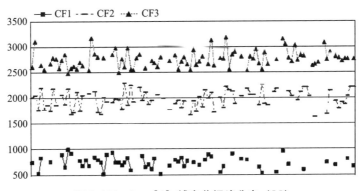

图 3. 126 - 1　[ɬ] 辅音共振峰分布（M）

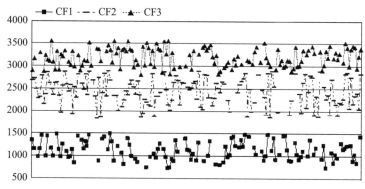

图 3.126 – 2 ［ɬ］辅音共振峰分布（F）

1.2.3 词中位置与声学参数之间的关系

表 3.58 为［ɬ］辅音在词中不同位置上的参数统计。图 3.127 ~ 3.129 为词中不同位置上［ɬ］辅音的共振峰、音长、音强参数均值比较。表和图显示，除在词末位置上以单辅音形式出现的［ɬ］辅音音强比其他位置上出现的相对弱外，其他参数没有显示与词中位置有关的信息。

表 3.58　词中不同位置［ɬ］辅音统计（M）

位置	参数	CD	CA	CF1	CF2	CF3
词中音节首	平均值	59	52.82	740	1983	2575
	标准差	14	3.786	136	159	190
	变异系数	23%	7%	18%	8%	7%
词中音节末	平均值	73	56	945	2040	2793
	标准差	20	3.348	390	315	267
	变异系数	27%	6%	41%	15%	10%
词末不带ə	平均值	170	44.77	733	2080	2853
	标准差	35	2.795	221	325	278
	变异系数	21%	6%	30%	16%	10%
词中音节末复辅音	平均值	69	56.31	914	2023	2871
	标准差	16	3.743	290	276	368
	变异系数	23%	7%	32%	14%	13%
词末复辅音	平均值	75	54	718	2025	2680
	标准差	14	4.325	217	203	236
	变异系数	18%	8%	30%	10%	9%

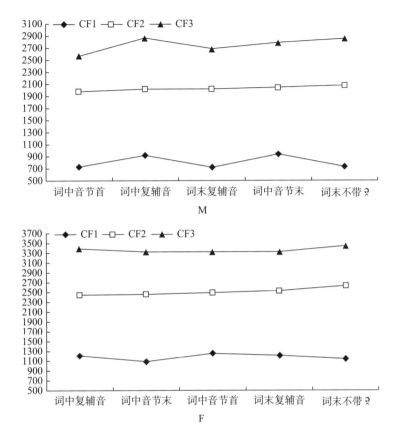

图 3.127　词中不同位置上 [ɬ] 辅音的共振峰均值 （M&F）

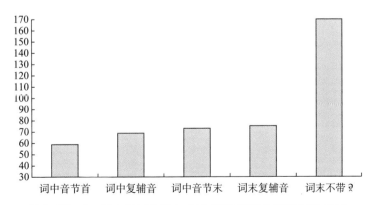

图 3.128 - 1　词中不同位置上 [ɬ] 辅音的音长均值比较 （M）

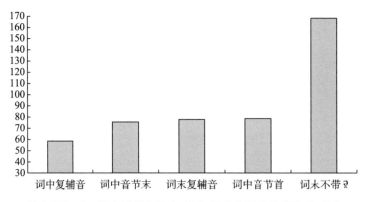

图 3.128 – 2　词中不同位置上［ɬ］辅音的音长均值比较（F）

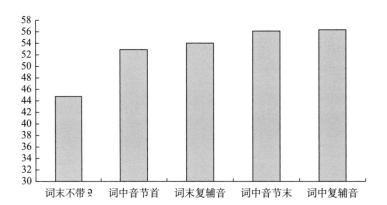

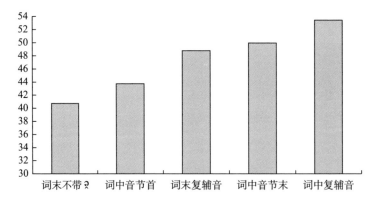

**图 3.129　词中不同位置上［ɬ］辅音的
音强均值比较（M&F）**

2. /ɾ/辅音

蒙古语标准话闪音/ɾ/有［ɾ］（闪音）、［r］（颤音）、［ʒ］（浊擦音）和［ɹ］（清擦音）等四个变体。其中，［ɹ］主要在清擦音和送气辅音之前出现，［ɾ］和［r］出现在其他语境中，可以自由交替。浊擦音［ʒ］也是一种自由变体。/ɾ/辅音在统一平台中共出现了 649 次（M）或 647 次（F）。有关该辅音典型变体与主要变体问题，请见"蒙古语/ɾ/辅音的声学分析"［呼和，《内蒙古大学学报》（蒙文版），1996 年第 6 期］。

2.1　［ɾ］辅音

［ɾ］辅音在统一平台中以单辅音或复辅音前置辅音形式共出现了 407 次（M）或 323 次（F）。其中，以单辅音形式出现的位置有词中音节首、词中音节末和词末等；以复辅音前置辅音形式出现的位置有词中音节末和词末等。在 M 的 407 次［ɾ］辅音中，385 次为单辅音，其余 23 次为复辅音前置辅音；在 F 的 323 次［ɾ］辅音中，306 次为单辅音，其余 17 次为复辅音前置辅音。显然，［ɾ］辅音主要以单辅音形式出现，以复辅音前置辅音形式出现的频率较少。［ɾ］辅音在词中音节首和词末位置出现的频率较高，在词中音节末出现的频率较低。在蒙古语固有词中该辅音不在词首出现，见表 3.59。

表 3.59　［ɾ］辅音出现频率统计

发音人 词中位置		M		F	
		出现次数	百分比	出现次数	百分比
所有		407	100%	323	100%
单辅音	词中音节首	179	44%	171	53%
	词中音节末	47	12%	50	15%
	词末	159	39%	85	26%
复辅音	词中音节末	14	3%	9	3%
	词末	9	2%	8	3%

2.1.1　声学语图

据我们的研究，蒙古语标准话［ɾ］辅音是舌尖－龈闪音。图 3.130 为［xereːt］"看着"一词的三维语图和三层标注图。

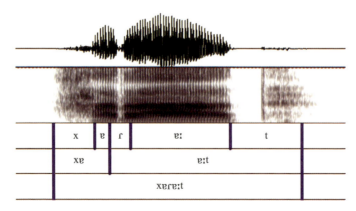

图 3.130 男发音人［xɛrɛːt］"看着"一词的三维语图和三层标注图

2.1.2 共振峰分布模式

表 3.60 为两位发音人［ɾ］辅音的参数统计。图 3.131 为两位发音人［ɾ］辅音共振峰分布。图 3.131 显示了［ɾ］辅音三个共振峰的频率范围。如，M、F 的 VF1 为 500Hz 左右，M 的 VF2 为 1500Hz 左右，F 的 VF2 为 1500～2000Hz，M 的 VF3 为 2000～2500Hz，F 的 VF3 为 3000Hz 左右。

表 3.60 ［ɾ］辅音统计

	M					F				
	CD	CA	VF1	VF2	VF3	CD	CA	VF1	VF2	VF3
平均值	63	68.78	486	1492	2274	63	63.51	511	1715	2816
标准差	12	4.178	101	144	230	15	4.307	151	224	329
变异系数	19%	6%	21%	10%	10%	23%	7%	30%	13%	12%

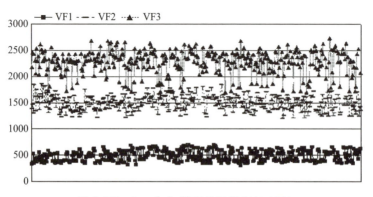

图 3.131 - 1 ［ɾ］辅音共振峰分布（M）

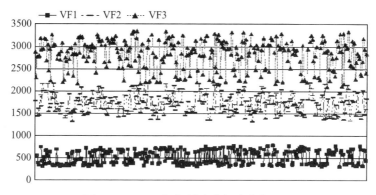

图 3.131 - 2 ［ɾ］辅音共振峰分布（F）

2.1.3 词中位置与声学参数之间的关系

表 3.61 为词中不同位置上的［ɾ］辅音参数统计。图 3.132~3.134 为两位发音人词中不同位置上［ɾ］辅音的共振峰、音长、音强参数均值比较。

表 3.61 词中不同位置［ɾ］辅音统计（M）

位置	参数	CD	CA	VF1	VF2	VF3
词中音节首	平均值	57	70.92	475	1509	2275
	标准差	10	2.597	91.6	203	274
	变异系数	18%	4%	19%	13%	12%
词中音节末	平均值	63	69.36	489	1452	2181
	标准差	12	2.538	95.5	169	311
	变异系数	19%	4%	20%	12%	14%
词末带ə	平均值	66	66.67	493	1501	2311
	标准差	9.4	3.567	109	117	229
	变异系数	14%	5%	22%	8%	10%
词中音节末复辅音	平均值	62	71	546	1376	2071
	标准差	4.5	2.507	115	98.3	256
	变异系数	7%	4%	21%	7%	12%
词末复辅音	平均值	71	71.44	440	1450	2101
	标准差	6.3	2.061	71.2	171	296
	变异系数	9%	3%	16%	12%	14%

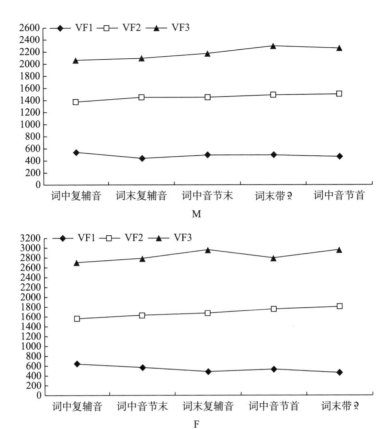

图 3.132　词中不同位置上［ɾ］辅音的共振峰均值比较（M&F）

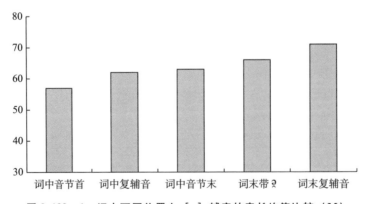

图 3.133－1　词中不同位置上［ɾ］辅音的音长均值比较（M）

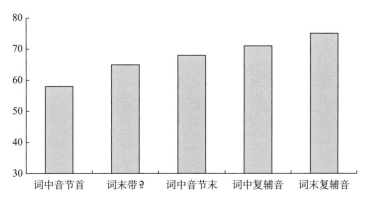

图 3.133 - 2　词中不同位置上［ɾ］辅音的音长均值比较（F）

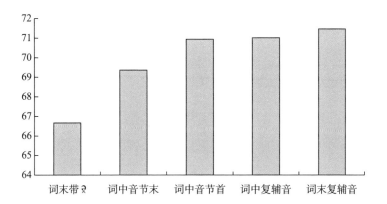

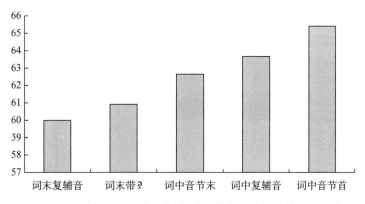

图 3.134　词中不同位置上［ɾ］辅音的音强均值比较（M&F）

　　表和图显示，［ɾ］辅音词中位置与其声学参数之间具有一定的相关性。如，词中复辅音中的第二共振峰频率 VF2 比其他位置上的相对低；词中音节首［ɾ］辅音比其他位置上的相对短；词末位置上［ɾ］辅音比其他位置上的相对弱。

2.2 ［r］辅音

［r］辅音在统一平台中以单辅音形式共出现了152次（M）或140次（F）。出现位置有词中音节首、词中音节末和词末等。其中，大多数［r］辅音是在词末位置出现的。如，63%（M）和86%（F）。该统计结果显示了/r/辅音ᠠᠷᠠᠷᠠᠷ ᠠᠷᠠᠷᠠᠷ的特点，见表3.62。

表3.62　［r］辅音出现频率统计

词中位置	发音人	M		F	
		出现次数	百分比	出现次数	百分比
所有		152		140	
单辅音	词中音节首	34	22%	12	9%
	词中音节末	23	15%	8	6%
	词末	95	63%	120	86%

2.2.1　声学语图

蒙古语标准话［r］辅音是舌尖－龈颤音。图3.135为男女两位发音人发音的［xɐpreːs］"从春天"和［jeːroː］"匆忙"二词三维语图和三层标注图。

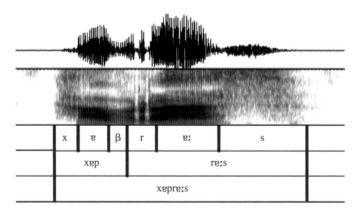

图3.135 – 1　男发音人［xɐpreːs］"从春天"一词的三维
语图和三层标注图

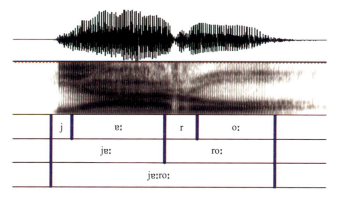

图 3.135 - 2　女发音人［jeːroː］"匆忙"一词的三维
语图和三层标注图

2.2.2　共振峰分布模式

表 3.63 为两位发音人［r］辅音的参数统计。图 3.136 为两位发音人
［r］辅音共振峰分布。该图显示了［r］辅音三个共振峰频率范围。如，M、
F 的 VF1 为 500Hz 左右，M 的 VF2 为 1500Hz 左右，F 的 VF2 为 1500 ~
2000Hz，M 的 VF3 为 2000 ~ 3000Hz，F 的 VF3 为 3000Hz 左右。

表 3.63　　［r］辅音统计

	M					F				
	CD	CA	VF1	VF2	VF3	CD	CA	VF1	VF2	VF3
平均值	101	66.6	458	1526	2307	114	57.93	581	1734	2667
标准差	27	4.983	84.7	136	197	26	4.587	120	147	268
变异系数	26%	7%	18%	9%	9%	23%	8%	21%	9%	10%

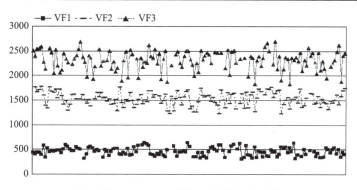

图 3.136 - 1　　［r］辅音共振峰分布（M）

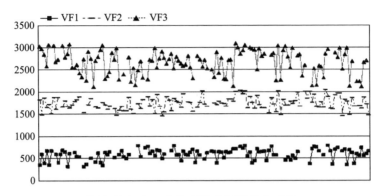

图 3.136 - 2　[r] 辅音共振峰分布 (F)

2.2.3　词中位置与声学参数之间的关系

表 3.64 为词中不同位置上 [r] 辅音的参数统计。图 3.137～3.139 为词中不同位置上 [r] 辅音的共振峰、音长、音强参数均值比较。图和表显示，词末位置上 [r] 辅音的第二共振峰比其他位置上的相对高，音强相对弱。词中音节首位置上的 [r] 辅音比其他位置上的相对强。

表 3.64　词中不同位置 [r] 辅音统计 (M)

位置 \ 参数		CD	CA	VF1	VF2	VF3
词中音节首	平均值	97	69.71	448	1445	2215
	标准差	19	2.432	75.7	148	224
	变异系数	19%	3%	17%	10%	10%
词中音节末	平均值	75	69.3	476	1492	2200
	标准差	20	2.51	117	168	324
	变异系数	27%	4%	25%	11%	15%
词末带ᠠ	平均值	90	67.9	428	1574	2372
	标准差	9.4	3.431	63.5	138	228
	变异系数	11%	5%	15%	9%	10%
词末不带ᠠ	平均值	131	61.27	527	1561	2327
	标准差	20	4.76	121	135	250
	变异系数	16%	8%	23%	9%	11%

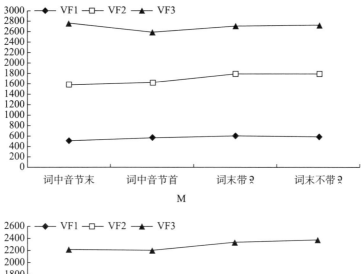

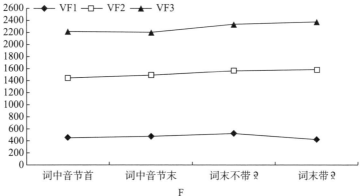

图 3.137　词中不同位置上［r］辅音的共振峰均值比较（M&F）

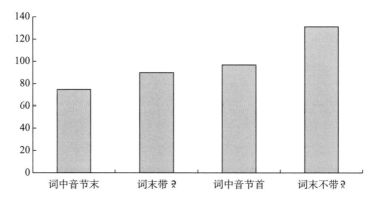

图 3.138 - 1　词中不同位置上［r］辅音的
音长均值比较（M）

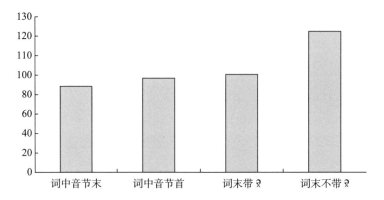

图 3.138 - 2　词中不同位置上［r］辅音的
音长均值比较（F）

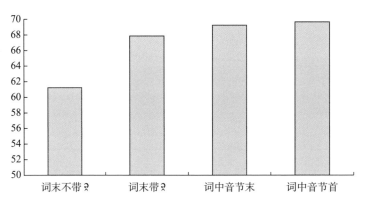

图 3.139 - 1　词中不同位置上［r］辅音的音强均值比较（M）

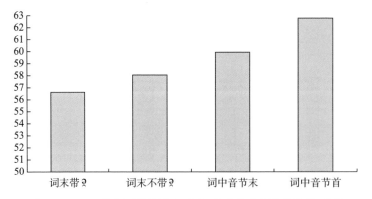

图 3.139 - 2　词中不同位置上［r］辅音的音强均值比较（F）

2.3 [ʒ] 辅音

[ʒ] 辅音在统一平台中以单辅音或复辅音前置辅音形式共出现了 20 次（M）或 57 次（F）。出现的位置有词中音节首、词中音节末和词末等。显然，[ʒ] 变体的出现频率因人而异。本次统计显示，女发音人语料中出现的频率高于男发音人，见表 3.65。

表 3.65 [ʒ] 辅音出现频率统计

词中位置		发音人 M		发音人 F	
		出现次数	百分比	出现次数	百分比
所有		20	100%	57	100%
单辅音	词中音节首	2	10%	23	40%
	词中音节末	7	35%	8	14%
	词末	5	25%	22	39%
复辅音	词中音节末	3	15%		
	词末	3	15%	4	7%

2.3.1 声学语图

蒙古语标准话 [ʒ] 辅音是舌尖－龈浊擦音。图 3.140 为男女两位发音人发音 [xiʒ] "污垢" 一词三维语图和三层标注图。

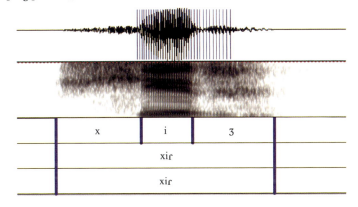

图 3.140 – 1 男发音人 [xiʒ] "污垢" 一词的三维
语图和三层标注

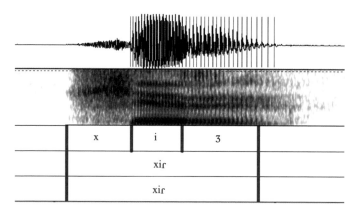

图 3. 140 - 2   女发音人 [xiɾ] "污垢" 一词的三维语图和三层标注

2. 3. 2   共振峰分布模式

表 3. 66 为两位发音人 [ʒ] 辅音参数统计。图 3. 141 为两位发音人 [ʒ] 辅音共振峰分布。该图显示，[ʒ] 辅音三个共振峰的频率范围为 M：VF1 为 300 ~ 500Hz，VF2 为 1500 ~ 1800Hz，VF3 为 2000 ~ 2500Hz；F：VF1 为 300 ~ 500Hz，VF2 为 1500 ~ 2000Hz，VF3 为 2500 ~ 3000Hz。

表 3. 66   [ʒ] 辅音统计

	M					F				
	CD	CA	VF1	VF2	VF3	CD	CA	VF1	VF2	VF3
平均值	66	65. 55	425	1572	2314	87	57. 47	402	1889	2939
标准差	40	3. 024	86	131	190	56	4. 276	116	186	280
变异系数	60%	5%	20%	8%	8%	64%	7%	29%	10%	10%

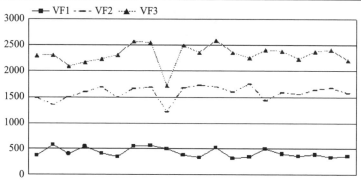

图 3. 141 - 1   [ʒ] 辅音共振峰分布 (M)

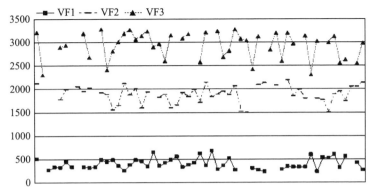

图 3. 141 - 2　[ʒ] 辅音共振峰分布（F）

2.3.3　词中位置与声学参数之间的关系

表 3.67 为词中不同位置上 [ʒ] 辅音的参数统计。图 3. 142～3. 144 为词中不同位置上 [ʒ] 辅音的共振峰、音长、音强参数均值比较。图和表显示，词末不带弱短元音位置上 [ʒ] 辅音的第二共振峰比其他位置上的相对高，而音强却相对弱。词中音节首位置上 [ʒ] 辅音的音长比其他位置上的相对短。

表 3. 67　词中不同位置 [ʒ] 辅音统计（M）

参数	统计	CD	CA	VF1	VF2	VF3
词中音节首	平均值	39	67.5	360	1560	2214
	标准差	9	0.5	2	9.5	20
	变异系数	23%	1%	1%	1%	1%
词中音节末	平均值	42	66.43	426	1478	2205
	标准差	8	1.294	74	154	229
	变异系数	19%	2%	17%	10%	10%
词末不带ʔ	平均值	129	63.2	363	1670	2356
	标准差	27	4.707	28	58.3	52.8
	变异系数	21%	7%	8%	3%	2%
词中音节末复辅音	平均值	56	66	552	1641	2429
	标准差	15	2.16	11	34.6	184
	变异系数	27%	3%	2%	2%	8%
词末复辅音	平均值	45	65.67	442	1570	2450
	标准差	2.5	1.247	94	107	102
	变异系数	6%	2%	21%	7%	4%

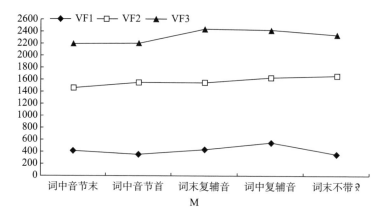

M

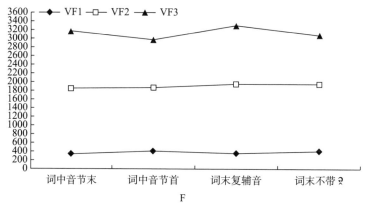

F

图 3.142　词中不同位置上 [ʒ] 辅音的共振峰均值比较 （M&F）

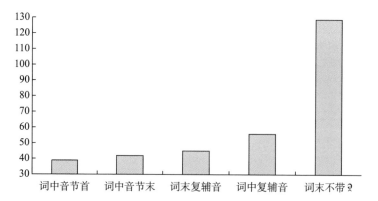

图 3.143 - 1　词中不同位置上 [ʒ] 辅音的音长均值比较 （M）

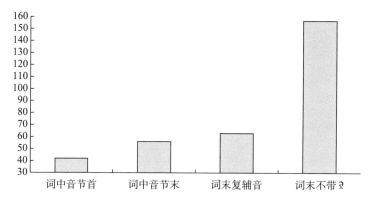

图 3. 143 - 2　词中不同位置上 [ʒ] 辅音的音长均值比较（F）

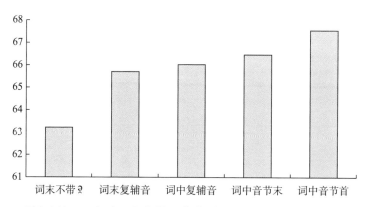

图 3. 144 - 1　词中不同位置上 [ʒ] 辅音的音强均值比较（M）

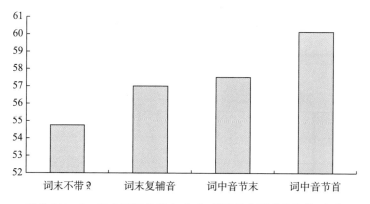

图 3. 144 - 2　词中不同位置上 [ʒ] 辅音的音强均值比较（F）

2.4 〔ɹ〕辅音

〔ɹ〕辅音在统一平台中以单辅音或复辅音前置辅音形式共出现了 70 次（M）或 125 次（F）。出现的位置为词中音节末和词末。〔ɹ〕辅音主要在词中音节末出现。如 84%（M）和 63%（F）的〔ɹ〕辅音都在词中音节末出现，见表 3.68。

表 3.68　〔ɹ〕辅音出现频率统计

词中位置	发音人	M		F	
		出现次数	百分比	出现次数	百分比
所有		70	100%	125	100%
单辅音	词中音节末	35	50%	58	46%
	词末	2	3%	33	26%
复辅音	词中音节末	24	34%	22	18%
	词末	9	13%	12	9%

2.4.1　声学语图

蒙古语标准话〔ɹ〕辅音是舌尖 - 龈清擦音。图 3.145 为男女两位发音人发音的〔ɛrʧʰ〕"杜松"一词三维语图和三层标注图。

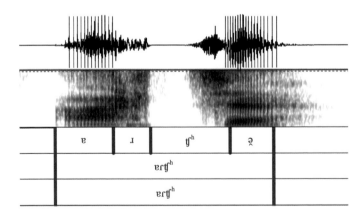

图 3.145 - 1　男发音人〔ɛrʧʰ〕"杜松"一词的三维语
图和三层标注

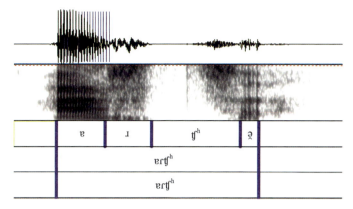

图 3. 145 - 2 女发音人［ɐrʧʰ］"杜松"一词的三维语
图和三层标注

2. 4. 2 共振峰分布模式

表 3. 69 为两位发音人［ɹ］辅音参数统计。图 3. 146 为两位发音人［ɹ］辅音共振峰分布。该图显示，［ɹ］辅音三个共振峰的频率范围为：M：CF1：500 ~ 1000Hz，CF2：1500 ~ 2000Hz，CF3 为 2500Hz 左右；F：CF1 为 800 ~ 1500Hz，CF2 为 2000 ~ 2500Hz，CF3 为 3000 ~ 3500Hz。

表 3. 69　［ɹ］辅音统计

	M					F				
	CD	CA	CF1	CF2	CF3	CD	CA	CF1	CF2	CF3
平均值	53	61. 66	698	1758	2484	92	54. 57	1147	2220	3244
标准差	16	3. 418	162	148	167	48	4. 208	290	208	237
变异系数	31%	6%	23%	8%	7%	52%	8%	25%	9%	7%

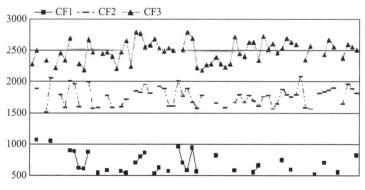

图 3. 146 - 1　［ɹ］辅音共振峰分布（M）

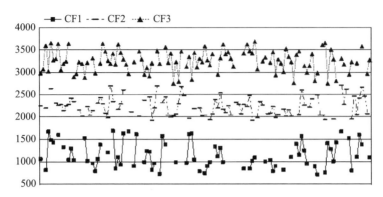

图 3.146 – 2   [ɹ] 辅音共振峰分布 （F）

2.4.3　词中位置与声学参数之间的关系

表 3.70 为词中不同位置上 [ɹ] 辅音的参数统计。图 3.147 ~ 3.149 为词中不同位置上 [ɹ] 辅音的共振峰、音长、音强参数均值比较。图和表显示，词中音节末位置上 [ɹ] 辅音的音长相对短于其他位置上，词末不带弱短元音位置上 [ɹ] 辅音的音强相对弱于其他位置上的。

表 3.70　词中不同位置 [ɹ] 辅音统计 （M）

参数	统计	CD	CA	CF1	CF2	CF3
词中音节末	平均值	47	62.37	566	1725	2578
	标准差	9.2	3.099	164	223	325
	变异系数	19%	5%	29%	13%	13%
	变化范围	79 ~ 31	70 ~ 55	936 ~ 332	2408 ~ 1340	3655 ~ 2070
词末不带ə	平均值	114	53.5	697	1798	2475
	标准差	2.9	1.225	0.82	26.5	28.2
	变异系数	3%	2%	0%	1%	1%
	变化范围	117 ~ 110	55 ~ 52	698 ~ 696	1830 ~ 1765	2509 ~ 2440
词中音节末复辅音	平均值	50	61.25	632	1894	2698
	标准差	12	3.017	173	246	344
	变异系数	23%	5%	27%	13%	13%
	变化范围	78 ~ 28	67 ~ 56	957 ~ 297	2452 ~ 1567	3357 ~ 2088

续表

参数	统计	CD	CA	CF1	CF2	CF3
词末复辅音	平均值	67	61.78	1197	2025	2952
	标准差	16	3.392	222	224	463
	变异系数	24%	5%	19%	11%	16%
	变化范围	88~36	70~58	1502~808	2344~1635	3796~2385

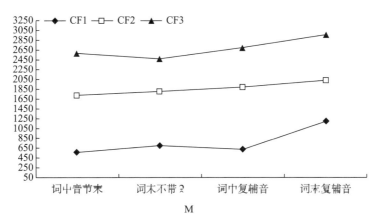

M

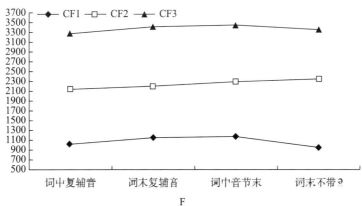

F

图 3.147　词中不同位置上 ［ɭ］ 辅音的共振峰均值比较 （M&F）

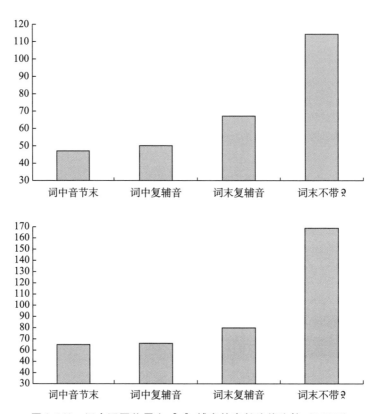

图 3.148　词中不同位置上 [ɹ] 辅音的音长均值比较 （M&F）

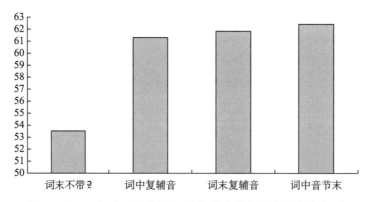

图 3.149 - 1　词中不同位置上 [ɹ] 辅音的音强均值比较 （M）

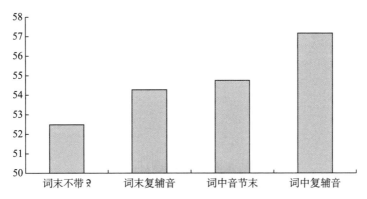

图 3.149 - 2 词中不同位置上 [ɹ] 辅音的音强均值比较（F）

3. /j/辅音

3.1 词中分布特点

/j/辅音在统一平台中以单辅音或复辅音前置辅音形式共出现了 165 次（M）和 152 次（F）。其中，以单辅音形式出现的位置有词首、词中音节首、词中音节末和词末等；以复辅音前置辅音形式出现的位置有词中音节末和词末等。在 M 的 165 次/j/辅音中，152 次为单辅音，其余 13 次为复辅音前置辅音；在 F 的 152 次/j/辅音中，140 次为单辅音，其余 12 次为复辅音前置辅音。从整体上看，40% 左右的/j/辅音是在词首出现的，24% 左右的/j/是在中音节首出现的，20% 左右的/j/辅音是在词中音节末出现的。该辅音在词末出现的比例较少（10% 左右），见表 3.71。

表 3.71 [j] 辅音出现频率统计

词中位置	发音人	M		F	
		出现次数	百分比	出现次数	百分比
所有		165	100%	152	100%
单辅音	词首	69	42%	63	41%
	词中音节首	40	24%	31	20%
	词中音节末	30	18%	33	22%
	词末	13	8%	13	9%
复辅音	词中音节末	4	2%	3	2%
	词末	9	5%	9	6%

3.2 声学特征

3.2.1 声学语图

蒙古语标准话 [j] 辅音是舌叶齿龈后区半元音（在 2007 年中国语言学会语音学分会翻译的"国际音标"中叫"近音"）。图 3.150 为男发音人 [xɐjɛ:] "墙" 一词三维语图和三层标注图。

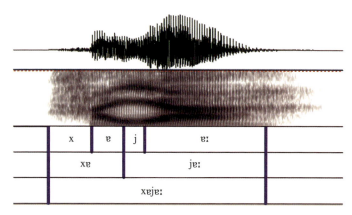

图 3.150　男发音人 [xɐjɛ:] "墙" 一词的三维语图和三层标注

3.2.2 共振峰分布模式

表 3.72 为两位发音人 [j] 辅音参数统计。图 3.151 为两位发音人 [j] 辅音共振峰分布。图 3.151 显示了 [j] 辅音三个共振峰的频率范围。M，F：VF1 为 300~500Hz，M 的 VF2 为 2000~2500Hz，VF3 为 3000Hz 左右；F 的 VF2 为 2500~3000Hz，VF3 为 3500Hz 左右。

表 3.72　[j] 辅音统计

	M					F				
	CD	CA	VF1	VF2	VF3	CD	CA	VF1	VF2	VF3
平均值	75	66.07	361	2115	3082	77	62.58	341	2709	3490
标准差	53	6.334	66	104	189	41	7.884	44.4	139	214
变异系数	71%	10%	18%	5%	6%	53%	13%	13%	5%	6%

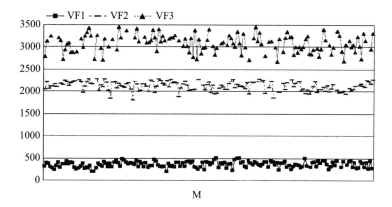

M

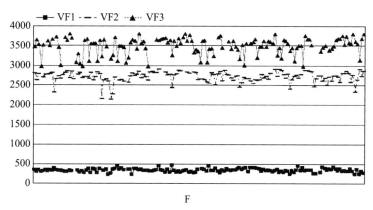

F

图 3.151　[j] 辅音共振峰分布（M&F）

3.2.3　词中位置与声学参数之间的关系

表 3.73 为词中不同位置上 [j] 辅音的参数统计。图 3.152～3.154 为词中不同位置上 [j] 辅音的共振峰、音长、音强参数均值比较。从表 3.73 和图 3.151～3.154 中可以看出，词首位置上 [j] 辅音的第二、第三共振峰比其他位置上的相对高，音长相对短，音强相对弱。

表 3.73　词中不同位置 [j] 辅音统计（M）

统计	参数	CD	CA	VF1	VF2	VF3
词首	平均值	58	59.3	336	2156	3208
	标准差	16	2.677	72	169	268
	变异系数	28%	5%	21%	8%	8%

续表

统计 \ 参数		CD	CA	VF1	VF2	VF3
词中音节首	平均值	56	71.08	398	2103	3022
	标准差	17	3.003	75	91.5	269
	变异系数	30%	4%	19%	4%	9%
词中音节末	平均值	74	69.63	381	2133	2833
	标准差	23	1.991	49	134	422
	变异系数	31%	3%	13%	6%	15%
词末不带ə	平均值	231	71.31	365	2141	2774
	标准差	72	2.053	49	59.1	301
	变异系数	31%	3%	13%	3%	11%
词中音节末复辅音	平均值	57	70.75	410	1944	2660
	标准差	6.5	1.92	12	137	271
	变异系数	11%	3%	3%	7%	10%
词末复辅音	平均值	78	74.11	357	2098	2686
	标准差	25	0.994	47	122	376
	变异系数	32%	1%	13%	6%	14%

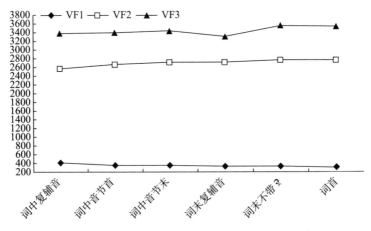

图 3.152 – 1　词中不同位置 [j] 辅音的共振峰均值比较（M）

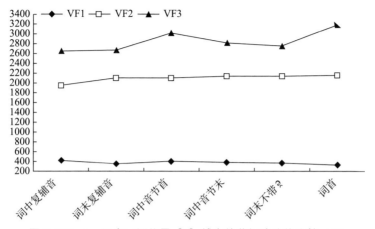

图 3.152 - 2　词中不同位置 ［j］辅音的共振峰均值比较（F）

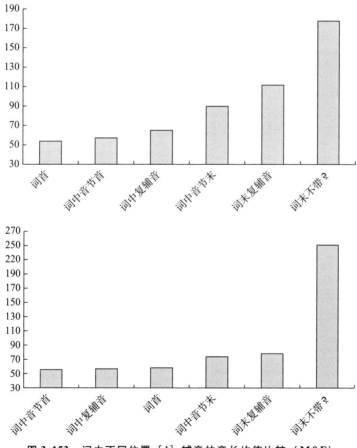

图 3.153　词中不同位置 ［j］辅音的音长均值比较（M&F）

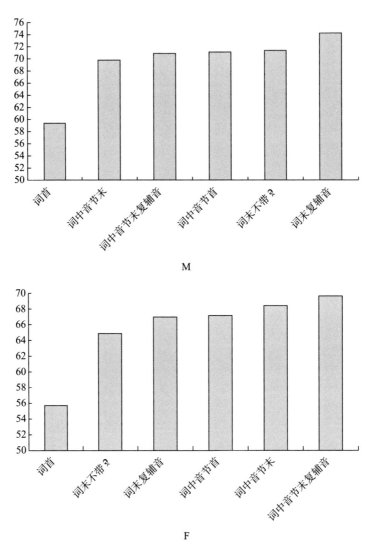

图 3.154　词中不同位置 [j] 辅音的音强均值比较 （M&F）

3.2.4　后置元音音质与声学参数之间的关系

表 3.74 为不同元音之前 [j] 辅音的参数统计。图 3.155 ~ 3.157 为不同元音前 [j] 辅音的共振峰、音长和音强均值比较。从表 3.74 和图 3.155 中可以看出，在 [ʊ]，[u] 等阴性圆唇后元音之前 [j] 辅音的第三共振峰频率相对低于其他位置上的，而在 [i] 元音之前 [j] 辅音的第三共振峰频率最高。有关这一问题有待进一步研究。

表 3.74 不同元音前的 [j] 辅音统计（M）

参数		条件	CD	CA	VF1	VF2	VF3
jɐ	N	平均值	61	59.43	380	2088	3239
	23	标准差	14	2.902	76	109	248
		变异系数	24%	5%	20%	5%	8%
ji	N	平均值	52	60.75	276	2143	3451
	12	标准差	17	2.005	27	91.3	339
		变异系数	33%	3%	10%	4%	10%
jɔ	N	平均值	65	57.89	329	2303	3260
	9	标准差	14	1.449	49	271	192
		变异系数	21%	3%	15%	12%	6%
jo	N	平均值	53	59.67	283	2225	3015
	6	标准差	16	2.211	46	270	267
		变异系数	31%	4%	16%	12%	9%
ju	1	平均值	42	58	246	2033	2989
jɛ	N	平均值	58	58.83	347	2158	3185
	18	标准差	16	2.93	60	92.9	338
		变异系数	28%	5%	17%	4%	11%

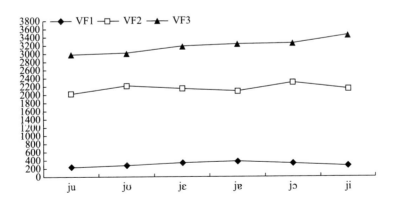

图 3.155－1 不同元音之前 [j] 辅音的三个
共振峰均值比较（M）

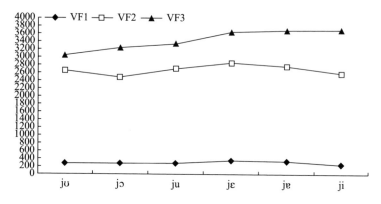

图 3.155 – 2　不同元音之前 [j] 辅音的三个
共振峰均值比较 （F）

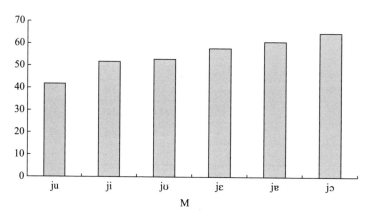

M

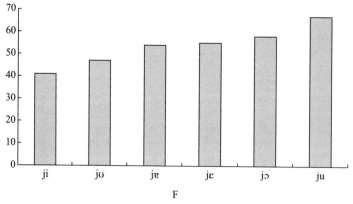

F

图 3.156　不同元音之前 [j] 辅音的音长均值比较 （M&F）

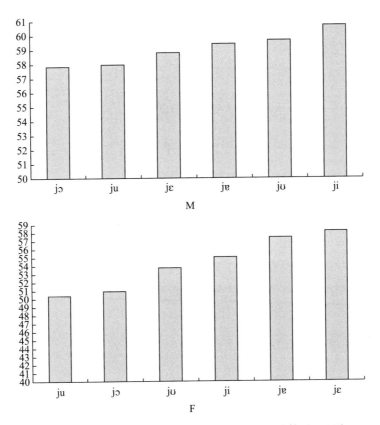

图 3.157　不同元音之前 [j] 辅音的音强均值比较 (M&F)

第四章

蒙古语音系特点

本章基于音段声学参数特征探讨蒙古语标准话音系有关问题。重点讨论词首音节短元音音位及其变体在声学空间中的分布特点、词首音节短元音演变的声学语音学线索、元音演变与其自身发音机制（内因）之间的关系、元音演变与语境（外因）之间的关系等问题。

一　词首音节短元音音系特点

（一）词首音节短元音音位及其变体在声学空间中的分布特点

1. 总体格局

我们从图 4.1~4.2 中可以看到，蒙古语词首音节短元音音位及其变体在声学空间中的总体格局：

前后 700~2200Hz；高低 300~900Hz（M）；

前后 850~3000Hz；高低 300~1100Hz（F）。

1.1　舌位格局

图 4.1~4.2 显示，蒙古语标准话词首音节短元音在舌位高、低维度上可以分高（［ə, i, ʊ, u］）、中（［o, ɛ, œ, ɔ, o］）、低（［ɐ］）等三个层级，在舌位前、后维度上可以分前（［i, ɛ, œ］）、央（［ ʉ, ə］）、后（［ɔ, o, ʊ, u］）等三个层级，是较典型的"三三格局"。另一个特点是以/i, ə, u/为极端元音的"倒三角形"格局。这是蒙古语族语言方言土语（话）乃至满－通古斯语族语言的一个比较典型的特点。

1.2　阴阳格局

阴阳元音在舌位高低（开口度）维度上有其相对固定的分布位置，即阴在高（［ə，i，ʊ，u]），阳在低（［ɛ，ɐ，ɔ，o，ɛ，œ]）。阴阳元音的分界线在 500Hz 附近，在舌位前后方面无差异。如，［i，ɛ，œ］为前元音（［œ］元音虽然位于中央位置，但考虑到圆唇因素和［ɔ］元音的相对位置，把它归为前元音为好），［ə，ɐ］为央元音（［ə］元音虽然位于靠前、高位置，但与卫拉特方言的前元音［e］相比，该元音的舌位相对靠后，归为央元音为好），［u，o，ʊ，ɔ］为后元音。请见图 4.1～4.2。

1.3　音位及其变体格局

蒙古语标准话词首音节短元音音位及其变体在声学空间中的格局可以分为前、后和高、低两种模式。其中，圆唇元音为"前后扩展模式"，即圆唇元音的变体主要分布在前后维度（舌位前后）上，而展唇元音为"高低扩展模式，即展唇元音的变体主要分布在高、低维度（舌位高低）上。其中，/ɔ/和/o/、/ʊ/和/u/等后圆唇元音之间的距离较近，呈现了部分叠加现象。请见图 4.1～4.2。有关叠加问题将在后面讨论。

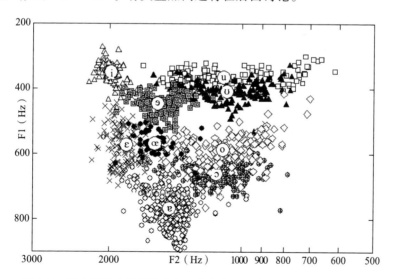

图 4.1　蒙古语标准话男发音人词首音节短元音音位在声学空间中的分布（国际音标标记位置为均值，下同）

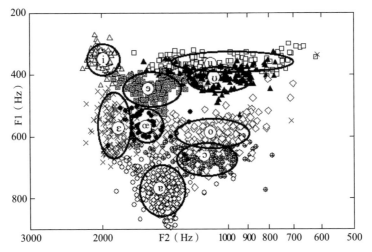

图 4.2　蒙古语标准话男发音人词首音节短元音音位在声学空间中的分布
（圆圈范围为音位变体离心度①较小的变化范围，下同）

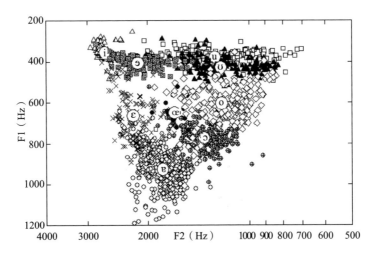

**图 4.3　蒙古语标准话女发音人词首音节短元音音位
在声学空间中的分布**

1.4　/ə/元音格局

从图 4.1～4.2 中可以看到，蒙古语第二元音（我们以往标记为/ə/）位于/i/和/u/之间。其中，女发音人第二元音的舌位高低与国际音标的［ɨ］

---

　① 在实际使用中，往往用变异系数（用公式表示为：$CV = \sigma/\mu$），也叫离心度来衡量各变体距平均值的远近。离心度超过 10% 听感上已经变成别的音了（鲍怀翘、阿西木，1988）。

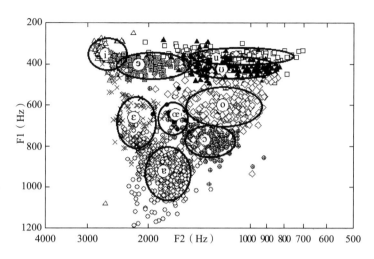

图 4.4 蒙古语标准话女发音人词首音节短元音音位在声学空间中的分布
（圆圈范围为音位变体离心度较小的变化范围，下同）

较接近。按照国际音标的记法似乎可以用/ɨ/标记蒙古语第二元音，但从整体上看，用［ə］符号标记为好。男女发音人/ə/的格局为我们解释该元音的演变提供了重要的线索。

（二）词首音节短元音演变的声学语音学线索

本章所指的元音演变，包括元音音变（音位变体分布格局，量变）和元音演化（新音位的形成与旧音位的消失）等内容。在蒙古语族语言方言土语（话）中有元音和谐率、单元音或二合元音的前化、非词首音节短元音的央化等一系列语音现象。显然，在这些语音现象中，有些属正在发生的变化（量变，如在有些方言土语中非词首音节短元音的央化和二合元音的前化）、有些属已发生的变化（质变，如在有些方言土语中单元音的前化）、有些可能是属将要发生的变化（如在有些方言土语中元音和谐律的弱化）等。那么，能否从声学语音学的视角，解释导致这些演变的原因问题？语音学特别是语言学语音学发展至今，可以回答这一棘手问题。我们认为，从声学语音学的视角看，导致语音特征及其规则的形成和发展（演变）的主要因素有三个：第一，内因，即语音自身的发音或发声机制。如，舌位前后、高低和圆展唇以及发声类型等。第二，外因，即语境。如，音节数量、音节类型、词和音节中的位置等。第三，语音特征及其规则的绝对性和相对性（这里暂时忽略音系控制因素）。下面我们简单探讨这三个因素与元音演变之间的关系问题。

（三）元音演变与其自身发音机制（内因）之间的关系

1. 元音"三三"和"倒三角形"格局

从蒙古语词首音节短元音的"三三格局"中，我们较清楚地看到蒙古语标准话前元音、央元音、后元音和高元音、中元音、低元音；而"倒三角形格局"反映的是较深层次的理论和现实问题，即语言亲属关系的远近度。据我们以往的研究，类似有"倒三角形格局"的语言除蒙古语族语言方言土语（话）外，还有鄂温克、鄂伦春等满－通古斯语族语言。有趣的是维吾尔语没有这种格局。我们在语音声学实验研究中发现，每种语言的元音在声学空间中有其独特的分布格局。不同发音人发同一种语言的元音其共振峰频率可能有所不同，但不同发音人所发的同一种语言的各个元音在声学元音图中的相对位置是基本稳定的，特别是三个极端元音的位置，即三角形三点之间距离的比值（三角形相似度）是相对稳定的。这种比值可以作为区别语言方言土语远近度参数。

2. 元音变体与独立音位之间的界限

图 4.1~4.4 显示，圆唇元音的主要变化发生在舌位前后（维度）上，而展唇元音的主要变化发生在舌位高低（维度）上。圆、展唇元音的这种"分工"格局，一方面给我们解释了为什么传统语音学论著中把蒙古语 /ɔ，o，ʊ，u/ 等四个后圆唇元音中的有些音标记为 /θ，ʉ/ 的原因。从该四个圆唇元音的分布格局看，以平均值为中心前后至少有四种变体，即

$$/ɔ/→[ɞ,ɔ̟,ɔ,ɔ̠];/o/→[θ,o̟,o,o̠];/ʊ/→[ʉ,ʊ̟,ʊ,ʊ̠];/u/→[ʉ,u̟,u,u̠].$$

另一方面，在蒙古语有些方言土语（话）中该四个圆唇后元音的前化变体 [œ，ø，ʏ，y] 等已演化成独立的圆唇前元音：/ɔ/→[œ]→/œ/，/o/→[ø]→/ø/，/ʊ/→[ʏ]→/ʏ/，/u/→[y]→/y/。蒙古语标准话中我们目前只发现 /ɛ/ 和 /œ/ 等两个前元音音位。图 4.5~4.6 展示了 /ɐ/ 和 /ɛ/，/ɔ/ 和 /œ/ 之间割舍不断的渊源关系。

图 4.1~4.6 显示，/ɐ/ 元音可以有 [ɐ̃~ɐ̰，ɐ̠，ɐ] 等前或高、低变体。无论音位及其变体怎样分布甚至在不同音位变体之间发生叠接现象，

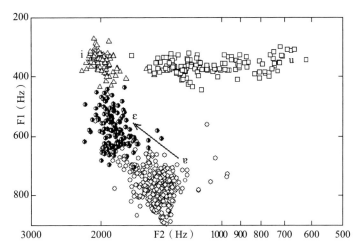

图 4.5　蒙古语标准话词首音节短元音/ɐ/和/ɛ/的格局（M）

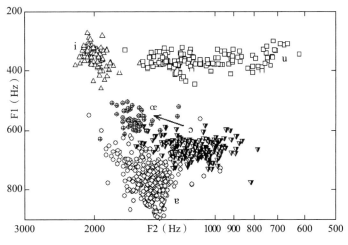

图 4.6　蒙古语标准话词首音节短元音/ɔ/和/œ/的格局（M）

通过解读"元音声学空间动态分布图"都能较清楚地分辨某一音位及其变体的分布范围和界限。

3. 圆唇元音问题

表 4.1 是书面蒙古语圆唇元音与蒙古语族语言方言土语（话）圆唇元音对应表。为了反映原著的面貌，本文保持了原著记音符号（传统记音方法）。从表 4.1 中可以看出，书面蒙古语圆唇元音与蒙古语族语言方言土语（话）圆唇元音之间对应的复杂性。这种复杂的对应关系进一步说明了书面

蒙古语在蒙古语族语言方言土语（话）中的不同发展（演变）过程。有关古代蒙古语中曾经有过几个圆唇元音的问题，一直是学界争论的焦点。

表 4.1　书面蒙古语圆唇元音与蒙古语族语言方言土语（话）圆唇元音对应

书面蒙古语	书面蒙古语转写	察哈尔话	喀尔喀方言	卫拉特语	翰尔语	东部裕固语	土族语	保安语	东乡语
ᠣ	o	ɔ~ʊ~œ	ɔ~ʊ~œ	ɔ~ʊ~ø	o	ɔ~u~ø	ɔ~ʊ, o~u	θ~u	o~u
	u	ʊ~ɔ~œ	ʊ	ʊ~ɔ~y	o~u	ʉ~u~ɔ	u~ʊ~y	u~o	u~o
ᠥ	ö	o~u	θ	ø~y	u	ø~o~ʉ	o~u	θ~u	o~u
	ü	u~o	ʉ	y~ø	u	ʉ~y~ o~ø	u~o	u~θ	u~o

主要观点有三种：固有四个圆唇元音；二变四；三变四等。据我们目前所掌握的资源和方法，初步认为，书面蒙古语是根据一个具有两个圆唇元音音位的某一个方言或土语（话）创造的，该方言或土语（话）当时是比较权威性或代表性的。古代蒙古语，即文字基于的方言或土语（话）中当时可能只有阴、阳对立的两个圆唇元音音位，后来逐渐发展为四个圆唇元音，即"二变四"的可能性较大。原因一，因为书面蒙古语中只有两个记录圆唇元音的符号；原因二，从图 4.1～4.4 中可以看到，/ɔ, o/和/ʊ, u/两对元音的分布非常接近并有部分叠加，界限较"模糊"，音值的主要差异在舌位高低上（暂不考虑圆唇度和唇凸度）；原因三，阴阳对立是蒙古语元音的绝对属性，而元音和谐律是这一绝对属性在具体语言中的实现方式（共现原则），是相对的。

4. 书面蒙古语/e/的演变问题

从图 4.1～4.4 中可以看到，书面蒙古语的/e/与现代标准话的/ə/对应（我们以往标记为/ə/），在声学元音图中/ə/位于/i/和/u/之间。其中，女发音人的舌位高低与其/i/和/u/相近，男发音人/ə/的舌位比/i/和/u/相对低。本书从整体上考虑用 [ə] 标记了第二元音。[4]书面蒙古语的/e/元音一般与蒙古语族语言方言土语（话）中的[e]～[ə]～[u]～[ʉ]～[y]～[i]～[o]～[θ]～[ø]等对应。显然，/e/元音的对应涉及了所有阴性元音，演变问题比较复杂。有关蒙古语书面语/e/元音的音值问题方面，学者们主要有两点意见。（1）符拉基米尔佐夫、鲍培等许多学者都认为是前元音 *

［e］；（2）而亦邻真和昂日布则认为是央元音＊［ə］或后元音＊［ɣ］，总而言之不是前元音。

基于蒙古语词首音节元音向前、高发展的总趋势，我们支持第二种观点，即书面蒙古语/e/元音原来的音值可能接近于国际音标［ə］的央元音。它的演变轨迹为"向前"和"向高"，即向前发展变成前元音［e］，向高发展变成了［ə］元音，达斡尔等语言保留了其原来的音值［ə］。至于书面蒙古语的/e/元音与蒙古语族语言方言土语（话）之间的对应（［u］~［ʉ］~［y］~［i］~［o］~［ɵ］~［ø］等）是另一层面的问题，在此暂不讨论该问题。

5. 书面蒙古语/i/的演变问题

书面蒙古语/i/与蒙古语族语言方言土语（话）之间的对应关系也比较复杂，演变问题上争论也较大。其中，/i/的转变或逆同化现象比较有趣。请见下列词：

miχ_ɑ "肉" → ［mɐx］	čisu "血" → ［ʧʰos］
nidü "眼睛" → ［nut］	šidü "牙齿" → ［ʃut］

从图 4.1 ~ 4.4 中可以看到，现代蒙古语标准话/i/元音及其变体分布比较集中，可以归纳为［i，ɪ］等两种变体。在共时描写研究中，可以把上述词中的［ɐ，o，u］等元音分别归入/ɐ，o，u/等音位，没有必要纳入/i/的变体中。

（四）元音演变与语境（外因）之间的关系

在分析元音时，我们已探讨过音节数量与元音声学参数之间的关系、音节类型与元音声学参数之间的关系和辅音音值和位置对元音声学参数的影响问题。

1. 元音演变与其特征、规则的绝对性和相对性有关

1.1 不同元音音位及其变体之间的叠加问题

从图 4.1 ~ 4.4 中可以看到不同音位及其变体之间的叠加现象。从理论上讲，音位之间的对立关系是绝对的。那么怎样解释在一个声学元音图上，音位及其变体的彼此叠接（叠加）现象，这种叠接在某些语言中本来就是存在的，这些音位之间的交叉在实际交谈中，受到前后语境的制约是不会引起歧义的；但是在相同环境中不同音位的变体彼此重叠说明这个声学空间是不合适的……有人建议构筑三维声学元音图，即除了 x（F1）、y（F2）两个轴线外，再增加一个 z（F3）轴，使之成为一个立体图，像 Ladefoged 主张元音舌位图增加圆唇轴，使舌位图成为立体的舌位空间一样。但是不管是生理的（舌位）还是声学（共振峰）的三维空间元音图，谁都没有认真对待过。音位（Phoneme）是音系结构的一个基本单位，也是某一语言或言语变体的音系体系中音段集合中的一个抽象音段，常常被定义为"能够区分意义的最小单位"。而音位变体（Allophone）指同一音位在不同环境中表现出来的两个或多个语音上不同的音段。

笔者认为，音位之间的对立关系是绝对的，而不同音位变体之间的关系是相对的，即音位层面的关系是绝对的，而变体层面的关系是相对的。音位及其变体之间的关系实际上是抽象和具体之间的关系，这种"具体"所指不是一个点（静态），而是一个面或范围（动态），并且这种面或范围是相对的。变体层面的这种相对性是由以下两个因素造成的：（1）元音自身的因素（内因），即两个元音音值相对接近；（2）语境，即音节数量、音节类型、前后置语音及其位置等因素造成的（外因）。在声学平面上所发生的元音叠加其实是"不同音位变体之间的叠加，而不是不同音位之间的叠加"。参见图 4.7。

值得说明的一个问题是：怎样解释类似表 4.1 中四个圆唇元音的相互交替现象（辅音也有类似现象）。按照音系学理论，音位层面上的绝对关系是不易相对化的。那么，音位之间的上述交替现象属遗留，还是返古？这是比较有趣的话题，有待进一步探索。

1.2　元音阴阳对立与元音和谐律

阴阳元音在舌位高低（开口度）维度上有其相对固定的分布位置，即阴在高（[ə, i, ʊ, u]），阳在低（[ɐ, ɔ, o, ɛ, œ]）。阴阳元音在声学空间中有其一定的分界带（区域）；阴阳元音在舌位前后方面无分界带。宝玉柱教授给蒙古语元音和谐律提出了声学理据，他认为，传统语音学上所说的阴阳，就是元音高低组划分，大约以第一共振峰的 600 Hz 为界，体现在舌位图上，就是用一个分界线把元音图分成上下两个区域。一般情况下，以高元音起首的词，后续元音也是高元音，以低元音起首的词，后续元音也是低元音。蒙古语中一个词的发音，开口度不会有频繁的张合变换，说到底，是发音的经济性原理在起作用。另外，宝教授在蒙古语元音阴阳对

立和元音和谐律方面也提出了自己的观点：蒙古语元音阴阳对立是典型的
纵向对立关系，区别性对立在上下子系统之间产生，而元音和谐是在阴阳
元音子系统内部产生的元音之间的共现关系，这两个层面不能混淆。阴阳
子系统内部元音之间的和谐呈交错状态，既有前后和谐，又有上下和谐
（"纵横交错"－引用者）。

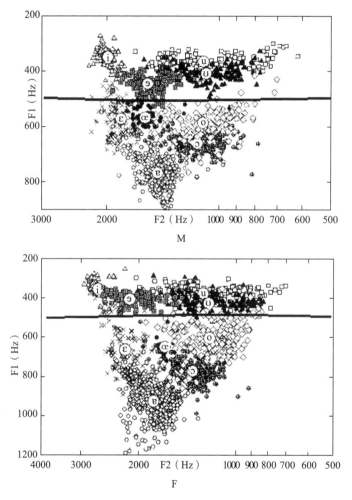

图 4.7　蒙古语标准话阴阳元音分界线示意（M&F）

　　作者认为，"阴阳对立"是蒙古语元音的绝对属性，而"元音和谐律"
是这种属性在具体语言中的共现原则（表现方式），是相对的，即属性层面
的关系是绝对的，而规则层面的关系是相对的。规则层面的这种相对性具

体表现在以下两个方面：（1）在属性层面，属性界限不是一条线（静态），而是一条带或区域（动态），这种带或区域也是相对的。图4.7展示了蒙古语标准话阴阳元音分布模式，其界限大约在500Hz。（2）在规则层面，语言的规则是约定俗成，这种约定在不混淆语义的情况下有时会被忽略的。上述相对性是由不同语言或方言土语，不同发音人造成的。为此，我们认为，传统语音学上所说的"中性元音"其实不是在属性层面的问题，而是规则层面的问题。请见图4.8～4.9。蒙古语科尔沁话中的［ɐtuː］"马或马群"和察哈尔话中的［əːməkthɜː］"女性"，［suːhɜː］"有威风的"等现象属规则层面的问题，与属性层面无关。这样我们可以回答确精扎布教授较早提出的"科尔沁土语的扎来特话和达尔罕话的元音的阴阳性（pɛːkəːt 和 pɛːkɐːt）的区别究竟在哪里"的问题了。"阴阳对立"和"元音和谐律"是不同层面的问题。

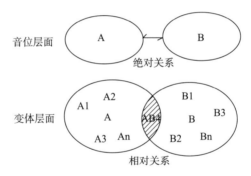

图4.8　音位层面和变体层面关系示意

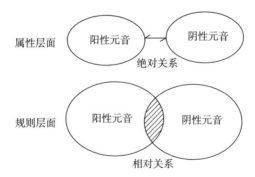

图4.9　音位属性层面和规则层面关系示意

（五）小结

仅从声学语音学的视角看，蒙古语标准话元音的演变主要与其自身的发音机制（内因）、语境（外因）和特征以及规则的绝对性和相对性有关。此处提出以下声学语音学依据。

（1）"倒三角形格局"确保了语言方言土语（话）元音演变的相对稳定性；圆唇元音的变体分布在舌位前后维度上（这可能与它们在高低维度上的密集分布有关），而展唇元音的变体主要分布在舌位高低维度上。圆、展唇元音的声学格局，确定了它们的演变方向和方式。

（2）虽然音节结构和词结构比较复杂，但音节时长会随着音节数量的增加而相对缩短，而词长随着音节数量的增加而延长；音节数量、音节类型与 F1、F2 之间的相关性较差；辅音发音方法和部位对其后置元音舌位的影响方面，"方法大于部位"（高低），"部位大于方法"（前后），即"方法影响 F1（舌位高低），部位影响 F2（舌位前后）"；从总体上看，后置辅音的影响（VC 中 C 对 V）比前置辅音的影响（CV 中 C 对 V）相对大，即"后大于前"。这是属协调发音现象，是"意在声先"的表现。

（3）音位之间的对立关系是绝对的，而不同音位变体之间的关系是相对的，即音位层面的关系是绝对的，而变体层面的关系是相对的；语音属性和规则一方面会不断发展和完善，这是其绝对性，另一方面会逐渐松动和消失，这是其相对性。"阴阳对立"是蒙古语元音的一种属性（属性层面），而"元音和谐律"是这种属性在具体语言中的表现形式（规则层面）。其中，属性层面的关系是绝对的，而规则层面的关系是相对的。

二　辅音音系特点

（一）清塞音和塞擦音共振峰在声学空间中的分布格局

本节对蒙古语标准话词首和词中音节首清塞音、塞擦音的无声空间

（GAP）、嗓音起始时间（Voice Onset Time，VOT）和强频集中区（本书称辅音共振峰，用 CF1～CF3 标记）等声学参数进行统计分析的基础上，探讨它们在词中各位置上的出现频率、第 1～3 共振峰分布格局、声学空间中的格局以及这些格局与塞音、塞擦音发音方法和发音部位之间的关系问题。

1. 塞音、塞擦音共振峰分布格局

图 4.10 为根据所有 CF 值（数据略）绘制的男发音人（女发音人图略）〔p〕辅音第 1～3 共振峰分布图。男女发音人〔p〕辅音三个共振峰频率范围基本一致。如，CF1：400～1000Hz；CF2：1200～2200Hz；CF3：2200～3200Hz。但女发音人 CF 的均值比男发音人相对高。这一特点与元音共振峰相似。如，CF1：746（M）～809（F）；CF2：1648（M）～1749（F）；CF3：2599（M）～2776（F）。

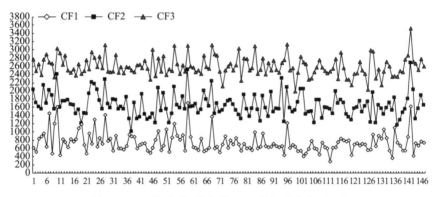

图 4.10　词首〔p〕辅音第 1～3 共振峰分布（M）

图 4.11 为根据所有 CF 值（数据略）绘制的男性发音人词首〔tʰ〕辅音第 1～3 共振峰分布图。从图 4.10 中可以看出，男发音人词首〔tʰ〕辅音三个共振峰频率范围基本一致。如，CF1：600～1200Hz；CF2：1400～2200Hz；CF3：2200～3200Hz。但女发音人 CF 的均值比男发音人相对高。这一特点与〔p〕辅音相似。如，CF1：823（M）～837（F）；CF2：1713（M）～1839（F）；CF3：2724（M）～2933（F）。有关非词首音节首〔tʰ〕辅音第 1～3 共振峰分布图与词首基本相似（本书略，下同）。

我们按照上述方法，分析了 [t，ʧʰ，ʧ，k] 等四个辅音（共振峰分布图略），结果如下：

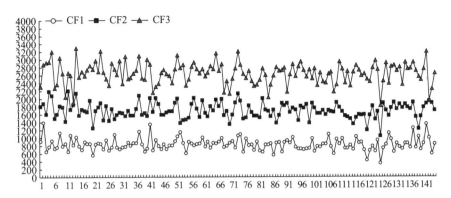

图 4.11　词首 [tʰ] 辅音第 1~3 共振峰分布（M）

[t]：男发音人词首 [t] 辅音第一和第二共振峰频率范围为 CF1：500 ~ 1000Hz；CF2：1400 ~ 2200Hz。女发音人第三共振峰频率范围比男发音人约高 200Hz。如，女：CF3：2200 ~ 3400Hz；男：CF3：2200 ~ 3200Hz。

[ʧʰ]：男发音人词首 [ʧ] 辅音前三个共振峰频率范围为 CF1：600 ~ 1100Hz；CF2：1500 ~ 2500Hz；CF3：2700 ~ 3200Hz。女发音人共振峰频率范围比男发音人相对高。如，女：CF1：700 ~ 1700Hz；CF2：1700 ~ 2900Hz；CF3：2900 ~ 3900Hz。

[ʧ]：男发音人词首 [ʧ] 辅音前三个共振峰频率范围为 CF1：600 ~ 1500Hz；CF2：1600 ~ 2800Hz；CF3：2600 ~ 3700Hz。女发音人共振峰频率范围比男发音人相对高。如，女：CF1：700 ~ 2000Hz；CF2：1800 ~ 3000Hz；CF3：3000 ~ 4000Hz。

[k]：男发音人 [k] 辅音三个共振峰频率范围分别为：CF1：500 ~ 1200Hz；CF2：1000 ~ 1600Hz；CF3：1600 ~ 3200Hz。女发音人 [k] 辅音三个共振峰频率范围比男发音人相对高。与其他辅音相比，该辅音三个共振峰频率浮动范围相对大。其中，CF3 比较显著。

图 4.12 为词首 [p，tʰ，t，ʧʰ，ʧ，k] 等辅音三个共振峰格局图。从该图中可以看到，蒙古语标准话词首 [p，tʰ，t，ʧʰ，ʧ，k] 等清塞音、塞擦音的三个共振峰相互分离，分布于高、中、低三个区域（CF1 之间的差

异相对小）。如，[ʧ]，[ʧʰ] 等齿龈后区塞擦音位居高位区，[p]，[tʰ]，[t] 等双唇音和齿区塞音集聚在中位区，硬腭区塞音 [k] 独自分布在低位区。总体格局是"塞擦在上，塞在下"。显然，这种格局与清塞音、塞擦音的发音方法具有一定的相关性，具有一定的语言学意义。

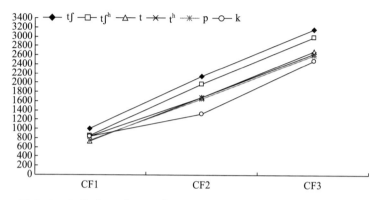

图 4.12　词首 [p, tʰ, t, ʧʰ, ʧ, k] 等辅音三个共振峰格局（F）

2. 塞音、塞擦音在声学空间中的格局

表 4.2 为男性发音人词中音节首塞音、塞擦音 GAP 和 VOT 值统计表。图 4.13 为根据表 4.2 绘制的以 VOT – GAP 为二维坐标的声学格局图（女发音人格局图与男性发音人基本相同，本文略）。从图 4.13 中可以看到，（1）词中音节首 [tʰ]、[t]、[ʧʰ]、[ʧ]、[k] 等 5 个清塞音、塞擦音在以 VOT – GAP 为二维坐标的声学空间中总是分布在三个区域，形成"三个聚合格局"（不因发音人和词中的位置而改变）。总体格局为：[tʰ]、[t] 等齿区塞音集聚在声学空间最高位置，硬腭区塞音 [k] 居于声学空间最低位置，[ʧʰ]、[ʧ] 等齿龈后区塞擦音集聚在声学空间最右边位置；另外，[tʰ] 在声学格局图中居于最高的位置，[t] 居于最左边的位置，[k] 居于最低位置上，[ʧʰ] 局于最右边的位置，组成"四边形格局"。上述"三个聚合格局"和"四边形格局"具有一定的稳定性，它们的位置关系不因发音人和词中的位置而改变。（2）塞擦音总是居于塞音的右边位置，说明塞擦音的 VOT 比塞音大；送气音总是居于不送气音右边的位置，说明送气音的 VOT 始终比其相应的不送气音相对长。（3）[tʰ]、[t] 等齿区塞音在格局中居于最高位置（GAP 值最大），[ʧʰ]、[ʧ] 等齿龈后区塞擦音居于中位

（GAP 值居中），硬腭区塞音［k］居于最低位置（GAP 值最小）。说明塞音、塞擦音的 GAP 值随着发音部位后移（齿区→齿龈后区→硬腭区）相对变小（成阻时间相对缩短），即 GAP 与塞音、塞擦音发音部位之间具有一定的相关性。

表 4.2　词中音节首塞音、塞擦音的 GAP 和 VOT 值统计（M）

单位：% ，ms

参数 统计	t^h		t		$tʃ^h$		tʃ		k	
	GAP	VOT	GAP	VOT	GAP	VOT	GAP	VOT	GAP	VOT
平均值	114	25	96	19	66	75	65	57	44	23
标准差	27	7	35	6	23	22	30	15	11	14
变异系数	24	28	36	32	35	29	46	26	25	61
最大值	213	54	191	39	131	157	162	99	52	33
最小值	42	9	18	8	20	18	10	15	37	13

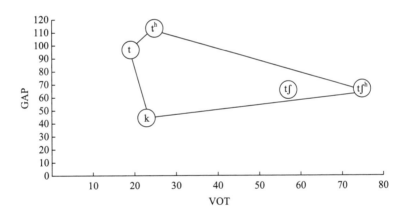

图 4.13　词中音节首塞音、塞擦音以 VOT – GAP 为二维坐标的声学格局（M）

3. 小结

蒙古语标准话清塞音、塞擦音主要以单辅音形式出现在词首、词中（音节首、音节末）和词末等位置。其中，在词首和词中音节首出现的比例远大于词中音节末和词末出现的比例；以复辅音后置辅音形式主要在词中音节末和词末等位置上出现。

蒙古语标准话词首 [p, tʰ, t, ʧʰ, ʧ, k] 等清塞音、塞擦音的三个共振峰相互分离，分布于高、中、低三个区域，形成"塞擦在上，塞在下"格局。这种格局与它们发音方法具有一定的相关性。

以 VOT - GAP 为二维坐标的声学空间中，词中音节首清塞音、塞擦音总是分布在三个区域，形成相对稳定的"三个聚合格局"。如，[tʰ]、[t] 等齿区塞音集聚在一起，居于最高位置，[k]、[kʰ]（在词中音节首位置上未发现 [kʰ] 音）等硬腭区塞音集聚在一起，居于最低位置，[ʧ]、[ʧʰ] 等齿龈后区塞擦音集聚在一起，居于最右边位置；另外，[tʰ] 在声学格局图中居于最高的位置，[t] 居于最左边的位置，[k] 居于最低位置上，[ʧʰ] 居于最右边的位置，组成"四边形格局"。

塞擦音总是位于塞音的右边位置，送气音总是位于不送气音的右边位置。

塞音、塞擦音 GAP 值随着发音部位后移（齿区→齿龈后区→硬腭区）相对变小（成阻时间相对缩短），说明 GAP 与塞音、塞擦音发音部位之间具有一定的相关性。

无论是共振峰格局，还是在声学空间中的格局，都具有一定的规律性和稳定性，它们的位置关系不因发音人和词中的位置而改变，具有语言学意义。

（二）清擦音谱特征分布特点

1. 词首 [s, ʃ, x] 的谱特征分布

近年来，用实验语音学的理论和方法研究蒙古语标准话 [s, ʃ, x] 等清擦音的论著逐渐增多了。其中，在声学研究方面主要使用的参数为强频集中区（Concentrated Frequency Area），又称辅音共振峰（CF）。本书用 CF1 ~ CF5 等标记清辅音 5 个共振峰；在生理研究方面，主要利用 KAY6300 型动态腭位仪（EPG），但是尚未尝试过谱特征分析。表 4.3 为男性发音人词首清擦音共振峰和谱参数均值统计。图 4.14 为根据参数库绘制的所有词首 [s, ʃ, x] 的谱重心 - 谱偏移量分布。从表 4.3 和图 4.13 中可以看出，在以 COG 和 STD 为坐标轴的两个维度声学空间，蒙古语标准话词首 [s, ʃ, x] 等

清擦音具有各自的分布范围。如，[s] 的谱重心最高，分布范围为 6000～8500Hz，[ʃ] 居次，分布范围为 4000～6000Hz，[x] 最低，分布范围为 500～3000Hz。显然，发音部位与 COG 值之间存在正相关，即发音部位靠前 COG 值大，靠后则 COG 值小，即 [x→ʃ→x]。本结果与我们以往用强频集中区（辅音共振峰）和动态腭位仪研究所得出的结果基本一致，请见图 4.15。另外，与 COG 值相比，辅音发音部位与 SKEW 之间存在负相关，即发音部位靠前 SKEW 值小，靠后则 SKEW 值大。如，3.3（[x]）←0.81（[ʃ]）←−0.57（[s]）。

表 4.3　词首清擦音谱参数平均值统计（M）

N		143							
	统计项	CF1	CF2	CF3	CF4	CF5	COG	STD	SKEW
	平均值	1211	2220	3319	4136	4653	7292	1544	−0.57
s	标准差	234	427	350	212	121	644	383	0.65
	变异系数	19	19	11	5	3	9	25	−114
	最大值	1974	3481	4125	4707	4906	8586	2809	1.15
	最小值	634	1566	2552	3757	4384	5331	967	−2.47
N		87							
	统计项	CF1	CF2	CF3	CF4	CF5	COG	STD	SKEW
	平均值	1365	2428	3285	4036	4607	5076	1479	0.81
S	标准差	321	322	272	207	120	487	321	0.62
	变异系数	24	13	8	5	3	10	22	77
	最大值	1951	3197	4101	4570	4850	6189	2411	2.48
	最小值	373	1795	2655	3593	4350	4194	889	−0.85
N		336							
	统计项	CF1	CF2	CF3	CF4	CF5	COG	STD	SKEW
	平均值	906	1564	2613	3672	4420	1456	1021	3.3
x	标准差	199	309	271	262	217	580	395	2.61
	变异系数	22	20	10	7	5	40	39	79
	最大值	1833	2298	3575	4693	4942	3818	2972	16.42
	最小值	404	810	1584	2998	3768	244	287	−0.64

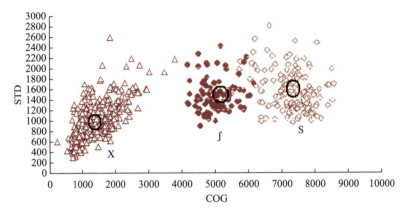

图 4.14　词首清擦音谱重心 – 谱偏移量分布示例（标记处为均值）

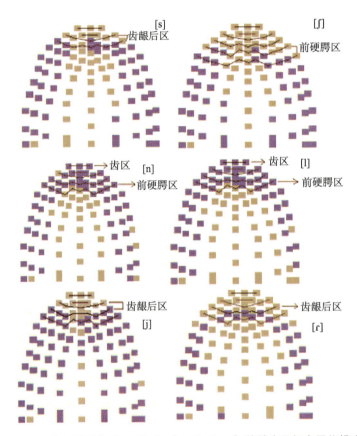

图 4.15　蒙古语词首［s，∫］和［n，l，j，ɽ］等辅音目标点腭位模式

上述分析说明，COG、STD 和 SKEW 等参数都与清擦音的发音部位具有较好的相关性，利用它们能够有效区分不同清擦音的发音部位，说明这些参数具有语言学意义。

为了更直观地看到三个不同发音部位清擦音在谱重心方面的差异性，我们绘制了谱重心（COG）和相对于谱重心的谱偏移量（STD）分布图。请见图 4.16。

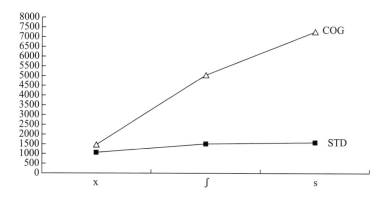

**图 4.16 清擦音的谱重心（COG）和相对于谱重心的
谱偏移量（STD）分布示例（M）**

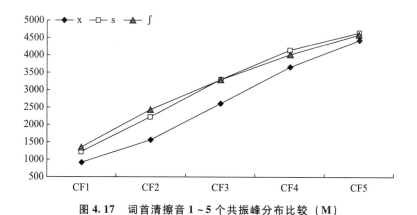

图 4.17 词首清擦音 1～5 个共振峰分布比较（M）

如上所述，我们所利用的参数均为自动标注和采集形成的。为此，有必要审视清擦音共振峰与其发音部位之间的相关性问题。图 4.17 为 [s，ʃ，x] 等三个辅音 5 个共振峰比较示意图。从图 4.17 中可以看到，[s，ʃ] 与 [x] 之间的界限比较清晰，而 [s] 和 [ʃ] 在高频区有交叉现象。说明虽然清辅音共振峰与其发音部位之间具有一定的相关性，但与 COG、STD 和

SKEW 等参数相比，其相关性较差，特别是对于 [s] 和 [ʃ] 辅音来说。

2. 词首 [n，m，l，j] 辅音谱特征分布特点

与 [s，ʃ，x] 等清擦音相比，[n，m，l，j] 等浊辅音虽然有其自身的共振峰（VF）模式，但从声学三维语图上较难辨认 [n，m] 等两个辅音。为此，我们在最新参数库中，也增加了浊辅音的 COG、STD 和 SKEW 等参数。表 4.4 为男性发音人词首浊辅音共振峰和谱参数均值统计表。图 4.18 为根据表 4.4 绘制的 [n，m，l，j] 等浊辅音谱重心–谱偏移量（均值）分布图。

表 4.4　词首浊辅音谱参数平均值统计 （M）

	N	98							
	统计项	VF1	VF2	VF3	VF4	VF5	COG	STD	SKEW
n	平均值	295	1434	2790	3886	4532	257	289	20.51
	标准差	56	490	290	296	187	37	133	7.53
	变异系数	19	34	10	8	4	14	46	37
	N	89							
	统计项	VF1	VF2	VF3	VF4	VF5	COG	STD	SKEW
m	平均值	263	1111	2375	3580	4496	254	270	22.37
	标准差	17	292	302	403	241	26	118	7.61
	变异系数	6	26	13	11	5	10	44	34
	N	17							
	统计项	VF1	VF2	VF3	VF4	VF5	COG	STD	SKEW
l	平均值	411	1517	2788	3797	4505	344	421	18.02
	标准差	390	383	355	377	193	306	493	6.82
	变异系数	95	25	13	10	4	89	117	38
	N	73							
	统计项	VF1	VF2	VF3	VF4	VF5	COG	STD	SKEW
j	平均值	333	2089	3248	4216	4620	289	340	15.73
	标准差	71	330	310	326	195	52	122	4.64
	变异系数	21	16	10	8	4	18	36	29

图 4.18 显示，在以 COG 和 STD 为坐标轴的两个维度声学空间，蒙古语标准话词首 [n，m，l，j] 等浊辅音也有一定的分布范围。其中，[n] 和

[m] 相互叠加，[l] 和 [j] 的界限较清晰。从均值看，COG、STD 与浊辅音发音部位之间似乎也存在一定的相关性，即发音部位靠前 COG 值大，靠后则 COG 值小。如，[m] → [n] → [j] → [l]。该结果与我们以往用动态腭位仪研究所得出的结果基本相似。但是 SKEW 值与浊辅音发音部位之间没有相关性。如，22. 37 [m] ←20. 51 [n] ←18. 02 [l] ←15. 73 [j]。其中，[l] ← [j] 之间的关系与 COG 值不符。另外，从所有词首浊辅音谱重心－谱偏移量分布图（该图略）看，这四个浊辅音变体几乎都相互叠加，无法分辨。显然，COG、STD 和 SKEW 值与浊辅音发音部位之间的相关性较差，这些参数不适合用于浊辅音发音部位的描写。

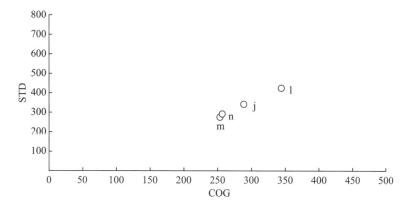

图 4.18　词首浊辅音谱重心－谱偏移量分布示例（M，均值）

那么，共振峰是否能够区分浊辅音之间发音部位的差异？图 4. 19 为词首 [n，m，l，j] 等浊辅音 1 ~ 5 个共振峰分布比较图。图 4. 20 显示，[n，

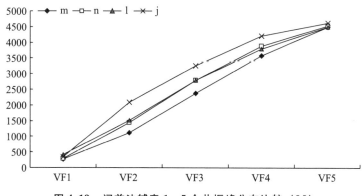

图 4.19　词首浊辅音 1 ~ 5 个共振峰分布比较（M）

m，l，j] 等 4 个浊辅音的第一共振峰（VF1）基本叠加，而 VF2～VF4 的分布有一定的规律性。如，[m] → [n，l] → [j]（[n，l] 的共振峰几乎都叠加）。按照共振峰分布原理（F2 与舌位前后具有较好的相关性），[j] 的舌位比 [l] 相对靠前。显然，该结果与我们用动态腭位仪研究的结果有所出入。

3. 小结

冉启斌在他的博士学位论文（2005）中用辅音谱特征分析法，对汉语普通话及几种方言的擦音进行深入研究后得出：普通话 5 个清擦音可分为两类，/s/、/ɕ/、/ʂ/谱重心高而分散度小，分布范围小；/f/、/x/谱重心低而分散度大，分布范围也大。他认为该方法在清擦音研究中是一种值得重视的方法。周学文利用这些参数有效区分了彝语浊辅音及其清化问题以及清擦音之间的频谱分布差异。其主要结论为：（1）f 的谱参数变化大，ɕ 最稳定，擦音 s、ʂ 也比较稳定。Dispersion（STD）值从大到小排序为：s、ʂ、ɕ；（2）就清擦音的 COG 和 Dispersion（STD）两个参数而言，Dispersion（STD）是更稳定、更容易区别单个清擦音的参数。

通过上述分析，我们认为：

COG、STD 和 SKEW 等三个参数相对稳定，与蒙古语辅音发音方法和清辅音发音部位密切相关，具有语言学意义。如，能够有效区别辅音的清、浊。如，从表 4.3 中可以看出，清辅音的 COG 和 STD 值都明显大于浊辅音，而其 SKEW 值明显小于浊辅音。从均值看，边音 [l] 的 COG 值总比鼻音 [n，m] 的 COG 值大，这一特点与彝语相似。

另外，上述三个参数与清辅音发音部位密切相关，具有明显的区别意义。一般来说，部位越靠后 COG、STD 值越小，部位越靠前 COG、STD 值越大（其中 COG 的变化较明显）。与之相反，部位越靠后 SKEW 值越大，部位越靠前 SKEW 值越小。这一特点也与彝语相似。但该三个参数与浊辅音发音部位之间的相关性较差，无明显的区别意义。

根据谱重心参数（COG），可以把蒙古语标准话词首清辅音分高、中、低等三类。其中，[s] 的谱重心最高（6000～8500Hz），[ʃ] 居次（4000～6000Hz），[x] 最低（5000～300Hz）。显然，蒙古语标准话词首清辅音谱特征与彝语和汉语普通话的 [s，ʂ（ʃ），x] 等清擦音相似。但在分散度和分布范围方面与汉语普通话清擦音谱特征不同。蒙古语清擦音谱重心高低与分散度之间没有相关性。例如，[s] 的谱重心虽然最高，但其谱分散度相对大（女性发音人的数据较明显）。

显然，谱特征分析法适合于多语种，但因语言而异，不能一概而论。

与谱参数相比，辅音共振峰与蒙古语辅音发音部位之间的相关性较差，不适合用于辅音发音部位的描写。

本节主要探讨了 [s，ʃ，x] 和 [n，m，l，j] 等辅音的谱参数分布规律，以下是初步结论：

（1）COG、STD 和 SKEW 等三个参数相对稳定，能够有效区别蒙古语标准话辅音的清、浊和不同发音部位的清擦音，具有语言学意义。

（2）清辅音的 COG 和 STD 值都明显大于浊辅音，而其 SKEW 值则小于浊辅音；边音 [l] 的 COG 值总是比鼻音 [n，m] 的 COG 值大。

（3）COG、STD 和 SKEW 值与清辅音发音部位之间具有较好的相关性。部位越靠后 COG、STD 值越小，部位越靠前 COG、STD 值越大（其中 COG 的变化较明显）。与之相反，部位越靠后 SKEW 值越大，部位越靠前 SKEW 值越小。

（4）COG、STD 和 SKEW 值与浊辅音发音部位之间的相关性较差，无明显的区别意义。

（5）根据 COG 值，蒙古语标准话词首清辅音可以分为高（[s]）、中（[ʃ]）、低（[x]）等三类。

（6）与谱参数相比，辅音共振峰（CF）与蒙古语辅音发音部位之间的相关性较差，不适合用于辅音发音部位的描写。

有关声学参数与浊辅音之间的相关性问题有待进一步探讨。

第五章
蒙古语音节特点

一　音节理论综述

有关音节的定义问题上，学者们的分歧较大。下面简单介绍一下几个具有代表性的观点：第一，元音说。元音说是古希腊人最早提出的。他们将音节定义为"由一个元音或一个元音和几个辅音联合构成的语音单位"。古印度则认为，"有多少个元音就有多少个音节"。但是实际上，有的音节根本没有元音。例如英语"film"（胶卷）中虽然只有一个元音，但音节却是 2 个。第二，呼气说。呼气说是奥地利语言学家斯托尔姆（J. Storm）提出的。他认为"音节是一组用一次呼气发出来的声音。……说话时有多少次呼气就有多少个音节。呼气力最弱的地方就是音节的分界线"。但是日常说话，谁也不会发一个音就呼一次气。第三，响度说。响度说是丹麦语言学家叶斯柏逊等人提出的。他把音素按照声音的响度分成 8 级，最响的地方就是音节的中心，响度最低的地方就是音节的分界线。第四，紧张度说。紧张度说是法国语言学家格拉蒙（M. Grammot）和苏联的谢尔巴提出的。这种学说按照发音时肌肉的紧张程度的变化来划分音节。肌肉每次由紧张到放松构成一个音节，最紧张的地方就是音节的中心。

尽管音节的定义较多，但迄今没有一个定义被验证为最恰当的。可以说音节是易理解但难以解释的单元。按 R. L. Trask 的说法，它是一个基本的但难以捉摸的音系单位。……尽管本族语使用者通常觉得很容易决定在一个给定的词或话语中有几个音节，尽管以音节为基础的书写系统已使用几千年，尽管口误为音节的心理真实性提供了丰富的证据，但事实证明音节极难定义。如今有两种研究方法占统治地位：（1）音节是一个神经程序的单位，尽管没有一个单一的语音上的对应物，但它可由听话者从大量线索中重新组建；（2）音节是纯音系单位，每一个单位包括一个固有的响度峰，尽管对像英语 spit 这样有两个峰的词要做一些修改（R. L. Trask，1996）。

二 蒙古语音节特点

这里不对音节定义和理论作进一步的阐述。而是根据学者们的阐述和我们对音节的理解，归纳与音节的相关的问题。

第一，蒙古语可以采用以下音节定义："音节是语流中最小的发音单位，也是从听觉上能够自然辨别出来的最小的语音单位。一个音节中可以只包含一个音段，也可以包含几个音段"（邢公畹，1995）。音节具有物理、生理和社会等属性。

第二，语音四要素对蒙古语音节中的作用。音节是语音四要素的统一体，四要素是构成音节的因素。蒙古语音节包含了具有辨义作用的音长这一要素。对蒙古语来说音色和音长是最重要的，因为它们具有辨义作用或功能。其他两个要素音高和音强的作用不明显。

第三，基本音节与一般音节问题。根据语音四要素地位的不平等性，我们可以把音节中只考虑音色因素、由音素所构成的音节称为基本音节，以便与一般音节即在基本音节基础上还涉及音高、音强和音长等其他非音质因素的音节相区分。就汉语而言，基本音节就是不带声调的音节，带声调的音节是一般音节（米嘉瑷，2006）。蒙古语音节可以分为基本音节和一般音节。基本音节是只考虑音色因素、由音素所构成的音节，如 [nɐr]、[pɐr]、[xɐr] 等，而一般音节是在基本音节基础上还涉及音长的音节，如 [sɐl] ~ [sɐːl]、[tɐr] ~ [tɐːr] 等。

第四，音节与节位问题，音系音节（phonological syllable）与语音音节（phonetical syllable）问题。音系音节的概念并非是全新的。雅克布孙（R. Jacobson）已经用过。最早可追溯到俄国人波利万诺夫（Polivanov）及伊万诺夫（Ivanov）所论之"音节"与"音节的节位观念"。格拉蒙（1933）认为，音系音节为理论上的、典型的、生理上正规的音节。语音音节为在语音上偶然显示某种不规则特性的音节。其实，音节本身兼具语音性质和音系性质的单位。它在语音上表现为发音活动与音响的一次加强，在音系上又以其特定的形式隶属于一定语言的语音系统（没有"超语言的音节"）。其语音表现形式（语音音节）与音系形式（音系音节）在多数情况下是统一的。但音节的音系形式是固定的，而其语音表现形式却可以在语流中发生一定的变化。比如，连读可以造成音节界限的移动和音节变形，有时可以出现双属辅音（ambisyllabic consonant），不同程度的连读可以造成多种不同的音节变形，这些变形都是非区别性的，它们显然与变形之前的音节形式有所龃龉。正是基于对此种事实的考虑，人们认为有必要对音系音节与语音音节加以区分（史延恺，1986）。

我们在多年的语音实验研究中也意识到了音节的复杂性。在尚未读到上述文章之前，作者也曾提出"音节"与"音节位"的概念，如：

有声单元和抽象单元的区别：（1）有声单元是语言的存在形式（把某种语言或方言的语音从小单元到大单元可以分成：音素→音节），抽象单元是对有声单元进行简单化、抽象化、系统化的结果；（2）有声单元远远多于抽象单元；（3）有声单元和抽象单元都是针对某一语言或方言的，而不是跨语言、方言的。有声单元和抽象单元的关系是约定性的、固定性的。如，蒙古语口语音节的类型较多而较复杂。从我们语音参数库里的统计结果看有 V、VC、VCv、VCC、VCCv、VCvCv、VV、VVC、VVCC、C、CC、CCv、CV、CVC、CVCv、CVCC、CVCCv、CVCvCv、CVV、CVVC、CVVCv、CVVCCv 等 22 种音节类型，但我们可以把它们归纳成 V、VC、VCC、CV、CVC、CVCC 等 6 个音节位。

为了能够使我们的观点与国际接轨，我们可以采用音系音节与语音音节概念，以便代替我们原来提出的音节和音节位。如蒙古语普通话有上述 22 种语音音节，有 6 种音系音节。

第五，笔者认为，（1）不能排除音节所包含的心理因素；（2）音节在声学上的表现是错综复杂的，一般用音长、音高和音强等参数可以较容易地划分音节，但这是相对的；（3）音节之间的暂短停顿是音节的重要信息。

在音节边界处（音节之间）不出现塞音或塞擦音等有 GAP 的辅音的情况下，蒙古语者也能够感知到音节间的短暂停延。这与每个音节边界处前音节元音的延长有关。这符合韵律学理论。边界前音节元音的延长是在听感上音节间有短暂停延的重要原因之一。虽然，有上述诸多的音节理论，如，元音说、呼气说、响度说和紧张度说，甚至是突显论，但笔者认为应该把音节之间的停延作为音节定义的一个重要部分，这对于音节来说是绝不能忽视的因素。音节边界处前音节元音的相对延长可以作为区别音节的重要参数之一。

三　蒙古语音节统计分析

我们曾经把蒙古语口语音节分为：V、VC、VCv、VCC、VCCv、VCvCv、VV、VVC、VVCC、C、CC、CCv、CV、CVC、CVCv、CVCC、CVCCv、CVCvCv、CVV、CVVC、CVVCv、CVVCCv 等 22 种类型。以下是我们以往的统计分析结果：（1）一个音节中可以容纳 1~6 个音，非词首不出现以元音开头的音节；（2）蒙古语各类音节在词里的分布情况是：词首音节①的类型最多，共出现 17 种类型，其中出现频率最高的是 CV 音节（占所有词首音节的40%），其次是 CVC 音节（占所有词首音节的21%）；词中音节中，出现频率最高的是 CVC 音节（占所有词中音节的48%），其次是 CV 音节（占所有词中音节的26%）；词尾音节中，出现频率最高的是 CVCv 音节（占所有词尾音节的40%），其次是 CVC 和 CV 音节（分别占所有词尾音节的25% 和 23%）。

以上统计结果告诉我们，蒙古语的各类音节中 CV、CVC、CVCv 为较活跃的音节。它们的出现频率分别为：27%、23%、24%。也就是说这三种类型的音节占所有音节的74%。在词首和词中音节中 VC 音节多于 VCv 音节，CVC 音节多于 CVCv 音节，CVCC 音节多于 CVCCv 音节；在词尾音节中 CVC 音节少于 CVCv 音节，CVCC 音节少于 CVCCv 音节；而在单音节词中 VC 音节少于 VCv 音节，CVC 音节少于 CVCv 音节，CVCC 音节少于 CVCCv 音节（呼和，2009）。

总之，CV、CVC、CVCv 等语音音节是蒙古语的主流音节，而音系音节 CVC 是蒙古语的核心音节。

---

① 词首音节中不包括单音节词。因为单音节词的音节类型及其出现频率与多音节词词首音节有所不同。

第六章
蒙古语单词韵律特征

一 蒙古语韵律研究综述

  著名语音学家吴宗济先生曾指出，一个人所说语言，不论其经意与否，其表达的语气、情调都和韵律有关。韵律特征在自然语言中起着非常重要的作用。韵律特征的变化可以帮助听者更好地理解说话人的语义。说话人的语气、态度、感情色彩、个人特点在句子的韵律特征中都有所体现，从而使句中音节的韵律特征产生各种各样的变化。而说话人的思想正是通过韵律特征的变化得到确切的体现。韵律结构对自然语言自然度和可懂度的作用重大。例如，根据结构边界特征把自然语流分成几个层级单元，这样不但便于计算机处理，也符合语音的感知。在数据驱动的文语转换系统中，可在所有候选单元中挑选与其左右音节及韵律结构中最相近的单元用于合成，以此来满足合成语音的韵律要求，而无需对拼接单元进行声学处理。另外，一些研究还表明，韵律单元边界的声学征兆对于语法中歧义的化解有着重要的作用，韵律还能凸显语篇结构，因此，在人机交互系统中，韵律对语音的理解非常重要。

  广义地说，韵律结构应当包括重音、节奏和语调三个方面的结构，例如重音的位置分布及其等级差异，韵律边界的位置分布及其等级差异，语调的基本骨架及其与声调、节奏和重音的关系，等等。狭义地说，韵律结构主要指话语节奏的层级组织及其客观标志，包括韵律词的构成以及各级韵律成分边界的界定，等等，通常叫做韵律切分。它涉及说话时的组词断句模式，实质上是指语言信息时域分布的格局。我们所说的是狭义的韵律结构。

从 20 世纪 90 年代初开始，随着言语声学工程技术的发展，汉语自然语言韵律特征的研究成为我国语言学界和言语工程界共同讨论和研究的焦点。在语句重音的研究、韵律层级单元（韵律词、韵律词组、韵律短语和语调短语）及其边界划分（韵律词边界、韵律词组边界、韵律短语边界和语调短语边界）、韵律层级标注方法、韵律层级边界处声学特征、韵律结构与句法结构的关系、基于语法信息的韵律结构预测方法等方面都取得了前所未有的成绩，并把上述研究成果成功地应用到语音合成和识别系统中，把言语声学工程技术推上了新的高峰。

与汉语自然语言韵律特征研究的发展速度和水平相比，蒙古语韵律特征研究仍处于起步和探索阶段。早在 20 世纪 60 年代初，有人探讨并提出过句段及其停延等问题（内蒙古大学，1964）。遗憾的是到目前为止，很少有人关心上述问题。确精扎布教授（1993）的《关于蒙古语词重音——语音实验中间报告》，唤醒了沉睡几十年的蒙古语韵律特征研究领域。对蒙古语韵律特征进行比较系统的定量和定性分析是从 20 世纪末开始的。1999 年内蒙古大学蒙古语文研究所和中国社会科学院民族学与人类学研究所合作研制了"蒙古语韵律特征声学参数数据库"（见呼和、陈嘉猷、郑玉玲，2001），打开了蒙古语韵律特征研究的新局面。在此基础上，笔者在芬兰赫尔辛基大学语音科学系完成了博士学位论文"A Basic Study of Mongolian Prosody"（芬兰赫尔辛基大学语音学系学术论文丛书第 45 集，Publications of the Department of Phonetics，University of Helsinki，Series A，45）。因该书是用英文撰写等缘故，在我国蒙古学界知道的人并不多。这是用声学语音学和统计学的方法，对蒙古语韵律特征进行系统的定量和定性分析的第一部专著。该书由引言、蒙古语韵律特征声学参数数据库简介、对单词的声学分析、听辨实验、对简单句的声学分析、总结讨论和附图等 7 个部分组成。本文通过对三位（两男一女）发音合作人（一位为教师，两位为专业播音员）的语音材料（539 个单词，包括单音节词、双音节词和三音节词；32 个简单句，包括陈述句、疑问句、祈使句和感叹句）进行声学和统计分析的基础上，归纳了蒙古语双音节和三音节词的音高、音长和音强等模式，并结合听辨实验确定了蒙古语词重音的位置和性质等问题。另外，还对蒙古语简单句语调模式和强调重音进行了有意义的探讨。

该书的主要论点是：（1）蒙古语词重音是约定俗成的并且具有一定的分布规律，不是随便的。（2）因蒙古语元音音长区别意义（是时长语言 Quantity Language），所以音长不能随意地被称为表示词重音的声学相关物。（3）本次研究没能得出无可辩驳的结论。重音是所有声学相关物共同作用的产物。三位发音合作人的韵律特征声学模式虽然有一定的共性，但也存在不少个性。比如，第二个男性发音人和女性发音人的双音节和三音节词的音高模式有上升趋势，而第一个男性发音人却有下降趋势。既然如此，也找到了一定规律的模式，即音高和音强能使非词首音节带有重音。音强的作用可能更大一些。（4）从听辨实验的结果看汉族学生判断词重音位置时主要依靠音长，而蒙古族学生的判断中虽然有些争论但他们都承认重音可落到非词首音节这一现实。（5）当一个词处于句子重读位置（focus position）时，很难分清它的重音是词重音，还是句子重音。该问题值得进一步研究。（6）声学分析和听辨实验的结果表明：如果一个双音节或三音节词的第一音节有长元音，重音落在该音节上；如果一个双音节或三音节词的第一音节有短元音，重音会落在第二音节上。（7）蒙古语重音虽然有"易移性"（moveable），但不是随意的，它的分布与词的结构（长、短元音的分布模式）有着密切的关系，有一定的规律。（8）在语句研究方面探讨了以下几个问题：蒙古语句式基本语调模式及其特点、语调与基频（F0）之间的关系以及强调重音的特点等问题并提出了如下观点：①陈述句呈现"连续下降模式"（continuously falling pattern）；疑问句的语调模式因带疑问词或不带疑问词而有所不同。没有疑问词的疑问句呈现"陡峭上升模式"（steep rising pattern），而有疑问词的疑问句呈现"平行模式"（level pattern）；祈使句呈现"陡峭下降模式"（steep falling pattern），其基频曲线的音域较宽；感叹句呈现"上升或上升－下降模式"（rising or rising-falling pattern），其基频曲线的音域比陈述句的宽；等等。②语句因负载强调重音而其基频曲线的音域（F0 contour）变宽；负载语句重音（强调重音）的多音节词的音高模式与其在负载句中的音高模式（固有模式）相同。如果不承担语句重音，就像赵元任先生所提出的"小浪在大浪上"（词调与语调关系的比喻）一样，其音高模式依附（服从）于其所在语句的语调模式，不一定保持其固有音高模式；音高、音强对语句重音（强调重音）的作用明显大于音长，而且音高的作用可能比音强更大、更明显。本研究所得到的结论并不重要，也不一定是最后结论，因为该工作是一个前沿性研究，开拓性的工作。英国哥伦比亚大学语言学系的 Jason Brown 教授在 *Journal of the International Phonetic Association*（36 - 2，2006，pp. 205 - 207）杂志上发表书评，对该书给予了较高的评价。他说："该书具有很高的现实意义，书中所提供的基本模式和研究方法值得其他语言学者去遵循。本书所提供的资料通俗易懂，论据逻辑性强、易懂等。"最后的评价是：In sum, it can be stated that several factors have contributed to the achievements of this book：an author with native speaker intuitions about the language, the important use of perceptual data, and the sheer numbers that are involved in the acoustic database have all made for a substantial and valuable study of Mongolian phonetics. This study is also an essential contribution to the broader cross-linguistic study of the phonetic correlates of stress（pp. 206 - 207）.

　　笔者承担的"蒙古语语音合成中韵律建模方法的研究"（国家自然科学基金项目）是面向语音合成的蒙古语韵律特征研究的开端。本项研究在以往研究的基础上，进一步探讨蒙古语单词自然节奏模式（呼和等，2008）和词重音问题（呼和，2007）的同时，提出了面向语音合成的蒙古语韵律特征研究框架。"面向语音合成的蒙古语韵律特征研究框架"（呼和等，2007）一文，以其他语言，特别是以汉语近几年的韵律特征基础研究和应用研究成果作为参考，针对蒙古语韵律特征研究现状和所面临的问题，探讨了蒙古语语音合成中所面临的韵律特征方面的一系列问题，提出了面向语音合成的蒙古语韵律特征研究框架。如：单词自然节奏（音长、音高、音强分布模式）以及词重音特点及其位置分布；语调基本模式和语句重音（语句重音的位置分布及其等级）；韵律层级单元（韵律词、韵律短语和语调短语）及其边界（韵律词边界、韵律短语边界和语调短语边界）的位置分布及其层级；韵律层级单元边界处的声学特征；韵律结构与句法结构的关系和韵律层级单元及其边界处的标注。在讨论有关蒙古语语调和语句重音问题时，该文强调了从语句的调域和调群的调域、高音线和低音线的视角去探讨语调和语句重音方法的优越性，并用该方法纠正了大部分蒙古语语法书对各类句式语调描述上的不足之处，提出了只用"句末语调的平或升降"标准无法区分各类句式的语调模式，必须考虑像汉语语调研究中所提出的"语调曲线的起伏格式、整句的调域和调群的调域、高音线和低音线等"因素的观点，支持了石锋教授提出的"其中调群调域的宽窄及其在语句调域中的相对位置具有重要的分类意义"（石锋，1996）的观点。该文提出：陈述句和祈使句的句末语调虽然都是下降的，但它们的语调调域的宽窄和调群调域的宽窄及其在语句调域中的相对位置都不同。其中陈述句最明显的特点是前调群高于后调群，而祈使句的后调群高于前调群；疑问句和感叹句的句末语调虽然都是上升的，并且前后调群的分布相同，但它们语调调域的宽窄不同，感叹句的语调调域比疑问句的语调调域宽，其中感叹句的高音线达到330Hz，而疑问句的高音线只有310Hz左右。语句重音分布模式和停顿与句法和语义有着密切的联系。语句重音和停顿问题研究是韵律研究的重点，应给予高度重视（呼和等，2007）。

2008年6月初完成的两篇硕士学位论文——《蒙古语朗读话语韵律层级单元及其边界处的声学和语言学线索》（格根塔娜，2008）和《蒙古语朗读话语语句重音实验研究》（张淑琴，2008），打开了蒙古语韵律特征研究的新的一页。这两篇论文以其他语言，特别是以汉语近几年的韵律特征基础研究和应用研究成果作为参考，结合蒙古语语音和韵律特点，用声学分析和听辨实验相结合的方法，探讨了：（1）蒙古语朗读话语韵律层级单元（韵律词、韵律短语和语调短语）及其边界处的声学相关物（朗读话语韵律信息的声学表现，即音高、音长和无声段等）和语言学线索（韵律词与语法词之间的关系和韵律层级单元边界与句法结构之间的关系，即朗读话语韵律信息与文本信息之间的关系问题）问题。（2）语句重音在各类句式中的声学表现、朗读话语语句重音和固定语流语句重音比较、语句重音与词类之间的关系、语句重音与词组之间的关系和语句重音与句法结构之间的关系问题。前者试图寻找朗读话语韵律切分的声学和语言学线索，为蒙古语朗读话语韵律层级单元的切分和标注研究提供新的方法和思路；而后者分析归纳出蒙古语朗读话语中语句重音的特点和分布规律，并试图探讨语句重音与词类之间、词组之间和句法结构之间的关系问题。上述两篇论文用新的方法和思路对蒙古语韵律特征进行了有益地探索，为以后的研究打下了较好的基础。图6.1、6.2是"蒙古语朗读话语韵律层级单元及其边界处的声学和语言学线索"中的部分成果。图6.1显示了下列规律：随着韵律边界等级（韵律词→韵律短语→语调短语）的提高，音高呈逐渐下降趋势。从图 6.2 上可以看到如下关系：韵律词边界（#）一般与③定体关系和④宾述关系相对应，即韵律词边界一般出现在定体关系或宾述关系之间；而韵律短语边界（##）一般与①体述关系（主谓关系）和②状述关系相对应，即韵律短语边界一般出现在主谓关系或状述关系之间。这可能由上述四个关系的密切程度决定的。对蒙古语来说，定体关系和宾述关系词组的关系程度比主谓关系和状述关系词组的密切。主要表现在：定体关系和宾述关系词组的前后次序绝对不能更换，它们次序是固定的，否则会变成无意义的词组或变成其他关系。如：GAL VLAGAN①"通红" ～ VLAGAN GAL "红火"；BVDAG_A IDEHU "吃饭" ～ IDEHU BVDAG_A（要吃的饭）。而某些体述关系（主谓关系）和状述关系词组的前后次序可以更换，更换后它们的基本意思不会发生根本性的变化。HOMOS IREL_E "人们来了" ～ IREL_E HOMOS "来了，人们"；ENE GOOL-DV JIGASV-TAI "这河里有鱼" ～ JIGASV-TAI ENE GOOL-DV "有鱼这河里"。一般规律是：随着关系程度的疏远，韵律层级单元也变大，依次为韵律词→韵律短语→语调短语。

2011 年 6 月完成的博士学位论文《蒙古语标准音朗读语句语调的起伏度研究》（乌吉斯古冷，2011）是第一篇较系统研究蒙古语语调的论文。

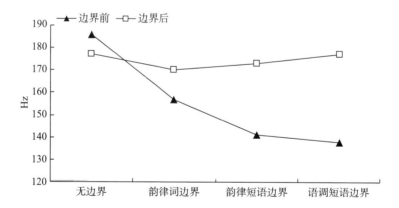

图 6.1　不同韵律层级边界处边界前后音节的
音高变化比较（格根塔娜，2008）

---

① 这是 20 世纪 80 年代初，内蒙古大学蒙古语文研究所研制 100 万词级"现代蒙古语语料库"时所采用的拉丁转写方法。

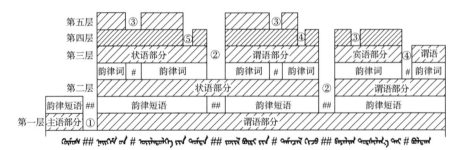

①主谓关系　②状述关系　③定体关系　④宾述关系　⑤辅助关系

图 6.2　韵律层级边界与句法结构之间的对应关系示意（格根塔娜，2008）

该文利用美国 KAY Multi-speech 3700 和 PRAAT 等语音分析软件，采用石锋教授提出的"语调格局"思路和语调起伏度的研究方法，对蒙古语标准音自然焦点陈述句、祈使句、疑问句和感叹句的语调及其起伏度进行系统的定量和定性分析的基础上，探讨了用语句调域和语句内调群调域起伏度区别蒙古语四类基本句式的方法。

该文由引言、蒙古语标准音四类基本句式的形式特征、陈述句语调起伏度、疑问句语调起伏度、祈使句语调起伏度、感叹句语调起伏度、陈述句语调与其他三类句式语调之间的比较研究、结果与讨论等 8 章和参考文献等组成。研究过程分两个基本步骤：第一，分别对陈述句和三种疑问句（是非问句、特指问句、语调问句）、三种祈使句（命令句、建议句、祈求句）以及两种感叹句（积极情绪感叹句、消极情绪感叹句）音高进行量化分析，探讨其语句调域、调群调域的宽窄变化和语句内调群调域的起伏度分布特征及其相互关系。第二，通过陈述句语调与其他三类句式语调之间的比较研究，观察四类基本句式的音高曲线变化及其语句内调群调域起伏度的分布特征，并探讨了蒙古语四类基本句式语调的基本模式。

研究结果表明，无论是从语句音高曲线的变化，还是从语调曲线的起伏度（Q 值）以及语句调域和调群调域的宽窄变化，都可以观察到不同语句语调和不同发音人之间的区别性特征。同时，也能够观察到同一种语句中不同类型（语气）的句子之间的细微差别。蒙古语标准音朗读话语的语调与语句调域和语句内调群调域起伏度、高音线和低音线等诸多因素都有关。其中，调群调域的宽窄及其在语句调域中的相对位置具有重要的分类意义。在语调研究中，音高显然是一项非常重要的声学参数，但并非是唯一的参数。在分析语调时，还要考虑重音、节奏和句法结构等诸多因素。有关蒙古语语调与重音、节奏和句法结构之间的关系问题，有待进一步研究。

二　蒙古语单词韵律模式

（一）音长分布模式

图 6.3 – 1、6.3 – 2 和图 6.4 – 1、6.4 – 2 为两位发音合作人（1 男 1 女）的双音节和三音节词元音长度（平均值）分布模式示意图，我们采用了百分比（Perceptional ratio in percentages）和数值比（Numerical ratio）表示法。从上述图中我们可以看到：（1）在 S – S、S – S – S 或 L – L、L – L – L 类（含有同类元音的）词中，词首音节元音都比非词首音节元音相对长（长度依次分布为：词首 > 词中 > 词尾）。这里所指的长短指物理长度，而不是音系学上长短元音的相对长短。如，S – S 和 L – L 类词的元音长度百分比为：S – S：66 : 34（男），65 : 35（女）；L – L：61 : 39（男、女），数值比大约为 3 : 2；S – S – S：49 : 28 : 23（男），49 : 27 : 24（女）；L – L – L：46 : 28 : 26（男、女），数值比大约 5 : 3 : 2。笔者认为元音长度的这种分布与音节之间的短暂停延有关。蒙古语 S – S、L – L、S – S – S、L – L – L 类词的词首音节元音比非词首音节元音相对长（词首 > 词中 > 词尾）的现象是由音节间的短暂的停延所引起的。（2）在 S – L、L – S 或 S – S – L、S – L – S、L – S – S 类（含有不同类元音且包含一个长元音的）词中长元音比短元音长（不管它处于词的哪一个音节）。如：2 : 3（S – L 类男女）、4 : 1（L – S 类男女）；3 : 2 : 5（S – S – L 类男女）、3 : 5 : 2（S – L – S 类男女）和 7 : 2 : 1（L – S – S 类男女）。（3）在 S – L – L、L – L – S、L – S – L 类（含有不同类元音且包含两个长元音的）词中前一个长元音相对长。如，3 : 4 : 3（S – L – L 类男女），5 : 3 : 2（L – L – S 类男女），5 : 2 : 3（L – S – L 类男女）。元音在词中的上述分布模式进一步证明了音节边界处前音节元音相对延长的观点。

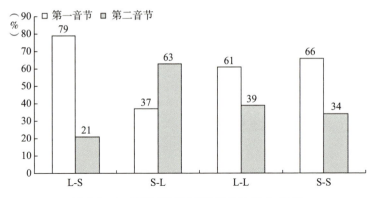

图 6.3 – 1 双音节词元音长度分布模式（M）

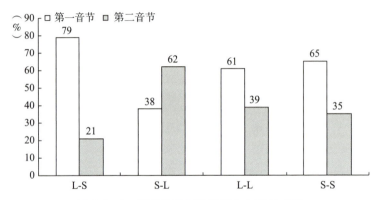

图 6.3 – 2 双音节词元音长度分布模式（F）

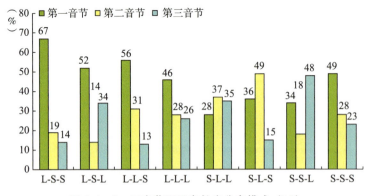

图 6.4 – 1 三音节词元音长度分布模式（M）

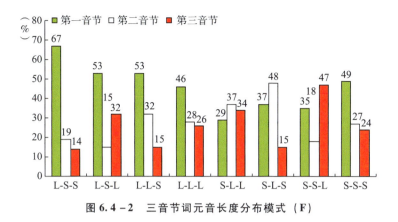

图 6.4 - 2　三音节词元音长度分布模式（F）

众所周知，蒙古语是音节节奏语言（syllable account language），音节是蒙古语最小的韵律单元，虽然语图上音节边界处（音节之间）不出现无声段（塞音的 G 不属于此类问题），但蒙古语者能够感知到音节间的短暂停延。这与每个音节边界处前音节元音的延长有关。这符合韵律学理论。边界前音节元音的延长是在听感上音节间有暂短停延的重要原因之一。虽然有诸多的音节理论，如，元音说、呼气说、响度说和紧张度说，但笔者认为音节之间的停延应该作为区分音节的重要标准之一，是音节不可忽视的因素。音节边界处前音节元音的相对延长可以作为区别音节的重要参数之一。

（二）音高分布模式

图 6.5～6.6 为两位发音合作人（1 男 1 女）的双音节和三音节词音高（平均值）分布模式示意图。为了能够清楚看到三音节词音高分布模式，我们把三音节词音高模式分成了两部分，即词首音节含有短元音的三音节词音高分布模式和词首音节含有长元音的三音节词音高分布模式，见图 6.5、6.6。从下面的图中可以看到：（1）S - S 和 S - L 类（词首音节含有短元音的）双音节词，具有典型的"L - H 模式"（低 - 高模式），音高分布特点是"前音节平稳，后音节呈抛物线或斜线"。第一、第二音节音高平均值差值和音域（voice range）都达到了 5ST 左右（男，女）。而 L - L 和 L - S 类（词首音节含有长元音的）词呈"H - H 或 L 模式"（高 - 高或相等模式）。第一、第二音节音高平均值差值不到 1ST。第一音节音高终点和第二音节音

高起点的频率值非常接近，总体模式呈"梯形"分布。（2）S－S－S、S－S－L、S－L－S、S－L－L类（词首音节含有短元音的）三音节词，具有典型的"L－H－H模式"，它们之间的音高最高差值相对大，约4ST左右。而L－L－L、L－L－S、L－S－L、L－S－S类三音节词（词首音节包含长元音的词），虽然呈"H－H－L模式"，但它们之间的音高最高差值相对小，约1ST左右（男L－L－S类除外）。

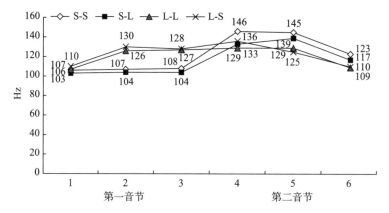

图6.5－1　双音节词音高分布模式（M）

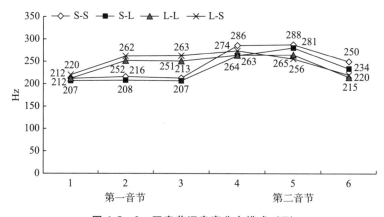

图6.5－2　双音节词音高分布模式（F）

　　双音节和三音节词的音高模式显示了蒙古语黏着性特点。如，L－H（双音节词）＋H→L－H－H（三音节词）；H－H（双音节词）＋L→H－H－L（三音节词）。

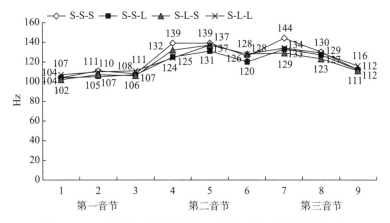

图 6.6-1 词首含有短元音的三音节词音高分布模式（M）

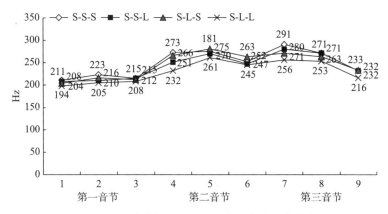

图 6.6-2 词首含有短元音的三音节词音高分布模式（F）

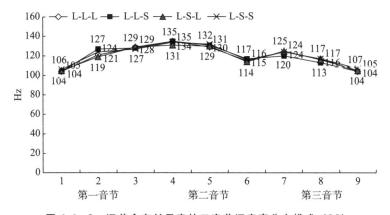

图 6.6-3 词首含有长元音的三音节词音高分布模式（M）

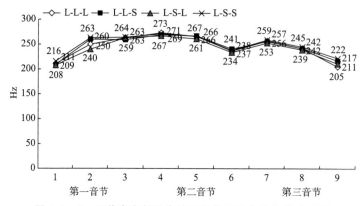

图 6.6 - 4　词首含有长元音的三音节词音高分布模式（F）

（三）音强分布模式

图 6.7、6.8 为两位发音合作人（1 男 1 女）的双音节和三音节词音强（平均值）分布模式示意图。

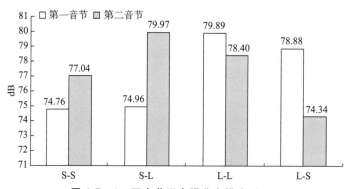

图 6.7 - 1　双音节词音强分布模式（M）

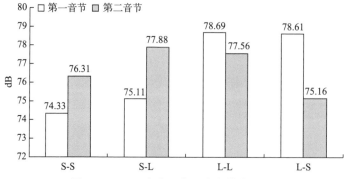

图 6.7 - 2　双音节词音强分布模式（F）

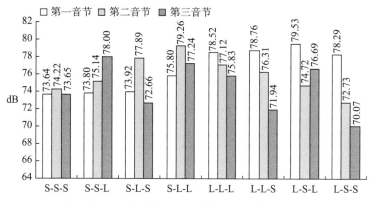

图 6. 8 - 1　蒙古语三音节词音强分布模式（M）

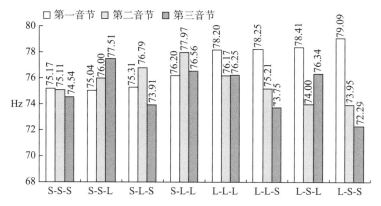

图 6. 8 - 2　蒙古语三音节词音强分布模式（F）

从上述图中我们可以看到：（1）L－L 、L－S 和 L－L－L、L－L－S、L－S－L、L－S－S 类（词首音节含有长元音的）双音节和三音节词的最强点均落在词首音节上，即该类词的词首音节最强；（2）而 S－S 和 S－L 类（词首音节含有短元音的）双音节词呈现了典型的"W－S"模式（弱强模式），即该类词的非词首音节较强；（3）S－S－S 类三音节词的音强差别不明显（差值不到 1dB）；（4）S－L－S、S－S－L 类（含有一个长元音）三音节词的最强点落在有长元音的音节上，即该类词有长元音的音节最强；（5）S－L－L 类（非词首含有两个长元音）词的最强点落在前一个长元音音节上。

三 蒙古语词重音问题

(一) 关于蒙古语词重音问题

蒙古语词重音问题是国内外蒙古语言学家们一直关注和讨论的焦点。(1) 在位置方面,重音在第一音节?第二音节?还是词末音节?(2) 在性质方面,是音强重音?音高重音?音长重音?还是整个音节语音四要素(两个或多个要素)变化的综合效应?(3) 在类型学方面,是固定重音?还是自由重音?(4) 是否还有次重音?等等。表 6.1 中归纳了目前笔者搜集到的蒙古语词重音方面比较有代表性的观点。表 6.1 分两个部分,双线上面的是传统语音学界的观点,双线下面的是实验语音学界的观点。从表 6.1 中可以看出以下几点。

(1) 在位置方面。传统语音学界大部分学者认为,蒙古语词重音是落在第一音节上的固定重音。只有鲍氏 (1959) 认为,可以在非第一音节长元音和复合元音上。如,在现今的蒙古语中,只要一个词的非第一音节没有一个是长音节或含有一个双元音 (非第一音节均为短音节的词),送气重音就总是在第一音节上。但是,如果有一个非第一音节含有一个长元音或双元音,那就是该音节被重读;在实验语音学界,除李兵教授 (2010) 外,其他学者都怀疑传统语音学界的固定在第一音节上的说法。宝氏 (2011) 认为,从能量分布看,蒙古语词音强峰值的 67%、音高峰值的 85% 落在第二音节上,由此可以断定蒙古语词重音的标注位置应该在词的第二音节。呼和 (2003) 认为,蒙古语词重音位置与词中长、短元音的分布有着密切的关系。

(2) 在性质方面。传统语音学界大部分学者认为,蒙古语词重音是音强重音 (力重音)。鲍氏认为,有一些词,其中的无论是送气重音或是乐调重音,都落在第一音节上。另一方面,也有一些词,其中的第一音节有送气重音,而另一音节,多半是末音节,则带有乐调重音;清氏 (1991) 认为,蒙古语重音与音高的关系有些特殊。在蒙古语里虽然重读音节的音势强,但音调却较低。重读音节过后,音势变弱的同时,音调却有所提高;在现代蒙古语中没有类似俄语一样基于音强上的、能够区别词义的力重音,也没有类似日语一样基于音高上的乐重音（现代蒙古语，1964）；李兵教授认为，蒙古语卫拉特方言词重音的声学相关物是音高和音质；呼和认为，是几个要素的综合效应。

表 6.1　关于蒙古语词重音方面的各家意见

观点 学者	位置	性质	类型学 分类	是否有 次重音	是否混淆 词句层	备注
符氏 1929	第一音节	力重音 （音强）	固定	有	是	无提高音高和 延长音长现象
鲍氏 1959	第一音节 （部分）	力重音 （音强） （音强和音高）	自由	有 （乐重音）	否	没说次重音
罗氏 1959	第一音节	力重音 （音强）	固定	无	是	延长音长现象
清氏 1991	第一音节	力重音 （音强）	固定	无	否	与元音的长短 没有确定关系
斯氏 1957	第一和 第二音节	乐（音高） 重音	自由			重音在第一或 第二音节上
确氏 1993	不一定在 第一音节	不一定是 力重音	自由	提出疑问	否	对重音与音长 无关的观点提 出疑问
呼和 2003	不一定在 第一音节	综合效应	自由	无	否	与词的结构有 关
宝氏 2011	第二音节	乐（音高） 重音	固定有规 律的变异			多数情况下音 高和音强的落 点相当一致
李兵 2010	第一音节	音高和音质	固定			

（3）在类型学方面。无论是传统语音学界，还是实验语音学界基本上有固定或自由等两种说法。鲍氏挑战了传统语音学界的固定说法。在实验语音学界，只有李兵教授顺应了传统语音学界大多数学者的固定在第一音节上的说法。宝氏认为，蒙古语词重音虽然固定在第二音节上，但有规律的变异，并提出了引起重音位置变异的诸多因素。呼和认为，蒙古语词重音属自由重音，但不完全是自由的，其位置与词中长、短元音的分布有着密切的关系。

符氏（1929）认为，喀尔喀方言中除了力重音外，在某些情况下还出现落在词的结尾元音上的次重音。次重音既是（弱）力重音又是乐重音。鲍氏提出，除了送气重音蒙古语还有一种乐调重音（音高重音，作者），即最后有一个音节的音调的微弱上升。其中，符氏提出次重音时混淆了词重音层和语句重音层。罗氏虽然没有提出次重音，但在解释词重音时提出，乐重音虽然不是与蒙古语每个词有关，但有时在感叹语句或祈使句末词的长元音上会出现乐重音。显然，这里混淆了词层和语句层。

（二）有关词重的新观点

引起上述分歧的主要原因除蒙古语词重音本身的特殊性和复杂性外，还与学者们所采用的研究方法、手段和所依靠的理论有关。其中，前者是主要原因，正如宝玉柱教授所提出，当一个成分的某一特征没有区别语义的作用时，它的分布就会相对自由一些，但会有一个大致的分布范围。语言形式是由有限的区别性成分和相对自由的非区别性成分交织而成的表达体系。蒙古语词重音是非区别性成分，因此它的位置可能受某些因素的影响而出现漂移，母语使用者仅凭语感很难正确判断这些变化，也很难直接观察到影响重音规律的各种因素和它们之间的复杂关系。这是蒙古语词重音研究之所以进展缓慢、分歧较多的一个基本原因（宝玉柱，2011）。

在讨论蒙古语词重音之前，首先要澄清词重音和句（语句）重音。这是既有区别又有关联的两个重音。本书只讨论单说（或者在同一个负载句中说的）的两、三音节词中的重音对立，即词层面多音节词内的轻重问题，而不涉及句层面的语句重音问题。曹建芬（2007）研究员把汉语普通话不带轻声的词重音类型称为正常重音型（Normal Type），把带轻声的称为轻声型（Neutral Type），并证明了前者重/中对比的不稳定性、相对性和后者重/轻对比的稳定性、绝对性特点。那么，能否把蒙古语词重音区分为绝对重音（Neutral Type）和相对重音（Normal Type）？

笔者认为，把蒙古语词重音分绝对重音和相对重音更适合蒙古语词重音特点。分类方法和定义是：把非词首音节中含有短元音的多音节词（如，S-S，L-S，L-L-S，L-S-L，L-S-S，S-S-S，S-L-S，S-S-L等结构的词）的重音叫做绝对重音；把非词首音节中不含短元音的多音节词（L-L，S-L，L-L-L，S-L-L等结构的词）的重音叫做相对重音。

下面从语音四要素的声学结构特点，讨论这两种重音的特点。

1. 音色结构

林先生在阐述汉语普通话轻声时指出，普通话轻声音节的语音音色明显地减缩（Reduction），主要表现为韵母元音声学空间的减小和声母辅音发音的不到位（林茂灿，1990）。在传统语音学论著中，把蒙古语元音分为独立元音（清晰元音）和依附元音（"模糊元音""弱化元音"或非重读音节短元音）两种。前者的发音比较清晰，比较完整，而且往往也是一个词的重音所在；而后者发音不够清晰，不够完整，因而很难准确地描写出它的音质。独立元音包括词首音节短元音和长、复合元音，依附元音指所有非词首音节短元音（清格尔泰，1991）。笔者自1993以来曾用声学语音学的理论和方法多次描写过蒙古语普通话非词首音节短元音的特点。图6.9为蒙古语普通话男性发音人词首音节长、短元音和非词首音节短元音的声学元音图（呼和，2009）。显然，非词首音节短元音比较明显的特征是央化（或[ə]化）。为此，有必要区分非词首音节中含有短元音的多音节词与不含短元音的多音节词。

绝对重音型，如，在S–S，L–S，S–S–S，L–S–S，S–L–S，S–S–L，L–L–S，L–S–L等结构的词（非词首音节含有短元音）里，词首音节中的无论是元音，还是辅音都读得比较到家，而非词首音节中的元音和辅音的音色明显地减缩，主要表现与普通话轻声音节一样元音声学空间的减小和辅音发音的不到位。如，元音的央化（或[ə]化）、塞音的浊擦化、VOT的缩短、辅音舌腭面积的减少等。其中，非词首音节短元音的减缩现象比较明显。请见图6.9。如果不与书面语比较，无法断定这些非词首音节短元音[ɜ，ə̯，ɨ，i̯，ɐ，θ]是由书面语/ɑ，e，i，o，ö/等演变（央化）而来的现实。显然，蒙古语普通话非词首音节短元音明显央化了。这也是传统语音学界一直坚持认为"蒙古语词重音是固定在第一音节"上的重要依据。图6.10为蒙古语普通话男性发音人双音节词[tʰɐ/tʰɜl ɡ̯]"草写"的波形图（上）、三维语图（中）和舌腭接触面积变化（Linguipalatal Contact Varies，LCV）曲线图（下）（引自呼和，2014）。从图6.10中可以看出，[tʰɐ/tʰɜl ɡ̯]的第二音节明显比第一音节高而强（见中间的三维语图）。有趣的是第一音节（重读音节）[tʰ]的舌腭接触面积比第二音节（轻

读音节）[tʰ] 的舌腭接触面积相对大（见最底部的图）。显然，轻读音节
辅音也明显减缩。

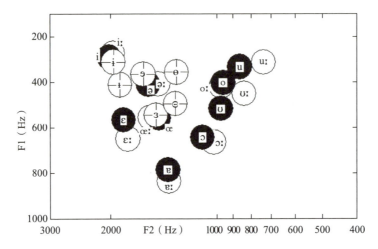

图 6.9　词首音节长元音（空心圆）、短元音（实心圆）和非词首
音节短元音（十字心圆）的声学元音

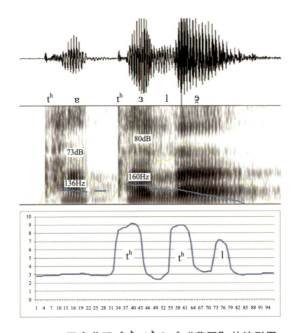

图 6.10　双音节词 [tʰɐ/tʰɜlə̥] "草写" 的波形图、
三维语图和舌腭接触面积变化曲线

相对重音的多音节词，如，L-L，S-L，L-L-L，S-L-L 等结构的词（非词首音节没有短元音）里，从理论上讲无论是词首还是非词首音节都读得比较到家。但是通过比较词首短元音和词首长元音的声学元音图，我们发现虽然词首音节短元音和长元音在音色方面没有本质的变化，但前者的声学空间比后者的明显小。随着词首音节长元音、词首音节短元音和非词首音节短元音的发音时间（音长）的相对缩短，元音舌位三角形变小，构成了大中小三个不同的三角形。其中，非词首音节短元音的舌位三角形最小。词首和非词首音节长元音的音色也有差别，但它们的音声学空间减小得不明显。请见拙著《蒙古语元音声学分析》（1999）。

2. 音长结构

表 6.2、6.3 中显示了蒙古语双音节和三音节词的音高最大差值、音强最大差值和元音长度分布模式（呼和，2007）。本表采用了数值比（numerical ratio）表示法。

表 6.2　蒙古语双音节词音高、音强最大差值和音长分布模式

声学参数	词型	S-S	S-L	L-L	L-S
音高最大差值 （semitone）	男	-5.22	-5.02	-0.27	-0.78
	女	-4.98	-5.21	-0.87	-0.70
音强最大差值 （dB）	男	-2.28	-5.01	1.49	4.54
	女	-2.00	-2.77	1.13	3.45
音长分布模式 （numerical ratio）	男	3:2	2:3	3:2	4:1
	女	3:2	2:3	3:2	4:1

表 6.3　蒙古语三音节词音高、音强最大差值和音长分布模式

声学参数	词型	S-S-S	S-S-L	S-L-S	S-L-L	L-L-L	L-L-S	L-S-L	L-S-S
音高最大差值 （semitone）	男	-4.51	-3.77	-4.28	-3.64	1.47	2.04	0.81	1.34
	女	-4.61	-4.57	-4.55	-3.93	1.05	0.86	0.93	0.78
	Syl	1-3	1-3	1-2	1-2	2-3	2-3	2-3	2-3

声学参数 \ 词型		S－S－S	S－S－L	S－L－S	S－L－L	L－L－L	L－L－S	L－S－L	L－S－S
音强最大差值（dB）	男	－0.58	－4.2	5.23	－3.46	2.69	6.82	4.81	8.22
	Syl	1－2	1－3	2－3	1－2	1－3	1－3	1－2	1－3
	女	0.63	－2.47	2.88	－1.77	2.03	4.5	4.41	6.8
	Syl	1－3	1－3	2－3	1－2	1－2	1－3	1－2	1－3
音长分布模式（numerical ratio）	男	5:3:2	3:2:5	3:5:2	3:4:3	5:3:2	5:3:2	5:2:3	7:2:1
	女	5:3:2	3:2:5	3:5:2	3:4:3	5:3:2	5:3:2	5:2:3	7:2:1

从表6.2、6.3中可以看出，绝对重音型多音节词元音的音长分布模式有S－S（3:2），S－S－S（5:3:2），L－S（4:1），L－L－S（5:3:2），L－S－L（5:2:3），L－S－S（7:2:1）和S－L－S（3:5:2），S－S－L（3:2:5）等两种。相对重音型多音节词也有L－L（3:2），L－L－L（5:3:2）和S－L（2:3），S－L－L（3:4:3）等两种音长模式。有趣的是两种类型中S－S，S－S－S和L－L，L－L－L等结构词（短、长元音同时出现的词中）的元音音长分布模式完全相同，词首音节元音都比非词首音节元音相对长。本文的短、长元音指音系学概念，而其长短模式指物理长度。同样都是短元音或长元音，为什么词首的都比非词首的相对长呢？在以往分析中，我们把该现象解释为位置或音节边界效应，现在看来，这种解释不够全面。

3. 音高结构

从表6.2、6.3中可以看出，绝对重音型多音节词有"L－H模式"（低－高模式），如，S－S（－5.22），S－S－S（－4.51），S－L－S（－4.28），S－S－L（－3.77）和"H－L模式"（高－低模式）。如，L－L－S（2.04）、L－S－S（1.34）等音高模式。上述三音节词音节之间的音高差异，以差距最大的两个音节音高差为准，下同。另外，也有L－S（－0.78）和L－S－L（0.81）等"H－H或L模式"（高－高或相等模式）。这类模式，音节之间的音高差值不到一个Semitone。相对重音型多音节词也有上述三种音高模式。如S－L（－5.02），S－L－L（－3.64）为"L－H模式"，而L－L－L（1.47）为"H－L模式"，L－L（－0.27）为"H－H或L模式"。从上述比较中可以总结出以下两点：（1）无论是绝对重音型还是相对重音型词的"H－L模式"中，音节之间的音高差异远比"L－H模式"的小；（2）从表面上看，绝对和相对重音型多音节词的音高模式有一定的相似性，但它们在词重音中的作用有所不同。请见讨论部分。

4. 音强结构

从表6.2、6.3中可以看出，绝对重音型多音节词有S－S（－2.28）和S－S－L（－4.2）等"W－S"模式（弱强模式）和L－S（4.54）；L－L－S（6.82），L－S－L（4.81），L－S－S（8.22），S－L－S（5.23）等"S－W"模式（强弱模式）。S－S－S类三音节词的音强差别不明显，差值不到1dB；相对重音型多音节词也有S－L（－5.01），S－L－L（－3.46）等"W－S"模式（弱强模式）和L－L（1.49），L－L－L（2.69）等"S－W"模式（强弱模式）。上述三音节词音节之间的音强差异，以差距最大的两个音节音强差为准。显然，绝对和相对重音型多音节词的音强模式有一定的相似性，但它们在词重音中的作用有所不同。请见讨论部分。

（三）讨论

下面我们根据语音四要素的声学结构特点，判定多音节词的重音位置。图6.4、6.5是我们的判断结果。与以往判定不同，本次把音色也作为判断指标了。图中的负值表示为后一音节参数值比前音节参数值大（三音节词中以差距最大的两个音节的参数差为准），"＋"表示所指参数值处于相对优势，"－"表示所指参数值处于相对弱势，"O"表示所指参数值相等或相近，不突出。如果三音节词中两个音节的某参数相等或相近，但它们都比另一个音节的参数值相对优势时，该两个音节上都打了"＋"。对于音色来说，"＋"表示长、复合元音，"O"表示词首音节短元音，"－"表示非词首音节短元音。图中画斜线的音节为我们断定的重读音节。判断原则：（1）把非词首音节短元音的央化作为硬指标，即在多音节词中含有短元音（无论是央化还是脱落）的非词首音节统一断定为轻度音节；（2）判断非词首音节只含一个短元音的三音节词重音时（如L－S－L、L－L－S），以其他两个音节的四要素作为判断指标；（3）判断非词首音节不含短元音的多音节词重音时，以四要素作为判断指标。其中，1～2 是判断绝对重音的指标，3 为判断相对重音的指标。图 6.11、6.12 是我们的判断结果。

1. 词重音位置及其类型学解释

从图 6.11、6.12 中可以看到，无论是绝对重音，还是相对重音的位置都不是固定在词首音节上。显然，我们的实验结果不支持传统语音学界大部分学者和实验语音学界少数学者的"蒙古语词重音是落在第一音节上的固定重音"的说法。但是支持鲍氏"现今的蒙古语中，只要一个词的非第一音节没有一个是长音节或含有一个双元音（非第一音节均为短音节的词），送气重音（这不确切，作者）就总是在第一音节上。但是，如果有一个非第一音节含有一个长元音或双元音，那就是该音节被重读"中的部分论点。显然，符氏"喀尔喀方言中的长元音则既见于重音音节，也出现于非重音音节"的说法是有道理的。蒙古语词重音的位置与长元音（或复合元音）有关。重读规则是，①含有长元音（或复合元音）的，第一音节为重读音节；②含有两个或两个以上长元音（或复合元音）的，最前面的音节为重读音节；③不含长元音（或复合元音）的，第一音节为重读音节。

显然，从类型学的角度看，蒙古语词重音属自由重音，而不是固定重音。但不完全是自由的，它的位置与词中长、短元音的分布有着密切的关系。

2. 词重音的性质

（1）词重音与音色之间的关系。如上说述，在绝对重音型多音节词中存在轻读音节元音的央化（或［ə］化）、塞音的浊擦化、VOT 的缩短、辅音舌腭面积的减少等现象。其中，非词首音节短元音的减缩现象比较明显。而相对重音型多音节词中，上述现象不明显。有关这一问题有待进一步研究。

（2）词重音与音长之间的关系。表 6.2、6.3 和图 6.11、6.12 显示，在 S–S，S–S–S 和 L–L，L–L–L 等结构词中，从音系的角度看，同样都是短元音或都是长元音，但它们的物理长度因其所处位置的不同而有所差异，具体差别可以达到 3∶2 和 5∶3∶2。那么，同样都是短元音或长元音，为什么词首的都比非词首的相对长呢？在以往分析中，我们把该现象解释为位置或音节边界效应，现在看起来，这种差别应该与词重音位置有关。

我们的实验结果不支持符氏的"无论是力（音强）重音还是乐（音高）重音，都与元音的长短毫无关系"的说法，而支持罗氏的"重读音节的长元音比非重读音节长元音略长"见解。

（3）词重音与音强之间的关系。表6.2、6.3和图6.11、6.12显示，除S－S和S－S－S等结构词的音强模式与其重音位置不相关外，其他结构词的音强模式都与它们的重音位置（无论是绝对重音，还是相对重音）相关。显然，与音高相比音强与词重音之间有一定的相关性。

（4）词重音与音高之间的关系。从表6.2、6.3和从图6.11、6.12中可以看出以下两点：①无论是绝对重音型还是相对重音型词的"H－L模式"中，音节之间的音高差异远比"L－H模式"的小；②虽然绝对和相对重音型多音节词的音高模式有一定的相似性，但它们在词重音中的作用有所不同。如S－S，S－S－S和S－L－S，S－S－L等结构的词，虽然它们都有"L－H模式"，但前两类词的重音（绝对重音）在第一音节上，后两类词的重音（相对重音）在第二和第三音节上，说明"L－H模式"与S－S和S－S－S结构词的重音之间不相关。显然，清氏的"蒙古语重音与音高的关系有些特殊"的说法是有道理的。笔者不支持李兵教授把"音高"当作卫拉特方言词首音节重音的主要相关物之一的观点。因为蒙古语（乃至整个阿尔泰语系语言）不是抬高第一音节，即"左扬"语言，而是"右扬"语言。笔者支持宝氏通过大量语音实验后提出的"从能量分布看，蒙古语词音强峰值的67%、音高峰值的85%都落在第二音节上"的说法。

我们坚持蒙古语词重音不是基于某一个要素上的单一性质的重音，而是整个音节语音四要素（两个或多个要素）变化的综合效应的观点。在绝对重音型重轻模式中，比较起来或许音色（或音质）的作用更大些。理由：轻读引起音色的改变（如元音的央化、塞音的浊擦化、VOT的缩短、辅音舌腭面积的减少等），导致了元音脱落、音节缩短，甚至元音和谐律的减弱等一系列映射反应。为此，我们认为这类重轻模式是绝对的、深层次的；相对重音型重轻模式是由语音四要素变化产生的综合效应，比较起来可能音长和音强的作用更大一些。相对重音的重轻模式是约定俗成的，其中的语音三要素的差异性是相对的，是表层变化。总之，绝对重音的重/轻对立相对稳定，具有一定的绝对性，而相对重音的重/轻对立相对不稳定，具有一定的相对性。在语句中绝对重音一般不变，相对重音根据语句中的位置和作用会有所改变。

（5）词重音与元音和谐律之间的关系。蒙古语词重音与元音和谐律之间的关系是学者们一直关注的问题。有些学者把蒙古语元音和谐律当作证明蒙古语词重音是固定在第一音节上的重要依据。从图 6.12、6.13 中可以看到，在双音节和三音节词中，至少有四种结构的词的重音不在第一音节上。元音和谐律是指一个词里的元音之间相互影响、相互制约的关系。元音和谐律和词重音是属于两个不同层面上的概念，它们之间不存在因果关系。确精扎布教授否认蒙古语词重音与元音和谐律之间的相互依赖关系是有理论和科学依据的。当然，我们不否认有些多音节词的重音（落在第一音节上）与元音和谐律（规则）相吻合（叠加）的现象。

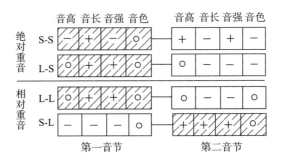

图 6.11　双音节词自然节奏模式及重读音节示意

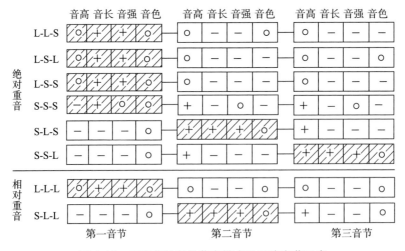

图 6.12　三音节词自然节奏模式及重读音节示意

3. 词重音的功能和作用

蒙古语虽然没有词汇（Lexical）或形态学（Morphological）意义上的词重音，但有因音色、音长、音高和音强等诸多要素引起的"突显"（prominence）现象。词重音，确切地说绝对重音对蒙古语语族语言乃至阿尔泰语系语言语音的历史演变中起到了非常重要的作用。正确解释和阐述蒙古语词重音的位置、性质和功能等问题，不但对蒙古语教学、科研以及言语声学工程提供科学依据，而且能够推动蒙古语族乃至整个阿尔泰语系语言的历史比较语音学发展。

（四）结论

（1）重音类型。蒙古语有绝对和相对两种重音。我们把非词首音节中含有短元音的多音节词（如 S - S，L - S，L - L - S，L - S - L，L - S - S，S - S - S，S - L - S，S - S - L 等结构的词）的重音叫作绝对重音；把非词首音节中不含短元音的多音节词（L - L，S - L，L - L - L，S - L - L 等结构的词）的重音叫作相对重音。前者的重/轻或轻/重对立相对稳定，具有一定的绝对性，而后者的重/轻或轻/重对立相对不稳定，具有相对性。在语句中绝对重音一般不变，相对重音根据语句中的位置和作用会有所改变。

（2）重音位置。蒙古语词重音的位置与长元音（或复合元音）有关。重读规则是①含有长元音（或复合元音）的，第一音节为重读音节；②含有两个或两个以上长元音（或复合元音）的，最前面的音节为重读音节；③不含长元音（或复合元音）的，第一音节为重读音节。

（3）重音性质。蒙古语词重音不是基于某一个要素上的单一性质的重音，而是整个音节语音四要素（两个或多个要素）变化的综合效应。其中，在绝对重音型重轻模式中，比较起来或许音色的作用可能大些（特别是在 S - S 和 S - S - S 类词中），而在相对重音中音长和音强的作用可能更大些。

（4）类型学归类。从类型学的角度看，蒙古语词重音属自由重音，而不是固定重音。但不完全是自由的，它的位置与词中长、短元音的分布有着密切的关系。

（5）次重音。据有关文献，有些语言不但有主重音，还有次重音。对蒙古语来说，不适合把词重音分主重音和次重音。

参考文献

Antti. I & Harnud H. （2005）. Acoustical comparison of the monophthong systems in Finnish，Mongolian and Udmurt. Journal of the International Phonetic Association35/1，1 – 13.

敖敏、熊子瑜、呼和：《蒙古语普通话朗读话语韵律短语研究》，《中央民族大学学报》（哲学社会科学版）2012 年第 4 期。

鲍怀翘：《实验语音学讲义》，2005 年手稿。

鲍怀翘、吕士楠：《蒙古语察哈尔话元音松紧的声学分析》，《民族语文》1992 年第 1 期。

鲍怀翘、阿西木：《维吾尔语元音声学初步分析》，《民族语文》1988 年第 5 期。

鲍怀翘、陈嘉猷、徐昂：《哈萨克语语音声学参数库》，《第三届全国语音学研讨会论文集》，1996。

鲍怀翘、陈嘉猷、米尔卡玛力、娜孜古丽：《哈萨克语元音声学分析及元音和谐理论》，《第三届全国语音学研讨会论文集》，1996。

宝玉柱、孟和宝音：《现代蒙古语正蓝旗土语音系研究》，民族出版社 2011 年版。

包桂兰、哈斯其木格、呼和：《基于 EPG 的蒙古语辅音发音部位研究》，《民族语文》2010 年第 3 期。

包桂兰、哈斯其木格、呼和：《蒙古语清擦音实验研究》，《中国语音学报》2011 年第 3 辑。

包桂兰、呼和：《蒙古语非词首辅音舌位变化及其约束度研究》，第十一届全国人机语音通讯学术会议（NCMMSC2011），2011。

包桂兰、白音门德、呼和：《蒙古语鼻音［n］的实验研究》，第十届中国语音学学术会议（PCC2012），2012。

白音朝克图：《现代蒙古语标准音语音系统》，《内蒙古大学学报》（蒙文版）1978年第3期。

曹剑芬：《现代语音研究与探索》，商务印书馆2007年版。

陈秀梅：《蒙古语察哈尔土语辅音组合4X6的声学和生理分析》，硕士学位论文，内蒙古大学，2004。

格根塔娜：《蒙古语朗读话语韵律层级单元及其边界处的声学和语言学线索》，硕士学位论文，内蒙古大学，2008。

哈斯其木格、呼和：《蒙古语边音/l/的声学和生理研究》，《民族语文》2012年第2期。

哈斯其木格：《基于动态腭位图谱的蒙古语辅音研究》，中国社会科学出版社2013年版。

韩国君、呼和：《土族语词首音节元音声学分析》，《语言与翻译》（蒙文版）2013年第3期。

呼和、曹道巴特尔：《蒙古语察哈尔土语词末弱短元音的声学分析》，《内蒙古大学学报》（蒙文版）1996年第3期。

呼和、鲍怀翘、陈嘉猷：《关于蒙古语语音声学参数库》，《内蒙古大学学报》（汉文版）1997年第5期；〔韩〕《阿尔泰学会学报》1998年第8号。

呼和、陈嘉猷、郑玉玲：《蒙古语韵律特征声学参数数据库》，《内蒙古大学学报》（汉文版）2001年第1期。

呼和、确精扎布：《蒙古语语音声学分析》，内蒙古大学出版社1999年版。

呼和：《蒙古语语音实验研究》，辽宁民族出版社2009年版。

Huhe，Baoguilan，EPG Based Research on Tongue Position and Its Constraint of Word-Initial Consonants in Standard Mongolian in China，The 17th International Congress of Phonetic Sciences，Hong Kong，August 17 – 21. 2011.

呼和、周学文：《基于PAS的蒙古语普通话辅音气流研究》，《中央民族大学学报》（哲学社会科学版）2013年第2期。

韩国君、呼和：《土族语词首音节元音声学分析》，《语言与翻译》（蒙文版）2013年第3期。

呼和、包桂兰:《基于 EPG 的蒙古语标准话词首辅音舌位变化及其约束度研究》,石锋、彭刚主编《大江东去——王士元教授八十岁贺寿文集》,香港城市大学出版社 2013 年版。

呼和:《再论蒙古语词重音问题》,《民族语文》2014 年第 4 期。

周学文、呼和:《语音声学参数自动标注/提取系统简介》,《中文信息学报》2014 年第 3 期。

呼和:《蒙古语元音演变的声学语音学线索》,《中央民族大学学报》(哲学社会科学版)2015 年第 4 期。

呼和:《语音属性与规则的相对性和绝对性问题》,《蒙古语文》2015 年第 8 期。

呼和:《语音与听、看、感知之间的关系问题》,《语言与翻译》(蒙文版)2015 年第 3 期。

呼和:《蒙古语标准话塞音塞擦音声学分析》,《民族语文》2015 年第 3 期。

呼和:《语言亲属关系声学语音学线索》,《实验语言学》2015 年第 4 号。

呼和:《蒙古语标准话词首辅音谱特征分析》,《满语研究》2015 年第 2 期。

呼和:《鄂温克语词首音节短元音声学分析》,《中央民族大学学报》(哲学社会科学版)2016 年第 5 期。

呼和:《与蒙古语标准话相关的几个问题》,《语言与翻译》(蒙文版)2016 年第 1 期。

胡红彦:《蒙古语标准音清擦音实验研究》,硕士学位论文,内蒙古大学,2011。

孔江平:《蒙语声门阻抗参量的相关性及其分类》,《现代语音学论文集(第四届全国现代语音学学术会议)》,金城出版社 1999 年版。《论语言发生》,中央民族大学出版社 2001 年版。

罗常培、王均:《普通语音学纲要》,商务印书馆 1981 年版。

内蒙古大学蒙古学院蒙古语文研究所:《现代蒙古语》,内蒙古人民出版社 1964 年版。

李玲玲:《蒙古语标准音塞音和塞擦音的声学格局研究》,硕士学位论文,内蒙古大学,2011。

蒙古语标准音水平测试大纲编写组:《蒙古语标准音水平测试大纲(蒙文)》,内蒙古人民出版社 2003 年版。

内蒙古语言文学研究所：《蒙古语文研究资料》，内蒙古人民出版社 1983 年第 2 版。

清格尔泰、确精扎布：《关于蒙古语辅音》，《内蒙古大学学报》（蒙文版）1959 年第 1 期。

清格尔泰：《蒙古语语法》，内蒙古人民出版社 1991 年版。

确精扎布：《蒙古语察哈尔土语元音的实验语音学研究》，《民族语文》1989 年第 4 期；《有关察哈尔土语复合元音的几个问题——用实验语音学方法研究的阶段性成果（b）》，《内蒙古大学学报》（蒙文版）1989 年第 4 期；《关于蒙古语重音——语音实验中间报告》，《内蒙古大学学报》（蒙文版）1993 年第 1 期。

其布尔哈斯、呼和：《达斡尔语词首音节短元音声学分析》，〔韩〕《阿尔泰学报》，The Altaic Society of Korea，2011.6。

R. L. 特拉斯克：《语音学和音系学辞典》，鲍怀翘、曹剑芬等译，语文出版社 2000 年版。

Jan-Olof Svantesson，Anna Tsendina，Anastasia Karlsson and Vivan Franzeen，The Phonology of Mongolian，OXFORD University Press，2005.

石峰：《语音格局——语音学与音系学的交汇点》，商务印书馆 2008 年版。

史延恺：《音节理论》，《现代外语》1986 年第 2 期。

Svantesson，Jan-Olof（1986）Acoustic analysis of Chinese fricatives and affricates，Journal of Chinese Linguistics，14：53 - 70.

萨仁花：《东部裕固语词首音节长短元音声学分析》，西北民族大学，硕士学位论文，2013。

图雅：《卫拉特方言实验语音学研究》，博士学位论文，内蒙古大学，2007。

吴宗济、林茂灿：《实验语音学概要》，高等教育出版社 1989 年版。

王士元：《关于声调语言、听觉》，《语言学论丛》第 11 辑，1983 年。

王洪君：《韵律的层级和韵律的最小自由单位》，《第三届全国语音学研讨会论文集》，中国社会科学院语言研究所，1996 年 8 月。

乌日格喜乐图、哈斯其木格、呼和：《鄂温克语短元音声学分析》，《满语研究》2010 年第 4 期。

乌云那生、呼和：《蒙古语阿拉善话短元音声学分析》，《西北民族大学学报》（哲学社会科学版）2012 年第 4 期。

乌吉斯古冷、呼和：《蒙古语陈述句和疑问句语调比较研究》，《中央民族大学学报》（哲学社会科学版）2011 年第 2 期。

张家禄：《语音学的新阶段——理解言语》，《第三届全国语音学研讨会论文集》，中国社会科学院语言研究所，1996 年 8 月。

朱晓农：《音韵研究》，商务印书馆 2006 年版。

朱晓农：《语音学》，商务印书馆 2010 年版。

张淑琴：《蒙古语朗读话语语句重音实验研究》，硕士学位论文，内蒙古大学，2008。

张宏开等主编《中国的语言》，商务印书馆 2007 年版。

后　记

　　通过几年的努力，"中国少数民族语言方言实验研究丛书"即将陆续跟读者见面了。该丛书是我们团队十几年研究工作的总结，作为我国民族语言实验研究方面的第一部大型丛书，一定会有很多待改进和完善的地方。如，在统计分析方面，该丛书只采用了均值、标准差和变异系数等，未采用 SPSS 中的相关分析和 T 值检验。出版该丛书的目的是让读者了解民族语言音段和超音段（词层）声学研究结果和结论，给同行们提供语言声学实验研究思路和方法，促进民族语言实验研究学科的体系建设，推动我国民族语言学科的发展。本丛书如果能在这方面做出一点贡献，那将是我们莫大的欣慰。

　　在"中国少数民族语言语音声学参数统一平台"的研制历程和本丛书的撰写过程中有太多值得感谢的同人。感谢所有发音合作人，他们对母语的热爱和对自己民族的责任感深深地打动了我们团队每一位成员；感谢参与本项研究的所有研究生，感谢他们能够理解和支持这项庞大而艰难的工程，每一个音段的参数中都凝聚着他们的辛勤劳动和汗水；特别感谢呼司乐土和德格吉呼两位同学，在任务重、人手紧缺的情况下，冒着夏日酷暑帮助我整理和绘制了繁多的图表；感谢所领导和我们研究室的同事们，他们的鼓励和支持是我们团队最强大的动力，特别感谢周学文副研究员为"中国少数民族语言语音声学参数统一平台"研制中所付出的辛勤劳动，感谢哈斯其木格副研究员在撰写蒙古语卷的过程中所付出的辛勤劳动；感谢社科文献出版社的领导和本丛书的责任编辑周志静女士；最后感谢资助本丛书的中国社会科学院创新工程学术出版资助管理委员会。

　　像所有作品一样，由于所涉及的范围广、问题多，加上我们研究能力和水平有限等诸多原因，丛书中难免会有不足之处，望同行们斧正。我们相信，随着实验语言学理论和方法的不断成熟和改进，以及我们团队研究领域的逐渐拓展和研究水平的不断提高，这些问题和难题会逐步得到解决。因为汉语不是我们的母语，用汉语进行写作，我们需要克服一定的语言文字上的障碍，尽管我们非常努力，但在本丛书中仍然可能难以避免出现"蒙古式、维吾尔式和鄂温克式"语句，甚至可能存在表达不清楚的地方，望各位读者谅解并提出宝贵意见。

2018 年 4 月 16 日
于北京

图书在版编目（CIP）数据

蒙古语语音声学研究／呼和著． -- 北京：社会科
学文献出版社，2018.6
（中国少数民族语言方言实验研究丛书）
ISBN 978 - 7 - 5201 - 2323 - 5

Ⅰ.①蒙…　Ⅱ.①呼…　Ⅲ.①蒙古语（中国少数民族
语言）- 语音 - 研究　Ⅳ.①H212.1

中国版本图书馆 CIP 数据核字（2018）第 037945 号

中国少数民族语言方言实验研究丛书
蒙古语语音声学研究

著　　者／呼　和

出　版　人／谢寿光
项目统筹／宋月华　周志静
责任编辑／周志静

出　　　版／社会科学文献出版社 · 人文分社（010）59367215
　　　　　　地址：北京市北三环中路甲 29 号院华龙大厦　邮编：100029
　　　　　　网址：www. ssap. com. cn
发　　　行／市场营销中心（010）59367081　59367018
印　　　装／三河市东方印刷有限公司

规　　　格／开　本：787mm × 1092mm　1/16
　　　　　　印　张：30.25　字　数：511 千字
版　　　次／2018 年 6 月第 1 版　2018 年 6 月第 1 次印刷
书　　　号／ISBN 978 - 7 - 5201 - 2323 - 5
定　　　价／298.00 元

本书如有印装质量问题，请与读者服务中心（010 - 59367028）联系

▲ 版权所有 翻印必究